실전 포렌식 증거 수집

리눅스 도구를 활용한 디지털 증거 수집

실전 포렌식 증거 수집

리눅스 도구를 활용한 디지털 증거 수집

브루스 니켈 지음 | 곽경주 · 박모현 옮김

i!i
에이콘

이 책을 동기 부여, 지원, 지도, 멘토링, 영감,

격려, 비판, 지혜, 도구, 기법 및 연구를 제공한 모든 사람에게 바치며,

이 모든 것이 이 책의 제작에 영향을 미치고 도움이 됐습니다.

이 책은 많은 곳에 필요하고, 가장 적절한 시기에 제공되는 책이다. 최근 몇 년 동안 디지털 증거의 보존은 기업 거버넌스, 컴플라이언스, 형사 및 민사 소송 및 군사 작전에 결정적인 역할을 수행했다. 이러한 동향은 지리적으로 제한되지는 않으며 개발 도상국을 포함한 대부분의 대륙에 적용된다.

정통한 조직은 인적 자원의 불만, 정책 위반 및 고용 종료를 처리할 때 관련 컴퓨터 시스템을 보존한다. 일부 조직에서는 규정 준수를 위해 데이터를 사전 예방적으로 보존하기도 한다. 이 책은 합리적인 비용으로 기업 전체에 구현할 수 있는 확장 가능한 솔루션을 제공한다.

대부분의 범죄는 디지털 증거를 포함하고 있으며, 제한된 자원과 교육이 제공되는 소규모의 법 집행 기관에 데이터를 보관해야 하는 책임이 점차 커지고 있다. 이 책은 이러한 기관의 일상적인 문제에 실질적인 솔루션을 제공하는 소중한 자원이다.

민간 사안에서는 컴퓨터, 서버, 이동식 미디어 및 백업 테이프를 비롯한 많은 데이터 소스에 대량의 데이터가 분산될 수 있다. 이러한 상황에서는 효율적이고 효과적인 방법이 중요하며, 이 책은 이러한 요구 사항도 충족시킨다.

다양한 상황에서 디지털 증거를 보존하는 것이 중요해짐에 따라 적절한 보존 프로세스를 사용하는 일이 중요해졌다. 보존 과정의 약점은 디지털 조사의 모든 후속 단계에서 문제를 야기할 수 있는 반면, 포렌식 관점에서 적절한 방법과 도구를 사용해 제시된 증거는 명백한 사고 조사 결과의 기반을 제공한다.

이와 더불어 디지털 증거를 보존해야 할 필요성이 커지면서 다양한 환경 및 사용 사례에 대해 신뢰할 수 있고 저렴하며 적용할 수 있는 도구에 대한 요구가 커지고 있다.

이 책은 오픈 소스 기술에 집중함으로써 이러한 요구 사항을 해결한다. 오픈 소스 도구는 높은 투명성, 저렴한 비용 및 적용성에 대한 이점을 갖고 있다. 투명성은 다른 사람이 오픈 소스 도구의 신뢰성을 보다 철저하게 평가할 수 있게 한다. 알려진 데이터 세트를 사용하는 블랙박스 테스트 외에도 소스 코드를 검토할 수 있다.

포렌식 보존 비용을 줄이는 것은 리소스가 제한돼 있는 기관과 대량의 데이터를 처리해야 하는 모든 조직에 중요하다.

특정 환경의 요구에 맞게 오픈 소스 도구를 적용할 수 있다는 것이 큰 이점이다. 일부 조직은 오픈 소스 도구와 보존 도구를 기업 또는 포렌식 랩의 자동화된 프로세스에 통합하는 반면, 다른 도구는 현장에서 사용하기 위해 이러한 도구를 휴대용 시스템에 저장해 이용한다.

모든 디지털 포렌식 프로세스 및 도구, 특히 오픈 소스 도구와 관련된 학습 곡선이 가파르게 상승하고 있다. 브루스 니켈(Bruce Nikkel)의 광범위한 경험과 지식은 이 책에 포함돼 있는 기술 자료들의 선명함을 통해 분명히 알 수 있다. 초보자뿐 아니라 전문가 역시 흥미를 느끼며 접근할 수 있다.

포렌식 이미징의 이론 및 핵심 요구 사항부터 시작해 오픈 소스 도구를 사용해 포렌식 이미지를 수집하는 기술적 측면을 탐구한 SquashFS의 사용은 간단하지만 아주 영리하고 참신하며, 포렌식 이미징의 핵심 측면에 대한 실용적인 오픈 소스 솔루션을 제공한다. 이 책은 포렌식 이미지를 관리하고 포렌식 검사를 준비하는 중요한 단계에 대한 논의로 마무리된다.

『실전 포렌식 증거 수집』은 기업, 법 집행 기관, 대테러 단체 등 디지털 증거를 보존해야 하는 모든 사람에게 없어서는 안 될 참고 자료다.

이건 케이시 박사

스위스 로잔느 범죄 과학 및 공공 행정 대학 사이버 범죄 및 디지털 수사학과 교수

2016년 8월

| 지은이 소개 |

브루스 니켈 ^{Bruce Nikkel}

스위스에 본사를 둔 글로벌 금융 기관인 UBS AG의 Cyber-Crime/IT Investigation & Forensics의 디렉터다. 1997년부터 은행의 Security and Risk 부서에서 근무했으며, 2005년부터 IT 포렌식 팀을 관리했다. 디지털 포렌식 커뮤니티에서 활발한 활동을 하고 있고, 다양한 디지털 포렌식 주제에 대한 연구 논문을 발표했다. 「Digital Investigation」 국제 저널의 편집자이며, DFRWS Europe의 조직 위원회 위원이기도 하다. 크랜필드 대학 ^{Cranfield University} 에서 네트워크 포렌식 박사 학위를 취득했다. 포렌식 웹 사이트는 http://digitalforensics. ch/이며, nikkel@digitalforensics.ch로 연락할 수 있다.

| 옮긴이 소개 |

곽경주(kjkwak@fsec.or.kr)

성균관대학교 컴퓨터공학과를 졸업하고, 동 대학원에서 정보 보호를 전공하며 악성 코드 연관성 분석 기술을 이용한 사이버 범죄 조직 식별 관련 연구로 석사 학위를 받았다. 금융결제원 침해 사고 대응 팀을 거쳐 현재 금융보안원 침해 위협 분석 팀 과장으로 재직하며 악성 코드 분석, 사고 조사, 위협 인텔리전스 등 위협 분석 업무를 수행하고 있다. 경찰청 사이버 위협 전문가 그룹 자문 위원, 차세대 보안 리더 양성 프로그램(Best of the Best) 디지털 포렌식 멘토, KB 금융 지주 기술 랩 멘토, 김치콘 심사 위원 등으로 활발한 활동을 하고 있으며, 2016년 사이버 치안 대상 행정 자치부 장관상을 받았다. 또한 Blackhat, HITCON, PACSEC, HackCon, KIMCHICON, CODEBLUE, Virus Bulletin 등의 다양한 국내외 컨퍼런스에서 왕성한 발표 및 연구 활동을 하고 있다.

박모현(mhpark@fsec.or.kr)

서울대학교 컴퓨터공학과를 졸업하고, 금융결제원 금융 ISAC를 거쳐 현재는 금융보안원 보안관제부에서 대리로 재직하며 보안관제 및 정보 공유 업무를 수행하고 있다.

보안관제뿐 아니라 침해 사고 대응 분야에도 관심이 많으며, 보안 업무에 최신 기술을 적용하기 위한 연구를 하고 있다.

| 옮긴이의 말 |

보안 산업의 성장과 더불어 보안 서적, 그중에서도 침해 사고 대응 또는 디지털 포렌식과 관련된 서적들이 점점 늘어나고 있다. 하지만 디지털 포렌식의 기초가 되는 이미징 또는 증거 수집을 상세히 다루고 있는 책은 그리 많지 않다. 디지털 포렌식에서 이미징은 잘 꿰어야 하는 첫 단추라고 해도 과언이 아니다. 적절한 절차로 이미징이 진행되지 않을 경우 그 이후의 조사는 모두 법적인 효력을 잃게 될 수도 있다. 이미징에 실패하면 침해 사고를 조사하는 일이 아예 불가능할 수도 있다. 이미징을 정상적으로 완료했다고 가정하더라도 그 이후에 수집된 이미지를 잘 관리하는 것도 중요하다. 실제 현업에서 발생하는 침해 사고의 조사에 있어 증거 수집 계획 수립부터 실제 수집을 진행하며 발생할 수 있는 수많은 문제점과 조사자들의 고민이 이 책을 통해 조금이나마 해결되길 바란다.

이 책에는 디지털 포렌식 증거를 수집하고 관리하는 다양한 도구 및 기법부터 다양한 저장 매체와 포렌식 이미지 포맷까지 다루고 있다. 또한 수집된 증거들을 효과적으로 관리하는 기법과 도구들까지 방대한 내용을 다루고 있다. 물론, 기본이 되는 내용 역시 충실히 다루고 있으므로 실무자들뿐 아니라 포렌식을 공부하고 이 분야로 진로를 결정한 학생들에게도 많은 도움이 될 수 있을 것이라 생각한다.

바쁜 시간을 쪼개 함께 번역해준 동료와 이 책을 번역할 수 있도록 기다려주시고 지원해주신 에이콘출판 관계자들께 감사의 말씀을 드린다.

| 차례 |

『실전 포렌식 증거 수집』에 온 것을 환영한다. 이 책은 디지털 증거로서 디스크 이미지를 수집하고 관리하는 다양한 명령 줄command line 기법들을 다룬다. 디스크 이미지 수집은 사후 조사 및 분석 준비를 위해 디지털 포렌식 증거를 보존하기 위한 첫 번째 단계다.

이 책을 쓴 이유

오늘날 시중에는 수많은 디지털 포렌식 도서가 있다. 그러나 포렌식 수집과 증거 보존의 중요성에 대해서는 그리 많은 관심을 갖고 있지 않다. 이 주제는 커다란 책 내의 작은 장이나 하위의 절들에서 간략하게만 다루고 있을 뿐이다. 나는 수집과 증거 보존이 독립적인 책으로 내기에 충분히 큰 주제라고 생각했고, 이 책이 바로 그 생각의 차이를 글로 다루고 있다.

이 책을 쓰게 된 다른 동기는 어떤 방식으로든 업계에 환원하고자 하는 바람이었다. 10년 이상 디지털 포렌식 랩에서 일하며 (다른 상용 도구들과 함께) 오픈 소스 도구들을 이용해 다양한 업무를 주기적으로 수행하면서, 동료들과 다른 전문가에게 더 많은 자원을 제공하고 싶었다.

세 번째 동기는 민간 부문에서 포렌식 증거 보존의 중요성이 증가하고 있다는 점이다. 부정 행위, 사기, 악성 코드, 사이버 공격 그리고 기타 악용 행위 등을 조사하는 일은 민간 산업에서 점점 흔한 일이 되고 있다. 하지만 증거를 수집하고 보존하는 절차에 대한 강조는 빠져 있는 경우가 많다. 사법 기관들이 범죄자를 기소하기 위해서는 적절하게 수집되고 보존된 증거가 필요하다. 전자적 증거 제시(e-discovery)가 관여된 민사 사건들은 디스크 이미지의 견고한 수집과 보존이 필요할 수 있다. 대형 기관의 인력 분쟁, 정책 위반, 내부 고발 사건들을 다루는 부서 역시 일반적인 디지털 증거 수집과 보존 절차를 따름으로써 이익을 얻을 수 있다.

이 책의 차별점

이 책은 기술적 절차 가이드다. 이 책은 리눅스를 컴퓨터 포렌식을 수행하기 위한 도구로서 설명하는데, 컴퓨터 포렌식을 좀 더 구체적으로 설명하자면 포렌식 이미지 수집과 저장 매체의 증거 보존을 수행하는 일이다. 다양한 종류의 매체를 수집하기 위해 무료 또는 오픈 소스 컴퓨터 포렌식 도구로 잘 알려진 포렌식 기법들을 시연하는 예시들도 포함돼 있다.

오픈 소스 도구를 다루는 것뿐 아니라, 오픈 소스는 아니지만 무료로 사용할 수 있는 상용 명령 줄 도구들의 예시들도 포함한다.

다른 포렌식 도서에는 없는 하드웨어 주제들도 이야기할 것이다. 그 예로는 NVME, SATA Express, 4K 섹터 드라이브, 하이브리드 SSD, SAS, UASP/USB3x, 썬더볼트 등이 있다. 이 중 일부는 디지털 포렌식 관점에서는 관리가 단순하지만, 어떤 것들은 더 까다롭다.

SquashFS 압축 파일 시스템을 단순하고 실용적인 포렌식 증거 보관소로 사용하는 새로운 포렌식 기법도 소개한다. 증거를 SquashFS 포렌식 보관소로 보존할 수 있는 sfsimage 셸 스크립트를 이 책과 함께 제공한다.

왜 명령 줄인가?

명령 줄 기반의 책이 왜 오늘날에도 쓸모가 있고 의미가 있을까? 컴퓨터 명령 줄은 반 세기도 더 전인 1960년대의 텔레타이프 시절부터 있어 왔다. 컴퓨팅에서 오래된 연식은 가끔 쇠락의 신호로 받아들여지지만, 이와 반대로 성숙과 신뢰도의 신호로도 받아들일 수 있는데,

후자가 바로 리눅스/유닉스 명령 줄의 경우다. 심지어 마이크로소프트마저 오래된 DOS 프롬프트의 대체재로서 파워셸^{PowerShell}을 소개하고 권장함으로써 명령 줄의 가치와 위력을 인정했다.

명령 줄이 오랜 시간 동안 인기를 유지하고 이 책에서 다루는 주제들과 계속 관련이 있을 수 있는 여러 가지 이유가 있다. 그중 몇 가지는 다음과 같다.

- **손쉬운 스크립팅 및 자동화 가능성**: GUI 인터페이스는 사람이 사용하기 위해 고안된 반면, 명령 줄은 사람과 기계 모두가 사용할 수 있다. 이로 인해 명령 줄은 스크립팅과 업무 자동화에 특히 유용하다.
- **수면 아래에서 벌어지는 일에 대한 이해**: 그래픽 도구들은 종종 명령 줄 도구들의 프런트엔드에 불과한 경우가 있다. 명령 줄 도구들을 배움으로써 GUI 프런트엔드 도구를 사용할 때 수면 아래에서 무슨 일이 일어나고 있는지 더 잘 이해할 수 있다.
- **유연성과 효율성**: 명령 줄로 특정 업무를 수행하면 유연성과 능력 그리고 제어를 더 많이 갖게 된다. 예를 들어 파이프 처리와 리다이렉션은 여러 절차를 하나의 명령 줄로 합칠 수 있게 해준다.
- **유닉스 철학**: 전통 유닉스 철학은 하나의 일을 잘할 수 있는 간단한 도구들을 만드는 것인 반면, 대형 GUI 프로그램들은 다양하고 복잡한 기능을 하나의 거대한 단일 프로그램에 집어넣는다.
- **원격 접근**: 명령 줄 동작은 ssh를 이용해 원격으로 수행하기에 쉽고 안전하다. 어떤 경우, 특히 다른 도시나 국가에 위치한 가상 서버 및 클라우드 기반 서버들에서 작업할 경우에는 명령 줄이 유일한 선택지일 수도 있다.
- **헤드리스 서버**: 사고가 발생한 유닉스나 리눅스 서버에 GUI가 설치되지 않은 경우에는 명령 줄이 유일한 선택지일 수 있다.
- **임베디드 시스템**: 라즈베리 파이^{Raspberry Pi}, 비글보드^{Beagleboard}나 다른 사물 인터넷^{IoT} 기기 등 인기가 높아지고 있는 임베디드 유닉스 및 리눅스 시스템들은 명령 줄 인터페이스만 사용할 수 있다.

- **지식의 투자**: 명령 줄 도구들은 GUI 도구와 비교해 시간에 따라 크게 달라지지 않는다. 명령 줄 도구 사용법을 배우는 데 시간을 투자하면, 해당 명령이 업데이트되거나 새로운 기능이 추가되더라도 모든 것을 다시 배워야 할 필요가 없다.
- **개인적인 선호**: 일부 기술 인력들은 단순히 GUI보다 명령 줄을 사용하는 것을 선호하고, 가능하다면 명령 줄을 사용할 것이다.

이 책은 사고 조사와 사고 대응 활동을 위해 수행하는 디지털 포렌식 수집에 대한 명령 줄 가이드를 제공한다. 이에 해당하는 GUI 도구나 프론트엔드는 다루지 않는다.

예상 독자와 전제 조건

이 책은 특정 독자군을 염두에 두고 쓴 것이다. 몇 가지를 기대하고 몇몇 가정을 한 채 여러 절을 작성했다.

누가 읽을 책인가?

이 책은 두 집단의 사람들에게 도움이 된다. 첫째, 숙련된 포렌식 조사관들이 포렌식 수집 업무를 수행함에 있어 리눅스 명령 줄 스킬을 향상시키는 데 도움이 된다. 둘째, 디지털 포렌식 수집 기법들을 배우고 싶어하는 숙련된 유닉스와 리눅스 관리자들에게 유용하다.

이 책의 예상 독자는 사고 대응 팀, 대기업 내 컴퓨터 포렌식 조사관, 법률, 감사, 컨설팅 기업의 포렌식 및 전자 증거 기술자 그리고 사법 기관의 전통적인 포렌식 실무자들을 포함한 여러 영역에서 그 수를 늘려가고 있는 포렌식 실무자들이다.

이 책을 다 읽고 나면 저장 매체의 포렌식 수집과 포렌식 이미지의 관리에 대한 명령 줄 도구의 개념을 완전히 이해할 수 있을 것이다.

사전 지식

이 책은 운영 체제, 특히 유닉스와 리눅스 셸 환경에 대한 실무 지식이 있다고 가정한다. 이 책의 예시들은 배시Bash 셸을 계속 사용한다. 명령 줄 프로그램을 실행하는 방법과 더불어 기본적인 파이프 처리와 프로그램 간 리다이렉션 처리에 대한 이해도 필요하다.

추가로 쓰기 방지 기법, 섹터별 수집 그리고 암호 해시를 통한 증거 무결성 보존을 포함해 디지털 포렌식에 대한 기본적인 이해가 필요하다. 제시된 예시를 적용할 때는 이런 기본적인 지식을 가정한다.

사전 설치된 플랫폼 및 소프트웨어

정상 동작하는 리눅스 플랫폼과 관련된 도구들이 이미 설치된 상태여야 한다. 이 책은 여러 도구를 찾거나, 다운로드하거나, 컴파일하거나, 설치하는 방법을 다루지 않는다. 어느 정도 최신 (이 책의 출판일로부터 1년 이내) 기기와 리눅스의 최신 배포판을 갖고 있다면 예시들을 실행하는 데 문제가 없을 것이다. 어떤 도구들은 표준 리눅스 배포판에 포함돼 있지 않지만 깃허브github나 검색을 통해 쉽게 찾을 수 있다.

책의 구성

이 책은 절차를 시간순으로 나열하기보다는 업무별 설명서로 사용될 수 있도록 했다. 하지만 플랫폼 설치, 계획과 준비, 수집과 수집 후 활동의 논리적인 진행 절차를 따르기는 한다. 이 책은 참고용으로 고안됐기 때문에 일반적으로 처음부터 끝까지 읽을 필요는 없다. 다만 특정 부분들은 그 전의 내용에 대한 지식이 필요한데, 이런 부분들에 대해서는 적절한 상호 참조가 제공될 것이다.

- 0장, '디지털 포렌식 개요'는 디지털 포렌식에 대한 일반적인 개론이다. 이 분야의 역사와 발전 과정도 다루며, 방향성을 제시한 의미 있는 사건들을 언급한다. 특히 법

정에서 사용할 디지털 증거의 생성에 필요한 표준의 중요성을 강조한다. 이 책은 전반적으로 국제용이며 지역별 법적 관할권에서 독립적인 것을 목표로 한다. 오늘날 이 점은 매우 중요한데, 점점 더 많은 범죄 수사가 여러 국경에 걸쳐 있고 다수의 관할권과 관련돼 있기 때문이다. 또한 민간 영역의 포렌식 역량의 증가에 따라 민간 포렌식 랩, 특히 글로벌 기업들에게 유용할 것이다.

- **1장, '저장 매체 개요'**는 대용량 저장 매체, 커넥터와 인터페이스 그리고 매체 접근에 사용되는 명령과 프로토콜에 대한 기술적인 개요를 제공한다. 전문 포렌식 랩 환경에서 일하는 통상적인 포렌식 조사관이 접하게 될 기술들을 다룬다. 서로 다른 저장 매체 인터페이스, 프로토콜 터널링, 브릿징 그리고 저장 매체가 호스트 시스템과 연결되고 상호 작용하는 방법을 확실히 이해할 수 있도록 많은 노력을 기울였다.

- **2장, '포렌식 증거 수집 플랫폼으로서의 리눅스'**는 포렌식 수집 플랫폼으로서의 리눅스에 대한 개요를 제공한다. 리눅스와 오픈 소스 소프트웨어 사용의 장단점을 간략히 짚고 넘어간다. 리눅스 커널이 시스템에 새로 연결된 장치를 인식하고 다루는 방법과 이 장치들에 접근하는 방법을 설명한다. 2장은 리눅스 배포판과 셸 실행의 개요를 제시한다. 또한 책 전반에 걸친 중요한 개념으로 파이프의 사용과 리다이렉션을 설명한다.

- **3장, '포렌식 이미지 포맷'**은 업계에서 공통적으로 사용되는 다양한 원시 및 포렌식 포맷을 다룬다. 이 포맷들은 수집된 저장 매체를 위한 디지털 "증거 봉투"와 같다. 3장은 원시 이미지, EnCase, FTK와 같은 상용 포렌식 포맷을 설명하고, AFF와 같은 학계의 포맷도 다룬다. 또한 SquashFS 기반의 간단한 포렌식 증거 보관소와 그 관리 도구도 소개한다.

- **4장, '계획 및 준비'**는 책의 전환점으로, 이론적인 영역을 떠나 실무적이고 절차적인 영역에 들어선다. 처음은 정식 포렌식 보고서에 사용하기 위해 로그와 감사 기록을 유지하고 명령 정보를 저장하는 예시들로 시작한다. 포렌식 조사관들이 흔히 겪는 계획 수립과 실행 계획상의 문제들을 다룬다. 4장은 실제 수집 절차를 준비하기 위해 포렌식적으로 견고하고 쓰기 방지 처리된 작업 환경을 구성하는 부분으로 끝

난다.

- 5장, '**수집 호스트에 조사 대상 매체 연결**'은 조사 대상 디스크를 수집 호스트에 연결하고 디스크에 대한 정보(ATA, SMART 등)를 모으는 내용으로 이어진다. 이 단계에서 HPA와 DCO 등 매체 접근에 대한 제약이 제거되고, 잠기거나 자가암호화된 디스크들에 대해 접근할 수 있게 된다. 5장은 애플 타깃 디스크 모드 등의 몇몇 특별한 주제들도 다룬다. 이때의 디스크는 수집 명령을 실행할 수 있도록 준비된 채로 대기 중인 상태다.

- 6장, '**포렌식 이미지 수집**'에서는 수집을 실행하면서 오픈 소스와 상용 도구를 이용해 포렌식 수집의 여러 가지 형태를 보여준다. 해시, 서명과 타임스탬프 서비스로 증거를 보존하는 것에 주안점을 둔다. 배드 블록, 오류와 더불어 네트워크상의 원격 수집 등 다양한 시나리오를 다룬다. 테이프와 RAID 시스템의 수집을 포함하는 특별 주제도 있다.

- 7장, '**포렌식 이미지 관리**'는 수집한 디스크 이미지의 관리에 집중한다. 7장은 포렌식 이미지가 성공적으로 생성됐음을 가정하고, 일반적인 수집 후 절차들을 설명한다. 이 절차들에는 이미지의 압축, 분할, 암호화, 포렌식 포맷 간의 변환, 이미지의 클론 및 복제, 제삼자에게로의 이미지 전송, 장기 보관을 위한 이미지 처리 등이 포함된다. 7장은 안전한 데이터 삭제에 대한 절로 마무리된다.

- 8장, '**특수 이미지 접근**'은 검사를 위해 수집 이후에 수행할 수 있는 몇몇 특별한 작업을 다룬다. 루프 장치를 통한 이미지 접근, 가상 머신 이미지 접근, 운영 체제 암호화 이미지(BitLocker, FileVault, TrueCrypt/VeraCrypt 등) 접근 등이 포함된다. 기타 가상 디스크 보관소에 접근하는 내용도 있다. 이 기법들은 해당 이미지들에 대해 포렌식 분석을 수행하고 일반 파일 관리자나 기타 프로그램을 이용해 파일 시스템을 안전하게 탐색할 수 있도록 해줄 것이다.

- 9장, '**포렌식 이미지의 부분적 추출**'은 포렌식 분석 영역에 발을 담그며 이미지로부터 데이터 일부분을 추출하는 법을 보여준다(삭제된 파티션을 포함한). 이에는 파티션의 식별과 추출, 파티션 간 공간의 추출, 슬랙 공간의 추출 그리고 사전에 숨겨진 디스

크 영역(DCO와 HPA)의 추출이 포함된다. 9장에는 개별 섹터와 블록의 추출이 포함된 부분별 데이터 추출의 몇 가지 예시가 있다.

각 장별로 같은 작업을 하더라도 서로 다른 도구를 이용해 설명할 수도 있다. 종종 같은 작업을 위해 여러 가지 도구를 사용할 것이며, 상황에 따라 특정 도구가 다른 도구보다 유용할 수 있다. 이런 경우에는 각 도구의 장단점을 언급한다.

각 장의 절들은 대략적으로 같은 구조를 갖는다. 제목은 주제에 대한 추상적인 설명을 제공한다. 서두의 문단이 해당 절이 왜 필요하며, 이 특정 작업이 왜 사고 조사, 디지털 포렌식, 사고 대응에 유용한지를 설명한다. 대부분의 경우에는 법률이나 업계가 인정하는 표준이 있기 때문이다. 이 표준들이 작업의 포렌식적 견고함을 지지하기 때문에 표준들을 알고, 이해하는 것이 중요하다. 필요한 곳에서는 도구의 소스 코드, 추가 정보나 관련 글들에 대한 참조를 제공한다.

새로운 도구를 소개하거나 보여주기 전에, 도구의 기능이나 목적을 설명하고 디지털 포렌식과의 관련성을 서술하는 문단을 제공할 것이다. 어떤 경우에는 도구의 역사가 흥미로울 수 있으므로 그 내용까지 포함한다.

작업과 도구(들)에 대한 서술이 끝나면 하나 이상의 명령 줄 예시와 (고정폭/고정 너비 폰트의 블록으로 표시된) 명령의 출력을 볼 수 있다. 사용법의 다양한 변화나 확장을 보이기 위해 명령이 반복될 수도 있다. 각 명령 예시 다음에는 실행되고 있는 명령과 출력 결과를 설명하는 문단이 뒤따른다.

디지털 포렌식 조사와 관련돼 겪을 수 있는 돌발 상황, 주의 사항, 위험과 일반적인 문제와 실수들이 마지막 문단에 포함될 수도 있다.

이 책의 범위

이 책은 일반 저장 매체의 포렌식 수집과 증거 보존에 필요한 절차들에 집중한다. 일부 초동 조치와 분석 작업이 포함됐지만 일반적으로 운영 체제와 애플리케이션 데이터의 포렌식 분석은 이 책의 범위를 벗어난다.

전통적인 저장 매체가 아닌 다른 영역에서의 데이터 수집 등 몇 가지 다른 분야도 이 책의 범위를 벗어나는데, 그 예로는 네트워크 포렌식 수집, 라이브 시스템에서의 메모리 수집, 클라우드 데이터 수집 등이 있다.

책의 여기저기에서 기업 등급 저장 매체와 레거시 저장 매체를 언급하지만 실용적인 예시를 제공하지는 않는다. 이것들은 포렌식 랩 환경에서는 잘 발견되지 않는다. 그러나 대부분의 제시된 방법들은 기업 및 레거시 저장 하드웨어에서 일반적으로 잘 동작할 것이다.

상용 장치의 수집 역시 이 책의 범위를 벗어난다(리눅스 커널에서 블록 장치처럼 동작한다면). 이 책에서 사용되는 도구들과 기법들로 최신 모바일 핸드폰, 태블릿이나 사물 인터넷 기기들을 수집할 수는 있겠지만, 이런 기기들을 명시적으로 다루지는 않는다.

작성 규약과 형식

코드와 명령 그리고 그 출력 결과는 컴퓨터 터미널 화면에서 볼 수 있는 것과 같이 고정폭 또는 고정 너비 폰트로 표시된다. 어떤 곳에서는 관련 없는 명령 출력 결과가 제거되거나 생략 기호(...)로 생략될 수 있으며, 책의 여백에 비해 한 줄이 너무 길 경우 들여쓰기를 한 후에 다음 줄로 넘긴다.

루트 권한 없이 실행할 수 있는 명령은 $ 프롬프트를 사용한다. 통상 루트로 실행해야 하는 명령들은 앞에 # 기호가 붙는다. 간결함을 위해 sudo나 다른 권한 상승 과정이 생략되는 경우가 있다. 어떤 절들은 명령 프로시저를 일반 사용자로 실행하는 것에 대해 더 많은 정보를 제공한다.

컴퓨터 도서 업계에서는 일반적으로 코드 블록과 명령 출력 결과의 타임스탬프들을 출판 이후에 미래 시점으로 바꿔 더 새로워 보이도록 한다. 나는 증거 무결성의 보존과 관련된 책을 쓰면서 바로 그 책의 증거를 (타임스탬프를 미래로 바꿔) 조작하는 것이 옳지 않다고 여겼다. 이 책에서 볼 수 있는 모든 명령의 출력 결과는 원래 날짜와 타임스탬프를 포함해 실제 테스트와 연구의 출력 결과를 반영한다. 관련 없는 부분을 …로 대체하고 끝부분의 빈 줄을 제거한 것 이외에 출력 결과는 바뀐 것이 없다.

참고 문헌 목록은 책 끝부분에 있는 대신, 관련 문헌이 참조된 페이지의 끝부분에 각주로 포함돼 있다.

조사관 또는 검사관의 워크스테이션은 수집 호스트 또는 조사 호스트로 언급된다. 수집의 대상이 되는 디스크와 이미지는 대상 디스크, 조사 대상 디스크, 증거 디스크로 언급된다. 책 전반에 걸쳐 몇 가지 용어가 서로 같은 의미로 사용된다. 디스크, 드라이브, 매체 그리고 저장소는 일반적인 맥락에서 사용될 때는 서로 같은 것을 의미한다. 포렌식 조사관, 검사관, 분석가는 다양한 포렌식 작업을 위해 조사 호스트를 사용하는 사람(당신)을 의미한다. 이미징imaging, 수집acquisition 그리고 수집하다acquire는 서로 같은 것을 의미하지만, 복사라는 단어는 포렌식 맥락 밖의 복사 개념과의 혼동을 피하기 위해 의도적으로 배제됐다.

오탈자

내용을 정확하게 전달하려고 최선을 다했지만, 실수가 있을 수 있다. 책에서 텍스트상의 문제를 발견해서 알려준다면, 매우 감사하게 생각할 것이다. 오자를 발견한다면 http://www.acornpub.co.kr/contact/errata에서 구체적인 내용을 알려주기 바란다. 보내준 내용이 확인되면 해당 서적의 정오표에 그 내용이 추가될 것이다. 정오표는 에이콘출판사의 도서 정보 페이지 http://www.acornpub.co.kr/book/forensic-imaging에서 찾아볼 수 있다.

질문

이 책에 관한 질문은 옮긴이나 에이콘출판사 편집 팀(editor@acornpub.co.kr)으로 문의할 수 있다.

디지털 포렌식 개요

오늘날까지 이어지는 디지털 포렌식 분야에 대한 역사적 배경은 현장이 어떻게 진화했는지를 설명하고 포렌식 업계의 전문가가 직면한 문제와 과제에 대한 추가 배경 지식을 제공한다.

디지털 포렌식의 역사

과학의 한 분야로서 현대 디지털 포렌식의 발전을 살펴본다.

Y2K 이전

디지털 포렌식의 역사는 다른 과학 분야의 역사에 비해 짧다. 가장 초기의 컴퓨터 관련 포렌식 작업은 거의 대부분 법 집행 기관이나 군대 조직에 의해 1980년대에 시작됐다. 1980년대 가정용 컴퓨터 및 다이얼 업 BBS 서비스의 성장으로 법 집행 커뮤니티 내에서 컴퓨터 포렌식에 대한 관심이 일찌감치 시작됐다. 1984년 FBI는 컴퓨터 증거를 분석하는 선구적인 프로그램을 개발했다.

또한 어뷰징 및 인터넷 기반 공격의 증가로 인해 1988년 CERT^{Computer Emergency Response Team}가 탄생했다. CERT는 DARPA^{Defense Advanced Research Projects Agency}에서 구성됐으며, 피츠버그의 카네기 멜론 대학교에 있다. 1990년대에는 인터넷 접속이 크게 성장했고 가정의 개인용 컴퓨터가 보편화됐다. 이 기간 동안 컴퓨터 포렌식은 법 집행 기관들 사이에서 중요한 주제였다. 1993년에 FBI는 법 집행을 위한 컴퓨터 증거에 대한 여러 국제 회의를 주최했으며, 1995년에는 IOCE^{International Organization of Computer Evidence}가 결성돼 표준 권고안을 작성하기 시작했다. "컴퓨터 범죄"의 개념은 미국뿐 아니라 국제적으로 현실이 됐다. 1999년, ACPO^{Association of Chief Police Officers}는 컴퓨터 기반의 증거를 다루는 영국 법 집행 요원을 위한 우수 사례 가이드를 만들었다. 또한 1990년대 후반, 최초의 오픈 소스 포렌식 소프트웨어인 The Coroner's Toolkit이 댄 파머와 위체 베네마에 의해 만들어졌다.

2000~2010

밀레니엄 시대를 맞이하자 디지털 포렌식에 대한 수요가 증가했다. 2001년 9월 11일의 비극은 세계가 보안과 사고 대응을 어떻게 보는지에 엄청난 영향을 미쳤다. 엔론^{Enron}과 엔더슨^{Anderson}의 회계 스캔들로 인해 미국은 기업 공개의 정확성과 신뢰성을 향상시켜 투자자를 보호하기 위한 사베인스-옥슬리^{Sarbanes-Oxley} 법안을 만들었다. 이 법안은 일반적으로 디지털 포렌식 또는 증거 수집 기능을 포함하는 공식적인 사고 대응 및 조사 프로세스를 요구했다. IP(지적 재산권) 문제의 증가는 민간 단체들에게도 영향을 미쳤다. 인터넷 사기, 피싱 및 기타 IP 및 브랜드 관련 사건으로 인해 조사 및 증거 수집에 대한 요구가 추가로 발생했다.

DMCA^{Digital Millennium Copyright Act}의 형식으로 디지털 저작권법이 제정됨에 따라 Peer-to-Peer 파일 공유(냅스터^{Napster}로부터 시작됨)는 디지털 저작권 침해 조사에 대한 요구를 증가시켰다. 2000년 이래로 디지털 포렌식 커뮤니티는 해당 분야를 과학 분야로 변모시키는 데 큰 진전을 이뤘다. 2001년 DFRWS 회의는 포렌식 커뮤니티에 중요한 정의와 과제를 제공했으며, 디지털 포렌식을 다음과 같이 정의했다.

> 범죄로 밝혀진 사건에 대한 재연 또는 이러한 재연을 촉진하거나 정상적인
> 작업에 방해가 되는 것으로 보이는 인가받지 않은 작업에 대한 예측을 돕기
> 위한 디지털 매체로부터 파생된 디지털 증거의 보존, 수집, 검증, 식별, 분
> 석, 해석, 문서화에 대한 과학적으로 도출되고 검증된 방법의 사용[1]

포렌식 커뮤니티가 인정된 과학 연구 분야가 되기 위한 범위와 목표를 정의하는 동안 실무
자 수준의 표준, 지침 및 모범 사례 절차도 공식화됐다. SWGDE^{The Scientific Working Group on Digital}
^{Evidence}는 법 집행을 위한 표준 운영 절차^{Standard Operating Procedure, SOP}의 요구 사항을 포함해 정
의 및 표준을 명시했다. 프랑스에서 열린 IOCE 컨퍼런스 2000에서는 가이드라인 및 체크리
스트를 통해 수사 기관 실무자의 업무 절차를 공식화하는 작업이 진행됐다. 프랑스에서 열
린 제13회 INTERPOL Forensic Science 심포지엄은 디지털 포렌식 관련 그룹들의 요구 사
항을 설명하고 정부 및 수사 기관을 위한 포괄적인 표준 및 원칙을 설정했다. 미 법무부는 수
사 기관을 위한 최초 사고 대응자 가이드(미국 DOJ 전자 범죄 현장 조사: 최초 사고 대응자 가이드)
와 NIST의 CFTT^{Computer Forensics Tool Testing} 프로젝트를 통해 디스크 이미징 도구 사양을 처음
으로 발표했다. 해당 기간 동안 다수의 학술 논문이 검증돼 관련 분야의 지식이 쌓이고 있음
을 알리기 위해 발표됐다. IJDE^{International Journal of Digital Evidence}는 2002년에 만들어졌으며(2007
년에 중단됨), 「Digital Investigation」은 2004년에 만들어졌다.

2010~현재

2010년 이후 발생한 여러 가지 사건으로 인해 사이버 공격 및 데이터 유출 사고에 대한 조
사 및 수집에 관심이 생기기 시작했다. WikiLeaks(http://www.wikileaks.org/)는 영상 및 외

---

1   Gary Palmer, "A Roadmap for Digital Forensic Research," Digital Forensics Research Workshop (DFRWS), 2001. Technical
    report DTR-T0010-01, Utica, New York.

교 전문을 포함해 미군으로부터 유출한 자료를 게시하기 시작했다. 어나니머스^{Anonymous}는 DDoS^{Distributed denial-of-service} 공격과 다른 핵티비스트 활동으로 악명이 높다. 룰즈섹^{LulzSec}은 HB 개리^{HBGary Federal}와 다른 회사를 해킹해 데이터를 유출했다. APT^{Advanced Persistent Threat} 멀웨어에 대한 조사가 업계에서 중요한 주제가 됐다. 멀웨어를 사용한 다른 정부 및 민간 기업 대상 정부 간첩 행위의 범위가 공개됐으며 SCADA 시스템, 특히 이란 핵 프로그램의 제어 시스템을 공격하는 스턱스넷 웜이 발견됐다. 맨디언트는 중국의 사이버전 부대인 APT1에 대한 조사를 발표했고 에드워드 스노우덴^{Edward Snowden}은 미국 NSA의 해킹 활동을 보여주는 방대한 양의 문서를 유출했다. 또한 이탈리아 회사인 해킹 팀^{HackingTeam}의 데이터가 공개됨에 따라 정부, 사법 기관 및 민간 기업에 판매되는 전문적인 익스플로잇 시장 역시 공개됐다. 주요 데이터 유출은 Sony, Target, JPMorgan Chase, Anthem 등의 회사에서 신용카드 정보 및 기타 데이터가 탈취됨에 따라 민간 영역의 회사들에게 중요한 관심사가 됐다. 또한 글로벌 금융 산업은 금융 사기를 목적으로 은행 고객들을 공격하는 금융 악성 코드(Zeus, Sinowai/Torpig, SpyEye, Gozi, Dyre, Dridex 등)의 엄청난 증가에 직면했다. 더욱 최근에는 랜섬을 요구하는 공격(랜섬웨어, 비트코인 목적 디도스 등)이 증가했다.

이러한 다양한 해킹, 공격 및 어뷰징으로 인해 디지털 포렌식의 초점이 네트워크 트래픽 캡처 및 분석 그리고 감염된 시스템의 실제 시스템 메모리 획득 영역을 포함하도록 확대됐다.

포렌식 증거 수집 트렌드 및 과제들

디지털 포렌식 분야는 기술 및 범죄의 변화와 발전으로 인해 끊임없이 변하고 있다. 이 절에서는 저장 매체에 대한 전통적인 포렌식 증거 수집에 영향을 미치는 최근 과제, 트렌드 및 변화에 대해 논의한다.

증거의 크기, 위치 및 복잡성의 변화

포렌식 이미지 수집에 영향을 미치는 가장 분명한 변화는 디스크 용량이다. 이 글을 쓰는 시점에서 소비자의 하드 디스크에는 10TB의 데이터를 저장할 수 있다. 사용하기 쉬운 RAID 어플라이언스의 가용성으로 인해 논리 디스크 용량이 훨씬 더 커졌다. 이러한 고용량 디스크는 전통적인 포렌식의 이미지 수집 절차에 영향을 미친다.

또 다른 과제는 범죄 현장에서 발견되거나 사건과 관련된 수많은 저장 장치다. 가정용 컴퓨터 한 대는 컴퓨터, 랩톱, 태블릿, 휴대전화, 외장 디스크, USB 드라이브, 메모리 카드, CD 및 DVD 및 상당량의 데이터를 저장하는 다양한 장치로 구성된다. 문제는 관련된 모든 저장 매체를 실제로 찾아내고 포렌식 분석 도구에서 동시에 모든 것에 접근할 수 있도록 하기 위해 이미지를 수집하는 것이다.

증거 위치가 클라우드로 이동하는 것 또한 여러 문제점을 야기한다. 경우에 따라 데이터의 캐시된 사본만 최종 사용자 장치에 남아 있을 수 있으며, 대부분의 데이터는 클라우드 서비스 공급자에 있다. 이 데이터를 수집하는 것은 법적 관할권 밖에 있는 경우 법 집행이 복잡해질 수 있으며, 아웃소싱된 클라우드 서비스 제공 업체가 계약에서 디지털 포렌식 지원 조항이 없는 경우 민간 기관에서는 어려울 수 있다.

사물 인터넷은 급성장하고 있다. 소형 인터넷 활성화 전자 장치(헬스 모니터, 시계, 환경 디스플레이, 보안 카메라 장치 등)에는 대개 많은 양의 저장소가 포함되지 않지만 타임 스탬프, 위치 및 이동 데이터, 환경 조건 등과 같은 유용한 원격 측정 데이터가 포함될 수 있다. 이 데이터를 확인하고 접근하는 것은 결국 포렌식 증거 수집의 기본적인 부분이 될 것이다.

논쟁의 여지는 있지만 포렌식 수사관이 직면한 가장 어려운 과제는 독점적으로 잠긴 장치에 대한 동향들이다. 개인용 컴퓨터 아키텍처와 디스크 장치는 역사적으로 공개돼 잘 문서화돼 있으며, 이를 통해 데이터에 접근하기 위한 표준 포렌식 도구를 만들 수 있다. 그러나 독점 소프트웨어 및 하드웨어의 사용 증가로 인해 이러한 혁신이 어려워졌다. 이는 하위 수준의 파일 시스템 블록 접근이 가능하기 전에 장치를 탈옥시킬 필요가 있는 모바일 장치에서 특히 문제가 된다.

다중 법적 관할권 측면

포렌식 수사관이 직면하는 또 다른 문제는 인터넷 범죄의 국제적 특성이다. B 국가의 공격자가 D 국가의 아웃소싱 파트너를 통해 C 국가의 릴레이 프록시를 사용해 A 국가에 있는 회사의 인프라를 손상시키고 탈취한 데이터를 E 국가로 빼내는 경우를 생각해보자. 이 시나리오에서 5개국의 사법 기관은 서로 다른 법적 관할권을 통해 적어도 5개의 다른 회사와 협조해야만 한다. 이 다국적 시나리오는 오늘날 특이한 것이 아니다. 사실 오히려 일반적이다.

산업계, 학계 그리고 사법 기관의 협업

점점 더 복잡하고 고도화되고 있는 인터넷 범죄로 인해 정보와 증거를 수집하고 조사를 진행하기 위한 협조와 협력이 활발해졌다. 경쟁 업체 간의 이러한 협력은 공공의 적(뱅킹 악성 코드에 대한 금융업계, DDoS 및 스팸에 대한 ISP 업계 등)과의 싸움으로 볼 수 있다. 이러한 협력은 사기업과 공공 기관 간의 경계를 넘어섰다. 사법 기관은 범죄와의 전쟁을 목적으로 공공 민간 파트너십Public-Private Partnerships, PPP을 통해 산업계 파트너와 협력한다. 이러한 다각적인 협력은 디지털 증거에 대한 식별, 수집 그리고 전송 기회를 만들어낸다. 여기서의 과제는 민간 파트너가 디지털 증거의 성격을 이해하고 공공 부문에서 법 집행에 필요한 기준을 충족시킬 수 있는지 확인하는 것이다. 이는 민간 부문에서 수집한 증거를 기반으로 성공적으로 기소할 수 있는 가능성을 높일 것이다.

업계 및 법 집행 기관과 협력하고 있는 세 번째 그룹은 학술 연구 커뮤니티다. 이 커뮤니티는 일반적으로 컴퓨터 범죄 및 포렌식의 이론 및 고도의 기술 측면을 탐구하는 대학 포렌식 연구소 및 보안 연구 부서로 구성된다. 이 연구원은 문제를 분석하고 새로운 범죄 방법 및 포렌식 기법에 대한 통찰력을 얻는 데 시간을 할애할 수 있다. 어떤 경우에는 사법 기관에서 표준 포렌식 도구를 통해 필요한 증거를 추출하거나 분석할 수 없을 때 학계에서 필요한 기술을 제공할 수도 있다. 또한 학술 단체는 디지털 증거의 관리와 보존에 대한 필요와 기대를 이해해야 한다.

사후 컴퓨터 포렌식의 원칙

과학 분야로서 디지털 포렌식의 원칙은 정식으로 정의된 표준, 검증된 연구, 업계 규제 및 모범 사례와 같은 여러 요소의 영향을 받는다.

디지털 포렌식 표준

전통적인 물리적 증거를 수집하고 보존하는 기준은 해당 지역의 법적 관할권에 크게 의존한다. 반면, 디지털 증거 수집은 표준 개발 및 연구에 참여하는 서로 연결돼 있는 다수 국가들 간의 국제적인 환경 속에서 성숙돼왔다. 일반적으로 하드웨어, 소프트웨어, 파일 형식, 네트워크 프로토콜 및 기타 기술은 전 세계가 동일하다. 이러한 이유로 디지털 증거를 수집하기 위한 표준과 절차는 다수의 국가에서 동일하다. 좋은 예로는 디스크를 이미징 머신에 연결하기 위한 쓰기 방지 장치를 사용하는 것을 들 수 있다. 이는 전 세계 모든 곳에서 허용되는 절차다.

포렌식 수집 표준을 정의하는 데에는 여러 공식 표준 단체가 존재한다. 미국 국립 표준 기술 연구소National Institute of Standard and Technology, NIST는 컴퓨터 포렌식 도구 테스트Computer Forensic Tool Testing, CFTT 프로그램을 제공한다. 목표는 다음에 명시돼 있다.

> NIST의 CFTT 프로젝트 목표는 일반적인 도구 사양, 테스트 절차, 테스트 기준, 테스트 집합 및 테스트 하드웨어를 개발해 컴퓨터 포렌식 소프트웨어 도구를 테스트하는 방법을 수립하는 것이다.

NIST가 미국 중심의 조직이긴 하지만, NIST의 많은 표준이 국제적으로 채택되거나 최소한 다른 국가의 표준 기관에 영향을 미친다.

국제 표준화 기구ISO도 디지털 증거와 관련된 많은 표준을 제공한다. 포렌식 수집과 관련해 디지털 증거의 식별, 수집, 획득 및 보존을 위한 ISO 지침들이 있다.

ISO/IEC 27037:2012는 증거물이 될 수 있는 잠재적인 디지털 증거를 식별, 수집, 획득 및 보존하는 디지털 증거 처리 관련 특정 활동에 대한 지침을 제공한다.

이는 디지털 증거 처리 프로세스 전반에 걸쳐 발생하는 일반적인 상황과 관련해 개인에게 지침을 제공하며 조직이 징계 절차를 준수하고 관할 지역 간의 잠재적인 디지털 증거를 쉽게 교환할 수 있도록 지원한다.

개별 수사 기관들은 증거 수집 과정에 대한 자체 표준을 갖고 있을 수 있다. 예를 들어, 영국에서는 영국 경찰 지휘관 협의회^{the Association of Chief Police Officer, ACPO}가 디지털 증거를 위한 ACPO 우수 사례 안내서를 제공한다. 가이드의 내용은 다음과 같다.

이 우수 사례 안내서는 ACPO 범죄 사업 영역^{Crime Business Area}에서 작성됐으며, 2007년 12월 ACPO 내각에 의해 승인됐다. 이 문서의 목적은 법 집행을 돕는 것뿐 아니라 사이버 보안 사건 및 범죄를 조사하는 데 도움이 되는 모든 정보를 제공하는 것이다. 입법 및 정책 변경에 따라 업데이트되고 필요에 따라 다시 게시된다.

이 문서는 ACPO 및 다른 사람이 제시한 여러 가지 다른 표준 및 문서를 참조한다.

미국 법무부는 "전자 범죄 현장 조사: 최초 수사 요원을 위한 지침"을 관리한다. 가이드에 대한 소개는 다음과 같다.

이 안내서는 전자 범죄 현장을 보존하고 디지털 증거를 인식, 수집 및 보호할 책임이 있는 주 또는 지방 법 집행 기관 및 기타 최초 수사 요원을 지원하기 위한 것이다.

다수의 국제 기구들도 포렌식 워킹 그룹, 위원회 및 공동체 창설 등을 통해 표준 개발에 기여한다.

피어 리뷰 연구

디지털 포렌식 표준 및 방법론의 또 다른 출처는 피어 리뷰 연구peer-reviewed research 및 학술 회의다. 해당 자료들은 디지털 포렌식 연구 커뮤니티의 기술 발전을 촉진시킨다. 피어 리뷰 연구를 기반으로 한 새로운 방법 및 기술에 대한 포렌식 연구 작업은 법원에서 검증되지 않았기 때문에 특히 중요하다.

지식의 발전에 기여하는 국제적인 학문 연구 커뮤니티도 다수 존재한다. 포렌식 분야에서 가장 저명한 연구 저널은 10년 이상 이 분야의 학술 연구를 발표해온 「Digital Investigation」다. 해당 저널의 목표와 범위는 다음과 같다.

> 「Digital Investigation」 저널은 디지털 포렌식 분야의 최첨단 기술 개발과 전 세계의 침해 사고 대응에 대해 다루고 있다. 널리 인용되는 이 저널은 디지털 포렌식 조사관이 최신 기술, 유용한 도구, 관련 연구, 조사 기술 및 정보 유출 사고를 처리하는 방법에 대한 최신 정보를 제공한다. 기업, 범죄 및 군사 분야의 전문가들은 이 저널을 사용해 다음과 같은 분야에서 얻은 교훈과 현재의 어려움을 포함한 지식과 경험을 공유한다.
>
> **피어 리뷰 연구**: 특정 기술을 분석하는 데 적용된 연구를 비롯해 디지털 수사 및 침해 사고 대응 시 직면한 문제를 해결하기 위해 컴퓨터 과학 기술을 적용하는 등 디지털 조사에서 해결해야 할 과제들을 해결하기 위한 새로운 방법
>
> **실무자 보고서**: 효과적인 디지털 조사를 수행하기 위한 개선된 방법을 포함해 실무자가 현장의 새로운 과제를 다루는 방법을 설명하는 조사 사례 연구 및 보고서….

학계를 선도하는 디지털 포렌식 학술 연구회는 Digital Forensics Research WorkShop (DFRWS)이다. 이 컨퍼런스는 2001년에 시작돼 2014년에 별도의 유럽 행사가 만들어지긴 했

지만 여전히 미국에 기반을 두고 있다. DFRWS의 목적은 다음과 같다.[2]

- 디지털 포렌식을 발전시키기 위한 새로운 시각을 확보하고 아이디어 교환을 촉진한다.
- 디지털 포렌식 연구 및 응용에 관한 학술 토론을 촉진한다.
- 법 집행 기관, 군대 및 민간 부문의 숙련된 분석가 및 심사관을 고용해 실무자 요구 사항, 여러 조사 환경 및 실제 사용 가능성에 대한 연구에 중점을 둔다.
- 유용한 연구 개발을 위한 핵심 기술을 정의한다.
- 민간 및 군사 환경에서 법원 및 기타 의사 결정권자의 엄격한 조사를 충족시킬 확실하고 설득력 있는 증거의 발견, 설명 및 제시를 촉진한다.
- 공통 어휘집을 만들고 확장해 커뮤니티에서 동일한 언어를 사용하도록 한다.
- 날카로운 집중, 높은 관심 및 효과를 보장하기 위해 정기적인 토론 및 협업 활동에 참여한다.
- 학계와 실무 전문가의 활발한 커뮤니티를 유지한다.
- 디지털 법의학 과학의 과학적 엄격함을 증대시킨다.
- 새로운 솔루션을 만들어내기 위해 다음 세대를 격려한다.

전체 공개: 저자는 「Digital Investigation」의 편집인이며, DFRWS Europe의 조직 위원회에 참여한다.

산업 규정 및 모범 사례

산업별 규정은 디지털 증거 수집에 추가 요구 사항(또는 제한 사항)을 적용할 수 있다.

민간 분야의 경우 산업 표준과 모범 사례는 다양한 조직과 산업 그룹에 의해 개발된다. 예를 들어, 정보 보증 자문 위원회[IAAC]는 디지털 조사 및 증거에 대한 이사 및 기업 고문을 위한 가

---

2   http://www.dfrws.org/about-us/

이드를 제공한다.

그 밖의 기관에서는 법적 규제 기관에 의해 강제되는 표준 및 절차도 포함한다(예: 미국 사베인스-옥슬리 법안의 증거 수집 능력 요구 사항).

일부 디지털 증거 요구 사항은 업권에 따라 다를 수 있다. 예를 들어, 한 지역의 의료 규정은 데이터 보호에 대한 요구 사항을 명시하고 위반 시 다양한 포렌식 대응 및 증거 수집 절차를 포함할 수 있다. 통신 사업자는 로그 보존 및 인프라 통신에 대한 법 집행 접근을 다루는 규정을 갖고 있을 수 있다.

또한 은행 규제 기관은 디지털 증거에 대한 요구 사항과 표준을 규정한다. 좋은 예로는 보안 및 사고 대응과 같은 분야에서 은행 커뮤니티에 대한 상세한 표준을 제공하는 싱가포르 통화 감독청^{MAS}을 들 수 있다(http://www.mas.gov.sg/regulations-and-financial-stability/regulatory-and-supervisory-framework/risk-management/technology-risk.aspx).

최근 여러 부문(금융, 건강 등)을 대상으로 한 사이버 공격이 증가함에 따라 규제 기관은 향후 증거 수집 표준에 영향을 미치고 정의하는 데 더 큰 역할을 할 수 있다.

이 책에서 사용된 원칙

이 책은 민간 영역과 공공 영역이 공통적으로 갖고 있는 포렌식 업무에 중점을 둔다. 예제는 단순한 포렌식 수집으로 시작하며, 추가 예제는 수집 프로세스의 추가 기능과 범위를 보여준다. 여기에는 해싱 및 서명, 로깅, 성능, 오류 처리 및 획득된 이미지의 안전한 보관을 통해 증거를 보존하는 것이 포함된다. 또한 자기테이프 및 RAID 시스템과 같은 특수한 주제는 물론 네트워크를 통한 이미징을 위한 몇 가지 기술을 설명한다. 포렌식 수집을 수행하는 데는 몇 가지 전제 조건이 있다.

- 대상 드라이브는 리눅스^{Linux} 커널에 연결돼 인식
- 쓰기 방지 설정 필요
- 해당 드라이브가 올바르게 식별되고 명시돼 있음

- 장치에 대한 전체 접근 가능(HPA, DCO 및 ATA 보안이 비활성화됨)
- 증거 수집을 수행하는 데 필요한 시간 및 저장 용량이 충분해야 함

포렌식 수집 프로세스 및 도구 테스트는 디지털 포렌식 커뮤니티에 잘 문서화돼 있다. 유용한 자료[3]는 NIST에서 제정한 CFTT 프로그램이며, NIST의 최고 수준의 포렌식 이미징 요구 사항은 다음과 같다.

- 도구는 비트 스트림을 복제하거나 원본 디스크 또는 파티션의 이미지를 만들어야 함
- 도구는 원본 디스크를 변경해서는 안 됨
- 도구는 I/O 오류를 기록해야 함
- 도구의 설명서가 정확해야 함

NIST에서 발표한 논문에 설명된 이 원칙은 이 책의 나머지 부분에 대한 토대가 된다. 증거 무결성이 유지되고 변조가 방지되거나 감지되도록 보장하기 위해 존재한다.

일부 연구는 물리적 디스크에 접근하는 데 사용되는 ATA 인터페이스의 제한 사항과 한계에도 불구하고 완전한 포렌식 증거 수집에 도전하고 있다.[4]

이론적으로 완전한 수집에는 SSD 및 플래시 드라이브이 플래시 변환 레이어 아래에 있는 메모리와 자기 디스크의 모든 섹터가 포함되며, 이제는 기존의 블록 장치 방식으로는 이미징할 수 없는 잠긴 모바일 장치까지 확장된다. 장치의 모든 물리적 저장 장치를 "완전하게" 획득하는 것이 점차 어려워지고 있다. 모바일 장치의 경우, 포렌식 커뮤니티는 이미 물리적 수집과 논리적 수집을 구분했으며, 후자는 드라이브 섹터의 이미징이 아닌 파일 및 데이터의 복사를 의미한다.

이 책에서 볼 수 있는 예제에서 포렌식 완전성은 공개된 인터페이스 사양을 사용하는 공개적으로 사용할 수 있는 소프트웨어 도구를 사용해 안정적이고 반복적으로 접근할 수 있는 디스

---

3 https://utica.edu/academic/institutes/ecii/publications/articles/A04BC142-F4C3-EB2B-462CCC0C887B3CBE.pdf

4 Forensic Imaging of Hard Disk Drives—What We Thought We Knew," Forensic Focus, January 27, 2012, http://articles.forensicfocus.com/2012/01/27/forensic-imaging-of-hard-disk-drives-what-we-thought-we-knew-2.

크 영역을 얻는 것을 의미한다. 비공개 공급 업체의 독점 도구(자체 진단, 개발 도구 등)를 통해 또는 하드웨어 해체(칩 분리, 헤드 어셈블리 교체, 디스크 플래터 제거 등)를 통해서만 접근할 수 있는 디스크 영역은 이 책에서 다루지 않는다.

여기까지가 디지털 포렌식 분야에 대한 간략한 소개다. 1장에서는 저장 매체 기술 및 수집 대상 호스트에 연결하는 데 사용되는 인터페이스에 대해 소개한다.

CHAPTER 1

저장 매체 개요

 1장에서는 범용 대용량 저장 장치, 물리적 연결 장치 및 인터페이스와 같은 컴퓨터 버스 시스템과 설치된 저장 장치들과 통신하는 로레벨 프로토콜 명령어를 다룬다. 이를 통해 책의 뒷부분에서 설명할 저장 장치 획득에 대한 배경 지식을 얻을 수 있을 것이다.

일반적으로 대용량 저장 장치 기술은 다음과 같이 크게 3개의 카테고리로 나눌 수 있다. 마그네틱 매체, 비휘발성 메모리(플래시) 그리고 광학 매체, 저장 매체는 특정 장치에 내장되거나 제거할 수 있는 형태로 만들 수 있다. 이 장치들은 저장 매체와의 통신을 위해 필요한 드라이브 전자 장치를 포함하고 있다. 시스템은 내·외부 버스 또는 인터페이스를 통해 저장 장치들에 접근한다.

1장은 이러한 세 가지 저장 장치 기술에 대한 개요로 시작하고, 디지털 포렌식과 관련된 주요 포인트에 대해 살펴본다.

마지막 2개 절은 이러한 저장 장치들이 어떻게 리눅스에 설치되고 어떻게 해당 시스템과 통신하는지에 대해 설명한다. 그리고 포렌식 조사관에게 특별히 관심이 있는 부분들에 대해 다룬다.

1장에서는 현대 컴퓨터 아키텍처와 컴포넌트들에 중점을 둔다. 과거에 인기 있었던 레거시 기술들 역시 언급은 되겠지만 깊이 있게 다루지는 않는다. 또한 이번 개요는 대규모 기업 환경보다는 소규모 서버 환경과 개인 사용자들(직장인, 가정 등)에 의해 사용되는 장치들에 한정한다. 대규모 기업 환경에서의 저장 장치 기술은 전통적인 디스크 저장 매체에 대한 포렌식 이미징 기술에 늘 적합한 것은 아니다. 일부 사례를 보면 전통적인 방식으로 매우 큰 용량의 저장 매체를 이미징하는 것은 사실상 불가능하고 기업의 업무상 중요한 시스템을 소규모의 컴퓨터 기반 시스템처럼 오프라인 상태로 만들어 이미징하는 것 역시 일반적으로 불가능하다.

마그네틱 저장 매체

마그네틱 매체는 종이 테이프와 천공 카드로부터 이어져 내려온 기술로, 3개의 기본적인 저장 기술 중 가장 오래됐지만 현재 저장 가능한 용량이 가장 크다. 현재 마그네틱 저장 장치 중 주류를 이루는 두 가지는 하드 디스크와 테이프다. 두 가지 모두 온라인/오프라인 저장 장치를 위한 높은 저장 용량과 신뢰성을 제공한다.

> **NOTE** 마그네틱 디스크와 SSD의 저장 용량 경쟁은 치열하다. 이 책을 쓰는 동안 16TB SSD가 발표됐고, 이를 판매하기 시작한다면 세계에서 가장 용량이 큰 디스크가 될 것이다.

하드 디스크

하드 디스크는 항상 SSD나 광학 디스크와 같은 다른 저장 매체보다 많은 용량을 제공해왔다. 이 글을 쓰는 시점을 기준으로 소비자 시장에 10TB 하드 디스크가 판매되고 있고, 더 많은 용량이 기대되는 상황이다.

하드 디스크는 그림 1-1과 같이 자성을 띠는 물질로 코팅된 회전 플래터^{Platter}로 구성돼 있다. 여러 개의 플래터는 하나의 스핀들^{Spindle} 위에 쌓아올려져 있고, 이동할 수 있는 암^{arm} (Actuator, 헤드 구동 장치)에 달려 있는 읽기/쓰기용 헤드는 마그네틱 표면에서 인코딩된 데이터를 읽고 쓸 수 있다. 현재 일반적인 하드 디스크의 규격은 3.5인치, 2.5인치, 1.8인치를 포함한다. 하드 디스크는 기계적인 장치기 때문에 외부로부터의 충격, 먼지, 습기 그리고 기타 다른 환경적 요인에 민감하다. 일반적인 하드 디스크 오류는 플래터 표면에 발생한 스크래치, 손상되거나 움직이지 않는 헤드, 모터 오류 그리고 전자 회로 오류 등에 의해 발생한다.

실제 디스크의 물리적 구조(헤드, 플래터, 트랙, 트랙당 섹터)는 컴퓨터에서 추상화되며, 논리적 블록 주소$^{Logical Block Address, LBA}$를 이용해 일련의 섹터로서 접근할 수 있게 된다. 섹터는 데이터를 읽고 쓸 수 있는 가장 작은 단위의 주소 지정 가능 단위다. 역사적으로 볼 때, 하드 디스크의 표준 섹터 크기는 512바이트였다. 그러나 현대의 디스크는 섹터 크기가 4K로 바뀌고 있다. 가장 최근의 드라이브는 가상 512바이트$^{512bytes emulation}$를 지속적으로 지원하고 있다. 하지만 4K의 원시 섹터 크기(4Kn 드라이브로 불리는)를 갖고 있는 하드 디스크가 이미 판매되고 있다. 4Kn 디스크 사용은 퍼포먼스에서 이점이 있고, 언젠가는 전통적인 가상 512바이트 디스크를 대체할 것이다. 4Kn 디스크에 대한 보다 상세한 내용은 87쪽의 "고급 포맷 4Kn"을 참고하기 바란다.

그림 1-1 마그네틱 하드 디스크

전통적인 컴퓨터 포렌식은 오늘날 점점 더 중요한 증거 자료로 인정받는 하드 디스크에 대한 분석 필요성에 의해 탄생했다. 특히, 운영 체제에서 파일을 삭제하는 과정은 단순히 디스크상에 있는 해당 데이터 블록을 참조하는 모든 연결을 끊어버리는 것이다(반면, TRIM 명령어를 이용하는 SSD는 비할당 블록을 깨끗이 삭제한다). 이렇게 연결이 끊어진 블록은 마그네틱 플래터에서 지워지는 것이 아니라 포렌식 도구로 복구 가능한 영역에 그대로 남아 있다(해당 블록 위에 데이터가 덮어씌워지기 전까지는 그렇다).

마그네틱 테이프

홈 유저 시장에서 마그네틱 테이프를 사용하는 경우는 거의 사라졌다. 그러자 소규모 비지니스와 엔터프라이즈 환경에서는 백업과 아카이빙을 위해 마그네틱 테이프를 계속 사용 중이다. 그림 1-2에서 볼 수 있듯이 테이프는 디지털 저장 장치의 초기 형태 중 하나고, 성숙한 기술로서의 명성을 갖고 있으며, 오랜 기간 동안 오프라인 저장 장치로 신뢰받고 있다. 디스크, SSD/플래시 또는 광학 디스크와 다르게 테이프는 순차적으로 읽거나 쓰기만 할 수 있다. 테이프의 다른 블록에 랜덤으로 접근하기 위해서는 읽거나 쓰기 전에 사용자가 테이프를 원하는 위치로 되감거나 앞으로 보내야 한다. 임의의 블록에 접근하는 것은 테이프가 정상적이 파일 시스템으로 사용되는 것을 어렵게 만든다. 데이터는 테이프에 일련의 테이프 파일로 저장된다. 각각의 파일은 일반적으로 파일 시스템 또는 파일과 디렉터리 그룹을 포함하는 아카이브다(TAR, DUMP와 같은 아카이브 포맷을 사용함). 테이프 드라이브는 SCSI 테이프 명령어를 사용해 데이터를 읽고 쓰거나, 테이프의 위치를 정하거나 되감거나 꺼내는 것을 제어한다.

> **NOTE** 더 새로운 Linear Tape-Open(LTO) 드라이브는 LTFS(Linear Tape File System)를 사용해 일반 파일 시스템을 시뮬레이션할 수 있지만, 임의 접근이 아니며 파일은 순차적으로 읽고 쓰인다.

그림 1-2 마그네틱 테이프

다음은 파이버^{Fibre} 채널 LTO5 테이프 드라이브 및 USB DAT160 테이프 드라이브의 몇 가지 예로 둘 다 리눅스 시스템에 연결된다. 테이프 드라이브의 dmesg 출력은 다음과 같다.

```
[ 11.290176] scsi 1:0:0:0: Sequential-Access TANDBERG LTO-5 HH
  Y629 PQ: 0 ANSI: 6
[ 11.293554] scsi 1:0:0:0: Attached scsi generic sg5 type 1
[ 11.345030] st: Version 20101219, fixed bufsize 32768, s/g segs 256
[ 11.361189] st 1:0:0:0: Attached scsi tape st0
...
[ 3263.575014] usb 1-8: new high-speed USB device number 14 using xhci_hcd
[ 3263.703245] usb 1-8: New USB device found, idVendor=03f0, idProduct=0225
[ 3263.703250] usb 1-8: New USB device strings: Mfr=1, Product=2, SerialNumber=3
[ 3263.703253] usb 1-8: Product: DAT160 USB Tape
[ 3263.703255] usb 1-8: Manufacturer: Hewlett Packard
[ 3263.703257] usb 1-8: SerialNumber: 48553101234E4648
[ 3263.704156] usb-storage 1-8:1.0: USB Mass Storage device detected
[ 3263.704295] scsi host12: usb-storage 1-8:1.0
```

```
[ 3264.713397] scsi 12:0:0:0: Sequential-Access HP DAT160
    WU8A PQ: 0 ANSI: 3
[ 3264.722279] st 12:0:0:0: Attached scsi tape st1
```

테이프 아카이브 파일이 작성되면, End of Data^{EOD} 마커도 테이프에 기록된다. 이것은 테이프 데이터의 끝에 도달했음을 알리고 드라이브는 더 이상 읽을 수 없게 된다. 그러나 포렌식 관점에서 볼 때 이전 테이프 쓰기에서 데이터를 포함할 수 있기 때문에 EOD 마커를 벗어나는 데이터는 흥미로운 대상이다. EOD 마커를 벗어나 데이터를 수집하는 데 사용할 수 있는 일반적인 SCSI 명령이 없다. 이 작업을 완료하려면 특수 테이프 드라이브 및 장비가 필요하다.

레거시 마그네틱 저장소

이동식 미디어 사이에는 많은 레거시 마그네틱 저장 장치 유형이 있다. 플로피 디스켓은 몇 세대에 걸쳐 발전해 지금은 쓸모없게 됐다. Jaz, Zip, Syquest와 같은 많은 독점적 저장소 제품이 1980년대와 1990년대 시장에서 인기가 있었다. 그 예로, 4mm, DAT, 8mm Exabyte, QIC와 같이 다양한 종류의 마그네틱 테이프는 더 이상 사용되지 않는다. 이러한 저장소 유형에 대한 포렌식 수집은 이 책에서 다루지 않는다. 그러나 사용할 수 있는 하드웨어와 인터페이스가 있을 경우, 이 책에서 설명하는 동일한 기술을 사용해 대부분의 구형 장치에서 데이터를 수집할 수 있다. 리눅스 커널이 섹터 기반 미디어를 인식할 수 있고 블록 장치로 사용할 수 있으면 수집을 할 수 있다. 리눅스 커널이 테이프 드라이브를 SCSI 테이프 장치로 인식하면, 표준 SCSI 테이프 명령을 사용해 접근할 수 있다. 독점적인 저장소의 경우에는 커널 드라이버 또는 사용자 영역(유저스페이스) 도구를 사용할 수 있고, 레거시 저장소 제품에 대한 접근을 제공한다.

비휘발성 메모리

일반적으로 NAND 플래시 메모리 기술을 사용하는 비휘발성 메모리는 점점 더 성장하고 있으며, 대용량이 필요 없는 상황에서 마그네틱 하드 디스크를 대체하기 시작했다(NAND는 NAND 게이트로 동작하는 트랜지스터를 의미한다). 이 유형의 메모리는 마그네틱 디스크와 동일한 하위 레벨 속성이 아니기 때문에 포렌식 조사관에게 새로운 도전이 될 수 있다. SSD와 플래시 미디어는 일반적으로 NAND 기반 저장소고, 움직이는 부분이 없다.[5] 데이터는 메모리 셀의 배열에 저장되고 추상화 계층인 FTL$^{Flash Translation Layer}$은 드라이브를 하드 디스크와 비슷한 선형 섹터 순서로 동작시킨다. 비휘발성 메모리 디스크는 회로에서 구현되고, 기계적이지 않기 때문에 조용하고 전력을 적게 소비하며 하드 디스크처럼 물리적 손상 위험이 없다. 성능적인 측면에서 보면 디스크상에서 위치를 찾는 물리적인 헤드가 없기 때문에 데이터에 임의로 접근하고 데이터를 더 빠르게 쓸 수 있다(이는 파일 시스템의 조각 모음 수행 시 성능상의 이점이 없음을 의미한다). SSD/플래시 드라이브의 메모리 수명은 하드 디스크의 마그네틱 플래터와 동일하지 않다. 웨어 레벨링과 오버 프로비저닝과 같은 특정 방법을 사용해 SSD 미디어의 수명을 연장한다. 웨어 레벨링은 드라이브에 읽기 및 쓰기 작업을 수행하는 데 사용되는 메커니즘을 의미하며, 드라이브 수명 기간 동안 블록이 균등하게 사용되는 것을 보장한다. 블록의 상태가 나빠지거나 쓰기가 불가능하게 되면 FTL에 의해 사용되지 않도록 제거되고 오버 프로비전된 블록의 풀에서 블록을 대체한다. 이렇게 "폐기된" 블록은 물리적 칩을 제거하고 메모리를 판독해 읽을 수 있다. 일부 전문적인 포렌식 연구소는 다양한 플래시 기반 저장소에 대해 칩오프라는 과정을 수행한다. 제조 과정에서 오버 프로비저닝 블록(사용자가 접근할 수 없는 영역)은 플래시 디스크의 최대 10~25%를 차지할 수 있다.

현재 SSD 기술을 배우고 연구하는 데 유용한 오픈 소스 SSD 펌웨어 프로젝트가 존재한다. 자세한 정보는 http://www.openssd-project.org/wiki/The_OpenSSD_Project에서 찾을 수 있다.

---

5   Jeff Hedlesky, "Advancements in SSD Forensics"(presentation, CEIC2014, Las Vegas, NV, May 19-22, 2014).

솔리드 스테이트 드라이브

그림 1-3에서 볼 수 있듯이 SSD는 일반적인 SATA 디스크의 drop-in 대체품으로 설계됐다 (SATA 즉, Serial AT Attachment는 디스크의 표준 인터페이스다). SSD는 표준 SATA 인터페이스와 자체 모니터링, 분석 및 보고 기술SMART을 갖고 있으며, 일부 ATA 명령을 사용한다(일부 추가됨). 심지어 일반 소비자 SSD의 물리적 폼 팩터는 마그네틱 하드 디스크와 동일하다. 새로운 SSD는 디지털 포렌식 조사관에게 몇 가지 해결해야 할 문제를 남겼다. 드라이브의 비할당 섹터에서 데이터를 복구할 수 있는 부분적인 가능성과 오버 프로비전된 영역에 접근 불가한 점이 있다. ATA TRIM 명령을 지원하는 SSD 장치 및 운영 체제는 다음 사용을 준비할 때 비할당 디스크 블록을 삭제할 수 있다(SSD 블록은 쓰기 또는 수정 전에 지워져야 한다). 이로 인해 마그네틱 디스크에서 증거로서 중요한 가치가 있는 비할당 블록의 데이터 복구가 어려울 수 있다.

그림 1-3 SSD

hdparm 명령을 사용하면 SSD가 지원하는 TRIM 기능을 결정할 수 있다. 예시는 다음과 같다.

```
# hdparm -I /dev/sda
...
Commands/features:
        Enabled Supported:
...
        * Data Set Management TRIM supported (limit 1 block)
        * Deterministic read data after TRIM
...
```

SATA Express 및 NVM Express라는 새로운 표준을 기반으로 한 최신 세대의 SSD는 PCI Express 버스와 직접 연결한다.

USB 플래시 드라이브

그림 1-4와 같이 작고 휴대성이 뛰어난 USB 플래시 드라이브는 thumb 드라이브, USB 스틱, 플래시 동글 또는 단순히 USB 플래시 드라이브와 같은 이름으로 불린다. 플래시 드라이브는 처음에는 플로피 디스크를 대신해 나왔지만, 지금은 저렴한 가격과 높은 용량으로 인해 CD와 DVD를 대체하고 있다.

그림 1-4 USB 플래시 드라이브

그러나 USB 플래시 드라이브의 크기가 작고 대용량으로 인해 위험이 발생할 수 있다. 이로 인해, 대부분의 공급업체에서는 암호화와 관련된 보안 솔루션을 제공한다. 가장 일반적인 암호화는 소프트웨어 기반이고 선택 사항이다. 드라이브의 소유자는 공급업체가 제공한 암호화 소프트웨어를 명시적으로 설치해야 한다(또는 BitLocker 또는 TrueCrypt와 같은 대체 소프트웨어 사용). 일부 USB 스틱은 하드웨어 기반 암호화 시스템을 필수적으로 제공한다. 그러나 소프트웨어 암호화의 추가 작업과 복잡도 및 하드웨어 암호화 비용이 현저하게 높아 널리 사용되지 못하고 있다. 암호화되지 않은 USB 장치가 여전히 가장 많이 사용된다.

이동식 메모리 카드

휴대전화, 태블릿, 카메라와 같은 휴대 기기의 인기로 인해 이동식 메모리 카드 시장이 생겼다. 용량이 가득 찼을 경우, 다른 메모리 카드로 변경하거나 컴퓨터 또는 다른 장치에 복사할 수 있는 특징을 갖고 있다. 그림 1-5는 다양한 메모리 카드를 보여준다. 일반적으로 플래시를 기반으로 하고, 카드 리더기에 두면 하드 디스크와 유사한 선형 섹터 순서로 나타난다.

그림 1-5 플래시 메모리 카드

가장 보편적인 메모리 카드는 SD^{Secure Digital} 표준으로, 다양한 폼 팩터 및 속도가 제공된다.

CF^{CompactFlash} 카드는 고급 카메라 장비에서 널리 사용되고 있으며, 본질적으로 폼 팩터가 작은 PATA/IDE 인터페이스 어댑터를 사용해 접근할 수 있다. USB를 통해 연결된 카드 리더기는 앞서 언급한 두 가지 메모리 카드 유형에 대한 접근을 제공한다(그림 1-6 참조).

그림 1-6 USB 카드 리더

NOTE Parallel ATA(PATA)와 Integrated Drive Electronics(IDE)는 구형 표준으로 드라이브와 컴퓨터 시스템 간의 병렬 인터페이스를 정의한다.

레거시 비휘발성 메모리

시장에서 최대 용량이나 독점적인 인터페이스에 대한 관심이 없어지면서 많은 레거시 메모리 카드는 쓸모없게 됐다. 일부 예로 소니 메모리 스틱, 파나소닉 P2 카드, 스마트미디어 카드 및 기타 PCMCIA/PCcard 미디어가 있다. 일반적으로, 이러한 메모리 카드는 선형 시스템 섹터가 있는 블록 장치로 리눅스 시스템에 연결된다. 그리고 다른 메모리 카드에 동일한 기술을 사용해 이미지를 만들 수 있다(물리적 리더기를 사용할 수 있을 경우).

광학 디스크 저장 매체

현재 사용되는 일반적인 광학 디스크 저장 매체에는 CD-ROM, DVD-ROM, 블루레이 디스크가 있다. 광학 매체의 다른 유형은 물리적 및 화학적 특성이 다양하다. 눈에 띄는 차이점은 그림 1-7과 같다.

그림 1-7 (위에서 아래로) DVD-ROM, 블루레이, CD-ROM

광학 디스크는 보통 읽기 전용, 1회 쓰기 또는 읽기, 쓰기가 가능하다. 전문적으로 마스터링된 디스크는 구워지기보다 각인돼 있다. 서서히 쓸모없게 됐지만 쓰기 가능한 광학 디스크는 여전히 보편적인 디지털 증거의 소스다. 많은 포렌식 연구실에서는 여전히 압축된 포렌식 이미지의 전달 및 저장을 위해 광학 디스크를 사용한다.

광학 디스크에는 반사 표면에 일련의 피트^{pit}와 랜드^{land}가 있는 단일 나선형 트랙이 있고, 이 트랙을 레이저로 읽어 데이터 비트로 해석한다. 데이터는 레이저로 표면에 점화해 기록하며, 이는 반사율에 영향을 미치고 연소된 영역을 데이터 비트로 해석한다. 이 일련의 비트는 섹터들로 분리되며, 인코딩 및 오류 정정 후 사용자가 접근할 수 있는 데이터의 2048바이트를 포함한다.

광학 디스크는 마그네틱 테이프와 한 가지 유사점을 갖고 있다. 데이터는 단일 선형 바이트 문자열로 기록되고 파일은 조각화되지 않는다. 테이프와 달리, 디스크의 임의 영역으로 쉽게 건너뛰기가 가능해 디스크를 읽기 전용 파일 시스템으로 마운트할 수 있다. 그러나 광학 디스크에 기록하는 것은 여전히 번거롭고 테이프처럼 바이트 순서로 수행돼야 한다.

콤팩트 디스크

3개의 광학 디스크 중 가장 오래된 CD-ROM/CDR 디스크는 가정용 사용자 백업, 개인용 아카이브 및 정보 교환을 위한 가장 보편적인 광학 매체다. 그러나 편리한 대용량 USB 플래시 드라이브의 사용이 증가하면서 저장용 CD의 사용은 감소했다.

레인보우 북스^{Rainbow Books}라는 표준 모음에는 다양한 CD 사양이 나와 있고, 일반적인 CD 표준이 많다(좀 더 자세한 내용은 필립스 지적 재산 페이지(http://www.ip.philips.com/licensing/program/16/) 참조).

- 음악 CD, Compact Disc-Digital Audio(CD-DA)는 Red Book 및 IEC 60908 표준에 지정돼 있다. 이 형식의 데이터는 여러 오디오 트랙으로 구분된다.
- 데이터 CD, Compact Disc-Read Only Memory(CD-ROM)는 옐로 북^{Yellow Book}, ISO/IEC 10149 및 ECMA 130 표준에서 다룬다(http://www.ecma-international.org/publications/files/ECMA-ST/Ecma-130.pdf).
- 기록할 수 있는 CD, Compact Disc-Recordable/ReWritable(CD-R/CD-RW)는 오렌지 북^{Orange Book} 표준의 일부며, 데이터를 CD에 기록(CD-R) 또는 재기록(CR-RW)할 수 있다.
- 일반적이지 않은 표준으로는 포토 CD, 비디오 CD(VCD) 및 다른 변형, 확장 및 향상된 기능을 포함한다.

모든 CD에는 선형 섹터 시퀀스로 추상화된 선형 비트 스트림(피트와 랜드)이 있다. 이러한 섹터들 위에는 리드-인^{lead-in} 영역과 목차^{Table of Contents, TOC}가 포함된다. 멀티세션 CD가 존재할 수 있고, 각 세션에는 고유한 목차가 있다.

데이터 CD는 세션에 상주하는 파일 시스템을 가질 수 있고, 파일 및 디렉터리 구조를 포함한다. 다음은 CD-ROM 파일 시스템의 몇 가지 예다.

- High Sierra   컴퓨터용 표준 원본(8.3, 대문자)
- ISO9660   크로스 플랫폼용 하이 시에라High Sierra 업데이트 버전
- Joliet   ISO9660 확장: 마이크로소프트 윈도우 95와 이후 버전용
- HFS   매킨토시
- Rock Ridge   POSIX용 ISO9660 확장
- El Torito   부팅 디스크 표준

포렌식 관점에서 전체 CD의 사용자 데이터를 읽을 수 있다. 테이프에서 발견되는 EOD와 디스크에서 발견되는 DCO/HPA(하드 디스크에서 사용자가 접근할 수 없는 영역)는 다르다. 그러나 특수한 분석이 필요한 파일 시스템의 특정 아티팩트가 있다.

드라이브에서 발견된 증거가 훼손되지 않도록 설계된 포렌식 하드웨어인 포렌식 쓰기 방지 장치는 CD-ROM의 경우 기본으로 읽기 전용 속성이 있어서 불필요하다. 운영 체제에서 CD 드라이브에 넣고 접근해 CD의 타임스탬프를 업데이트하거나 데이터를 수정하지 못한다.

CD는 포렌식 맥락에서 유용한 고유 식별자를 갖는다. SID^Source Unique Identifier는 디스크에 찍히고, 특정 디스크를 제작하는 광학 디스크 제작사에 대한 정보를 포함한다. 이 코드는 IFPI^International Federation of the Phonographic Industry로 시작하고, 물리적으로 디스크의 내부 영역에 찍혀 있다(사람의 눈으로 쉽게 읽을 수 있음). RID^Recorder Identification Code는 디스크의 시스템 섹터에 기록되고 구워진 CD와 CD를 생성한 드라이브를 연결한다. RID는 특별한 하드웨어 없이 쉽게 접근할 수 있다.

불법 위조 및 복제물과 같은 기타 물리적 특성은 이 책에서 다루지 않는다. IFPI에서 가이드를 확인할 수 있다(http://www.ifpi.org/content/library/manual-of-guidance-chap3-english.pdf).

디지털 다용도 디스크

디지털 다용도 디스크(DVD)는 CD와 물리적 특성은 다르지만 논리적 특성은 유사하다. DVD에는 2048바이트 섹터로 분할된 단일 나선형 트랙이 있다.

DVD는 단면 또는 양면일 수 있다. 또한 단일 계층 또는 이중 계층일 수 있다. 면 또는 계층을 두 배로 늘리면 데이터 용량이 두 배로 늘어난다. CD와 유사한 표준을 갖고 있지만 몇 가지 추가 사항이 있고(참고 문서: http://www.ecma-international.org/publications/files/ECMA-ST/ECMA-382.pdf) DVD-비디오, DVD-ROM, DVD-R 그리고 DVD-RW는 CD와 동일한 부분도 있지만, 추가 DVD-RAM 표준도 사용할 수 있다. 대체 표준 세트는 DVD+R 그리고 DVD+RW로 제작되고, 이것은 DVD-R과 DVD-RW와 동일한 데이터 용량을 갖고 있지만, "+"와 "-" 형식은 호환되지 않는다(대부분의 최신 드라이브는 둘 다 읽기 가능).

DVD 드라이브의 가장 일반적인 파일 시스템은 범용 디스크 포맷(UDF)으로 ISO9660의 패킷 쓰기 방식을 대체하기 위해 설계됐다.

블루레이 디스크

블루레이 디스크Blu-ray Disk, BD는 새로운 물리적 제조 프로세스를 사용해 디스크의 데이터 용량을 추가로 늘린다. BD는 2048바이트 섹터로 분할된 나선형 데이터 트랙을 사용한다는 점에서 CD 및 DVD와 유사하다.

이 표준은 CD 및 DVD와 밀접한 관련이 있고, BD-ROM(읽기 전용), BD-R(기록 가능), BD-RW(재기록 가능), BD-XL(이중 용량 재기록 가능) 등이 있다.

DVD와 BD는 암호화를 사용해 콘텐츠를 보호할 수 있어서, 포렌식 수사 중에 보호된 디스크를 획득할 때 어려움을 겪을 수 있다. DRM으로 보호된 콘텐츠를 복호화하는 도구와 방법은 존재하지만, 이 책의 범위를 벗어난다.

레거시 광학 저장소

많은 레거시 광학 드라이브가 존재한다. 특히, 카트리지 기반 Write Once, Read Many^{WORM}
드라이브가 있다. 레거시 광학 드라이브는 엔터프라이즈 환경에서 보다 일반적으로 사용되
고 일반적으로 SCSI 인터페이스를 사용하고, 선형 섹터 시퀀스로 접근할 수 있다. 드라이브
와 호환할 수 있는 컨트롤러 카드를 계속 사용할 수 있고, 리눅스 커널이 미디어를 인식하면
다른 광학 디스크와 동일한 방식으로 미디어를 읽고 분석할 수 있다.

인터페이스와 물리적 커넥터

이 절에서는 포렌식 조사관의 입장에서 일반적인 드라이브 인터페이스에 대한 개요를 제공
한다. 잘 갖춰진 포렌식 연구실에서 일하는 포렌식 조사관은 다양한 장치 인터페이스를 사용
해 저장 매체를 수집하고 분석할 수 있다.

병렬 및 공유 버스에서 직렬 지점 간 연결로 컴퓨팅 트렌드(특히, 저장 장치 인터페이스의 경우)
가 전환되고 있다. 단일 케이블을 공유하며 2개의 디스크가 있는 대중적인 병렬 인터페이스
인 PATA/IDE는 직렬 케이블에 디스크가 하나 있는 SATA로 대체됐다. SCSI는 다중 디스크
를 지원하는 병렬 공유 버스고, 지금은 각 디스크마다 개별 직렬 커넥터가 있는 SAS로 대체
됐다. 기존 PCI 버스는 다중 인터페이스 카드에 공유되고 병렬이었지만, 인터페이스당 레인
이 있는 직렬 버스인 PCI Express로 교체됐다(또한 SATA Express 및 NVM Express 드라이브 연
결에 사용됨). 병렬 프린터 인터페이스는 USB로 대체됐다(직렬 프로토콜이지만 공유 버스를 사용).
전송 속도가 증가함에 따라 병렬 전기 신호의 타이밍은 관리하기가 어려워졌다. 전용 직렬
회선을 통해 데이터의 직렬화/비직렬화를 수행하면 다중 병렬 데이터 회선을 조율해 관리하
는 것보다 빠른 전송 속도를 낼 수 있게 됐다.

직렬 ATA

현재 사용되고 있는 가장 대중적인 내부 저장 매체 인터페이스는 SATA다. 컴퓨터 내부에

서 대부분의 하드 디스크, SSD 및 광학 디스크 드라이브는 메인보드의 SATA 인터페이스 또는 애드온 호스트 버스 어댑터에 연결된다. 이전에는 독점적인 디스크 인터페이스로 사용됐던 병렬 ATA(PATA 또는 IDE)를 SATA의 직렬 아키텍처가 대체했다. SATA 표준은 직렬 ATA 국제 단체(http://www.sata-io.org/)에서 관리한다. 현재 버전 3에서 SATA는 최대 6Gbps의 속도를 제공한다(버전 1 및 2의 속도는 각각 1.5Gpbs, 3.0Gbps다). 내부 인터페이스 외에 외부 SATA를 직접 연결할 수 있는 외부 인터페이스(eSATA)가 있다.

그림 1-8은 SATA 디스크 인터페이스를 보여준다.

그림 1-8 SATA 디스크 인터페이스

소형 폼 팩터인 미니 SATA(mSATA)는 소형 휴대 장치용으로 설계됐다. 그림 1-9에서 볼 수 있듯이 mSATA는 소형 SSD SATA 드라이브를 별도의 SATA 케이블 연결 없이도 메인보드에 직접 연결할 수 있다.

그림 1-9 mSATA 디스크 인터페이스

일반적으로 메인보드를 사용하면 고급 호스트 콘트롤러 인터페이스(AHCI) 모드 또는 IDE 모드에서 SATA 디스크를 설치할 수 있다. AHCI는 표준 SATA 어댑터 인터페이스를 다음에 정의한다.

http://www.intel.com/content/dam/www/public/us/en/documents/technical-specifications/serial-ata-ahci-spec-rev1-3-1.pdf

IDE 모드는 AHCI 표준을 지원하지 않는 구형 운영 체제에 레거시 디스크 인터페이스를 제공하지 않는다(예: Windows XP 이전 버전). 사용하는 모드는 포렌식 이미지의 암호화 해시에 영향을 미치지 않는다.

IDE 모드에서 대상 컴퓨터에서 디스크를 제거하고, AHCI 모드에서 조사관 장비에 연결해 데이터의 손실이나 수정 없이 획득한다.

다른 인터페이스인 마이크로 SATA(mSATA와 혼동해서는 안 됨)는 그림 1-10에 나타나 있다. 1.8인치 디스크 드라이브와 슬림형 CD/DVD 플레이어용으로 설계됐지만, 오늘날에는 거의 사용되지 않는다. 일반적인 SATA 쓰기 방지 장치와 다양한 어댑터를 결합해 mSATA와 마이크로 SATA 드라이브를 확보할 수 있다.

그림 1-10 Micro SATA 디스크 인터페이스

인기를 얻고 있는 좀 더 고급화된 폼 팩터는 M.2 인터페이스로, 그림 4-4와 같다. SATA 3.2 사양과 함께 소개된 M.2는 하나의 인터페이스에서 두 가지 표준을 제공한다. M.2 카드는 호환성 요구에 따라 AHCI/SATA 또는 NVMHCI/NVME 인터페이스를 사용할 수 있다. M.2 카드를 사용할 때 카드가 어떤 인터페이스를 사용하는지 확인해야 한다(이 글을 쓰는 시점에 시장에 있는 대부분의 M.2 카드는 ACHI/SATA 모드를 사용한다).

그림 1-11 M.2 디스크 인터페이스

그림 1-12에 표시된 SATA Express 디스크 인터페이스는 SATA 프로토콜 스택의 여러 계층을 제거하고 저장소(주로 SSD)를 PCI Express 버스에 직접 연결할 수 있다. 이 드라이브는 AHCI 표준을 계속 사용하며, NVME와는 다르다.

그림 1-12 SATA Express 디스크 인터페이스

SATA 3.2 사양은 16Gbps SATA Express 속도를 위해 2개의 PCI Express 레인을 지원한다. 쓰기 방지 장치는 PCI와 M.2 기반 SATA Express 드라이브를 위해 존재한다.

직렬 연결 SCSI 및 파이버 채널

병렬 SCSI 인터페이스는 소비자 및 엔터프라이즈 시장에서 대부분 사라졌다. 소비자 시장에서 SATA가 대체했으며 SAS$^{Serial\ Attached\ SCSI}$와 FC$^{Fibre\ Channel}$가 엔터프라이즈 시장에서 SATA를 대체했다. 그림 1-13에 있는 SAS 인터페이스의 물리적 커넥터를 사용하면 SAS 후면에서 SAS와 SATA 디스크를 모두 부탁하고 접근할 수 있다. SAS 디스크 드라이브의 물리적 커넥터는 SATA 디스크에 있는 커넥터와 약간 다르고, 여러 개의 디스크를 호스트 어댑터에 연결할 때 다양한 팬 아웃 커넥터를 사용할 수 있다. SAS-3 디스크의 현재 속도는 SATA-3의 2배인 12Gbps다. SAS-4는 22.5Gbps의 속도를 제공한다.

그림 1-13 SAS 디스크 인터페이스

그림 1-14는 미니 SAS HD 4i 소켓 코넥터다.

그림 1-14 SFF-8632/Mini-SAS HD 인터페이스

SAS 표준은 국제 정보 기술 표준 위원회(INCITS)의 T10 기술 위원회에서 관리한다. 현재 표준 문서는 "Serial Attached SCSI −3(SAS−3) INCITS 519−2014"다. 발간될 표준의 초안을 포함한 자세한 정보는 http://t10.org에서 확인할 수 있다.

SAS 드라이브는 SATA 호스트 버스 어댑터에 연결할 수 없고, SAS 디스크를 이미징하려면 별도의 SAS 쓰기 방지 장치가 필요하다.

파이버 채널 인터페이스는 엔터프라이즈 저장소 배열을 연결하는 데 자주 사용된다. 그림 1−15에는 구리 및 광학 기반의 파이버 채널 커넥터를 나타낸다.

그림 1−15 파이버 채널 인터페이스

파이버 채널 인터페이스가 통합된 하드 디스크는 계속 레거시되고 SAS 드라이브로 대체됐다. 이 글을 쓰는 시점에 파이버 채널 디스크 인터페이스를 위한 쓰기 방지 장치는 시장에 나와 있지 않다.

비휘발성 메모리 익스프레스

비휘발성 메모리 익스프레스Non-Volatile Memory Express, NVME는 AHCI 기반 SATA 드라이브 인터페이스의 대안으로 설계됐다. PCI Express 버스에 직접 연결되도록 설계됐고, AHCI/SATA 호스트 버스 어댑터와 연관된 SATA 물리 인터페이스 및 프로토콜 계층이 필요하지 않다. NVME 아키텍처는 특히 SSD 저장소에 중점을 두고, 보다 단순하고 효율적인 명령어 집합이 만들어졌다. NVME 장치는 M.2 인터페이스의 PCIE NVME 모드를 사용해 PCIE 슬롯의 메인보드에 직접 연결하거나 U.2(SFF-9639)인터페이스로 연결한다. 물리적 인터페이스는 그림 1-16과 같이 PCIE 버스에 직접 연결된다.

그림 1-16 PCIE 인터페이스를 이용한 NVME SSD

M.2 또는 차세대 폼 팩터(NGFF) 버전도 사용할 수 있다. 이들은 메인보드 M.2 슬롯에 직접 삽입되거나 NVME 모드(AHCI/SATA 모드가 아님)와 함께 PCIE 슬롯 어댑터 카드를 사용해 삽입된다. 현재 대부분의 M.2 SSD 디스크는 NVME가 아니라 AHCI/SATA다. 그러나 NVME의 성능이 돋보이기 때문에 앞으로 변할 수 있다. 그림 1-17은 NVME M.2 디스크다.

그림 1-17 M.2 인터페이스를 이용한 NVME SSD

NVME U.2 인터페이스(그림 1-18 참조)를 사용하면 기존의 2.5인치 물리적 폼 팩터가 있는 드라이브를 케이블 또는 뒤판을 통해 연결할 수 있다. U2(SFF-8639) 인터페이스와 케이블(기계적으로 SAS와 유사하지만 PCIE 레인용 추가 핀이 있음)은 드라이브 인클로저를 메인 보드에 연결된 M.2 어댑터의 미니 SAS HD 플러그에 연결한다.

그림 1-18 U.2 인터페이스(U.2를 mini-SAS HD케이블에 연결)를 이용한 2.5인치 SSD와 mini-SAS HD(메인보드를 위한 M.2 어댑터로 연결)

NVME 디스크는 SCSI 또는 SATA 명령을 사용하지 않기 때문에 일반적인 SCSI 또는 SATA 명령 도구를 사용하는 것은 볼 수 없다. ATA와 SCSI 디스크 인터페이스와 상호 작용하도록 설계된 리눅스 도구는 일반적으로 NVME 디스크에서 작동하지 않아 호환성에 대한 추가 지원이 필요하다. NVME 디스크의 장치명은 친숙한 /dev/sd*이 아니라 /dev/nvme*n*이다. 네임스페이스 번호가 추가된 NVME 장치가 생성된다. n으로 표시된 네임스페이스는 NVME 드라이브의 공간을 하위 계층(운영 체제 아래)에 할당한다. /dev/nvme*n* 디스크 장치는 블록 장치고, 리눅스 장치 파일에 적용할 때 정상적으로 작동해야 한다. 예를 들어, NVME 디스크에서 동작하는 Sleuth Kit mmls 명령어는 다음과 같다.

```
# mmls /dev/nvme0n1
DOS Partition Table
Offset Sector: 0
```

```
Units are in 512-byte sectors

    Slot    Start        End          Length       Description
00: Meta    0000000000   0000000000   0000000001   Primary Table (#0)
01: -----   0000000000   0000002047   0000002048   Unallocated
02: 00:00   0000002048   0781422767   0781420720   Linux (0x83) #
```

이 글을 쓰는 시점에서, NVME의 사용은 상대적으로 새로운 편이고, Tableau는 NVME를 지원하는 최초의 PCI Express 포렌식 하드웨어 쓰기 방지 장치를 만들었다. PCIE 버스에서 NVME 명령을 가로채기 어렵기 때문에 쓰기 방지 장치는 값이 비싸고 구현하기 복잡하다. 좀 더 자세한 내용은 저자의 논문인 "NVM Express Drives and Digital Forensics"를 참조하라.[6]

유니버설 직렬 버스

USB는 RS-232, 병렬 프린터 인터페이스, PS/2 키보드와 마우스 그리고 개인 컴퓨터 인터페이스와 같은 오래된 외장 주변 장치들을 대체하고 강화하기 위해 만들어졌다. USB는 디스크, 키보드, 마우스, 사운드, 네트워크 접속, 프린터, 스캐너, 서로 연결돼 있는 작은 장치들(모바일 등)과 같은 다양한 기능을 사용할 수 있게 디자인됐다. 증가하고 있는 사물 인터넷 장비들은 USB를 통해 컴퓨터에 접속할 수 있고, 포렌식 증거로서 유용한 데이터를 갖고 있을 수 있다. 왜냐하면 이 책의 목적은 대용량 저장 장치에 대한 포렌식 측면에서의 수집이기 때문이다. USB 대용량 저장 장치로 주제를 한정 짓고자 한다.

플래시 드라이브, 광학 드라이브, 테이프 드라이브 그리고 심지어 마그네틱 하드 디스크(그림 1-19 참고)에도 USB 인터페이스가 직접적으로 드라이브 전자 장치에 장착돼 있다. USB 대용량 저장 장치 유형 중 가장 일반적으로 사용되는 것은 USB 스틱 또는 Thumb 드라이브, 외장 하드 디스크다.

6   Bruce Nikkel, Digital Investigation 16 (2016): 38–45, doi:10.1016/j.diin.2016.01.001.

그림 1-19 USB 장치가 내장된 8인치 자기 하드 디스크

대용량 저장 장치 유형을 위한 고유 프로토콜은 Bulk-Only Transport(BOT)다. BOT는 현재 가장 일반적인 USB 전송 프로토콜이다. 하지만 BOT 프로토콜은 디스크 속도의 증가와 USB3의 출현으로 효율성이 떨어지고 있고, SCSI 프로토콜이 적용된 USB(UASP)에 대체될 수 있다. SATA를 위한 AHCI처럼 USB 역시 호스트 컨트롤러 인터페이스를 위한 표준이 마련돼 있다. 확장 호스트 컨트롤러 인터페이스(xHCI)는 오래된 USB 표준(특히, OHCI, UHCI, EHCI)을 대체한다. 관련 스펙은 다음을 참고하기 바란다.

http://www.intel.com/content/dam/www/public/us/en/documents/technical-specifications/extensible-host-controler-interface-usb-xhci.pdf

USB3.1을 위한 가장 최신의 USB 인터페이스는 그림 1-20에 있는 타입 C다. 타입 C 인터페이스는 다목적이며, USB3.1 장치와 썬더볼트 3 장치들 그리고 전력 공급 장치로 사용될 수 있다. 물리적인 플러그는 시스템에 삽입할 때 위아래 구분 없이 사용할 수 있다.

그림 1-20 USB 타입 C 인터페이스

외장 USB 디스크 인클로저는 일반적으로 하나 이상의 SATA 드라이브를 포함하고 있다. 가능하다면 ATA 인터페이스 직접 접속을 위해 SATA 디스크들을 제거해야 한다. 이를 통해 드라이브 인터페이스에 명령을 직접 전송할 수 있고, 이는 몇몇 사례(예를 들어, SATA 디스크를 포함한 USB 2.0 인클로저)에서 퍼포먼스상의 이점을 얻을 수 있다.

USB 장치를 획득하기 위해 특별하게 설계된 포렌식 쓰기 방지 장치가 있는데, 이는 통합 USB 인터페이스를 갖고 있는 드라이브(플래시 또는 다른 장치)에 사용할 수 있다.

썬더볼트

썬더볼트^{Thunderbolt}는 PCI Express 장치와 비디오 출력 장치, 디스크에 하나의 인터페이스(그림 1-21 참고)를 통해 접근하기 위한 고속 외장 인터페이스로, 애플과 인텔^{Intel}에 의해 공동으로 개발됐다.

코드명 Light Peak으로 불리는 해당 장치는 원래 광케이블 통신이 주목적이었다. 물리적인 인터페이스는 썬더볼트 1과 썬더볼트 2용으로 미니 디스플레이 포트를 이용하고 썬더볼트 3에서는 USB 타입 C 케이블과 커넥터로 변경된다. 썬더볼트(주로 애플 사용자들 사이에서)의 인기는 애플 때문이며, 애플 하드웨어를 이용해 이를 촉진하고 있다. 썬더볼트 3 인터페이스는

PCI Express와 비디오 출력 장치 그리고 USB3을 하나의 인터페이스로 통합한다. 썬더볼트 1, 2, 3은 각각 10, 20, 40Gbps의 속도를 지원한다.

그림 1-21 썬더볼트 인터페이스

애플 컴퓨터에서는 썬더볼트(파이어와이어 처럼)를 이용해 연결된 다른 시스템에서 해당 시스템을 외장 디스크처럼 사용할 수 있게 만들어주는 Target Disk Mode(TDM)를 사용할 수 있다.

TDM은 애플 펌웨어를 이용해 내장 디스크를 외장 SCSI 드라이브(포렌식 도구를 사용할 때 유용한)처럼 접근할 수 있는 블록 장치로 만들어준다. "Apple Target Disk Mode"에서 TDM을 사용하는 애플 컴퓨터 대상 이미지 획득 방법을 알아볼 것이다.

썬더볼트 외장 디스크는 일반적으로 하나 이상의 SATA 드라이브를 포함한다. 대형 썬더볼트 RAID에서 인터페이스는 SAS 컨트롤러와 여러 개의 SATA 또는 SAS 디스크를 동시에 사용할 수 있다.

썬더볼트 인터페이스에 접속돼 있는 외장 디스크의 리눅스 dmesg 출력은 다음과 같다.

```
[ 53.408619] thunderbolt 0000:05:00.0: 0:1: hotplug: scanning
[ 53.408792] thunderbolt 0000:05:00.0: 0:1: is connected, link is up (state: 2)
[ 53.408969] thunderbolt 0000:05:00.0: initializing Switch at 0x1 (depth: 1, up
```

```
port: 1)
…
[ 53.601118] thunderbolt 0000:05:00.0: 1: hotplug: activating pcie devices
[ 53.601646] thunderbolt 0000:05:00.0: 0:6 <-> 1:2 (PCI): activating
…
[ 53.602444] thunderbolt 0000:05:00.0: path activation complete
[ 53.602679] pciehp 0000:04:03.0:pcie24: Card present on Slot(3-1)
[ 53.609205] pciehp 0000:04:03.0:pcie24: slot(3-1): Link Up event
…
[ 56.375626] ata7: SATA link up 6.0 Gbps (SStatus 133 SControl 300)
[ 56.382070] ata7.00: ATA-8: ST1000LM024 HN-M101MBB, 2BA30003, max UDMA/133
[ 56.382074] ata7.00: 1953525168 sectors, multi 0: LBA48 NCQ (depth 31/32), AA
[ 56.388597] ata7.00: configured for UDMA/133
[ 56.388820] scsi 7:0:0:0: Direct-Access ATA ST1000LM024 HN-M 0003 PQ: 0 ANSI: 5
[ 56.389341] sd 7:0:0:0: Attached scsi generic sg2 type 0
[ 56.389342] sd 7:0:0:0: [sdc] 1953525168 512-byte logical blocks: (1.00 TB/931
  GiB)
[ 56.389345] sd 7:0:0:0: [sdc] 4096-byte physical blocks
[ 56.389408] sd 7:0:0:0: [sdc] Write Protect is off
[ 56.389413] sd 7:0:0:0: [sdc] Mode Sense: 00 3a 00 00
[ 56.389449] sd 7:0:0:0: [sdc] Write cache: enabled, read cache: enabled, doesn't
  support DPO or FUA
[ 56.403702] sdc: [mac] sdc1 sdc2
[ 56.404166] sd 7:0:0:0: [sdc] Attached SCSI disk
```

이 글을 쓰는 시점에 리눅스 커널은 애플 컴퓨터의 썬더볼트 인터페이스를 지원하고 있다. ASUS 썬더볼트 EX II와 같은 컴퓨터 메인보드용 애드인 카드는 장치 핫 플러깅을 지원하지 않는다.

그러나 썬더볼트 디스크를 장착한 상태로 컴퓨터를 부팅시킬 경우, 운영 체제가 로드되기 전에 컴퓨터의 BIOS/펌웨어가 썬더볼트 어댑터를 초기화할 수 있는 상태로 만들어주고 이를 통해 커널은 외장 디스크를 인식하게 된다.

이 글을 쓰는 시점에 썬더볼트 인터페이스용 쓰기 방지 장치는 시장에 나와 있지 않은 상태다. 또한 통합 썬더볼트 인터페이스(인클로저만 가능)와 함께 사용할 수 있는 디스크 역시 현재 없는 상황이다.

레거시 인터페이스

1장에서는 컴퓨터 디스크 인터페이스의 오래된 역사에 대해 설명하지 않는다. 대신, 현재는 거의 사용하지 않는 IDE, 병렬 SCSI 그리고 파이어와이어^{FireWire} 기술에 대해 짧게 다룬다. 해당 인터페이스에 대한 지식은 오래된 하드웨어가 발견됐거나 증거로 압류됐을 때 필요할 수 있다.

일반적으로 3.5인치 디스크에서 사용되는 IDE 인터페이스(그림 1-22 참고)와 향상된 버전의 EIDE는 SATA로 대체되기 전까지 대중적인 인터페이스였다.

그림 1-22 IDE 디스크 인터페이스

미니 IDE 인터페이스(그림 1-23 참고)는 SATA로 대체되기 전까지 노트북에서 사용되는 2.5 인치 디스크용으로 개발됐다.

그림 1-23 미니 IDE 디스크 인터페이스

마이크로 IDE ZIF 인터페이스(그림 1-24 참고)는 mSATA와 M.2 인터페이스에 의해 대체되기 전까지 서브 노트북과 소형 전자 장치에 사용되는 1.8인치 하드 디스크용으로 개발됐다.

그림 1-24 마이크로 IDE ZIF 인터페이스

파이어와이어(또는 IEEE1394) 인터페이스(그림 1-25 참고)는 비디오 장치와 디스크 드라이브를 연결하기 위한 고속 외장 버스를 지원하기 위해 애플에 의해 개발됐다. 파이어와이어는 썬더볼트와 USB3에 의해 대부분 대체됐다.

그림 1-25 파이어와이어 인터페이스

병렬 SCSI 인터페이스(그림 1-26 참고)는 소비자 시장에서 대부분 사라졌고, 주로 SATA(기업 시장의 경우 SAS)에 의해 대체됐다.

그림 1-26 SCSI 인터페이스

IDE, SCSI, 파이어와이어용 포렌식 쓰기 방지 장치가 일반적이며, 미니 IDE, 마이크로 IDE ZIF, 다양한 SCSI 인터페이스 어댑터와도 잘 호환한다.

명령, 프로토콜, 브릿지

저장 장치와 컴퓨터 시스템 간의 통신은 계층화된 LAN/WAN 네트워크 방식[7]과 몇 가지 개념상의 유사점이 있다.

저장 장치와 컴퓨터 시스템 간의 통신은 여러 개의 추상화된 계층으로 묶을 수 있다. 케이블, 전선 그리고 전기 신호로 이뤄진 물리 계층이 있으며, 그 위에는 프레임 또는 링크 계층 패킷을 이용해 디지털 비트와 바이트를 체계적으로 전송하는 링크 계층이 있다. 링크 계층의 최상단에서는 송신자와 수신자 간에 프로토콜 및 명령이 서로 교환되며, 데이터를 요청하고 수신한다. 이전 절에서는 물리적 연결과 디스크 인터페이스를 설명했다. 여기서는 ATA, SCSI, NVME에 대한 상위 계층의 명령 집합을 설명한다. 그림 1-27에서는 다른 계층의 추상화를 보다 나은 형태로 보여준다.

ATA 명령

원래 현재 ATA^Advanced Technology Attachment 명령은 디스크 드라이브용 AT 결합 인터페이스를 정의한 ANSI^American National Standards Institute 표준[8]에서 발전했다. 기존의 표준은 물리 인터페이스(케이블, 핀 등), 전기 신호 및 실행될 수 있는 논리 명령을 설명했다.

---

7 계층화된 LAN/WAN 네트워크 방식은 네트워크 통신에서 OSI(Open Systems Interconnect) 모델의 7 계층 추상화로 설명할 수 있다.

8 디스크 드라이브용 AT 결합 인터페이스를 정의한 ANSI(American National Standards Institute) 표준, ANSI X3.221-199x, Revision 4c, X3T10, 1994.

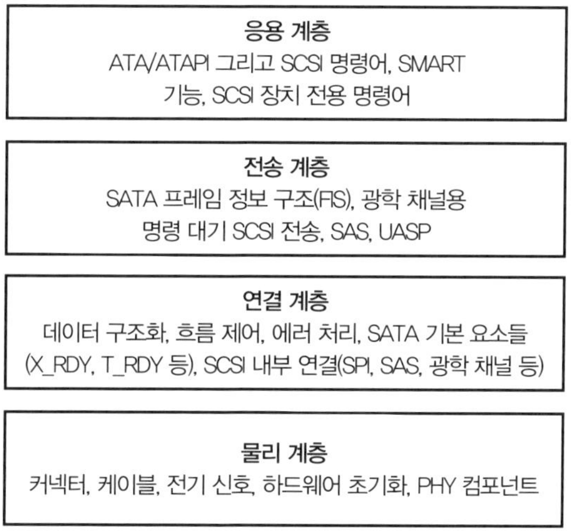

그림 1-27 디스크 인터페이스에 적용된 추상 계층

현재 표준은 드라이브가 가질 수 있는 기능 집합과 각 드라이브를 제어할 수 있는 ATA 명령들에 대해 정의한다.

ATAPI^ATA Packet Interface는 ATA 표준에 패킷 명령 기능 집합을 추가해 디스크 드라이브 기능(예: 미디어 추출, SCSI 명령 캡슐화 등)과 관련 없는 추가 명령을 허용한다. ACS^ATA Command Set는 ATA 레지스터에 로드돼 실행을 위해 드라이브로 전송될 수 있는 일련의 명령어와 매개변수를 정의한다. 일반적인 ATA 명령은 표 1-1과 같다.

표 1-1 일반적인 ATA 명령어들

명령	코드
DEVICE RESET	08h
READ SECTOR(S)	20h
WRITE SECTOR(S)	30h
SEEK	70h
DOWNLOAD MICROCODE	92h
MEDIA EJECT	EDh
SECURITY UNLOCK	F2h

hdparm과 smartctls 유틸리티를 이용하면 수많은 ATA 및 ATAPI 명령을 실행할 수 있다.

T13(http://t13.org)은 전체 명령 집합을 정의하는 표준을 공개했다. 추가 리소스는 http://sata-io.org/에서 찾을 수 있다.

ATA/ATAPI 명령의 기본 작동을 이해하면 SATA 및 IDE 포렌식 쓰기 방지 장치(ATA/ATAPI 명령이 디스크를 수정하지 못하게 함)가 어떻게 작동하는지 이해하는 데 필요한 배경 지식을 얻을 수 있다. 또한 이 명령이 어떻게 작동하는지 알면 포렌식 조사관이 디스크의 속성을 어떻게 가져오는지에 대한 이해도가 향상되며, 궁극적으로는 포렌식 증거 수집을 성공적으로 수행할 수 있다.

SCSI 명령

호스트 버스 어댑터에서 디스크로 보내는 SCSI 명령은 클라이언트/서버 모델을 따른다. 호스트 버스 어댑터(HBA)는 클라이언트 또는 이니시에이터^{Initiator}고, 디스크는 서버 또는 타깃^{Target}이다.

이니시에이터는 가능하면 데이터와 함께 명령을 타깃으로 보내고, 타깃은 가능하면 데이터와 함께 응답을 보낸다. SCSI는 원래 하드 디스크뿐 이니라 스캐너, 테이프, 프린터 능 다양한 장치와 함께 사용하도록 설계됐다. 따라서 SCSI는 풍부한 명령 집합을 갖고 있다. 명령은 명령 및 해당 매개변수가 포함된 데이터 블록인 명령 디스크립터 블록^{Command Descriptor Block,} ^{CDB}을 사용해 이니시에이터(HBA)로부터 타깃(드라이브)으로 전송된다.

타깃은 CDB를 수신하고 해당 요청을 수행한 후 응답을 보낸다. 이러한 상호 작용은 TCP/IP 클라이언트/서버 아키텍처에서 UDP 기반의 리퀘스트/리스폰스와 다소 유사한 부분이 있다. SCSI 명령들은 디스크에서 데이터 블록을 읽고 쓰고, 하드웨어를 제어(CD 추출 또는 테이브 교체)하고, 상태 및 진단 정보를 보여주는 등의 작업을 수행한다. 이러한 명령들은 일반적으로 최종 사용자에게 보이지 않지만 다양한 유틸리티를 이용해 사용자 측에서 SCSI 명령을 실행할 수 있다. 심지어 sg3_utils 소프트웨어 패키지의 도구들을 이용해 리눅스 명령줄에서 임의의 명령도 실행할 수 있다. 예를 들어, 다음 명령은 로레벨 SCSI 명령을 실행해

SCSI 디스크의 첫 번째 섹터를 읽는다.

```
# sg_raw -r 512 /dev/sda 08 00 00 00 01 00
SCSI Status: Good

Received 512 bytes of data:
00    00 00 00 00 00 00 00 00   00 00 00 00 00 00 00 00   ................
10    00 00 00 00 00 00 00 00   00 00 00 00 00 00 00 00   ................
...
1a0   00 00 00 00 00 00 00 00   00 00 00 00 00 00 00 00   ................
1b0   00 00 00 00 00 00 00 00   00 00 00 00 00 00 00 00   ................
1c0   02 00 ee ff ff ff 01 00   00 00 ff ff ff ff 00 00   ................
1d0   00 00 00 00 00 00 00 00   00 00 00 00 00 00 00 00   ................
1e0   00 00 00 00 00 00 00 00   00 00 00 00 00 00 00 00   ................
1f0   00 00 00 00 00 00 00 00   00 00 00 00 00 00 55 aa   ..............U.
```

이 예제에서 sg_raw는 SAS 디스크인 /dev/sda로 보내지는 CDB 명령을 받는다. 첫 번째 바이트인 0x08은 6바이트 길이의 SCSI READ 명령을 의미한다. 이어지는 0은 LUN과 시작 섹터를 의미한다. 0x01은 읽을 섹터 수, -r 512는 표시할 바이트 수를 의미한다.

이 예제는 SAS, SATA 그리고 USB 연결 드라이브에서도 동작해야 한다. SCSI 및 SAS 명령에 대한 기술 표준은 INCITS^{InterNational Committee for Information Technology Standards} 기술 위원회 T10에서 관리한다.

해당 표준은 http://t10.org/에서 찾을 수 있다. SCSI 프로그래밍 관련 서적은 SCSI 명령 프로토콜을 더 잘 이해하는 데 유용하다. SAS/SCSI 명령의 기본 작동을 이해하는 것은 이 책과 관련이 있다. 이 책은 SAS/SCSI 포렌식 쓰기 방지 장치(SAS/SCSI 명령이 디스크를 수정하지 못하게 함)가 어떻게 작동하는지 이해하는 데 필요한 배경 지식을 얻을 수 있다. SAS/SCSI 명령이 어떻게 작동하는지 알면 포렌식 조사관이 디스크의 속성을 어떻게 가져오는지에 대한 이해도가 향상되며, 궁극적으로는 포렌식 이미징을 성공적으로 수행할 수 있다. SCSI 명령은 테이프 및 광학 장치를 제어하는 데도 사용된다.

NVME 명령

NVME 명령은 처음부터 기존 SCSI 또는 ATA 명령 집합에 대한 역호환성을 고려하지 않고 만들어졌다. PCI Express 버스에 직접 연결된 SSD 미디어를 지원하고 여러 CPU와의 병렬 처리 및 SSD 탐색 시간(디스크 헤드 이동으로 인한 지연 오버헤드 없음)을 활용하도록 설계됐다. 표준 개발자들은 PCIE 버스에 직접 연결돼 있는 드라이브를 통해 ATA 또는 SCSI의 프로토콜 오버헤드를 대부분 제거할 수 있다는 것 또한 인지했다. 레거시 명령이나 역호환성 문제로부터 자유로운 새로운 최소 명령 집합이 만들어졌다. NVME 드라이브의 성능과 효율성은 SATA나 SAS보다 월등했다.

광범위한 명령 대기열 처리 시스템은 각각 64K 명령을 포함할 수 있는 최대 64K개의 대기열을 제공한다(반면, SATA는 각각 하나의 명령을 포함하는 32개의 대기열을 제공한다).

SCSI와 NVME 명령 간의 변환 레퍼런스는 http://nvmexpress.org/에서 확인할 수 있다. 표 1-2는 보다 일반적인 예를 보여준다.

표 1-2 SCSI와 NVME 명령어 비교

SCSI	NVME
COMPARE AND WRITE	Compare and Write
READ	Read
WRITE	Write
WRITE BUFFER	Firmware Image Download, Firmware Image Activate
INQUIRY	Identify
READ CAPACITY	Identify
REPORT LUNS	Identify
MODE SENSE	Identify, Get Features
LOG SENSE	Get Features, Get Log Page
SYNCHRONIZE CACHE	Flush
FORMAT UNIT	Format NVM

디스크 장치는 다양한 버스 시스템과 브릿지를 통해 컴퓨터 시스템에 연결할 수 있다. 가능한 한 CPU 및 메모리에 가깝게 연결해 성능을 향상시킬 수 있다. 오늘날 CPU와 메모리에 가장 가까운 드라이브는 NVME 인터페이스를 이용하는 PCI Express 3.0 버스의 전용 레인을 이용한다(램 디스크가 더 빠르고 효율적이지만, 운영 체제에 의해 생성되고 비휘발성 저장 장치가 아니다). 사우스 브릿지 칩셋 또는 ATA 또는 SCSI와 같은 전통적인 디스크 프로토콜 오버헤드를 사용하지 않고 NVME 장치를 CPU에 직접 연결할 수 있다.

브릿징, 터널링, 패스 스루

ATA와 SCSI는 저장 매체와 상호 작용하는 가장 일반적인 프로토콜이다. 명령은 다양한 물리 계층 버스 또는 전송 계층을 통해 전송되거나 심지어 다른 프로토콜 내에서 터널링되거나 캡슐화될 수 있다. 이러한 복잡성은 사용자에게 숨겨져 있으며, 연결된 장치는 리눅스 커널에서 사용할 수 있는 표준 블록 장치를 통해 간단히 접근할 수 있다. 예를 들어, 컴퓨터에 설치된 USB3 PCI Express 카드의 외부 포트에 연결된 독립형 USB 도킹 스테이션에 연결된 SATA 하드 디스크를 생각해보면, 디스크 인터페이스와 도크 간의 통신은 SATA FIS^{Frame Information Structures} 패킷을 사용하는 하위 계층의 SATA 프로토콜이다. 도크와 USB3 간의 통신은 BOT 또는 USAP를 사용하는 하위 계층의 USB 프로토콜이다. USB3 카드와 컴퓨터 간의 통신은 PCIE TLP^{Transaction Layer Packets} 및 DLLP^{Data Link Layer Packets}를 사용하는 하위 계층의 PCI Express 프로토콜이다.

마지막으로 SCSI 명령 프로토콜을 이용해 모든 브릿지에서 디스크에 접근한다. 이 예에서는 디스크를 연결하기 위해 여러 개의 물리 및 링크 계층이 사용된다. 사용자에게는 디스크가 직접 접근할 수 있는 것으로 보이고, 하위 프로토콜 계층은 숨겨지거나 뷰에서 추상화된다.

NOTE FIS는 SATA 프로토콜의 일부다. PCI Express는 TLP와 DLLP를 포함하는 자체 프로토콜 집합을 갖고 있다.

서로 다른 물리적 버스 각각에 대해 PHY(물리적인 경우)라는 장치는 버스(버스의 PHY는 WAN 케이블을 통해 통신하는 2개의 모뎀이 통신하는 것과 비슷한 방식으로 작동)에 연결된 장치들 간의 통신을 쉽게 한다. PHY는 숫자 1과 0들을 해당 버스에서 예상되는 호환 전기 신호로 변환한다. PHY가 물리 계층을 처리한 후 링크 계층 프로토콜은 버스에서 전송되는 비트/바이트 스트림을 관리한다. 이 링크 계층은 프레임 또는 상위 계층에서 처리할 수 있는 정보의 개별 패킷으로 데이터 스트림을 구성한다. USB, PCIE, 썬더볼트, SAS, SATA, 광 채널 등에 대한 물리 및 링크 계층의 설명이 있다. 일반적으로 일반 운영 체제 드라이버가 장치 독립적인 방식으로 물리적인 하드웨어를 사용할 수 있는 표준이 있다. 예를 들어, USB 어댑터는 xHCI 표준으로 정의되고, SATA 어댑터는 AHCI 표준에 의해 정의되며, NVME 장치는 NVMHCI 표준(현재는 간단히 NVME 표준이라고 함)에 의해 정의된다. 다른 장치도 마찬가지다.

이러한 표준을 준수하면 추가 독점 드라이버 없이도 하드웨어를 지원할 수 있다. 비록 ATA/ATAPI와 SCSI의 명령어 집합이 다르더라도 서로의 명령에 대해 어느 정도 터널링과 패스 스루를 지원한다.

ATA는 ATAPI 인터페이스를 사용해 광 드라이브, 테이프 드라이브와 같은 장치들 및 미디어를 추출하는 SCSI 명령과 ATA 프로토콜에 없는 다른 명령을 이해하는 장치들과 통신하기 위한 SCSI 명령을 캡슐화한다.

SCSI는 SCSI 프로토콜을 통해 ATA 명령을 보낼 수 있는 ATA 패스 스루를 지원한다. SAT^SCSI-ATA Translation는 저장 매체와 상호 작용하는 SCSI 및 ATA 명령 간의 양방향 변환을 만든다. 이 변환은 libata 라이브러리 내의 리눅스 커널 API로 구현된다(libATA로도 표기되는 libata 라이브러리는 ATA 컨트롤러 및 장치와 연결하기 위한 여러 가지 기능을 제공한다).

브릿지는 하드웨어 쓰기 방지 장치를 구현하기 위한 기본 요소기 때문에 포렌식 이미징에서 중요한 역할을 한다. 하드웨어 쓰기 방지 장치는 일반적으로 디스크로 전송된 ATA 또는 SCSI 명령을 가로채 명령이 디스크의 섹터를 수정하지 못하도록 차단할 수 있는 브릿지다.

특수 주제

이 절에서는 대용량 저장 장치 및 디지털 포렌식과 관련된 여러 특수 주제에 대해 설명한다. UASP 및 SSHD와 같은 일부 영역은 디지털 포렌식과의 관련성에 대해 간략하게 설명된다. DCO, HPA 및 NVME 드라이브와 같은 다른 영역은 이 책에 소개돼 있으며, 뒷부분에서 자세히 설명한다.

DCO와 HPA 드라이브 영역

ATA/ATAPI 표준이 발전함에 따라 특정 기능은 시스템 벤더에게 이익이 되도록 만들어졌다. ATA/ATAPI-4 표준에서 추가된 HPA^{Host Protected Area}는 시스템 벤더가 정상적인 운영 체제의 외부에서 사용할 수 있는 디스크의 일부 영역을 예약해둘 수 있도록 만들어준다. 예를 들어, HPA는 영구 데이터, 시스템 복구 데이터, 최대 절전 모드 데이터 등을 저장하는 데 사용할 수 있다. 해당 데이터에 대한 접근은 설치된 운영 체제가 아닌 시스템 펌웨어에 의해 제어된다. DCO^{Device Configuration Overlay}는 ATA/ATAPI-6 표준에서 소개됐으며, 알려진 디스크 기능 및 용량을 제어하는 기능을 제공한다. 해당 기능을 이용해 시스템 벤더는 사용자가 디스크에서 접근할 수 있는 동일한 수의 섹터와 기능들을 유지하면서 여러 제조업체의 디스크를 제공할 수 있었다. 이를 통해 고객 지원과 드라이브 교체가 쉬워졌다. HPA와 DCO는 함께 사용할 수 있다. 하지만 DCO가 먼저 만들어지고 HPA가 생성돼야 한다. HPA와 DCO는 범죄자 및 악의를 가진 사람들이 악성 파일과 악성 코드를 숨기는 데 오용됐다.

"숨겨진 섹터에 대한 접근 활성화"(191쪽)에서 HPA 및 DCO를 어떻게 탐지하고 제거하는지 그리고 정상적인 사용자가 볼 수 없는 섹터를 볼 수 있게 만드는 방법을 설명한다.

포렌식과 관련된 HPA와 DCO에 대한 자세한 설명은 "숨겨진 디스크 영역: HPA 및 DCO"[9] 문서에서 찾을 수 있다. https://www.schneier.com/blog/archives/2014/02/swap_nsa_

---

9   Mayank R. Gupta, Michael D. Hoeschele, and Marcus K. Rogers, "Hidden Disk Areas: HPA and DCO," International Journal of Digital Evidence 5, no. 1(2006), https://www.utica.edu/academic/institutes/ecii/publications/articles/EFE36584-D13F-2962-67BEB146864A2671.pdf

exploi.html 및 https://leaksource.files.wordpress.com/2013/12/nsa-ant-swap.jpg 에서 HPA를 사용하는 국가 대상 공격 관련 정보를 확인할 수 있다.

드라이브 서비스 및 유지 보수 영역

하드 디스크의 특정 유지 보수 영역은 일반적으로 표준 리눅스 도구를 사용해 접근할 수 없다. 이 영역에는 배드 섹터 목록과 벤더 서비스 섹터(때로는 네거티브 섹터라고 함)가 있다. 이러한 디스크 영역에 접근하려면 특수 디스크 진단 소프트웨어 및 하드웨어가 필요하다. 디스크의 서비스 영역에 접근하는 예를 보여주고 197쪽의 "드라이브 서비스 영역 접근"에서 몇 가지 추가 리소스를 제공한다. 디스크의 서비스 영역과 HPA 또는 DCO를 혼동하지 말라. 표준 ATA 명령 및 방법을 사용해 HPA 및 DCO 영역에 쉽게 접근할 수 있지만 디스크의 서비스 영역에는 접근할 수 없다.

UASP

UASP^{USB Attached SCSI Protocol}는 대용량 저장 클래스 장치에 접근하기 위한 두 가지 모드, 즉 보다 일반적인 BOT와 최근에 사용되는 UASP를 제공한다. 향상된 USB3 및 USB3.1의 속도를 이용해 UASP라고 불리는 더욱 효율적이고 새로운 USB 대용량 저장 클래스 전송 프로토콜이 개발됐다. 이 새로운 프로토콜은 UAS라고 하며, 제품 마케팅 별명인 USB3 Boost, USB3 Turbo 또는 USB3 Extreme이라 불리기도 한다. 표준 공동 개발 단체인 http://usb.org/ 및 http://t10.org/에서 자세한 정보를 확인할 수 있다. UASP는 명령 대기열 처리 및 비동기 처리 기능을 제공하고, 작업 및 명령 제어 능력을 개선해 성능을 향상시킨다. 연결된 UASP 지원 USB 디스크의 dmesg 출력은 uas 프로토콜을 사용한다.

```
[15655.838498] usb 2-6.2: new SuperSpeed USB device number 6 using xhci_hcd
...
[15655.952172] scsi host14: uas
...
```

```
[15666.978291] sd 14:0:0:0: [sdk] 3907029168 512-byte logical blocks:
    (2.00 TB/1.81 TiB)
...
[15667.033750] sd 14:0:0:0: [sdk] Attached SCSI disk
```

이와 대조적으로 전통적인 BOT USB 인터페이스에 연결된 동일한 디스크는 usb-storage 프로토콜을 이용한다.

```
[15767.853288] usb 2-6.2: new SuperSpeed USB device number 7 using xhci_hcd
...
[15767.918079] usb-storage 2-6.2:1.0: USB Mass Storage device detected
[15767.918195] usb-storage 2-6.2:1.0: Quirks match for vid 174c pid 55aa: 400000
[15767.918222] scsi host15: usb-storage 2-6.2:1.0
...
[15777.728944] sd 15:0:0:0: [sdk] 3907029168 512-byte logical blocks:
    (2.00 TB/1.81 TiB)
...
[15777.820171] sd 15:0:0:0: [sdk] Attached SCSI disk
```

포렌식 관점에서 볼 때 사용되는 전송 프로토콜은 USB 디스크의 내용에 영향을 미치지 않으며 포렌식 이미지의 암호화 해시에 영향을 미치지 않는다. 사실, 성능상의 이점을 위해서는 UAS 기반 쓰기 방지 장치를 사용하는 것이 유리하다(예: Tableau USB3 쓰기 방지 장치는 UAS를 사용한다).

NOTE **한 가지 조언**: 빠른 속도의 USB3을 사용할 때 USB 케이블의 품질이 이슈가 된다. 길고 품질이 낮은 USB3 케이블은 이미징 중에 읽기 오류를 일으킬 수 있다. 전문적인 포렌식 랩의 경우, 짧고 고품질의 USB3 케이블에 투자하는 것이 바람직하다.

고급 포맷 4Kn

디스크 용량이 증가함에 따라 업계에서는 512바이트 섹터에서 4096바이트 섹터로 전환해 디스크 효율성을 향상시킬 수 있다는 것을 발견했다. IDEMA^International Disk Drive Equipment and Materials Association는 4096바이트 물리 섹터에 대한 고급 포맷 표준을 개발했다(http://www. idema.org/?page_id=2369 참조). 2009년부터 하드 디스크 제조업체는 4K 섹터 디스크를 생산하기 위해 IDEMA의 고급 포맷 표준을 사용하기로 했다. 4K 물리적 섹터가 있더라도 대부분의 디스크는 512바이트 섹터를 에뮬레이트하며, 이를 고급 포맷 512e 디스크라고 한다. 네이티브 4K 크기의 섹터가 있는 호스트 시스템과 운영 체제를 제공하는 디스크를 고급 포맷 4Kn 디스크라고 한다. 고급 포맷 4Kn 디스크는 저가형 시장에서는 여전히 드물지만 엔터프라이즈 환경에서는 사용된다. 대용량 엔터프라이즈 디스크의 경우, 대부분의 엔터프라이즈 디스크 제조업체는 512e 및 4Kn 두 가지 모델을 제공한다. 그림 1-28은 4Kn 디스크의 공식 로고다. 고급 포맷과 4K 섹터에 대한 설명은 https://www.youtube.com/watch?v=TmH3iRLhZ-A/에서 확인할 수 있다.

그림 1-28 고급 포맷 4Kn의 로고

리눅스 커널이 연결된 디스크를 감지하면 섹터 수와 논리 섹터 크기를 표시한다(경우에 따라 물리적 크기를 명시적으로 표시할 수도 있음). 다음의 부분적인 dmesg 출력은 2개의 동일한 크기의 디스크를 보여준다. 하나는 고급 포맷 512e고, 다른 하나는 4Kn이다.

512바이트 섹터 수를 8로 나누거나 4K 섹터 수에 8을 곱하면 디스크의 용량은 같지만 섹터 수가 다르다.

```
...
[   13.605000] scsi 1:0:1:0: Direct-Access TOSHIBA MG03SCA300 0108 PQ: 0 ANSI: 5
...
[   16.621880] sd 1:0:1:0: [sdb] 5860533168 512-byte logical blocks: (3.00 TB/2.73
    TiB)
...
[   14.355068] scsi 1:0:2:0: Direct-Access ATA TOSHIBA MG04ACA3 FP2A PQ: 0 ANSI: 6
...
[   16.608179] sd 1:0:2:0: [sdc] 732566646 4096-byte logical blocks: (3.00 TB/2.73
    TiB)
```

리눅스 시스템에서 /sys 가상 파일 시스템을 사용해 디스크의 논리적, 물리적 섹터 크기를 찾을 수 있다. 예를 들어, 다음과 같이 연결된 디스크 /dev/sda의 물리적 섹터 및 논리적 섹터 크기를 확인할 수 있다.

```
# dmesg
...
[   16.606585] sd 1:0:0:0: [sda] 7814037168 512-byte logical blocks: (4.00 TB/3.64
    TiB)
...
# cat /sys/block/sda/queue/logical_block_size
512
# cat /sys/block/sda/queue/physical_block_size
4096
# blockdev --getpbsz /dev/sda
4096
# blockdev --getss /dev/sda
512
```

이 두 가지 방법은 /sys 의사 파일 시스템(root가 아닌 사용자도 할 수 있음)을 읽고 blockdev 명령을 사용하는 것을 보여준다. 일부 SSD는 펌웨어 도구를 사용해 물리적 섹터 크기를 선택할 수 있다. 예를 들어, 일부 최신 인텔 SSD는 인텔에서 제공하는 명령 줄 도구(https://

downloadcenter.intel.com/download/23931/)를 사용해 섹터 크기를 512와 4096 사이에서 변경할 수 있다. 4K 디스크의 여러 측면은 디지털 포렌식 커뮤니티에서 관심을 갖고 있으며, 이 절의 나머지 부분에서 설명한다. 웨스턴 디지털 고급 포맷 512e 디스크의 초기 모델은 점퍼 설정(점퍼 7 및 점퍼 8)을 사용해 내부적으로 섹터의 상대적 위치를 파악하고 기본 XP 파티션의 시작 부분을 4K 섹터의 시작 부분에 맞춘다. 이 점퍼 설정은 디스크를 재배치해 성능을 크게 향상시킨다. 이러한 섹터 정렬 점퍼를 변경하면 포렌식 증거물 해시에 영향을 미치고 잠재적으로 디스크 분석에 영향을 미친다. 포렌식 목적으로 디스크를 이미징하거나 확인하는 경우, 드라이브를 처음 사용했을 때와 동일한 점퍼 설정을 사용하는 것이 중요하다. 4Kn 디스크를 사용하면 슬랙 공간값에 영향을 미친다. RAM 슬랙 또는 메모리 슬랙은 파일의 마지막 섹터에서 사용하지 않는 부분이다(파일의 마지막 파일 시스템 블록에서 사용되지 않는 파일 슬랙과 혼동하면 안 된다). 4K 블록을 사용하는 파일 시스템에서 4Kn 디스크를 사용할 때 RAM 슬랙과 파일 슬랙은 동일하다.

쓰기 작업 전 4K 섹터의 사용되지 않는 부분을 0으로 채우는 운영 체제는 4K 블록을 사용하는 파일 시스템의 파일 슬랙 내 유용한 데이터가 존재할 수 있는 가능성이 전혀 없다. 섹터 크기가 512바이트라고 가정하는 포렌식 소프트웨어는 실패하거나 더 나쁜 결과를 초래할 수 있다. 4Kn 디스크를 사용할 때는 포렌식 소프트웨어가 4Kn 섹터를 인식하고 사용할 수 있는지를 확인하는 것이 중요하다. Sleuth Kit의 기본 섹터 크기는 512바이트기 때문에 하므로 4Kn 디스크에 4K 섹터를 사용함을 분명하게 명시해야 한다. 다음 예제는 기본값을 사용했을 때 생성되는 잘못된 결과와 정확한 섹터 크기를 명시해줬을 경우 생성되는 올바른 결과를 표시하는 mmls를 보여준다.

```
# mmls /dev/sde
DOS Partition Table
Offset Sector: 0
Units are in 512-byte sectors

       Slot    Start         End           Length        Description
00:    Meta    0000000000    0000000000    0000000001    Primary Table (#0)
```

```
01:    -----   0000000000  0000000255  0000000256          Unallocated
02:    00:00   0000000256  0732566645  0732566390          Linux (0x83)
03:    -----   0732566646  5860533167  5127966522          Unallocated
...
# mmls -b 4096 /dev/sde
DOS Partition Table
Offset Sector: 0
Units are in 4096-byte sectors

       Slot    Start       End         Length      Description
00:    Meta    0000000000  0000000000  0000000001  Primary Table (#0)
01:    -----   0000000000  0000000255  0000000256  Unallocated
02: 0  0:00    0000000256  0732566645  0732566390  Linux (0x83)
#
```

−b 플래그로 4,096바이트 섹터 크기를 지정하면 리눅스 파티션의 섹터가 4K 단위로 표시되며, 드라이브 끝부분에 비할당 영역이 없다. 네이티브 4K 섹터 디스크를 성공적으로 가져오는 예는 227쪽의 "dcfldd와 dc3dd"에 나와 있다. 고급 포맷 4Kn 디스크는 여전히 드물게 사용된다. 기본적으로 포렌식 도구가 512바이트 섹터 크기로 가정하는 현재 시장의 기존 포렌식 수집 및 분석 소프트웨어에 4Kn 섹터 디스크가 어떤 영향을 미칠지는 예측하기 어렵다. 이는 디지털 포렌식 커뮤니티에 의해 더 많은 연구가 필요한 영역이다.

NVME 네임스페이스

NVME는 네임스페이스의 개념을 사용한다. 이 개념을 사용하면 일반 운영 체제에서 추상화된 하위 계층에서 드라이브를 분할할 수 있다. 여러 네임스페이스가 있는 드라이브의 포렌식 이미징은 각 네임스페이스에 대해 별도로 수행돼야 한다. 몇 가지 방법으로 네임스페이스의 수를 확인할 수 있다. nvme−cli 도구를 사용해 Identify Controller의 관리자 명령을 전송함으로써 관리 및 사용되고 있는 네임스페이스의 수를 확인할 수 있다. 다음 예제에서는 네임스페이스 관리에 대한 다양한 정보를 보여준다.

```
# nvme id-ctrl /dev/nvme1 -H
NVME Identify Controller:
vid     : 0x144d
ssvid   : 0x144d
sn      : S2GLNCAGA04891H
mn      : Samsung SSD 950 PRO 256GB
fr      : 1B0QBXX7
...
oacs    : 0x7
  [3:3] : 0    NS Management and Attachment Not Supported
...
  [0:0] : 0x1  SMART/Health Log Page per NS Supported
...
nn      : 1
...
```

여기서 OACS^Optional Admin Command Support는 해당 특정 드라이브에서 네임스페이스 관리가 지원되지 않음을 나타낸다. 네임스페이스 수 필드(nn)는 특정 장치의 컨트롤러에서 사용되는 네임스페이스의 수를 보여준다.

nvme-cli를 사용해 네임스페이스의 크기를 확인하고 다음과 같이 제조업체의 사양과 비교할 수도 있다.

```
# nvme id-ns /dev/nvme0n1
NVME Identify Namespace 1:
nsze    : 0x2e9390b0
ncap    : 0x2e9390b0
nuse    : 0x2e9390b0
...
```

여기서 nsze는 네임스페이스 크기, ncap은 네임스페이스 용량, nuse는 네임스페이스 사용률을 나타낸다. 이 값이 공급 업체의 문서화된 드라이브 크기와 일치하면 단일 네임스페이스가 사용되고 있음을 의미한다. 여러 네임스페이스 장치의 존재 유무를 파악하기 위한 세 번째 확인은 운영 체제에서 감지한 장치(/dev/nvme0n2*, /dev/nvme0n3* 등)를 나열하면 된다. 이 글을 쓰는 시점에 테스트를 위한 여러 개의 네임스페이스를 지원하는 시판용 드라이브는 없다. 이 절의 정보는 NVME 사양 및 도구 설명서를 참고했다.

솔리드 스테이트 하이브리드 디스크

합리적인 가격에 SSD 수준의 성능으로 더 많은 저장 용량을 제공하기 위해, SSD와 전통적인 자기 디스크의 하이브리드 형태가 개발됐다. SSHD^Solid State Hybrid Disk라고 불리는 이 하이브리드 드라이브는 빈번하게 사용되는 섹터에 대해 솔리드 스테이트 캐싱을 수행한다. SSHD는 운영 체제와 완전히 독립적으로 작동할 수도 있고, 어느 블록을 캐싱할지 운영 체제로부터 '힌트'를 받는 방식으로도 운용할 수 있다. SATA 3.2 버전에서는 ATA 명령을 이용해 하이브리드 드라이브와 캐싱 정보를 송수신하는 '하이브리드 정보' 기능이 추가됐다. 아직까지 SSHD 포렌식에 대한 연구는 많지 않고, 이미지 수집 방법 역시 불분명하다. SSHD들은 웨어 레벨링이 필요한 작은 SSD 디스크를 포함한다. TRIM 명령을 지원하지 않는 하이브리드 드라이브가 비할당된 파일 시스템 블록의 데이터를 삭제할 가능성은 낮다. 지금까지 설명한 하이브리드 시스템은 단일 드라이브의 전자 장치에 내장되는 구조다. 2개의 개별 드라이브로 구성된 하이브리드 시스템(소형 SSD 및 대형 마그네틱 하드 드라이브)을 사용할 수도 있다. 운영 체제 드라이버나 인텔의 스마트 응답 기술과 같은 상용 시스템을 통해 동일한 효과의 하이브리드 캐싱을 수행할 수 있다.

마무리하며

1장에서는 마그네틱, 비휘발성, 광학 등 다양한 유형의 저장 매체를 검토했고, 다양한 드라이브 유형을 살펴봤다. 조사관의 호스트 시스템에 저장 장치를 연결하기 위한 내·외부 인터페이스에 대해 설명했다. 또한 드라이브에 접근하는 데 사용되는 프로토콜과 자주 사용되지 않는 여러 가지 특수 주제에 대해 설명했다. 1장의 내용은 포렌식 조사관 관점에서 작성했다. 이제 리눅스를 포렌식 수집 플랫폼으로 사용하는 2장을 이해하기 위한 견고한 토대가 마련됐다.

CHAPTER 2

포렌식 증거 수집 플랫폼으로서의 리눅스

2장에서는 디지털 포렌식 수집을 수행하기 위한 플랫폼으로서 리눅스를 설명하고 다양한 장단점에 대해 논의한다. 또한 디지털 포렌식 커뮤니티에서 리눅스 및 오픈 소스 소프트웨어(OSS)의 수용 여부를 검토하고, 마지막 절에서는 이 책의 후속 절을 이해하는 데 필요한 리눅스 관련 기초에 대한 개요를 제공한다.

이 책에 나오는 예제는 Bourne Again Shall(배시) 4.3.x 버전과 Ubuntu Linux Server 16.04 LTS 버전(2021년 4월까지 지원)을 기준으로 한다. 예제들은 다른 리눅스 배포판 및 OSX 또는 윈도우와 같은 운영 체제에서도 작동해야 한다. 이 책 전체에서 명령 줄, 셸 및 배시라는 단어는 같은 의미로 사용된다.

포렌식 맥락에서의 리눅스와 OSS

리눅스와 같은 OSS의 인기가 높아지면서 디지털 포렌식을 수행하는 플랫폼으로서 중요해지고 있다. 많은 연구자가 증거 신뢰도에 대한 Daubert 지침을 만족시키기 위해 OSS를 사용하는 이점에 대해 논의해왔다.[10]

『Sleuth Kit』의 저자인 브라이언 캐리어[Brian Carrier]는 오픈 소스 포렌식 도구를 사용하기 위한 법적 근거를 살펴보고, 포렌식 소프트웨어의 일부는 오픈 소스로 만들어야 한다고 제안했다.[11]

포렌식 측면에서 OSS를 사용하는 주된 이점은 투명성이다. 독점 상용 소프트웨어와 달리 소스 코드를 검토하고 공개적으로 검증할 수 있다. 또한 학술 연구자는 그것을 연구하고 커뮤니티에서 다른 사람의 연구를 이어서 발전시킬수 있다. 오픈 소스 포렌식 소프트웨어는 포렌식 연구의 도구 및 중요한 기초 요소가 됐다. 물론 OSS를 사용하는 데에는 단점이 있으며 사용이 적절하지 않은 상황도 있다. 특히 공개 소스 커뮤니티의 개방성은 경우에 따라 진행 중인 포렌식 조사의 기밀성과 상충될 수 있다. 리눅스 및 OSS의 장단점은 다음 절에서 설명한다.

포렌식 랩에서 리눅스와 OSS의 이점

OSS의 공개성은 모든 사람이 접근할 수 있음을 의미한다. 라이선스를 구입했거나 비공개 계약서에 서명한 사람만 접근할 수 있는 것이 아니다. OSS는 관심 있는 모든 사람이 자유롭게 다운로드, 사용, 시험 및 수정할 수 있으며 라이선스 비용이나 사용료는 포함돼 있지 않다.

소스 코드에 접근하면 포렌식 랩에서 이종의 소프트웨어, 하드웨어 및 프로세스 통합 작업을 쉽게 수행할 수 있다. 이 소스 레벨 접근은 업무 자동화 및 스크립팅의 가능성을 높여준다. 자동화는 담당자의 직접적인 상호 작용을 줄여 인적 오류의 위험을 제한하고 이렇게 해서 남는 인적 자원을 다른 업무에 배치할 수 있다.

많은 양의 사례 연구를 하는 포렌식 랩 업무의 최적화 및 절차의 간소화를 위해 자동화는 필

10   Erin Kenneally, "Gatekeeping Out of the Box: Open Source Software as a Mechanism to Assess Reliability for Digital Evidence," Virginia Journal of Law and Technology 6, no. 13(2001).

11   Brian Carrier, "Open Source Digital Forensic Tools: The Legal Argument"[technical report](Atstake Inc., October 2002).

수적이다. 소스 코드를 자유롭게 수정할 수 있으므로 특정 포렌식 랩의 요구 사항을 충족하도록 OSS를 사용자가 직접 맞춤형으로 제작할 수 있다. 명령 줄 소프트웨어를 사용하면 특히 파이프라인을 이용한 여러 작업과 해당 작업을 셸 스크립트와 연결해 종단간 프로세스를 완료할 수 있다.

OSS에 대한 지원에는 몇 가지 이점이 있다. 특정 커뮤니티로부터의 지원이 우수할 수 있으며, 메일링 리스트 및 채팅 포럼은 몇 분 내에 도움을 줄 수 있다. 경우에 따라서는 패치, 버그 수정 및 기능 추가를 빠르게 구현할 수 있다.

리눅스 및 OSS는 폐쇄형 또는 독점적인 표준이 아닌 누구나 볼 수 있는 공개 표준을 사용하기 때문에 학술적인 포렌식 랩 환경에 이상적이다. OSS 개발 커뮤니티는 경쟁 그룹과 적대적이기보다는 함께 일을 하는 관계다. 다른 사람의 코드와 아이디어를 복사하고 다른 사람의 작업에 추가 구현을 하는 것들은 지식을 학습하고 얻는 근간이 된다.

OSS가 제공하는 공급자의 독립성은 특정 제품의 독점을 방지하고 기술과 조직 간의 상호 운용성 및 호환성을 촉진한다. 따라서 시간이 지남에 따라 소프트웨어를 쉽게 변경할 수 있다. 개별 구성 요소가 시스템 및 프로세스 전체에 영향을 미치지 않고 새 기술 또는 대체 기술로 교체될 수 있기 때문이다.

포렌식 랩에서 리눅스와 OSS의 단점

리눅스 및 OSS의 단점은 폐쇄적인 독점 소프트웨어를 지원하는 부분에 대한 문제다. 상용 도구 구현은 종종 해당 영역에서 이점과 장점을 제공한다.

오픈 소스 커뮤니티 지원 모델은 안정성, 정확성 또는 신뢰성이 보장되지 않는다. 커뮤니티가 제공하는 답변의 품질이 크게 다를 수 있다. 일부 답변은 우수하지만 다른 것은 잘못되거나 위험할 수도 있다. 종종 공식적인 지원 조직이 존재하지 않는다. 따라서 연중무휴 지원이 보장돼야 하는 상황에서 상업적 공급자에게 장점이 있다.

오픈 소스 세계에서의 지원은 모든 사람이 볼 수 있는 소프트웨어만큼이나 투명하다. 그러나 포렌식 랩에서 진행 중인 실제 케이스 관련 업무 및 조사는 민감하거나 기밀일 수 있다. 따라서 문제에 대한 지원을 받기 위한 과정으로 인해 진행 중인 조사의 세부 사항이 밝혀지거나 손상될 수 있다. 따라서 정보 보호 및 개인 정보 보호 관련 이슈는 오픈 소스 지원 모델의 문제다.

독점 기술과의 상호 운용성은 오픈 소스 인터페이스 및 API에서 어려움을 낳고 있다. 공개되지 않은 독점 기술은 라이선스 없이, 종종 리버스 엔지니어링된다. 리버스 엔지니어링의 노력은 종종 불완전하고 특정 기술을 잘못 구현할 위험이 있으며 구현하는 데 오랜 시간이 걸릴 수 있다.

무료 OSS는 종종 자원 봉사하는 개발자들의 노력의 산물이며, 소프트웨어는 영속적인 개발 상태에 놓일 수 있다. 일부 프로젝트는 방치되거나 버려질 수도 있다. 어떤 프로젝트는 일부 개발자가 기존 코드를 복사해 원래 개발자와 다른 방향으로 개발하기로 결정한 후 코드를 분기시키기도 한다.

무료 OSS는 최종 단계가 매끄럽지 않을 수 있다. 버그가 있거나 배우거나 사용하기 어려울 수 있다. 문서화가 잘돼 있지 않을 수도 있다(소스 코드만이 문서일 수 있음). 상업용 소프트웨어와 달리 일반적으로 오픈 소스 소프트웨어 제품에는 교육이 제공되지 않는다. 유닉스/리눅스를 배우려면 시간과 노력이 필요하다. 특히 명령 줄은 모든 GUI 환경만큼 직관적이지 않다. 많은 사람이 소프트웨어가 아니라 주변 커뮤니티의 일반적인 태도와 마음가짐을 위해 무료 오픈 소스 세계에 처음 진입할 때 학습 곡선을 경험한다.

포렌식 분야의 상용 소프트웨어 공급 업체는 일정 수준의 방어 가능성을 제공하고 소프트웨어의 기능이 정상 작동하고 있음에 대해 보장한다. 일부 포렌식 회사는 자사의 소프트웨어에서 제공하는 결과를 보호하기 위해 법원에서 증언하는 것을 제안하고 있다. 무료 오픈 소스의 경우, 제작된 소프트웨어에 대해 아무도 책임을 지지 않는다. 해당 소프트웨어는 "현재 상태 그대로" 제공되며 "사용 시 발생하는 문제점은 사용자의 책임"이다.

분명히 OSS는 모든 상황에 적절한 것이 아니며, 이 책에서 이러한 부분들은 다루지 않는다. 전체적인 예제에서 OSS는 교육용으로 유용하고 전문적인 유료 포렌식 소프트웨어 대신 실행 가능함을 보여준다.

리눅스 커널과 저장 장치

리눅스가 설계 철학을 계승하고 있는 전통적인 유닉스 시스템은 모든 것이 파일이라는 방식으로 설계됐다. 각 파일은 일반 파일 및 디렉터리, 블록 장치, 문자 장치, 네임드 파이프, 하드 링크 및 소프트/심벌릭 링크(윈도우의 링크 파일과 유사)를 포함하는 특정 유형으로 지정된다. 조사관 워크스테이션에서 포렌식 수사관이 관심을 갖는 파일은 잠재적인 포렌식 증거를 포함하고 있는 조사 대상 디스크 블록 장치 파일이다. 이 절에서는 리눅스 장치(특히, 저장 매체를 위한 블록 장치들)에 대해 설명한다.

커널 장치 탐지

유닉스 및 리눅스 시스템에는 /dev라는 특수 디렉터리가 있는데, 이 디렉터리는 커널이 이해하는 장치에 해당하는 특수 파일을 저장한다. 기존 유닉스 및 리눅스 시스템에서는 /dev 디렉터리(mknod 명령 사용)에 수동으로 장치 파일을 작성하거나 부팅 시 또는 필요할 때 스크립트(MAKEDEV)를 작성해야 했다. 플러그 앤 플레이 하드웨어가 출시되면서 보다 동적인 접근 방식이 필요했고, devfs는 새 하드웨어를 자동으로 감지하고 장치 파일을 작성하기 위해 만들어졌다. 유저스페이스 스크립트 및 프로그램과 상호 작용이 개선돼야 한다는 요구로 인해 devfs를 대체한 udev가 개발됐다. 현재 udev는 systemd에 병합됐으며, systemd-udevd라는 데몬을 실행한다.

새 장치가 호스트에 연결 또는 제거될 때 인터럽트는 커널에 하드웨어 변경을 알린다. 커널은 udev 시스템에 알맞은 권한을 가진 적절한 장치를 만들고 설치(또는 제거) 스크립트와 프로그램을 실행하고 다른 데몬으로 메시지를 보낸다(예를 들어, dbus를 통해).

작동 중인 udev를 관찰하려면 모니터 모드에서 udevadm 도구를 사용해야 한다.

```
# udevadm monitor
monitor will print the received events for:
UDEV - the event that udev sends out after rule processing
```

```
KERNEL - the kernel uevent

KERNEL[7661.685727] add        /devices/pci0000:00/0000:00:14.0/usb1/1-14 (usb)
KERNEL[7661.686030] add        /devices/pci0000:00/0000:00:14.0/usb1/1-14/1-14:1.0
    (usb)
KERNEL[7661.686236] add        /devices/pci0000:00/0000:00:14.0/usb1/1-14/1-14:1.0/
    host9 (scsi)
KERNEL[7661.686286] add        /devices/pci0000:00/0000:00:14.0/usb1/1-14/1-14:1.0/
    host9/scsi_host/host9 (scsi_host)
...
KERNEL[7671.797640] add        /devices/pci0000:00/0000:00:14.0/usb1/1-14/1-14:1.0/
    host9/target9:0:0/9:0:0:0/block/sdf (block)
KERNEL[7671.797721] add        /devices/pci0000:00/0000:00:14.0/usb1/1-14/1-14:1.0/
    host9/target9:0:0/9:0:0:0/block/sdf/sdf1 (block)
...
```

여기서 디스크는 USB 포트에 꽂혀 있고 udev는 모든 적절한 장치 파일과 링크 설정을 관리
한다. udevadm 명령을 사용해 연결된 장치의 관련 파일 및 경로 목록을 확인할 수도 있다. 그
예는 다음과 같다.

```
# udevadm info /dev/sdf
P: /devices/pci0000:00/0000:00:14.0/usb1/1-14/1-14:1.0/host9/target9:0:0/9:0:0:0/
    block/sdf
N: sdf
S: disk/by-id/ata-ST2000DL003-9VT166_5YD83QVW
S: disk/by-id/wwn-0x5000c50048d79a82
S: disk/by-path/pci-0000:00:14.0-usb-0:14:1.0-scsi-0:0:0:0
E: DEVLINKS=/dev/disk/by-path/pci-0000:00:14.0-usb-0:14:1.0-scsi-0:0:0:0 /
    dev/disk/ by-id/wwn-0x5000c50048d79a82 /dev/disk/by-id/ata-ST2000DL003-
    9VT166_5YD83QVW
E: DEVNAME=/dev/sdf
E: DEVPATH=/devices/pci0000:00/0000:00:14.0/usb1/1-14/1-14:1.0/host9/target9:0:0/
    9:0:0:0/block/sdf
E: DEVTYPE=disk
E: ID_ATA=1
```

...

포렌식 수집 및 분석 작업을 수행할 때 리눅스 장치 트리를 이해하는 것이 중요하다. 포렌식 명령을 실행하고 장치에서 정보를 수집할 때 어떤 장치가 조사관의 장치인지, 어떤 장치가 의심스러운 드라이브인지 그리고 어떤 장치가 쓰기 방지 장치인지 등을 파악하는 것이 중요하다.

/dev 내 저장 장치

연결된 드라이브는 커널에 의해 감지될 때 /dev 디렉터리에 블록 장치로 나타난다. 원시 디스크 장치 파일들에는 특정한 명명 규칙이 있다. SCSI 및 SATA의 경우 sd*, IDE의 경우 hd*, RAID 경우 md*, NVME 드라이브의 경우 nvme*n*, 덜 일반적이거나 독점적인 디스크 장치 드라이버의 경우 다른 명명 규칙이 있다.

커널이 발견한 개별 파티션은 번호가 매겨진 원시 장치(예: hda1, hda2, sda1, sda2 등)로 표시된다.

파티션 블록 장치는 전체 파티션을 디스크 섹터의 연속 시퀀스로 나타낸다. 파티션은 일반적으로 커널에 의해 마운트될 수 있고, 디렉터리 트리의 정상적인 부분으로서 사용자가 사용할 수 있는 파일 시스템을 포함한다. 대부분의 포렌식 도구는 파일 시스템을 마운트할 필요 없이 원시 장치와 파티션 장치를 검사할 수 있다.

기타 특수 장치

이 책의 예제를 이해하기 위해 다른 여러 장치가 유용하다. 비트 버킷(/dev/null)에 쓰여진 모든 데이터는 지워진다. /dev/zero에 접근할 때 꾸준히 0으로 채워지는 스트림이 제공된다. 난수 생성기 /dev/random은 접근할 때 랜덤 데이터 스트림을 제공한다. 테이프 드라이브는 일반적으로 /dev/st로 시작하며, /dev/cdrom 또는 /dev/dvd(이들은 종종 /dev/sr*에 대한 심벌릭 링크)를 통해 다른 외부 미디어에 접근할 수 있다. 어떤 경우에는 장치가 일반 SCSI 장치 드라이버 인터페이스 /dev/sg*를 통해 접근한다.

다른 특수 의사(pseudo) 장치에는 /dev/loop* 및 /dev/mapper/* 장치가 있다. 이 장치는 이 책 전체에서 더욱 자세하게 설명한다.

리눅스 커널과 파일 시스템

파일 시스템은 저장 장치를 디렉터리(폴더) 및 파일의 계층적 구조로 구성한다. 이들은 블록 장치 위에 추상 계층을 제공한다.

커널 파일 시스템 지원

리눅스 커널은 다양한 파일 시스템을 지원한다(지원 목록은 https://en.wikipedia.org/wiki/ Category: Linux_kernel−supported_file_systems 참조). 이는 포렌식 작업 시 유용하다. 그러나 포렌식 증거 수집 수행 시 파일 시스템 지원은 중요하지 않다. 이미징 작업은 파일 시스템 및 파티션 구성 아래의 블록 장치에서 수행하기 때문이다.

다양한 유형의 파일 시스템에 대해 일관된 인터페이스를 제공하기 위해 리눅스 커널은 VFS^{Virtual File System} 추상화 계층을 구현한다.

이를 통해 일반 저장 매체 파일 시스템(EXT *, NTFS, FAT 등), 네트워크 기반 파일 시스템 (nfs, sambafs/smbfs 등), FUSE[12] 기반 유저스페이스 파일 시스템, 스택 가능한 파일 시스템 (encryptfs, unionfs 등) 및 기타 특수한 의사 파일 시스템(sysfs, proc 등)을 포함할 수 있다.

그림 2−1의 리눅스 저장소 스택 개요도는 리눅스 커널 내의 파일 시스템, 장치, 장치 드라이버 및 하드웨어 장치 간의 관계를 이해하는 데 도움이 된다.

---

12 FUSE는 유저스페이스 파일 시스템에 대한 구현(참고: https://en.wikipedia.org/wiki/Filesystem_in_Userspace)

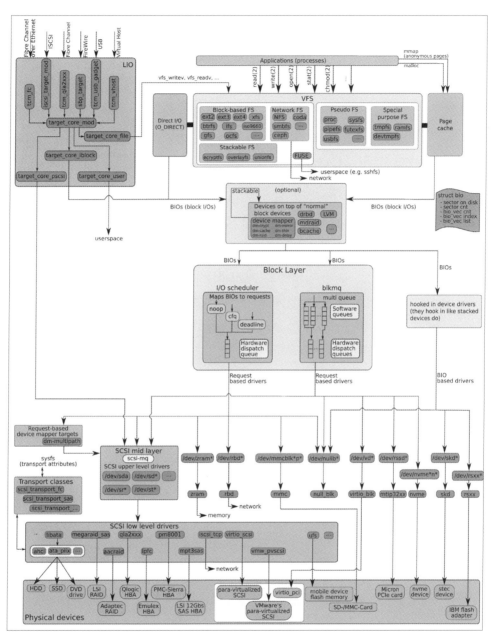

그림 2-1 리눅스 저장소 스택 개요도(https://www.thomas-krenn.com/en/ wiki/
Linux_Storage_Stack_Diagram, used under CC Attribution-ShareAlike 3.0 Unported)

리눅스에서의 파일 시스템 마운트

자주 오해를 받는 개념 중 하나는 연결된 디스크 장치와 마운트된 디스크 장치의 차이다. 장치를 수집하거나 포렌식 분석 도구를 이용해 접근하기 위해 해당 장치를 마운트시킬 필요는 없다. 블록 장치에서 직접 작동하는 포렌식 도구는 운영 체제를 통해 장착하지 않고도 연결된 디스크에 접근할 수 있다.

유닉스 및 리눅스에서 디스크 장치에 상주하는 파일 시스템은 일반적인 디렉터리 형태로 액세스하기 전에 명시적으로 마운트해야 한다.

파일 시스템을 마운트한다는 것은 간단히 말해 DOS/윈도우 환경에서 드라이브 문자와 비슷한 표준 파일 접근 도구(파일 관리자, 애플리케이션 등)와 함께 사용할 수 있음을 의미한다. 리눅스는 드라이브 문자를 사용하지 않는다. 마운트된 디스크는 로컬 파일 시스템의 일부가 되며, 파일 시스템 트리의 선택된 부분에 연결된다. 이를 파일 시스템의 마운트 포인트라고 한다. 예를 들어, 다음 명령은 (/mnt)를 마운트 포인트로 사용해 조사자 시스템에 USB를 마운트한다.

```
# mount /dev/sdb1 /mnt
```

리눅스에서 마운트된 디스크를 물리적으로 제거하려면 먼저 파일 시스템을 마운트 해제해 파일 시스템의 손상을 방지해야 한다. 장치명 또는 마운트 지점과 함께 umount 명령(unmount가 아닌 umount)을 사용할 수 있다. 이 두 명령은 동일한 작업을 수행해 디스크 파일 시스템을 마운트 해제한다.

```
# umount /dev/sdb1
# umount /mnt
```

파일 시스템이 마운트 해제된 후에도 원시 디스크는 커널에 계속 표시되며, 파일 시스템이 마운트되지 않은 경우에도 블록 장치 도구로 접근할 수 있다. 마운트되지 않은 디스크는 조사자의 획득 시스템에서 물리적으로 분리해도 안전하다.

쓰기 방지 장치 없이 의심스러운 드라이브를 장착하거나 마운트하면 안 된다. 디지털 증거를 수정, 손상 및 파괴할 위험성이 높기 때문이다. 현대 운영 체제들은 파일과 디렉터리에 액세스할 때 최종 접근 타임스탬프를 업데이트한다. 모든 유저스페이스 데몬(검색 인덱서, 섬네일 생성기 등)은 디스크에 기록하고 증거를 덮어쓰거나, 파일 시스템이 복구를 시도하거나, 저널링 파일 시스템이 저널 데이터를 기록하거나, 기타 사람에 의한 사고가 발생할 수 있다. 쓰기 방지 장치를 사용하는 동안 파일 시스템을 마운트할 수 있으며, 일반 파일 시스템과 동일한 방식으로 접근할 수 있지만 읽기 전용 상태로 유지되므로 디지털 증거가 보호된다.

포렌식 도구를 이용한 파일 시스템 접근

Sleuth Kit, dcfldd, foremost와 같은 포렌식 도구를 사용할 때, 파일 시스템이 있는 파티션을 나타내는 올바른 블록 장치를 사용해 (마운트하지 않고) 파일 시스템에 접근할 수 있다. 대부분의 경우, 이것은 /dev/sda1, /dev/sda2 또는 /dev/sdb1과 같이 번호가 매겨진 장치가 되며, 리눅스 커널이 감지한다.

리눅스 커널이 파일 시스템을 감지하지 못하면 명시적으로 지정해야 할 수도 있다. 다음과 같은 이유로 파일 시스템이 올바르게 검색되지 않는다.

- 파일 시스템이 호스트 시스템(커널 모듈 누락 또는 지원되지 않는 파일 시스템)에서 지원되지 않음
- 파티션 테이블이 손상됐거나 없음
- 파티션이 삭제됐음
- 디스크의 파일 시스템 오프셋을 알 수 없음
- 파일 시스템을 접근할 수 있도록 해야 함(장치의 잠금을 해제하고 파티션을 해독하는 등)

이 책의 후반부에서, 루프 장치를 사용해 리눅스 커널이나 다양한 포렌식 도구에 의해 자동으로 탐지되지 않는 파티션과 파일 시스템에 접근하는 기술을 설명할 것이다.

리눅스 배포판과 셸

디지털 포렌식 수집 또는 분석 작업을 수행하는 조사자 워크스테이션을 만들 때는 리눅스 시스템의 기본 구조 또는 구성을 이해하는 것이 필요하다.

리눅스 배포판

리눅스라는 용어는 기술적으로 볼 때 실제 운영 체제[13]라고 할 수 있는 커널에만 적용된다. 그래픽 인터페이스, 도구 및 유틸리티, 명령 줄 셸조차도 리눅스가 아니라 리눅스 배포판의 일부다. 배포판은 일반적으로 리눅스 커널, 설치 관리자 및 패키지 관리자(일반적으로 배포판 고유의), 다양한 추가 프로그램 및 유틸리티(오피스 제품군, 웹 브라우저 또는 이메일/채팅 클라이언트와 같은 표준 애플리케이션 포함)를 포함하는 기능 패키지다. 공식적인 리눅스 커널은 오직 하나지만 레드햇 Red Hat, 수세 Suse, 아치 Arch, 데비안 Debian과 같은 많은 리눅스 배포판이 있다. 파생된 배포판도 많다. 예를 들어 우분투 Ubuntu는 데비안을 기반으로 하는 파생 배포판이며, 센트OS CentOS는 레드햇을 기반으로 하고 만조로 Manjaro는 아치를 기반으로 한다. 배포판의 전체적인 목록(및 기타 리눅스가 아닌 오픈 소스 운영 체제)은 http://distrowatch.com에 나와 있다.

여러 컴포넌트가 다양한 리눅스 배포판의 그래픽 인터페이스를 구성하며 리눅스를 이해하는 데 유용하다. X11 윈도우 시스템은 그래픽 하드웨어와 상호 작용하고 X11 그래픽 프리미티브(Wayland는 X11의 새로운 대안)에 대한 인터페이스를 제공하는 디스플레이 서버다. 윈도우 매니저는 이동, 크기 조정, 배치 및 기타 창 관리를 제어한다. 윈도우 매니저의 예로는 Compiz, Mutter 및 OpenBox를 들 수 있으며, 데스크톱 환경 없이 사용할 수 있다.

데스크톱 환경은 배포판의 모양과 느낌을 제공하고 윈도우 매니저 위에서 작동한다. 인기 있는 데스크톱의 예로는 Gnome, KDE, Xfce 및 Mate가 있다. 포렌식 조사관 워크스테이션용으로 선택한 그래픽 환경은 개인의 취향에 따라 바꿀 수 있다. 수집하거나 분석한 증거에 아

---

13 리눅스/GNU 명명과 관련된 논쟁이 있다(참고: https://en.wikipedia.org/wiki/GNU/Linux_naming_controversy).

무런 영향을 미치지 않는다. 이 책에 나오는 예제는 GUI가 없는 시스템(Ubuntu Server 버전)에서 수행됐다.

셸

셸은 사람 또는 기계가 명령을 이용해 운영 체제를 제어하는 데 사용하는 명령 프롬프트다. 셸은 프로그램을 시작 또는 중지하고, 소프트웨어를 설치하고, 시스템을 종료하는 등의 작업을 수행한다.

명령 셸은 그래픽 환경보다 더 강력한 기능과 가능성을 제공한다.

이 책의 예는 명령 줄 환경을 사용한다. 명령 줄 도구에 대한 일부 GUI 또는 GUI 프런트엔드가 있을 수 있지만 이 책에서는 다루지 않는다.

현재 사용되는 가장 일반적인 셸과 대부분의 리눅스 배포판에서 기본값은 배시다. 이 책의 예제는 배시를 사용하지만 다른 셸(zsh, csh 등)에서도 작동할 수 있다.

명령 실행

셸은 단순히 시스템에서 실행되는 또 다른 프로그램이다. 인간 사용자는 명령을 입력하는 형태로 셸에서 작업을 수행하며, 기계는 실행된 셸 스크립트 형태로 작업을 수행한다.

사용자가 명령을 입력하면 대개 프롬프트에 입력한 후 Enter 또는 Return을 누른다. 프로그램 실행 및 셸 구성에 따라 출력이 있을 수도, 없을 수도 있다.

파이프 처리와 리다이렉션

유닉스/리눅스 명령 줄의 유용한 기능은 파이프 및 리다이렉션을 사용해 프로그램 및 파일에 데이터 스트림을 전달하는 기능이다. 이는 그래픽 환경에서 드래그 앤 드롭 및 복사/붙여 넣기와 다소 비슷하지만 유연성이 훨씬 뛰어나다.

한 프로그램은 다른 프로그램의 출력이나 파일 시스템의 파일로부터 데이터를 수신할 수 있다. 어떤 프로그램은 데이터를 다른 프로그램의 입력으로 출력하거나 파일 시스템의 파일로 보낼 수 있다.

다음 예제는 출력을 file.txt에 리다이렉션해 쓰여지도록 하거나 file.txt로부터 입력을 수신하고, othertool.sh의 입력으로 파이프 처리 출력을 보내는 tool.sh를 보여준다.

```
$ tool.sh > file.txt
$ tool.sh < file.txt
$ tool.sh | othertool.sh
```

이 파이프 처리 및 리다이렉션 메커니즘은 단일 명령이나 파일에 국한되지 않고, 여러 프로그램을 일련의 순서대로 연결할 수 있다.

```
$ tool.sh < file.txt | othertool.sh | lasttool.sh > lastfile.txt
```

파이프라인 및 리다이렉션은 이 책 전체에서 광범위하게 사용된다.

단일 명령 줄을 사용하면 여러 작업을 완료할 수 있으며, 스크립팅 및 자동화를 쉽게 해 사용자 개입 필요성을 제거한다. 이 책의 예제에서는 파이프 처리와 리다이렉션을 사용해 저장 매체의 이미지를 수집하고 포렌식 프로그램 간에 데이터를 이동하며, 파일에서 중요한 증거 정보를 저장한다.

마무리하며

2장에서는 포렌식 수집 작업을 수행할 수 있는 플랫폼으로서 리눅스를 사용하고 장단점을 모두 다뤘다.

리눅스 배포판에 대한 리뷰와 리눅스 커널이 어떻게 작동하는지에 대해서도 다뤘다. 조사관의 입장에서 장치 및 파일 시스템의 개념과 셸, 파이프 처리와 리디렉션의 사용법을 다뤘다. 이제 이 책의 나머지 예제를 이해하는 데 필요한 리눅스 지식을 얻은 것이다.

CHAPTER **3**

포렌식 이미지 포맷

3장에서는 오늘날 널리 사용되는 다양한 수집 도구, 증거 보관소 및 포렌식 이미지 형식에 대한 개요를 다룬다. 포렌식 이미지 포맷 및 증거 보관소는 획득 시간 및 기간, 이미지 획득 방법, 크기, 오류, 해시 등과 같은 케이스와 관련된 추가 데이터와 함께 포렌식 관점으로 획득한 이미지를 저장하는 구조다. 포렌식 포맷의 추가 기능에는 일반적으로 압축 파일 및 암호화가 포함된다. 3장에서는 여러 포렌식 포맷을 사용하는 명령 줄 포렌식 작업을 보여준다.

다양한 포렌식 포맷을 설명하는 유익한 소개서는 Digital Forensic Research Workshop (DFRWS)의 웹 사이트 http://www.dfrws.org/CDESF/survey-dfrws-cdesf-diskimg-01.pdf 에서 찾을 수 있다.

Sleuth Kit의 img_stat를 사용하면 3장에서 설명할 일반적인 포렌식 포맷들을 식별할 수 있다.

```
# img_stat -i list
Supported image format types:
        raw (Single or split raw file (dd))
        aff (Advanced Forensic Format)
        afd (AFF Multiple File)
        afm (AFF with external metadata)
        afflib (All AFFLIB image formats (including beta ones))
        ewf (Expert Witness format (encase))
```

이 형식 외에도 3장에서는 SquashFS를 표준 포렌식 도구와 함께 사용하기 위한 실용적인 포렌식 보관소로 사용하는 임시적인 방식을 소개한다.

> **NOTE** 포렌식 이미지와 관련해 중요한 개념은 파일을 복사하지 않는다는 것이다. 섹터 0에서 디스크의 마지막 접근 가능 섹터까지 디스크 섹터를 복사한다. 원본 이미지 크기는 디스크의 파일 시스템에 있는 파일 수와 관계없이 항상 전체 디스크 크기와 같다.

원본 이미지

원본 이미지는 그 자체가 포맷이 아니라 증거 자료로부터 이미지화한 원본 데이터다. 원본 이미지에는 이미지 파일 자체에 대한 정보(이름, 크기, 타임스탬프 및 이미지 자체 inode에 포함된 기타 정보) 이외에 추가 메타데이터가 없다.

원본 이미지를 추출하는 것은 기술적으로 간단하다. 간단히 소스 장치에서 대상 파일로 일련의 바이트를 전송하는 것이다. 이는 일반적으로 변환이나 변환 없이 수행된다.

dd 또는 dd 유사 도구와 같은 디스크 블록 복사 도구는 원본 이미지를 추출하는 데 가장 일반적으로 사용된다. 이에 대해서는 다음 절에서 설명한다.

전통적인 dd

원본 이미지를 만들기 위해 사용되는 가장 오래된 도구이자 간단한 도구는 Unix dd 유틸리티다. 증거 수집을 위해 설계된 것은 아니지만 단순한 바이트 단위 전송은 디스크 장치의 이미지를 만드는 데 유용하다. 디스크의 개별 섹터에 대한 완전한 로레벨 복사본을 생성하기 때문이다(파일 시스템 구조, 파일, 디렉터리 및 메타데이터). 그러나 로깅, 오류 처리 및 해싱과 같은 기능은 부적절하거나 존재하지 않는다. 더 나은 대안을 사용할 수 없는 경우에는 dd를 사용할 수 있다.

Computer Forensics Tool Testing(CFTT) 프로젝트는 몇 가지 표준 dd 버전을 테스트했다. CFTT 웹 사이트(http://www.cftt.nist.gov/disk_imaging.htm)에서 테스트 결과를 확인할 수 있다.

dd 유틸리티는 1970년대 초기의 유닉스(UNIX) 시스템에서 바이트 순서 변환 및 블록 복사를 위해 만들어졌다. 이것은 처음에는 메인 프레임 세계에서 EBCDIC으로 인코딩된 데이터를 ASCII 인코딩으로 변환하기 위해 개발됐는데, 이것은 유닉스 환경에서 선호됐다. 이 프로그램은 단순히 소스에서 데이터 블록을 가져오고 선택적으로 변환 또는 변형을 수행한 후 블록을 지정된 대상(다른 장치 또는 파일)에 배치한다. 최신 버전의 dd에는 디스크 및 테이프와 같은 장치로부터 데이터 증거 수집을 수행하는 데 유용하게 사용되는 향상된 기능이 있다.

포렌식 dd 변형

원래 dd 도구는 포렌식 관점에서 사용하도록 설계되지 않았으므로 특정 기능이 누락돼 있었다. 이후 dd를 기반으로 하는 도구는 다음과 같이 포렌식 관련 기능이 포함되도록 개발됐다.

- 암호학적 해싱
- 향상된 오류 처리
- 로깅
- 성능 향상
- 검증 확인

- 진행 상황 모니터링(포렌식 이미징은 오래 걸릴 수 있음)

dd 유틸리티의 가장 일반적으로 사용되는 두 가지 변형은 2002년 미국 국방부 컴퓨터 포렌식 연구소(DCFL)의 니콜라스 하버 $^{Nicholas\ Harbour}$ 에 의해 개발된 dcfldd와 2007년 제시 코른블럼 $^{Jesse\ Kornblum}$ 이 미국 국방부 사이버 범죄 센터(DC3)에서 작성한 dc3dd가 있다.

dcfldd 도구는 GNU dd를 기반으로 하며 해시, 향상된 로깅 및 출력 파일 분할과 같은 추가 기능을 포함한다.

2006년 이래로 업데이트가 없었지만 이 도구는 여전히 사용되고 있다.

알렉산더 드라우노이 $^{Alexandre\ Dulaunoy}$ 는 데비안 버그가 수정된 dcfldd의 패치 버전을 만들었다. 이 패치는 https://github.com/adulau/에서 찾을 수 있다.

보다 최근의 dc3dd 도구는 패치 형태로 구현돼 GNU dd에 대한 코드 변경을 보다 쉽게 따라할 수 있다. 이 도구는 현재 유지 관리되며, 최근 업데이트됐다. dcfldd와 유사한 포렌식 기능을 포함하며, 개선된 로깅 및 오류 처리를 구현했다.

dcfldd와 dc3dd는 모두 전통적인 dd에서 유래했으며, 비슷한 기능을 갖고 있다. 어느 도구에도 포렌식 포맷(FTK, Encase, AFF)에 대한 쓰기, 압축 또는 이미지 암호화에 대한 지원 기능이 내장돼 있지는 않지만, 이러한 작업에 대해 명령 파이프 처리 및 리디렉션을 사용할 수 있다. 두 가지 도구의 예가 이 책 전체에서 다뤄진다. dcfldd 및 dc3dd에 대한 CFTT의 테스트 보고서가 있다.

데이터 복구 도구

강력한 오류 처리 및 적극적인 복구 방법 때문에 여러 데이터 복구 도구를 언급할 필요가 있다. 이러한 도구는 포렌식을 염두에 두고 작성되지는 않았지만, 다른 모든 포렌식 도구가 심하게 손상된 미디어에서 데이터를 복구하지 못하는 상황에 유용할 수 있다.

GNU ddrescue와 dd_rescue는 비슷한 이름을 갖고 있지만 독립적으로 개발된 다른 도구다. 이 글을 쓰는 시점에서 두 도구는 모두 활발한 개발 과정을 거쳤으며, 각기 다른 유용한 기능을 갖추고 있었다. 둘 다 이름에 dd를 참조하지만 어느 도구도 dd 명령 구문을 사용하지는 않는다.

GNU ddrescue는 2004년 안토니오 디아즈 디아즈^{Antonio Diaz Diaz}에 의해 만들어졌으며, 패키지명 gddrescue를 사용해 데비안에 패키지됐다. 공격적이고 지속적인 방법을 사용해 디스크의 배드 영역 복구를 시도한다.

dd_rescue 도구는 1999년 쿠르트 갈로프^{Kurt Garloff}가 만들었으며, 압축, 암호화, 해시 및 기타 플러그인을 지원하는 정교한 플러그인 시스템을 갖추고 있다.

다른 유사한 저장 매체 복구 도구에는 myrescue 및 safecopy가 있다. 이 도구들 중 일부는 6장과 7장에서 설명할 것이다.

포렌식 포맷

원본 이미지와 관련된 몇 가지 문제로 인해 포렌식 파일 포맷이 생성됐다. 저장 매체를 증거로 이미지화할 때 조사, 조사자, 드라이브 세부 정보, 로그/타임스탬프, 암호학적 해시 등에 대한 메타데이터가 있다. 메타데이터 외에도 수집된 이미지를 압축하거나 암호화해야 하는 경우가 종종 있다. 특수화된 포렌식 포맷은 이러한 기능을 쉽게 구현하며, 가장 일반적인 형식이 여기에 설명돼 있다.

포렌식 파일 포맷은 증거 보관소라고도 한다. 일부 연구는 디지털 증거 가방[14]의 개념을 설명했다. 포렌식 형식으로 수집을 수행하는 도구는 6장에서 설명한다.

---

14 Philip Turner, "Unification of Digital Evidence from Disparate Sources (Digital Evidence Bags)" (paper presented at Digital Forensic Research Workshop [DFRWS], New Orleans, Louisiana, August 18, 2005). http://dfrws.org/2005/proceedings/turner_evidencebags.pdf

인케이스 EWF

가장 오래된 포렌식 소프트웨어 회사 중 하나인 가디언스 소프트웨어(Guidance Software)는 Expert Witness Format(EWF)을 사용하는 EnCase 포렌식 소프트웨어 모음을 제작한다. EWF 형식은 메타데이터, 압축, 암호화, 해시, 파일 분할 등을 지원한다. 리버스 엔지니어링 된 오픈 소스 라이브러리와 도구인 libewf는 2006년 요하임 메츠^{Joachim Metz}가 만들었으며, 지원은 Sleuth Kit으로 합쳐질 수 있다.

FTK SMART

AccessData의 FTK SMART 형식은 EnCase EWF와 직접적인 경쟁자다. SMART는 메타데 이터, 압축, 암호화, 해시, 파일 분할 등을 포함하는 독점적인 포맷이다. 무료지만 공개 소스 가 아닌 명령 줄 ftkimager 도구는 AccessData에서 다운로드할 수 있으며, 6장과 7장에서 설명한다.

AFF

고급 포렌식 포맷^{Advanced Forensic Format, AFF}은 심슨 가핑클^{Simson Gartinkel}이 공동 검토 후 공개 형 식으로 작성됐다. 여기에는 포렌식 포맷의 모든 예상 기능이 포함돼 있으며 표준 X.509 인 증서를 사용하는 추가 암호화 및 서명 기능도 포함된다. AFFlib 소프트웨어 패키지에는 AFF 형식을 변환하고 관리하기 위한 여러 도구가 포함됐다.

AFF 버전 3은 http://github.com/sshock/AFFLIBv3/에서 별도로 관리된다. 2009년 AFF 버전 4에 대한 논문이 출판됐다.[15] 현재 AFF 버전 4 웹 사이트는 http://www.aff4.org다. 고급 포렌식 포맷 4 워킹 그룹(AFF4 WG)은 2016년 여름에 시애틀에서 열린 DFRWS 회의에 서 첫 번째 회의가 개최됐다.

15　M.I. Cohen, Simson Garfinkel, and Bradley Schatz, "Extending the Advanced Forensic File Format to Accommodate Multiple Data Sources, Logical Evidence, Arbitrary Information and Forensic Workflow," Digital Investigation 6(2009): S57－S68.

포렌식 증거 보관소로서의 SquashFS

이 책에서 간단한 원시 이미징을 결합한 하이브리드 포렌식 보관소를 만드는 기술과 고급 포렌식 포맷과 유사한 방식으로 케이스 정보를 지원하는 저장 장치에 대한 시연을 할 것이다. 이 기법은 SquashFS를 포렌식 증거 보관소로 사용해 보관소의 다양한 측면을 관리하는 작은 셸 스크립트 sfsimage와 함께 사용한다. 이 방법은 이미징 로그, 디스크 장치에 대한 정보 및 기타 정보(사진, Chian of custody 양식 등)와 결합된 압축 이미지를 단일 패키지로 만든다. 이 파일은 읽기 전용 SquashFS 파일 시스템에 포함돼 있으며, 특별한 포렌식 도구 없이 접근할 수 있다.

SquashFS 배경

SquashFS는 리눅스용으로 작성된 고도로 압축된 읽기 전용 파일 시스템이다. 그것은 2002년 필립 루거Phillip Lougher에 의해 만들어졌으며, 커널 버전 2.6.29부터 2009년에 리눅스 커널 트리에 합병됐다.

SquashFS는 부팅 CD 및 임베디드 시스템에 더 적합하게 설계됐지만 포렌식 증거 보관소로서 매력적으로 보이는 여러 가지 기능이 있다.

- SquashFS는 고도로 압축된 파일 시스템
- 읽기 전용이며, 항목을 추가할 수는 있지만 제거하거나 수정할 수는 없음
- 조사관의 uid/gid와 생성 타임스탬프 저장
- 매우 큰 파일(이론적으로 최대 16EiB) 지원
- 리눅스 커널에 포함돼 있어 읽기 전용 파일 시스템으로 마운트하기는 쉽지 않음
- 파일 시스템은 공개 표준(윈도우, OSX용 도구가 있음)
- mksquashfs 도구는 사용할 수 있는 모든 CPU를 사용해 보관소를 작성

SquashFS 포렌식 증거 보관소

최신 리눅스 커널은 기본적으로 SquashFS 파일 시스템을 지원한다. SquashFS 파일 시스템을 마운트하고 접근하려면 추가 커널 모듈이나 재컴파일이 필요 없다. 그러나 파일을 만들거나, 파일을 추가하거나, SquashFS 파일의 내용을 나열하려면 squashfs-tools 패키지가 필요하다.[16] 선호하는 방법에 따라 이미징을 위한 추가 포렌식 소프트웨어 패키지(dcfldd, dc3dd, ewfacquire)가 필요할 수 있다.

예제에 있는 sfsimage 셸 스크립트는 http://digitalforensics.ch/sfsimage/에서 구할 수 있다. 옵션 없이 sfsimage를 실행하면 사용법을 설명하는 도움말 텍스트가 제공된다.

```
$ sfsimage
Sfsimage: a script to manage forensic evidence containers with squashfs
Version: Sfsimage Version 0.8
Usage:
        sfsimage -i diskimage container.sfs
        sfsimage -a file ... container.sfs
        sfsimage -l container.sfs ...
        sfsimage -m container.sfs ...
        sfsimage -m
        sfsimage -u container.sfs ...

Where:
diskimage is a disk device, regular file, or "-" for stdin
container.sfs is a squashfs forensic evidence container
file is a regular file to be added to a container
and the arguments are as follows:
  -i images a disk into a newly created *.sfs container
  -a adds a file to an existing *.sfs container
  -l lists the contents of an existing *.sfs container
  -m mounts an *.sfs container in the current directory
```

---

16   With Debian-based systems, the package is installed using apt-get install squashfs-tools.

```
-m without options shows all mounted sfs containers
-u umounts an *.sfs container
```

sfsimage의 설정을 바꾸기 위해 스크립트를 편집하거나 스트립트에서 사용할 수 있도록 별도의 sfsimage.conf 파일을 만들 수 있다. config 파일은 주석과 예제로 문서화돼 있으며, 다음 매개변수를 사용할 수 있다.

- 사용하고자 하는 이미징/수집 명령(`dd`, `dcfldd`, `dc3dd` 등)
- 사용하고자 하는 장치 쿼리 명령(`hdparm`, `tableu-parm` 등)
- 증거 보관소를 마운트하는 기본 디렉터리(현재 작업 디렉터리가 기본값)
- 권한 상승 명령을 관리하는 법(`sudo`, `su` 등)
- 생성된 파일의 사용 권한 및 uid/gid

sfsimage 스크립트는 *.sfs를 SquashFS 포렌식 증거 보관소의 명명 규칙으로 사용한다. sfsimage(1)의 매뉴얼은 스크립트에 포함돼 있으며, 자세한 내용이 포함돼 있다.

디스크를 SquashFS 포렌식 증거 보관소로 이미지화하려면 −i 플래그, 디스크 장치 및 증거 보관소명을 사용해 sfsimage를 실행해야 한다. 증거 보관소는 이미징된 장치에 대한 이미지 및 초기 메타데이터로 생성된다. 이 예제에서 sfsimage는 이미징 도구로 dc3dd를 사용하도록 구성됐다.

```
$ sfsimage -i /dev/sde kingston.sfs
Started: 2016-05-14T20:44:12
Sfsimage version: Sfsimage Version 0.8
Sfsimage command: /usr/bin/sfsimage -i /dev/sde
Current working directory: /home/holmes
Forensic evidence source: if=/dev/sde
Destination squashfs container: kingston.sfs
Image filename inside container: image.raw
Acquisition command: sudo dc3dd if=/dev/sde log=errorlog.txt hlog=hashlog.txt
    hash=md5 2>/dev/null | pv -s 7918845952
```

```
7.38GiB 0:01:19 [95.4MiB/s] [======================================>] 100%
Completed: 2016-05-14T20:45:31
```

여기에서 SquashFS 보관소가 생성되고 일반 원본 이미지가 생성된다. 추가 로그 및 정보도 작성되거나 별도로 추가될 수 있다.

sfsimage를 -a 플래그와 함께 사용해 추가 증거를 보관소에 추가할 수 있다. 예를 들어, 이전에 만든 포렌식 증거 보관소에 물리 디스크에 있는 사진을 추가해야 하는 경우, 다음 명령을 사용한다.

```
$ sfsimage -a photo.jpg kingston.sfs
Appending to existing 4.0 filesystem on kingston.sfs, block size 131072
```

SquashFS 포렌식 증거 보관소의 내용을 나열하려면 다음과 같이 -l 플래그와 함께 sfsimage 스크립트를 실행해야 한다.

```
$ sfsimage -l kingston.sfs
Contents of kingston.sfs:
drwxrwxrwx holmes/holmes            135 2016-05-14 20:46 squashfs-root
-r--r--r-- holmes/holmes            548 2016-05-14 20:45 squashfs-root/errorlog.txt
-r--r--r-- holmes/holmes            307 2016-05-14 20:45 squashfs-root/hashlog.txt
-r--r--r-- holmes/holmes     7918845952 2016-05-14 20:44 squashfs-root/image.raw
-rw-r----- holmes/holmes         366592 2016-05-14 20:45 squashfs-root/photo.jpg
-r--r--r-- holmes/holmes            431 2016-05-14 20:45 squashfs-root/sfsimagelog.
   txt
```

이 명령 출력은 마운팅을 하지 않은 상태에서 *.sfs 보관소의 내용을 표시한다. 또한 파일을 만들거나 추가한 정확한 시간이 표시된다. 오류 로그, 해시 로그 및 sfsimage 로그에는 활동 및 오류에 대한 문서가 들어 있다. photo.jpg는 나중에 보관소에 추가된 사진이다.

*.sfs 파일을 마운트하면 획득한 이미지에 접근하고 SquashFS 보관소에 메타데이터 파일을 추가할 수 있다. 파일 시스템의 일부처럼 파일 내용에 접근할 수 있게 된다. SquashFS 파일 시스템은 읽기 전용이기 때문에 내용이 수정될 위험성이 없다.

다음 예제에서 *.sfs 파일은 -m 플래그와 함께 마운트되며, 획득된 이미지에 일반 포렌식 도구(이 예에서는 sleuthkit mmls)가 사용된다.

```
$ sfsimage -m kingston.sfs
kingston.sfs.d mount created
$ mmls kingston.sfs.d/image.raw
DOS Partition Table
Offset Sector: 0
Units are in 512-byte sectors

      Slot       Start          End            Length         Description
000:  Meta       0000000000     0000000000     0000000001     Primary Table (#0)
001:  -------    0000000000     0000002047     0000002048     Unallocated
002:  000:000    0000002048     0015466495     0015464448     Linux (0x83)
```

마운트된 *.sfs 보관소(기본값으로)는 *.sfs.d 디렉터리로 나타난다. 마운트된 후에는 일반 운영 체제 도구 또는 포렌식 도구를 사용하거나 심지어 파일을 네트워크를 통해 공유 드라이브로 내보내 디렉터리 내의 파일에 접근할 수 있다.

*.sfs.d 마운트가 더 이상 필요하지 않으면, 다음과 같이 -u 플래그를 사용해 마운트를 해제할 수 있다.

```
$ sfsimage -u kingston.sfs.d
kingston.sfs.d unmounted
```

마운트 포인트 없이 sfsimage -m을 실행하면 마운트된 모든 SquashFS 보관소가 나열된다. 단일 시스템에 여러 보관소를 마운트할 수도 있다.

포렌식 조사를 위한 환경에서 디스크 이미지 파일 크기 문제는 조사를 어렵게 한다. 대용량 디스크로 인해 공간 부족 문제와 적재상의 어려움이 발생한다. 이 문제는 SquashFS와 같은 실용적인 압축 방법으로 관리할 수 있다. 압축 파일 시스템의 실용성을 보여주기 위해, 2TB의 디스크 공간만을 포함하는 조사 시스템에서 8TB 조사 대상 디스크(이미지 파일)를 이미지화하는 데 sfsimage를 사용했다. 전체 획득에는 16시간 이상이 걸렸으며, 압축된 SquashFS 파일은 1TB에 불과했다. 마운트된 SquashFS 파일은 원본 이미지 파일로 전체 8TB에 대한 접근이 가능하다.

이미지는 임시 파일 없이 즉시 압축된다. *.sfs 파일 및 이미지 파일의 크기가 다음처럼 표시된다.

```
$ ls -l bonkers.sfs bonkers.sfs.d/bonkers.raw
-rw-r----- 1 holmes root 1042820382720 Jun 28 13:06 bonkers.sfs
-r--r--r-- 1 root root 8001562156544 Jun 27 20:19 bonkers.sfs.d/bonkers.raw
```

SquashFS를 사용하는 것은 원본 파일을 압축해 사용하기 위한 실용적이고 효과적인 솔루션이며, 대체 포렌식 증거 보관소를 제공한다.

마무리하며

3장에서는 다양한 포렌식 이미지 포맷을 소개했다. 드라이브를 획득하기 위해 사용할 수 있는 여러 도구에 대한 간략한 개요와 역사를 설명했다. SquashFS 포렌식 증거 보관소를 만들고 관리하는 데 사용되는 SquashFS 파일 시스템과 sfsimage 스크립트에 대해서도 다뤘다. 3장에 제시된 도구와 포맷은 이 책 나머지 부분의 예제에서 사용된다.

CHAPTER 4

계획 및 준비

 4장에서는 디스크나 저장 매체를 이미징하기 전에 수행해야 할 준비 단계에 대해 설명한다. 여기에는 조사자의 감사 추적 설정, 보고서 출력 저장 및 명명 규칙 등이 포함된다. 또한 저장 장치의 수집 및 보호된 쓰기 방지 환경 구축 방법과 관련된 다양한 문제에 대해 설명한다.

포렌식 준비도는 4장의 내용과 다소 겹친다. 그러나 포렌식 준비도는 일반 계획, 예산 책정, 실험실 인프라, 직원 교육, 하드웨어 및 소프트웨어 구매 등을 포함하는 보다 광범위한 주제다. 거시적 포렌식 준비도에 필요한 앞의 요구 사항을 고려한다면 4장의 정보는 미시적 포렌식 준비도로 간주할 수 있다. 중점을 두는 범위는 더 좁고 포렌식 조사자의 워크스테이션 환경을 설정하고 디스크 또는 저장 매체를 분석하는 데 필요한 도구와 개별 작업을 포함한다.

민간 부문 조직(예: 포렌식 랩)에서 포렌식 준비도가 법 집행 기관과 같은 일부 공공 부문 조직의 포렌식 준비도와 다른 점에 주목할 필요가 있다. 민간 부문 조직, 특히 대기업 IT 환경은

IT 인프라가 구축되고 운영되는 방법을 관리할 수 있다. 이렇게 통제되는 환경에서의 포렌식 준비도는 IT 인프라의 한 부분이 될 수 있으므로 조사 또는 사건 발생 시 포렌식 조사관에게 이점을 제공한다. 4장에서는 민간 부문과 공공 부문이 공통으로 갖는 포렌식 준비도 과제에 중점을 둔다.

감사 추적 유지

감사 추적 또는 로그는 액션, 이벤트 및 태스크에 대한 기록을 유지 관리한다. 다양한 세부 수준을 가질 수 있으며, 수동 또는 자동이 될 수 있다. 4장에서는 작업을 수동으로 추적하는 명령 줄 방법과 명령 줄 작업의 자동화된 로깅에 대해 설명한다.

작업 관리

포렌식 조사를 수행하는 동안 보류 중이고 완료된 활동에 대한 높은 수준의 기록을 유지하는 것이 좋다. 보류 중인 작업은 완료된 작업으로 바뀌며, 완료된 작업은 조사자의 기록을 구성한다. 일하는 동안 종종 언젠가 해결해야 할 작업이나 완료해야 할 작업을 생각할 것이다. 조사가 길어지거나 (아마도 수시간, 며칠 또는 그 이상으로) 또는 한 명 이상의 조사관이 관련돼 있을 때 빠른 메모와 보다 포괄적인 작업 목록을 만드는 것이 점점 중요해지고 있다.

조사 과정에서 보류 중이거나 완료된 작업 목록을 유지하는 것은 여러 가지 이유로 중요하다.

- 누락된 것이 없음을 보장
- 이미 완료된 작업을 피할 수 있음
- 팀 작업 시 협업 및 조정 기능 향상
- 정책 및 절차 준수를 보여줌
- 청구를 포함해 회계 업무를 원활하게 함

124

- 문서 및 보고서 작성(공식 사건 보고서 또는 포렌식 보고서)
- 사고 후 검토를 통해 얻은 교훈을 파악하고 프로세스 최적화를 지원할 수 있음
- 완료된 활동에 대한 장기간의 기록을 유지할 수 있음
- 새로운 팀 구성원을 위한 학습 및 교육 지원이 가능함
- 복잡한 절차를 기억하는 가이드 역할을 할 수 있음
- 문제 해결 및 지원에 대한 정보 제공이 가능함
- 외부 및 제3의 조사자가 수행한 업무 기록 유지가 가능함

많은 상용 작업 관리자 및 조사 관리 도구를 사용할 수 있지만, 4장은 명령 줄에서 수행할 수 있는 간단한 작업 관리에 중점을 둔다. 명령 줄을 사용하면 터미널에서 다른 그래픽 또는 웹 기반 애플리케이션에 접근하지 않고도 작업과 활동을 빠르게 추적할 수 있다.

많은 오픈 소스 명령 줄 작업 관리자와 포렌식 조사관의 활동을 관리하는 데 사용할 수 있다. 가장 중요한 요소로는 신뢰할 수 있는 작업 레코딩과 상세한 타임스탬프(날짜만이 아님)가 있다.

태스크워리어

태스크워리어^{Taskwarrior}는 대규모 작업 목록을 빠르고 효율적으로 관리하기 위한 많은 기능을 갖춘 인기 있는 작업 관리자다. 태스크워리어에 대한 자세한 정보는 http://taskwarrior.org/에서 확인할 수 있다. 다음 예제는 포렌식 랩에서 태스크워리어 명령을 실제로 사용하는 방법을 보여준다. 여러 보류 중인 작업을 추가하려면 다음과 같이 해야 한다.

```
$ task add acquire PC disk and transfer to evidence safe due:friday
Created task 1.
$ task add have a meeting with investigation team to plan analysis
Created task 2.
```

현재 작업 목록을 나열하려면(작업 정보에는 시간과 자세한 정보가 표시된다) 다음과 같이 해야
한다.

```
$ task list

ID Due        Age   Description
 1 2015-06-05 1m    acquire PC disk and transfer to evidence safe
 2            3s    have a meeting with investigation team to plan analysis

2 tasks
```

작업 목록에 있는 작업을 완료하려면 다음과 같이 해야 한다.

```
$ task 2 done
Completed task 2 'have a meeting with investigation team to plan analysis'.
Completed 1 task.
```

완료된 작업을 작업 목록에 배치하지 않고 기록하려면 다음과 같이 해야 한다.

```
$ task log requested history of PC use at the firm
Logged task.
```

태스크워리어는 많은 수의 작업을 관리하는 데 유용하다. 보고서, 검색, 정렬 및 다양한 수
준의 사용자 지정이 가능한 세부 정보를 제공한다. 태스크워리어는 각 작업에 대한 타임스
탬프 및 고유 식별자(UUID)를 유지 관리하고, 보류 중인 작업의 우선순위를 관리하며 완료된
작업의 기록을 유지한다.

사용자 정의 속성을 생성하는 기능은 포렌식 랩이나 조사 과정과 같은 특정 설정에 맞게 정
의할 수 있다.

Todo.txt

간단한 텍스트 파일을 편집해 완료된 작업 목록과 보류 중인 작업 목록을 유지 관리할 수도 있다. 한 예로 Gina Trapani의 todo.txt 파일 형식이 있다(자세한 내용은 http://todotxt.com/ 참조). todo.txt 시스템은 작업 생성 및 완료 날짜, 우선순위, 프로젝트 및 컨텍스트에 대한 파일 형식을 정의한다. 또한 todo.txt 파일을 관리하기 위한 셸 스크립트를 제공한다. todo. sh 스크립트는 todo.txt 작업 목록에 필요한 모든 작업을 수행하지만, 일반 텍스트 편집기를 사용하면 파일 형식을 관리할 수 있다. 이 표기법은 괄호((A), (B) 등)와 우선순위를 나타낸다. 컨텍스트 키워드는 @, 프로젝트 키워드는 +이다. 완료된 작업 앞에는 x가 붙는다. 다음은 todo.txt 파일의 예다.

```
(A) Sign chain of custody forms @reception
(B) Start forensic acquisition +Disk_A @imagingstation
Discuss analysis approach with investigation team @meetingroom
x 2015-05-30 08:45 upgrade ram in imaging PC @imagingstation
```

todo.txt 앱은 타임스탬프를 사용하지 않고, 날짜만 기록한다. 이 시스템을 사용하는 경우, 완료된 작업과 함께 시간을 수동으로 포함시켜야 한다.

Shell Alias

작업 관리 소프트웨어를 사용하지 않고 완료된 작업의 조사 활동 기록을 유지할 수도 있다. 예를 들어 간단한 설명을 타임스탬프가 있는 파일로 리다이렉션하는 간단한 Shell Alias는 다음과 같다.

```
$ alias log="echo $2 \`date +%FT%R\` >> ~/examiner.log"
```

로그 파일명과 날짜 형식을 원하는 형태로 사용자 지정할 수 있다. 활동에 대한 간단한 기록을 남기거나 과거 활동을 보는 것은 간단한 한 줄 명령으로 수행되며, 이 명령은 조사 과정에서 언제든지 입력할 수 있다. 중요하거나 눈에 띄는 것이 발생하면 기록을 작성한 후 취해진 조치에 대한 간단한 설명을 입력한다. 그 예는 다음과 같다.

```
$ log removed hdd from PC and attached to examiner machine
...
$ log started forensic acquisition of the disk
...
$ log acquisition completed, disk sealed in evidence bag
...
$ cat ~/examiner.log
2015-05-30T09:14 informed that seized PC was enroute to forensic lab
2015-05-30T10:25 PC arrived, chain of custody forms signed
2015-05-30T10:47 removed hdd from PC and attached to examiner machine
2015-05-30T10:55 started forensic acquisition of the disk
2015-05-30T15:17 acquisition completed, disk sealed in evidence bag
2015-05-30T16:09 disk transferred to evidence safe for storage
```

작업 관리를 위한 간단한 시스템은 명령 줄에서 작업하는 데 많은 시간을 할애하는 직원에게 유용하다. 또한 Secure Shell(ssh)이 있는 시스템에서 원격으로 작업 할 때 유용하다.

셸 히스토리

이 절에서는 조사자가 입력한 셸 명령의 자동 로깅을 명령 줄에 설정하는 방법에 대해 설명한다. 이상적으로 이 명령 로깅은 복잡성을 증가시키거나 진행 중인 포렌식 작업을 방해해서는 안 된다. 다양한 도구를 사용해 자동화된 백그라운드 프로세스로 조사자의 명령 줄 활동을 기록할 수 있다. 이 접근법은 포렌식 수사 과정에서 조사자에게 완전히 공개돼 있다.

유닉스/리눅스 셸은 원래 로깅이나 감사 추적을 염두에 두고 설계되지 않았다. 과거에는 히스토리 메커니즘을 강화하기 위한 패치가 만들어졌고, 셸이 사용되는 동안 명령을 캡처하는 해킹이 시도됐으며, 상용 제품은 다양한 엔터프라이즈 로깅을 수행했다. 셸 내장 함수와 실행된 프로그램 및 파이프라인을 포함해 모든 명령을 타임스탬프와 함께 기록하는 강력한 감사 및 규정 준수 시스템을 개발하는 것은 이 책에서 다루지 않는다.

배시 셸 히스토리는 다음과 같은 기본 요구 사항을 충족시키도록 구성될 수 있다.

- 조사자가 입력한 명령 기록
- 입력된 각 명령에 대한 타임스탬프 기록
- 중복, 주석 및 공백 접두어가 포함된 명령을 모두 기록
- 히스토리 파일 삭제 또는 덮어쓰기 방지
- 동일한 시스템에서 여러 터미널 창을 사용할 때 충돌 회피
- root 및 non-root 명령 기록 포함

기본 배시 셸 히스토리를 감사 추적용으로 사용하는 것은 기본이다. 명령 완료 시간, 명령이 실행된 작업 디렉터리 및 return 코드와 같은 중요한 정보는 기록되지 않는다. 배시 히스토리는 변조 방지 기능이 있는 시스템이 아니기 때문에 조사자는 쉽게 기록을 수정하거나 삭제할 수 있다. 제한된 접근으로 보안 및 변조 방지 감사 환경을 만드는 것은 이 책에서 다루지 않는다.

zsh과 같은 일부 셸에는 경과 시간 로깅을 허용하는 추가 기록 기능이 있다. 셸 로깅을 개선하기 위한 다른 솔루션으로는 PS1, PROMPT_COMMAND, trap 및 DEBUG 및 키 바인딩을 사용해 실행 전에 명령을 수정하는 것 등이 있다. sudo 로깅 사용하기. auditd 로깅 또는 preexec. sh와 같은 특수 스크립트를 사용하면 명령 줄 로깅을 늘릴 수도 있다. http://www.pointsoftware.ch/en/howto-bash-audit-command-logger의 유용한 튜토리얼은 이 문제를 오랫동안 논의하고 해결책을 제안한다. 명령 줄 감사 추적은 특정 실습 정책이나 기대에 맞게 조정해야 한다.

기본 셸 명령 기록의 경우, 명령 줄 활동을 기록하도록 기본 제공 셸 내역 기능을 구성할 수 있다. 배시는 명령이 입력된 타임스탬프 기능 활성화를 포함하는 유용한 기능을 제공한다.

리눅스 시작 스크립트(.bashrc 등)에 다음 명령을 추가하면 이전 목록에 설명된 기본 요구 사항을 사용할 수 있다.

```
set -o history
shopt -s histappend
export HISTCONTROL=
export HISTIGNORE=
export HISTFILE=~/.bash_history export HISTFILESIZE=-1
export HISTSIZE=-1
export HISTTIMEFORMAT="%F-%R"
```

이 명령은 히스토리가 사용할 수 있게 되고, 추가 모드(각각의 새 로그인으로 겹쳐쓰지 않고)를 보장한다. HISTCONTROL과 HISTIGNORE 두 변수는 명령이 히스토리 파일에 저장되도록 제어한다. 일반적인 기본 설정은 중복 및 공백으로 시작하는 명령을 무시하는 것이다. 모든 명령의 완전한 로깅을 보장하기 위해 HISTCONTROL 및 HISTIGNORE 변수가 명시적으로 널(null)로 설정된다. HISTFILE 변수는 셸이 종료될 때 메모리에 있는 명령 히스토리가 저장되도록 명시적으로 설정된다. HISTFILESIZE 및 HISTSIZE는 −1로 설정돼 기록이 잘리지 않거나 덮어쓰지 않는다. HISTTIMEFORMAT 변수는 타임스탬프를 히스토리 파일에 기록할 수 있도록 하고, 시간 형식을 설정할 수 있도록 한다. 형식에는 국가별 설정이 포함될 수 있으며, 날짜만이 아닌 타임스탬프가 포함돼야 한다.

조사가 끝나면 기록을 텍스트 파일에 저장하고 조사의 지원 데이터 파일에 포함시킬 수 있다. 그런 다음 히스토리를 재설정하고, 다음 명령을 사용해 조사를 준비할 수 있다.

```
$ history > examiner_bash_history.txt
$ history -c; history -w
```

여러 셸 인스턴스에서 히스토리를 동기화하는 것은 까다로운 일일 수 있다. 각 셸이 히스토리를 메모리에 저장하고 종료 시에만 히스토리 파일에 기록하기 때문이다. 다음과 같은 변수 설정 PROMPT_COMMAND = 'history -a; history -r'은 명령 프롬프트가 표시될 때마다 새로운 명령을 쓰고(추가하고) 배시 히스토리 파일에서 읽어들인다.

능동적으로 개발된 명령 로거는 Snoopy다. 이 명령은 syslog에 명령을 기록하는 것을 포함해 여러 가지 기능을 제공한다. Snoopy는 execv( ) 및 execve( ) 시스템 호출을 감싸는 래퍼로서 작동하는 미리 로드된 라이브러리다. 사용자에게 공개돼 있으며 Snoopy 라이브러리를 /etc/ld.so.preload에 추가하고 /etc/snoopy.ini 파일을 편집해 활성화 및 구성할 수 있다. 예를 들어, 다음과 같은 일련의 명령이 배시 명령 프롬프트에 입력됐다고 가정할 수 있다.

```
# fls -p -r /dev/sda1 | grep -i "\.doc$" |wc -l
10
```

해당 명령은 다양한 세부 사항을 개별적으로 기록한다.

```
Jun  5 10:47:05 lab-pc snoopy[1521]: [uid:0 sid:1256 tty:(none) cwd:/ filename:
    /bin/grep]: grep -i \.doc$
Jun  5 10:47:05 lab-pc snoopy[1522]: [uid:0 sid:1256 tty:(none) cwd:/ filename:
    /usr/bin/wc]: wc -l
Jun  5 10:47:05 lab-pc snoopy[1520]: [uid:0 sid:1256 tty:/dev/pts/0 cwd:
    / filename: /usr/bin/fls]: fls -p -r /dev/sda1
```

추가 정보 및 Snoopy의 최신판은 https://github.com/a2o/snoopy/에서 구할 수 있다.

터미널 리코더

경우에 따라 터미널에서 수행된 작업을 표시하고 명령 출력(stdout), 오류 메시지(stderr) 및 터미널 세션에서 볼 수 있는 기타 메시지 또는 작업을 완료하는 것이 유용할 수 있다. 세션 활동을 캡처하고 세션 재생을 제공하기 위한 도구에는 몇 가지가 있다.

가장 잘 알려진 도구는 스크립트다. 이 예제에서는 스크립트가 시작되고 재연을 하기 위한 타이밍 데이터와 함께 출력이 파일에 추가된다. 스크립트를 실행한 후에는 일반적인 셸 명령을 실행할 수 있으며, 나중에 볼 수 있도록 저장된다.

```
$ script -a -tscript.timing script.output
Script started, file is script.output
```

기록된 세션이 끝나면 exit를 입력하거나 Ctrl + D를 누른다. 다음과 같이 scriptreplay 명령을 사용하면 기록된 내용을 볼 수 있다.

```
$ scriptreplay -m1 -tscript.timing script.output
...[session plays back here]...
```

이 방법을 어렵게 만드는 일반적인 문제는 터미널 문자 크기 조정과 같은 제어 문자 및 이벤트 처리다. ttyrec 및 termrec와 같은 다른 TTY 레코더 및 스니퍼는 동일한 기능 및 특징과 함께 사용할 수 있다.

tmux 및 GNU 화면과 같은 터미널 멀티플렉서는 특정 상황에서 유용할 수 있는 일정 수준의 로깅을 제공한다. 화면에서는 세션 내에서 분리된 세션에 대한 로깅을 설정할 수 있다 (Ctrl + A 다음에 H). tmux 터미널 멀티플렉서는 이제 다음과 같이 pipe-pane 옵션을 사용해 로깅을 지원한다.

```
$ tmux pipe-pane -o -t session_index:window_index.pane_index 'cat >> ~/output
    .window_index-pane_index.txt'
```

리눅스 감사

전문적인 랩에서는 더 엄격한 조직 정책이나 규정 요구 사항을 충족시키기 위해 보다 강력한 로깅 또는 감사 추적을 구현하고자 할 수 있다. 이를 달성할 수 있는 한 가지 방법은 리눅스 감사 패키지인 auditd를 사용하는 것이다. 일반적으로 pam 모듈로 구성된 pam_tty_audit. so를 사용해 auditd 데몬을 실행한다. aureport 명령을 사용해 감사 추적 활동을 검토할 수 있다.

auditd를 사용하면, 특히 sudo와 같은 세분화된 접근 제어와 함께 사용하면 몇 가지 보안상의 이점이 있다. 특히 중앙 로그 호스트에 기록하는 감사 추적은 변조를 방지해 검사 작업을 기록할 때 상대적으로 무결성 수준을 높일 수 있다.

포괄적인 감사 추적은 키 입력을 포함한 모든 TTY 활동을 기록할 수 있을 뿐 아니라 시스템상의 파일 접근 및 기타 여러 이벤트를 모니터할 수 있다. 감사 및 감사 보고 설정은 복잡한 프로세스일 수 있다. 이 프로세스는 이 책의 범위를 벗어난다.

다양한 솔루션과 해킹에 대한 토론은 http://www.pointsoftware.ch/en/howto-bash-audit-command-logger 및 http://whmcr.com/2011/10/14/auditd-logging-all-commands에서 찾을 수 있다.

배시 버전 4.1부터 syslog에 명령 히스토리를 로깅할 수 있는 새로운 기능이 추가됐다(활성화하려면 다시 컴파일해야 할 수도 있음).

수집 증거 및 명령 출력 정리

명령 줄에서 포렌식 조사를 수행할 때는 향후 참조 및 보고를 위해 다양한 도구 및 유틸리티의 명령 출력을 파일에 저장하는 것이 일반적이다. 명령의 출력을 텍스트 파일로 재지정하면 이 작업을 수행할 수 있다. 이러한 파일은 수집된 나머지 조사 데이터와 함께 저장될 수 있다. 많은 양의 증거 데이터를 수집하고 저장하는 과정에서 파일 및 디렉터리 구조를 체계적이고 이해하기 쉬운 상태로 유지하는 것이 중요하다. 이 절에서는 이러한 목표를 달성하기 위한 다양한 전략에 대해 설명한다.

파일 및 디렉터리명 지정 규칙

조사 중에 수집된 모든 파일, 디렉터리, 마운트 지점, 이미지 및 기타 저장된 데이터의 혼동을 줄이려면 명명 규칙을 따르는 것이 가장 좋다. 이해하기 쉽도록 직관적으로 작성하고 문구 및 파일 확장자에 중복을 피해야 한다. 가장 중요한 사항은 조사 또는 사건 전반에 걸쳐 여러 사건에 대해 일관된 명명 규칙을 사용하는 것이다.

특정 고유 식별자는 시스템, 저장 매체 장치 및 이동식 매체와 연관된다. 이러한 식별자는 명명 규칙을 결정할 때 유용할 수 있다.

- 회사 자산 태그 또는 컴퓨터 재고 번호
- 디스크 드라이브의 제조업체 일련 번호
- 디스크 드라이브용 WWN(64비트 World Wide Name)
- 파일 시스템 및 RAID에 대한 블록 장치 UUID
- 디스크 드라이브 이미지의 포렌식 해시 값
- 네트워크 인터페이스 카드(NIC) 48비트 MAC 주소
- 포렌식 랩 증거 번호(가능하면 드라이브의 스티커 또는 태그)
- 포렌식 랩 증거 가방 번호(디스크가 들어 있는 증거 가방)

0이 아닌 1을 사용해 모든 번호 매기기를 시작한다. 프로그래머와 엔지니어는 0부터 시작하는 경향이 있지만, 시험 보고서를 읽고 검토하는 사람에게는 기술적인 배경(변호사, 판사, 관리자 등)이 없을 수도 있고, 번호 매기기가 1로 시작한다고 예상한다.

원시 이미지 파일은 이 책 전체에서 *.raw 확장자를 사용한다. 일반적으로 사용되는 *.dd 확장자는 dd 도구가 사용됐다는 것을 의미한다. *.raw 확장자는 이미지를 가져오는 데 사용된 특정 도구와 파일을 연결하지 않고 파일을 정확하게 설명한다.

이상적으로, 원시 이미지의 파일명은 포렌식 이미지와 실제 객체의 고유 속성을 연관 지을 수 있어야 한다. 포렌식 형식을 사용하는 경우, 이 고유한 정보를 포렌식 이미지 파일에 메타데이터로 포함할 수 있다. 이를 통해 물리적 디스크를 이미지와 연결하고 외장 이미지를 실제 디스크와 연결할 수 있다. 그런 다음, 디스크와 이미지가 주변 컨텍스트(디렉터리명 등)에 의존하지 않고 링크된 상태로 유지된다. 이는 물리적 세계와 디지털 세계 사이의 연결 고리를 형성한다.

대량의 디스크를 분석 중인 경우, 이미지 파일명에 일련 번호가 포함될 수 있고, 파일명에 다양한 수준의 세부 사항을 포함할 수 있다. 파일명인 server12-slot3-seagate-3.5in-disk-500gb-SN12345ACBDEE.raw는 무척 상세하지만 작업하기에는 너무 자세하고 성가실 수 있다. 많은 기본적인 침해 사고에 대한 실용적인 명명 규칙은 숫자가 있는 저장 미디어 유형(예: disk1, tape1, ssd1, stick1, card1, cdrom1, dvd1, bluray1, floppy1 등)일 수 있다. 경우에 따라 디스크 및 일련 번호에 대한 간단한 설명을 사용하는 것이 가장 적합한 방법일 수 있다(예: crucial-ssd-15030E69A241.raw). 조사자가 대화에서 쉽게 언급할 수 있는 이미지 이름(예: "우리는 디스크 1에서 파일을 찾았다")을 만드는 것이 유용하다. 대화, 원시 조사 출력 및 최종 보고서에 사용된 용어는 일관된 명명법을 가져야 한다.

디스크 이미지, 아카이브 파일 또는 기타 복합 이미지에서 파일을 추출할 때 파일명에 밑줄("_")을 추가해 해당 파일들이 추출된 것임을 나타낸다. 이렇게 하면 자신과 다른 사용자가 실수로 악성 코드, 버그 추적을 위한 HTML 페이지, 오피스 문서의 매크로 또는 문서 열람 시 실행될 수 있는 기타 실행 파일 및 스크립트를 실행하지 않게 된다. 다음은 몇 가지 예다.

```
$ icat image.raw 68 > photo.jpg_
$ icat image.raw 34 > customerlist.xls_
$ icat image.raw 267 > super-updater57.exe_
```

추출된 파일이 이미 밑줄로 끝나면 밑줄을 하나 더 추가한다. 추가된 밑줄은 의심스러운 드라이브에서 파일이 증거로서 추출된 것임을 분명하게 한다.

압축을 푼 파일을 분석하거나, 도구의 출력을 저장하거나, 수동으로 메모를 작성하는 경우 원본 이름을 가진 텍스트 파일을 만들고 _.txt를 파일에 추가한다.

```
$ exif photo.jpg_ > photo.jpg_.txt
$ vi customerlist.xls_.txt
$ objdump -x super-updater57.exe_ > super-updater57.exe_.txt
```

.txt 확장명은 텍스트 파일에 노트, 도구 출력 및 추출된 파일에 대한 포렌식 분석 결과가 포함돼 있음을 의미한다. 파일명은 원래 이미지에서 추출한 파일과 연관된다. 텍스트 파일에는 검색할 수 있는 책갈피 및 조사자의 주석이 포함될 수 있다. 추출된 파일의 출처(디스크, 파티션 등)가 명확하지 않은 경우를 제외하고는 해당 텍스트 파일을 사용하는 것이 좋다. 또한 왜 추출했는지 설명할 수 있다.

파일 확장자는 항상 콤팩트의 형식을 나타내야 한다.

- ∗.txt는 텍스트 편집기를 사용해 열고 읽을 수 있음
- ∗.raw는 원시 데이터 덤프(디스크, 메모리 등)
- ∗.pcap는 캡처된 네트워크 트래픽
- ∗.db는 데이터베이스(아마도 Sleuth Kit 파일 목록)
- ∗.sfs는 SquashFS 증거 보관소
- ∗.e01 및 ∗.aff는 포렌식 포맷

각각의 케이스, 사건 또는 조사에는 관련된 물리적 저장 매체가 있다. 저장 매체에는 관련된 포렌식 이미지와 다양한 프로그램(hdparm, smartctl 등)으로부터의 출력이 있다. 각 포렌식 이미지에는 다양한 프로그램(mmls, fls 등)의 출력이 있으며, 추출된 가 파일 또한 다양한 프로그램(exif, objdump 등)으로부터의 관련된 출력이 있을 수 있다. 명명 규칙을 사용하면 모든 구성을 유지하면서 조사 데이터가 커지더라도 정리 시스템의 확장성을 유지할 수 있다.

파일명과 디렉터리명에 얼마나 많은 정보가 포함돼야 할 것인가? 추가 정보가 있는 해당 설명 텍스트 파일을 갖는 것이 더 합리적인 경우는 언제인가? 해당 파일을 이미지와 어떻게 연관시켜야 하는가? 같은 사건에 대해 다음과 같은 두 가지 예를 생각해볼 수 있다.

다음은 파일명에 삽입된 정보의 예다.

```
case42.txt
image6.case42.raw
image6.case42.raw.txt
mmls.image6.case42.txt
```

```
fls.part1.image6.case42.txt
```

다음은 디렉터리 구조에 포함된 동일한 정보의 예다.

```
./case42/case.txt
./case42/image6/image.raw
./case42/image6/image.raw.txt
./case42/image6/mmls.txt
./case42/image6/part1/fls.txt
```

수동으로 작성된 노트의 경우, 특정 컨텍스트 내의 추가 설명, 주의 사항, 문제점 및 기타 임의의 주석을 작업 디렉터리의 간단한 notes.txt 또는 readme.txt 파일에 저장하는 것이 유용할 수 있다. 이 파일들은 조사관이 나중에 읽을 수 있도록 알림, 힌트 또는 경고를 제공할수 있다.

실행 시 위험할 수 있는 웹 URL을 발견하면 다른 사용자가 실수로 URL을 클릭하지 못하도록 http를 hxxp로 바꾼다. 이러한 링크는 사용자를 악성 코드, 용의자에 의해 모니터링 되는 개인 사이트, 버그 추적 사이트 또는 결과를 이해하지 않고 접근하면 안 되는 기타 콤팩트로 유도할 수 있다.

확장 가능한 조사 디렉터리 구조

사건, 사고 또는 조사마다 하나의 고유한 디렉터리가 있어야 한다(예: case42). 수집된 모든 증거, 이미지 및 분석 작업은 해당 루트 디렉터리 아래의 계층 구조에 포함돼야 한다. 조사 규모가 커짐에 따라 계획된 디렉터리 구조가 확장될 수 있다. 여러 포렌식 조사관이 동일한 사건을 처리하고 디렉터리 구조를 공유하는 경우에도 단일 디렉터리를 갖는 것이 실용적이다. 사고가 복잡해지면 디렉터리 구조를 재구성할 준비를 해야 한다. 개별 분석을 위해 많은 수의 파일을 추출하는 경우, 내보내기 디렉터리가 있어야 한다(EnCase와 유사).

조사의 규모는 예기치 않게 커질 수 있으며, 의심스러운 단일 디스크로 시작하는 포렌식 조사는 디스크가 많은 여러 대의 컴퓨터가 포함된 더 큰 조사로 확장될 수 있다. 예를 들어, 누군가 컴퓨터 또는 직원의 이상하거나 의심스러운 행동을 보고한다고 가정한다. 조사를 위해 하나의 디스크를 압수한다. 예비 조사 결과에는 USB 관련 결과도 포함한다. 이를 발견 후 조사하며, 두 번째 컴퓨터가 사고에 연결된다. 이 컴퓨터에는 2개의 내장 하드 디스크와 DVD 버너가 있다. 추가 조사를 통해 옷장에 숨어 있는 데이터로 가득 찬 DVD 상자가 나타난다. 그런 다음, 외부 USB 하드 디스크와 다른 건물의 여분의 노트북도 사건에 연루돼 있는 것으로 나타난다. 수집된 증거는 단일 하드 디스크에서 16개의 저장 매체 항목으로 증가했다. 이 가상의 사건은 대규모 조직에서는 드문 일이 아니다. 조사를 준비할 때 확대 적용 범위를 예상해야 한다. 명명 규칙은 조사의 규모가 커짐에 따라 확장되도록 설계돼야 한다.

일부 컴퓨터는 여러 사람이 사용하고 일부 사용자는 여러 대의 컴퓨터를 사용한다. 노트북은 반드시 물리적 위치에 구속되지 않는다. 이동식 미디어를 여러 대의 컴퓨터 및 노트북에 공유하고 연결할 수 있다. 장기간에 걸쳐 컴퓨터 하드웨어가 변경되고 사무실이 변경될 수 있으며, 부서에서 순환 보직을 시키게 되고, 조직 구조 조정이 발생할 수 있다. 이러한 변경 사항을 수용할 수 있도록 파일 및 디렉터리명을 설계해야 한다.

조사가 진행됨에 따라 수집된 데이터가 더 많이 분석돼 출력될 때마다 출력 파일 수가 증가한다. 이를 위한 좋은 연습은 파일을 분리하고 검사 결과를 구성하는 디렉터리 구조를 만드는 것이다. 디렉터리명은 파일명과 마찬가지로 기밀 정보를 공개하지 않고 내용을 나타내야 한다. 분석된 각 디스크 또는 이미지에 대해 별도의 디렉터리를 생성하면 파일을 분리하고 조사를 확장할 수 있다.

가장 작은 단위의 조사는 대개 하나의 디스크로 구성된다. 약간 큰 조사는 여러 개의 디스크가 있는 컴퓨터로 구성될 수 있다. 다음 예제 디렉터리의 구조를 살펴보자.

또 다른 예로서 데스크톱 컴퓨터(여러 개의 디스크를 포함하고 있을 수 있음), 노트북, 여러 USB 드라이브, 여러 CD-ROM, DVD 및 외장 디스크로 구성된 사무실에 대한 조사를 생각해볼 수 있다. 편리한 디렉터리 구조는 명령 출력 파일이 저장되는 각 저장 매체를 구성해 조사를 쉽게 확장할 수 있도록 한다. 여러 국가에 걸쳐 여러 회사 건물에 걸쳐 있는 여러 사무실로 구성된 더 큰 조사를 고려해보자. 대규모 글로벌 조직에서는 이러한 조사가 발생할 수 있다. 그러므로 잘 고안된 명명 규칙을 사용하면 조사 과정 구성을 유지할 수 있다.

디렉터리 구조를 이용해 다른 디스크, 컴퓨터, 사용자 및 위치에서 명령 출력을 분리하는 것이 유리하다. 따라서 이 정보를 출력 파일명에 포함할 필요가 없다.

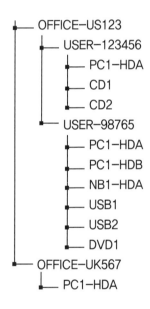

위 예에서 2개의 사무실 위치는 각각 미국과 영국에서 US123과 UK567이다. 미국 사무소는 사용자 작업 공간으로 나뉘며, 디렉터리는 조사 중인 각 저장 매체를 위해 사용된다. 영국 사무실의 컴퓨터는 특정 사용자(회의실에 있을 수도 있음)와 관련이 없으며, 이는 디렉터리 구조에 반영된다.

저장소 미디어에 직원 식별자를 사용하는 대신, 조직의 IT 인벤토리 번호를 디렉터리 구조의 저장소 미디어에 사용할 수 있다. 이 고유 식별자에는 구매 날짜, 부서, 사무실 위치, 사용자 세부 정보, 설치된 소프트웨어, 사용 내역 등과 관련된 추가 정보가 있을 수 있다. 기밀성을 이유로 파일명 및 디렉터리 구조에서 정보를 생략해야 할 수도 있다. 예를 들어, 의심되거나 공격 대상이 된 개인의 이름은 파일명에 포함되면 안 된다. 오히려 식별자, 이니셜 또는 직원 번호를 사용해야 한다. 조사를 위한 코드명도 사용할 수 있다. 이는 정보를 분실, 도난당하거나 추후에 접근하는 경우, 최소한의 보호 수준을 제공한다.

리다이렉션을 이용해 명령 출력 저장

조사 중인 여러 항목의 분석 결과를 저장할 디렉터리 구조를 생성한 후, 다음과 같이 일반적인 셸 명령 출력이 stdout의 파일로 리다이렉션된다.

```
# fls /dev/sda1 > fls-part1.txt
# fls /dev/sda2 > fls-part2.txt
```

정규 출력 및 오류 메시지를 포함하려면 stdout 및 stderr 파일 설명자를 파일로 재지정해야 한다. 최신 버전의 배시는 리다이렉션에 앰퍼샌드를 추가해 기억하기 쉬운 방법을 제공한다 (이 기능은 다른 프로그램에 파이프 처리할 때도 적용된다).

```
# fls /dev/sda &> fls-part1.txt
```

다른 셸과 이전 버전의 배시 버전은 stderr와 stdin을 결합하는 데 2> & 1 표기가 필요할 수 있다.

```
# fls /dev/sda > fls-part1.txt 2>&1
```

텍스트 파일이 이미 있고 추가 정보를 추가해야 하는 경우, 다음 예와 같이 >> 표기법을 사용해 추가 작업을 지정할 수 있다.

```
# grep clientnames.xls fls-part1.txt >> notes.txt
```

여기서 알려진 파일명의 모든 인스턴스가 notes.txt 파일[17]의 끝에 추가된다. notes.txt가 없으면 만들어진다.

명령 줄에서 수행되는 많은 포렌식 작업은 시간이 많이 걸리고 완료(디스크 이미징, 대용량 파일 작업 수행 등)하는 데 많은 시간이 걸릴 수 있다. 명령의 지속 시간을 나타내는 타임스탬프가 있으면 유용할 수 있다. time 명령은 이 기능을 제공한다. time 명령에는 두 가지 공통적인 구현이 있다. 하나는 기본 기능이 내장된 셸이고, 다른 하나는 추가 기능이 있는 GNU 유틸리티다. 셸에 내장돼 있는 time 명령의 가장 큰 장점은 명령의 전체 파이프 라인에 시간이 걸리는 반면, GNU 시간은 파이프라인의 첫 번째 명령 시간만 걸린다는 것이다.

다음은 time 명령을 사용해 디스크 이미징 프로그램을 실행하는 예제다.

```
# time dcfldd if=/dev/sdc of=./ssd-image.raw
3907328 blocks (122104Mb) written.
3907338+1 records in
3907338+1 records out

real    28m5.176s
user    0m11.652s
sys     2m23.652s
```

zsh 셸은 명령의 경과 시간을 히스토리 파일의 일부로 기록할 수 있다. 현재 배시에서는 이 기능을 사용할 수 없다.

일부 상황에 대한 또 다른 유용한 명령은 타임스탬프 출력 명령인 ts다. ts로 파이프된 모든 출력에는 각 출력 행에 타임스탬프가 추가된다.

---

17 이 예제에서의 점은 정규 표현식으로 해석될 수 있다. 여기서는 단순화를 위해 무시된다.

```
# (ls -l image.raw; cp -v image.raw /exam/image.raw; md5sum /exam/image.raw) |ts
May 15 07:45:28 -rw-r----- 1 root root 7918845952 May 15 07:40 image.raw
May 15 07:45:40 'image.raw' -> '/exam/image.raw'
May 15 07:45:53 4f12fa07601d02e7ae78c2d687403c7c /exam/image.raw
```

이 예제에서는 3개의 명령이 실행되고(괄호로 그룹화됨). 명령 출력이 ts로 보내져 타임라인이 작성된다.

획득한 인프라 운반 평가

저장 매체에 대한 증거 수집 시 다양한 운반 문제가 발생한다. 대규모 포렌식 이미지를 관리하는 것은 쉬운 일이 아니므로 계획 및 사전 고려가 필요하다. 디스크 용량, 지속 시간, 성능 및 환경 문제와 같은 요인을 고려해야 한다.

이미지 크기와 디스크 크기 관련 요구 사항

저장 매체의 포렌식 이미지 크기는 일반적으로 컴퓨터가 처리하는 것보다 훨씬 크다. 이러한 크기를 가진 디스크 이미지 파일을 관리하려면 추가로 생각하고 계획해야 한다. 또한 시험 시스템을 준비할 때 특정 운반 관련 요소들을 고려해야 한다. 신중하게 준비하고 시험을 계획하면 시간과 노력을 절약할 수 있을 뿐 아니라 진행을 방해할 수 있는 문제를 피할 수 있다.

포렌식 이미지(수백 GB 또는 TB)를 만드는 것은 파일이 아니라 개별 디스크 섹터를 복사하는 것이다. 1TB 디스크에 하나의 20K 마이크로소프트 워드 문서만 있는 경우라도 압축되지 않은 포렌식 이미지는 여전히 1TB다. 이 글을 쓰는 시점에서 10TB 디스크가 시장에 출시돼 포렌식 증거 수집에 대한 문제가 증가하고 있다.

디스크 이미지를 관리할 때 고려해야 할 주요 요소는 조사관의 시간과 조사관 호스트의 디스크 용량이다. 대상 디스크나 저장 매체를 포렌식으로 수집하기 전에 다음과 같은 질문을 해야 한다.

- 포렌식 이미지 없이 연결된 저장 매체를 직접 분석할 수 있는가?
- 대상 디스크의 크기는 얼마인가?
- 조사관의 장비에서 사용할 수 있는 공간은 얼마나 되는가?
- 이미지 압축률은 얼마나 되는가?
- 포렌식 도구가 처리 및 임시 파일에 필요한 공간은 얼마나 되는가?
- 향후 분석을 위해 추출할 파일 수는 얼마나 되는가?
- 조사관의 컴퓨터에서 사용할 수 있는 메모리 및 스왑 공간은 얼마나 되는가?
- 동일한 케이스 또는 사건에 더 많은 조사 대상 디스크가 추가될 가능성이 있는가?
- 모든 여유 공간 또는 할당되지 않은 디스크 공간을 별도로 추출할 예정인가?
- 개별 파티션(아마도 스왑 포함)을 추출할 계획이 있는가?
- 포렌식 포맷에서 다른 포렌식 포맷으로 변환할 잠재적인 필요성이 있는가?
- 디스크 이미지를 다른 곳으로 보내기 위한 준비가 필요한가?
- 조사 대상 디스크에 가상 머신 이미지가 포함돼 있어 별도 추출 및 분석이 필요한가?
- 조사 대상 디스크에 많은 수의 압축 및 아카이브 파일이 포함돼 있는가?
- 조사 대상 디스크가 전체 디스크 암호화를 사용하는가?
- 저장 또는 전송을 위해 다른 디스크나 DVD에 이미지를 구울 필요가 있는가?
- 손상되거나 부분적으로 덮어쓴 파일 시스템에서 파일을 복원할 필요가 있는가?
- 조사관 호스트의 백업은 어떻게 수행되는가?

경우에 따라 디스크를 이미지화할 필요가 없을 수도 있다. 특정 선별 검사나 단순 검색을 수행할 때 디스크를 조사자 호스트에 연결하고, 실제 조사 대상 디스크에서 작동시키는 것으로 충분할 수 있다. 선별 검사 또는 검색 결과에 따라 포렌식 이미지 획득 여부를 결정할 수 있다. 이러한 접근법은 기업 환경에서 점유된 디스크가 검토되고 분석이 완료될 때까지 기다려야 하기 때문에 직원의 업무 중단 시간으로 해석될 수 있다. 기업 환경에는 일반적으로 로컬 사용자 데이터 없이 설계된 표준 최종 사용자 컴퓨터 빌드가 있다(모든 데이터는 서버 또는 클라우드에 저장된다). 원본 디스크를 새 디스크로 간단히 교체하는 것이 경제적일 수 있다. 최종 사용자 컴퓨터 디스크는 값이 싸고 조사 대상 디스크를 새 디스크로 교체하는 것은 직원의 업무 중지 시간과 현장에서 디스크를 이미지화하는 데 필요한 시간을 고려할 때 비용 절감 대안이 될 수 있다.

파일 압축

압축을 사용하면 포렌식 조사관이 직면한 수많은 용량 문제를 해결할 수 있다. 압축 포렌식 형식을 사용해 획득한 이미지를 저장할 수 있지만, 효과는 여러 가지 요인에 따라 다르다.

선택한 압축 알고리즘은 대상 디스크를 압축하는 데 필요한 크기와 시간에 약간의 영향을 준다. 더 나은 압축 비율은 압축(그리고 압축 해제)하는 데 더 많은 시간이 걸린다.

많은 수의 변경되지 않은 디스크 섹터(원래 제조업체의 0으로 채워진 내용)가 포함된 상대적으로 새로운 컴퓨터의 디스크는 비할당 섹터에 상당한 양의 잔여 데이터가 포함된 오래된 디스크보다 압축이 잘된다.

다수의 압축 파일(*.mp3, *.avi 등)을 포함하는 디스크는 압축률이 높지 않으므로 포렌식 이미징 도구를 이용한 압축 효과기 빈감된다.

암호화된 조사 대상 디스크나 암호화된 파일이 많은 디스크는 데이터의 높은 엔트로피로 인해 암호화되지 않은 콤팩트 역시 압축하지 않는다.

희소 파일

희소 파일Sparse File은 몇 가지 장점이 있으므로 언급할 만한 가치가 있다. 그러나 디스크 용량을 계산할 때 문제가 될 수도 있다. 일부 파일 시스템은 실제로 모든 0을 디스크에 쓰지 않고 메타데이터를 사용해 일련의 0을 나타낸다. 희소 파일에는 일련의 0이 들어 있다고 알려진 "구멍hole"이 있다. 예를 들어, 주로 0으로 채워진 섹터를 포함하는 새로운 드라이브가 GNU dd[18]로 획득된다. 처음에는 일반 원시 파일, 이후에는 희소 파일로 사용된다.

```
# dd if=/dev/sde of=image.raw
15466496+0 records in
15466496+0 records out
7918845952 bytes (7.9 GB, 7.4 GiB) copied, 112.315 s, 70.5 MB/s

# dd if=/dev/sde of=sparse-image.raw conv=sparse
15466496+0 records in
15466496+0 records out
7918845952 bytes (7.9 GB, 7.4 GiB) copied, 106.622 s, 74.3 MB/s
```

GNU dd 명령은 희소 대상 파일을 만드는 conv=sparse 플래그를 제공한다. 이 dd 예제에서 전송된 블록 수는 일반 파일과 희소 파일에서 모두 동일하다는 것을 알 수 있다.

다음의 출력에서 파일 크기와 MD5 해시 역시 동일하다는 것을 알 수 있다. 그러나 파일 시스템에 사용된 블록 크기가 매우 다르다는 점에 유의해야 한다(7733252 블록 대 2600 블록).

```
# ls -ls image.raw sparse-image.raw
7733252 -rw-r----- 1 root root 7918845952 May 15 08:28 image.raw
   2600 -rw-r----- 1 root root 7918845952 May 15 08:30 sparse-image.raw

# md5sum image.raw sparse-image.raw
325383b1b51754def26c2c29bcd049ae    image.raw
325383b1b51754def26c2c29bcd049ae    sparse-image.raw
```

비록 희소 파일은 적은 공간이 필요하지만, 전체 바이트 크기는 여전히 파일 크기로 보여진다. 실제 사용할 수 있는 디스크 용량을 계산할 때 혼동이 발생할 수 있다. 희소 파일은 가상 머신 이미지에서 자주 사용되며, 분석을 하기 위해 압축을 풀 때 문제가 될 수 있다.

---

18 GNU cp 명령 역시 복사하는 동안 희소 파일을 만들 수 있다.

희소 파일을 이미지 파일 압축 방법으로 사용할 수도 있지만, 압축된 포렌식 형식이나 SquashFS 보관소를 사용하는 것이 좋다. 모든 프로그램과 유틸리티가 희소 파일을 올바르게 처리할 수 있는 것은 아니며, 파일 시스템과 플랫폼 간 이동 시 파일에 문제가 생길 수 있다. 심지어 일부 프로그램은 희소 파일을 읽을 때 파일을 확장하기도 한다.

파일 및 이미지 크기 출력

데이터 크기를 출력하는 것은 중요한 개념이다. 포렌식 도구로 작업할 때 크기는 바이트, 디스크 섹터, 파일 시스템 블록 또는 기타 측정 단위를 나타낼 수 있다. 바이트의 표기법에는 KB, MB, TB 등과 같은 배수가 붙을 수 있으며, 배수는 1000 또는 1024를 나타낼 수 있다. 디스크 섹터는 512바이트 또는 4096바이트의 섹터 크기를 나타낼 수 있다. 파일 시스템 블록 크기는 파일 시스템의 유형과 생성 중에 사용된 매개변수에 따라 다르다. 포렌식적인 맥락에서 크기를 문서화할 때는 항상 단위를 포함하는 것이 중요하다.

많은 리눅스 도구는 파일 크기를 사람이 읽을 수 있는 형식으로 보여주기 위해 -h 플래그를 지원한다. 예를 들어 ls -lh, df -h 및 du -h를 사용하면 파일과 파티션의 크기를 보다 쉽게 볼 수 있다. 다음은 다양한 파일 크기를 가진 ls 출력 예제다.

```
# ls -l
total 4
-rw-r----- 1 root root 2621440000 Jan 29 14:44 big.file
-rw-r----- 1 root root  104857600 Jan 29 14:41 medium.file
-rw-r----- 1 root root      51200 Jan 29 14:42 small.file
-rw-r----- 1 root root         56 Jan 29 14:44 tiny.file
# ls -lh
total 4.0K
-rw-r----- 1 root root 2.5G Jan 29 14:44 big.file
-rw-r----- 1 root root 100M Jan 29 14:41 medium.file
-rw-r----- 1 root root  50K Jan 29 14:42 small.file
-rw-r----- 1 root root   56 Jan 29 14:44 tiny.file
```

두 번째 명령 출력으로 표시되는 크기는 훨씬 읽고 이해하기 쉽다.

포렌식 이미지의 이동과 복사

포렌식 디스크 이미지를 한 위치에서 다른 위치로 이동 및 복사하려면 계획 및 선견지명이 필요하다. 전형적인 사용자 파일과 동일한 방식으로 이미지 파일을 생각하면 안 된다(기술적으로는 동일함에도 불구하고).

대용량 디스크 이미지를 수집, 복사 및 이동하는 데는 원본 디스크의 크기와 속도 및 기타 성능 요소에 따라 수시간 또는 며칠이 걸릴 수 있다. 일반적인 파일 및 디스크 이미지 크기 목록과 한 디스크에서 다른 디스크로 파일을 복사하는 데 필요한 평균 시간[19]을 고려해야 한다.

- 5KB의 간단한 ASCII 텍스트 이메일: 1초 미만
- 5MB의 일반 MP3 음악 파일: 1초 미만
- 650MB의 CD ISO 이미지: 약 5초
- 5~6GB의 일반적인 DVD 또는 아이튠즈[iTunes] 영화 다운로드: 약 1분
- 64GB의 일반 휴대전화 이미지: 약 10분
- 250GB의 일반 노트북 디스크 이미지: 30~40분
- 1TB의 일반 데스크톱 컴퓨터 이미지: 2시간 이상
- 2TB의 일반적인 외부 USB 디스크 이미지: 4시간 이상
- 8TB의 내부 디스크 이미지: 16시간 이상

복사 또는 이동 프로세스가 시작된 후 데이터를 혼란스럽게 만들면 데이터가 불완전한 상태가 되거나 원래 상태로 되돌릴 수 있는 추가 시간이 필요할 수 있다. 복사 또는 이동 작업을 수행하면 임시 파일이 만들어지거나 일시적으로 2개의 이미지 사본이 생성될 수 있다.

---

19   일반적인 i7 컴퓨터에서 2개의 SATA3 디스크를 대상으로 dd를 사용해 테스트했다.

일반적으로 대용량 데이터셋의 복사 및 이동에 대해 신중하게 생각하고, 프로세스가 시작되면 중단해서는 안 된다.

작업 완료 시간 예측

포렌식 증거 획득 작업을 완료하는 데는 많은 시간이 걸린다. 이 시간 동안 사람들과 다른 작업은 기다리고 있어야 한다. 따라서 다양한 작업에 필요한 완료 시간을 계산하고 추정하는 것이 중요하다. 또한 예상 완료 시간을 경영진, 법률 팀, 수사 기관 또는 다른 조사원과 같은 다른 당사자에게 보고해야 하는지의 여부도 결정해야 된다. 완료에 필요한 기대 시간을 관리하는 것이 중요하다.

다음은 고려해야 할 중요한 질문이다.

- 주위에 아무도 없는 동안 이미지 획득 과정이 밤새 안전하게 계속 실행될 수 있는가?
- 획득 과정에서 조사관 기계 사용이 불가능한가?(성능상의 이유로 또는 기타 이유로)
- 포렌식 이미지가 획득되는 동안 다른 검사 작업을 수행할 수 있는가?
- 여러 작업을 언제 동시에 완료할 수 있는가?
- 순차적으로만 수행할 수 있는 특정 작업 또는 프로세스가 있는가?
- 완료될 때까지 다른 작업을 차단하는 작업이 있는가?
- 업무를 여러 조사관 간에 공유, 위임 또는 배분할 수 있는가?

이미지 획득에 대한 예상 완료 시간을 계산할 수 있다. 이전 작업 및 프로세스에서 대략적인 초기 설정 시간을 알아야 한다. 여기에는 서류 작성, 필요한 디렉터리 구조 작성, 하드웨어 문서화, 조사관 호스트에 조사 대상 드라이브 연결, 획득 방법 결정 등의 요소가 포함된다. 이는 사전 획득 단계를 위한 소요 시간을 예측할 수 있게 해줄 것이다.

시스템에서 가장 느린 구간(병목 현상)을 통과하는 데이터양(알려진)을 기반으로 예상되는 저장소 획득 시간을 계산할 수 있다.

성능과 병목 현상

포렌식 수집의 효율성을 높이기 위해 조사관 호스트를 최적화하고 병목 현상을 평가할 수 있다.

성능 관련 병목 현상은 항상 발생한다. 이는 시스템에서 가장 느린 구성 요소며, 다른 모든 구성 요소는 이를 기다려야 한다. 이상적으로 포렌식 환경에서의 병목 현상은 조사 대상 디스크가 돼야 한다. 이는 증거 소스며, 수정할 수 없거나 수정해서는 안 될 유일한 성능 변수다.

공급 업체가 제공한 사양을 읽거나 다양한 도구로 시스템에 쿼리하거나 다양한 벤치마킹 및 측정 테스트를 실행하면 다양한 시스템 구성 요소의 성능을 평가할 수 있다.

다양한 구성 요소의 속도를 확인하는 데 유용한 도구에는 dmidecode, lshw, hdparm 및 lsusb가 있다. 몇 가지 명령 줄 예제가 있다.

CPU 제품군 및 모델, 현재 및 최대 속도, 코어 및 스레드 수, 기타 플래그 및 특성을 확인하려면 다음 명령을 사용한다.

```
# dmidecode -t processor
```

다음은 CPU 캐시(L1, L2, L3)를 확인하기 위한 명령이다.

```
# dmidecode -t cache
```

사용된 슬롯, 크기, 데이터 너비, 속도 그리고 기타 상세 사항을 포함한 메모리 관련 정보를 보기 위해서는 다음 명령을 사용해야 한다.

```
# dmidecode -t memory
```

다음은 PCI 슬롯 수, 사용 현황, 할당, 타입 등을 확인하기 위한 명령이다.

```
# dmidecode -t slot
```

다음은 저장소 인터페이스, 타입(SATA, NVME, SCSI 등), 속도를 확인하기 위한 명령이다.

```
# lshw -class storage
```

연결된 디스크(이 예제에서는 /dev/sda 장치를 사용하는)에 대한 속도, 인터페이스, 캐시, 로테이션 그리고 다른 정보를 확인하기 위해서는 다음 명령을 사용해야 한다.

```
# hdparm -I /dev/sda
```

다음은 외장 USB(그리고 연결된 쓰기 방지 장치)의 속도를 확인하기 위한 명령이다.

```
# lsusb -v
```

NOTE 이러한 정보를 얻는 데는 여러 가지 방법과 명령이 있다. 여기에 표시된 명령은 원하는 성능 정보를 얻는 한 가지 예다. 가능한 모든 도구와 기술을 철저히 제공하는 것은 이 책의 범위를 벗어난다.

공급 업체 설명서를 읽고 시스템의 정보를 요청하면 다양한 구성 요소의 속도를 확인할 수 있다. 정확한 측정을 위해서는 하드웨어 벤치마킹 및 소프트웨어 프로파일링을 위한 도구를 사용하는 것이 가장 좋다. 벤치마킹을 위한 일부 도구로는 메모리용 mbw와 디스크 I/O용 bonnie++가 있다.

운영 체제의 상태와 설정 또한 성능 요소다. 조사관 하드웨어의 로그(syslog, dmesg)를 모니터링하면 오류 메시지, 잘못된 구성 및 기타 비효율성 지표가 표시될 수 있다. 조사관 장비의 실시간 상태 성능과 부하를 모니터링하는 도구로는 htop, iostat, vmstat, free 또는

nmon이 있다.

백그라운드에서 실행되는 최소한의 프로세스(cron을 통한 스케줄된 프로세스 포함), 커널 튜닝 (sysctl -a), 조사관 호스트의 파일 시스템 조정(tunefs) 및 디스크 스왑과 캐싱 관리를 통해 운영 체제를 최적화할 수도 있다. 또한 조사관 운영 체제가 가상 시스템이 아닌 원시 하드웨어에서 실행되고 있는지 확인해야 한다.

병목 현상이나 최적화를 찾으려는 경우, 대상 디스크에서 조사관 호스트 디스크까지의 데이터 흐름을 상상해봐야 한다. 데이터는 이미지를 획득하는 동안, 다음 하드웨어 인터페이스 및 구성 요소를 통해 전달된다.

- 조사 대상 디스크 플래터/미디어(회전 속도? 대기 시간?)
- 조사 대상 디스크 인터페이스(SATA-X?)
- 쓰기 방지 장치 로직(대기 시간 추가?)
- 쓰기 방지 장치 조사관 호스트 인터페이스(UASP가 있는 USB3?)
- 조사관 호스트 인터페이스(USB3은 다른 장치와 버스를 공유하는가?)
- PCI 버스(PCI Express? 속도?)
- CPU/메모리 및 운영 체제 커널(속도? DMA?)

이러한 구성 요소는 조사 대상 디스크와 조사관 호스트 간에 한 번, 획득된 이미지가 저장되는 조사관 디스크와 호스트 사이에서 두 번 전달된다.

조사 대상 디스크와 CPU/메모리 사이의 데이터 흐름이 조사관 호스트의 CPU/메모리와 조사 대상 디스크 간의 데이터 흐름과 동일한 경로를 사용하고 있지 않은지 확인해야 한다. 예를 들어, 필드 이미징 시스템에 쓰기 방지 장치와 획득된 이미지용 외부 디스크가 있고, 둘 다 로컬 USB 포트에 연결돼 있으면 단일 버스를 공유할 수 있다. 결과적으로 사용할 수 있는 대역폭이 두 디스크 간에 분할돼 최적의 성능을 내지 못한다.

네트워크 성능 튜닝의 경우 기본 네트워크의 속도가 주요 요소가 되며, 고성능 네트워크 인터페이스 카드를 이용하는 점보 이더넷 프레임 및 TCP 체크섬 오프 로딩을 통해 성능이 향상된다. 또한 다양한 프로그램이 네트워크에 접근하는 시기와 어떤 이유(자동 업데이트, 네트워크 백업 등)로 접근하는지를 평가하는 것이 좋다.

요약하면 취하고자 하는 획득 행위를 위한 전반적인 계획이나 전략을 세워야 한다. 테스트가 잘된 프로세스 및 인프라를 갖춰야 한다. 적절한 용량 계획 및 최적화가 완료됐는지 확인해야 한다. 진행 중인 활동을 모니터링할 수 있어야 한다.

비교를 위해 포렌식 조사 호스트와 관련된 가장 일반적인 버스 속도(바이트/초)는 표 4-1과 같다. https://en.wikipedia.org/wiki/List_of_device_bit_rates에서 다양한 인터페이스와 버스의 비트 전송률에 대한 좋은 참고 자료를 찾을 수 있다.

표 4-1 일반적인 버스/인터페이스의 속도

Bus/interface	Speed
Internal buses	
PCI Express 3.0 x16	15750MB/s
PCI Express 3.0 x8	7880MB/s
PCI Express 3.0 x4	3934MB/s
PCI 64-bit/133MHz	1067MB/s
Storage drives	
SAS4	2400MB/s
SAS3	1200MB/s
SATA3	600MB/s
SATA2	300MB/s
SATA1	150MB/s
External interfaces	
썬더볼트 3	5000MB/s
썬더볼트 2	2500MB/s
USB3.1	1250MB/s
USB3.0	625MB/s
GB 이더넷	125MB/s
FW800	98MB/s
USB2	60MB/s

발열과 환경적인 요인

포렌식 디스크를 획득하는 동안 모든 디스크에 접근할 수 있는 섹터가 읽혀지고 있으며, 디스크 읽기는 수시간 동안 지속되고 중단되지 않는다. 결과적으로 디스크 작동 온도가 높아져 문제가 발생할 수 있다. 디스크가 너무 뜨거워지면 특히 오래된 디스크의 경우 장애 위험성이 높아진다. 구글의 한 연구원은 http://research.google.com/archive/disk_failures.pdf에서 하드 디스크 오류에 대한 유익한 보고서를 작성했다.

읽기 오류, 배드 블록 또는 전체 디스크 오류의 위험을 줄이려면 디스크를 획득하는 동안 디스크 온도를 모니터링하는 것이 좋다. 대부분의 디스크 공급 업체는 최대 허용 작동 온도를 포함해 드라이브의 정상 작동 온도를 공개한다.

여러 도구를 사용해 드라이브의 온도를 수동으로 확인할 수도 있다. SMART 인터페이스에 드라이브 온도를 확인하는 간단한 도구는 다음과 같이 hddtemp다.

```
# hddtemp /dev/sdb
/dev/sdb: SAMSUNG HD160JJ: 46C
```

hddtemp 도구는 데몬으로 실행돼 주기적으로 syslog에 기록하고 특정 임계값을 모니터링할 수 있다.

디스크의 온도 및 온도 기록에 대한 자세한 출력을 보려면 smartctl 도구를 사용하면 된다. 다음은 그 예다.

```
# smartctl -x /dev/sdb
...
Vendor Specific SMART Attributes with Thresholds:
ID# ATTRIBUTE_NAME          FLAGS   VALUE  WORST  THRESH  FAIL  RAW_VALUE
…
190 Airflow_Temperature_Cel -O---K  100    055    000     -     46
194 Temperature_Celsius     -O---K  100    055    000     -     46
…
Current Temperature:                46 Celsius
```

```
Power Cycle Max Temperature:          46 Celsius
Lifetime Max Temperature:             55 Celsius

SCT Temperature History Version:      2
Temperature Sampling Period:          1 minute
Temperature Logging Interval:         1 minute
Min/Max recommended Temperature:      10/55 Celsius
Min/Max Temperature Limit:            5/60 Celsius
Temperature History Size (Index):     128 (55)

Index    Estimated Time       Temperature Celsius
  56     2015-06-07 19:56     50 ****************************

  ...
  62     2015-06-07 20:02     55 ***********************************
  63     2015-06-07 20:03     55 ***********************************
  64     2015-06-07 20:04     51 *******************************
  ...
  55     2015-06-07 22:03     46 **************************
```

디스크를 수집하는 동안 디스크가 과열되기 시작하면 온도를 낮춰야 한다. 즉각적인 조치로 획득 과정을 일시적으로 중단하고 디스크가 냉각된 후 계속 진행해야 한다. 사용하는 획득 방법에 따라 Ctrl+Z를 누르거나 kill -SIGTSTP 다음에 프로세스 ID를 입력해 리눅스 프로세스에 신호를 보내면 된다. 온도가 허용할 수 있는 수준으로 떨어지면 획득 프로세스가 일시 중지된 동일한 위치에서 다시 시작할 수 있다.

이러한 방식으로 프로세스를 일시 중지하고 다시 시작해도 이미지 획득 안정성에 영향을 미치지 않아야 한다. 프로세스는 작동 상태(현재 섹터, 대상 파일, 환경 변수 등)가 손상되지 않도록 일시 중단된다. Ctrl+Z를 눌러 셸에서 이미징 프로세스를 일시 중단하고 다시 시작하는 예제는 다음과 같다.

```
# dcfldd if=/dev/sdb of=./image.raw
39424 blocks (1232Mb) written.^Z
```

```
[1]+ Stopped                          dcfldd if=/dev/sdb of=./image.raw
# fg
dcfldd if=/dev/sdb of=./image.raw
53760 blocks (1680Mb) written.
…
```

여기서 실행 중인 `dcfldd` 명령은 키보드의 **Ctrl+Z**를 눌러 일시 중단한다. fg 명령 (foreground)을 사용해 프로세스를 재개한다. 프로세스는 `kill -SIGCONT` 명령으로 다시 시작할 수도 있다. 작업 제어 및 신호에 대한 자세한 내용은 배시 설명서 및 SIGNAL(7) 매뉴얼 페이지를 참조하라.

Nagios, Icinga 또는 기타 인프라 모니터링 시스템과 같은 도구를 사용하면 온도 모니터링 및 경고를 자동화할 수 있다. 이러한 시스템은 다양한 환경 변수를 모니터링하고 치명적인 임계값에 도달하거나 초과할 때 경고를 제공한다.

많은 포렌식 랩에서는 조사 대상 디스크의 과열 문제를 줄이기 위해 이미징할 때 방열판이나 디스크 냉각기를 사용한다. 특히 이 방법은 오래된 드라이브로 작업할 때와 같이 시간이 걸리는 경우에 권장된다.

열을 줄이기 위해 특정 전원 관리 기술을 사용하는 것은 크게 유용하지 않다. 이러한 방법은 일정 유휴 시간이 지난 후 드라이브의 회전을 감소시키는 것이다. 그러나 지속적인 이미징 작업 동안 유휴 시간은 거의 없거나 전혀 없다.

포렌식 쓰기 방지 장치 보호

디지털 증거 수집의 기본 구성 요소는 포렌식 관점에서 손상되지 않은 저장 매체의 수집이다. 포렌식 수집 호스트에 디스크를 연결하기 전에 쓰기 방지 메커니즘을 적용해 이 목표[20]의 일부를 달성할 수 있다.

---

20 데이터의 완전성과 무결성 보존 역시 포렌식적으로 손상 없는 증거 수집의 요소다.

최신 운영 체제를 실행하는 컴퓨터에 디스크를 연결하면 자동화된 프로세스로 인해 데이터 수정의 위험이 크게 증가하므로 결과가 손상된다. 자동으로 파티션을 마운트하고, 시각화된 파일 관리자에 표시하기 위해 섬네일 이미지를 생성하고, 로컬 검색 데이터베이스에 대한 색인을 생성하고, 바이러스 백신 소프트웨어로 검사하고, 추가된 모든 드라이브를 수정할 위험에 처하게 한다. 타임스탬프가 업데이트돼 잠재적인 증거를 파괴할 수 있다. 디스크의 할당되지 않은 부분에 있는 삭제된 파일을 덮어서 증거를 파괴할 수 있다. 발견된 악성 코드 또는 바이러스(조사자가 찾고 있는 바로 그 증거)는 제거될 수 있다. 저널링 파일 시스템은 디스크에 기록된 저널 로그의 변경 사항을 대기열에 넣었을 수 있다. 깨진 파일 시스템을 복구하거나, RAID 구성 요소를 모으거나, 동기화하려는 시도가 있을 수 있다.

자동화된 증거의 잠재적인 파괴 외에도, 인적 오류는 또 다른 중대한 위험을 발생시킨다. 사람들이 실수로 파일을 복사하거나 삭제할 수 있다. 파일 시스템을 둘러보거나(그리고 마지막으로 접근한 타임스탬프를 업데이트한다) 실수로 잘못된 장치를 선택해 파괴적인 행동을 초래할 수 있다.

쓰기 방지 장치는 저장 매체에서 원하지 않는 데이터 수정을 방지하도록 설계됐다. 포렌식 랩의 표준 프로세스 및 절차에 쓰기 방지 장치를 사용하려면 실사가 필요하다. 이는 디지털 포렌식 환경에서 증거로 저장 매체를 다루는 산업의 가장 훌륭한 사례를 충족시킨다. 쓰기 방지 장치는 조사자의 워크스테이션에 저장 매체를 부착하는 읽기 전용 방식을 보장한다.

NIST 컴퓨터 포렌식 도구 테스트(CFTT)는 쓰기 방지 장치에 대한 공식 요구 사항을 제공한다. 하드웨어 쓰기 방지 장치(HWB) 사양 버전 2.0은 http://www.cftt.nist.gov/hardware_write_block.htm에서 구할 수 있다. 이 사양은 다음과 같은 최상위 도구 요구 사항을 식별한다.

- HWB 장치는 저장 장치의 데이터를 수정하는 보호된 저장 장치로 명령을 전송해서는 안 됨
- HWB 장치는 읽기 작업에서 요청한 데이터를 반환해야 함
- HWB 장치는 드라이브에서 요청한 접근 관련 정보를 수정 없이 반환해야 함

- 저장 장치가 HWB 장치에 보고한 오류 상태는 호스트에 보고됨

하드웨어 쓰기 방지 장치

쓰기 방지에서 선호되는 방법은 조사 대상 디스크와 조사관의 워크스테이션 사이에 위치한 하드웨어 장치를 사용하는 것이다. 하드웨어 쓰기 방지 장치는 데이터를 수정할 수 있는 디스크로 전송되는 드라이브 명령을 차단한다. 그림 4-1은 SATA 드라이브(Tableau by Guidance Software)를 보호하는 휴대용 쓰기 방지 장치다.

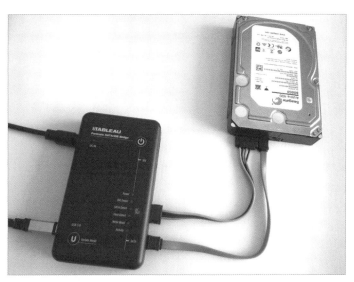

그림 4-1 포터블 SATA 쓰기 방지 장치

하드웨어 쓰기 방지 장치는 일반적으로 쓰기 방지 기능의 작동 여부를 나타내는 스위치 또는 LED를 갖고 있다. 그림 4-2는 조사관 워크스테이션(Tableau by Guidance Software)에 직접 내장되도록 설계된 다기능 쓰기 방지 장치다. SATA, SAS, IDE, 파이어와이어 및 USB 드라이브를 보호할 수 있다.

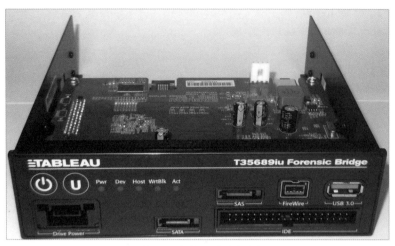

그림 4-2 다기능 쓰기 방지 장치

쓰기 방지 장치는 수집 호스트 시스템에 상태 정보를 제공할 수 있다. 예를 들어 Tableau 하드웨어 쓰기 방지 장치에 정보를 확인할 수 있는 tableau-parm 도구(https://github.com/ecbftw/tableau-parm/)가 있다. 이 오픈 소스 도구를 사용하면 Tableau 쓰기 방지 장치와 연결된 디스크의 쓰기 방지 상태를 확인할 수 있다. 다음은 해당 명령에 대한 예다.

```
$ sudo tableau-parm /dev/sdg
WARN: Requested 255 bytes but got 152 bytes)
## Bridge Information ##
chan_index: 0x00
chan_type: SATA
writes_permitted: FALSE
declare_write_blocked: TRUE
declare_write_errors: TRUE
bridge_serial: 000ECC550035F055
bridge_vendor: Tableau
bridge_model: T35u-R2
firmware_date: May 23 2014
firmware_time: 09:43:37
```

```
## Drive Information ##
drive_vendor: %00%00%00%00%00%00%00%00
drive_model: INTEL SSDSA2CW300G3
drive_serial: CVPR124600ET300EGN
drive_revision: 4PC10302

## Drive HPA/DCO/Security Information ##
security_in_use: FALSE
security_support: TRUE
hpa_in_use: FALSE
hpa_support: TRUE
dco_in_use: FALSE
dco_support: TRUE
drive_capacity: 586072368
hpa_capacity: 586072368
dco_capacity: 586072368
```

Tableau의 설명서에 따르면 drive_vendor 필드에는 일부 드라이브에 대한 정보가 없을 수 있다.[21]

이 책을 편집하는 마지막 단계에서 첫 번째 PCI Express 쓰기 방지 장치가 출시됐다. 이와 관련된 예를 Tableau에서 보여준다. PCI Express 쓰기 방지 장치를 사용해 NVME 드라이브를 연결하면 다음과 같은 dmesg 출력이 생성된다.

```
[194238.882053] usb 2-6: new SuperSpeed USB device number 5 using xhci_hcd
[194238.898642] usb 2-6: New USB device found, idVendor=13d7, idProduct=001e
[194238.898650] usb 2-6: New USB device strings: Mfr=1, Product=2, SerialNumber=3
[194238.898654] usb 2-6: Product: T356789u
[194238.898658] usb 2-6: Manufacturer: Tableau
[194238.898662] usb 2-6: SerialNumber: 0xecc3500671076
[194238.899830] usb-storage 2-6:1.0: USB Mass Storage device detected
```

---

21 이전에 다운로드할 수 있었던 2005년 12월 8일에 열람한 "Tableau Bridge 쿼리 – 기술 문서". 자세한 내용은 가디언스 소프트웨어에 문의하면 된다.

```
[194238.901608] scsi host7: usb-storage 2-6:1.0
[194239.902816] scsi 7:0:0:0: Direct-Access NVMe INTEL SSDPEDMW40 0174
    PQ: 0 ANSI: 6
[194239.903611] sd 7:0:0:0: Attached scsi generic sg2 type 0
[194240.013810] sd 7:0:0:0: [sdc] 781422768 512-byte logical blocks: (400 GB/
    373 GiB)
[194240.123456] sd 7:0:0:0: [sdc] Write Protect is on
[194240.123466] sd 7:0:0:0: [sdc] Mode Sense: 17 00 80 00
[194240.233497] sd 7:0:0:0: [sdc] Write cache: disabled, read cache: enabled,
    doesn't support DPO or FUA
[194240.454298] sdc: sdc1
[194240.673411] sd 7:0:0:0: [sdc] Attached SCSI disk
```

쓰기 방지 장치는 USB3 브리지로 작동하며, NVME 드라이브를 SCSI 장치로 사용할 수 있게 한다. 이 특정 쓰기 방지 장치는 AHCI 및 NVME 표준을 모두 사용하는 PCI Express 드라이브를 지원한다. 지원되는 하드웨어 인터페이스는 일반 PCI Express 슬롯(그림 4-3)과 M.2(그림 4-4)다. mini-SAS에서 PCI Express 또는 M.2에 이르는 표준 어댑터를 사용해 U.2(SFF-8639) NVME 드라이브를 연결할 수 있다. NVME를 지원하는 PCI 쓰기 방지 장치도 Wiebetech에서 구할 수 있다.

하드웨어 기반 쓰기 방지 장치의 가장 큰 장점은 운영 체제 독립적이라는 것이다. 이들은 증거 수집 호스트와는 별도로 투명하게 작동하므로 드라이버 또는 운영 체제 호환성을 유지할 필요가 없다. 따라서 리눅스 수집 환경에서 사용하기에 이상적이다.

그림 4-3 PCI Express 슬롯 드라이브용 쓰기 방지 장치 독

그림 4-4 다기능 쓰기 방지 장치와 PCI Express M.2 드라이브용 독

이 책에서 테스트 목적으로 사용되는 쓰기 차단 장치를 제공해준 스위스의 Arina AG에 감사를 전한다.

소프트웨어 쓰기 방지 장치

소프트웨어 쓰기 방지 장치는 다소 논란의 소지가 있다. 현대의 운영 체제를 이용해 개발하고 유지하기가 점점 어려워졌다. 운영 체제 공급 업체의 시스템 업데이트, 조사관의 구성 변경 및 추가로 설치된 소프트웨어로 인해 소프트웨어에 구현된 쓰기 방지 장치가 작동하지 않거나, 덮어쓰거나, 우회하거나, 오류가 발생할 위험성이 있다.

소프트웨어 쓰기 방지 장치는 구현하기가 어렵다. 디스크를 읽기 전용(mount -o ro)으로 마운트한다고 해서 디스크가 수정되지 않는다고 보장할 수 없다. 이 맥락에서 읽기 전용 속성은 디스크 장치가 아니라 파일 시스템을 참조한다. 커널은 여러 가지 이유로 디스크에 계속 쓸 수 있다.

소프트웨어 쓰기 방지는 커널, 가상 파일 시스템 계층 아래 구현돼야 하며, 특정 드라이브 인터페이스(예: AHCI)를 구현하는 다른 장치 드라이버 아래에 구현돼야 한다. 리눅스에서는 몇몇 로레벨 소프트웨어 쓰기 방지 방법이 사용됐지만, 제한적인 성공을 보여준다.

hdparm 및 blockdev와 같은 도구는 커널 플래그를 설정해 디스크를 읽기 전용으로 설정할 수 있다. 예를 들어,

```
# hdparm -r1 /dev/sdk

/dev/sdk:
setting readonly to 1 (on)
readonly     = 1 (on)
```

동일한 플래그를 blockdev를 이용해 설정할 수 있다.

```
# blockdev --setro /dev/sdk
```

커널 플래그를 설정하는 방법은 udev를 적절히 구성해 다른 모든 프로세스가 수정하기 전에 새로 연결된 드라이브를 읽기 전용으로 설정하는 방법에 따라 다르다.

포렌식 쓰기 방지 기능을 구현하기 위해 커널 패치도 작성됐다. 자세한 내용은 https://github.com/msuhanov/Linux-write-blocker/에서 확인할 수 있다. 몇몇 포렌식 부팅 CD는 Maxim Suhanov의 쓰기 방지 커널 패치를 사용한다. 다음 도우미 스크립트는 DEFT 리눅스 포렌식 부팅 CD에서 소프트웨어 쓰기 방지를 관리한다.

```
% cat /usr/sbin/wrtblk
#!/bin/sh

# Mark a specified block device as read-only
[ $# -eq 1 ] || exit
[ ! -z "$1" ] || exit
bdev="$1"
[ -b "/dev/$bdev" ] || exit
[ ! -z $bdev##loop*$ ] || exit
blockdev --setro "/dev/$bdev" || logger "wrtblk: blockdev --setro /dev/$bdev
    failed!"

# Mark a parent block device as read-only
syspath=$(echo /sys/block/*/"$bdev")
[ "$syspath" = "/sys/block/*/$bdev" ] && exit
dir=$syspath%/*$
parent=$dir##*/$
[ -b "/dev/$parent" ] || exit
blockdev --setro "/dev/$parent" || logger "wrtblk: blockdev --setro /dev/$parent
    failed!"
```

패치는 커널에 구현돼 있으며, 도우미 스크립트를 사용해 켜거나 끈다. 도우미 스크립트는 단순히 blockdev 명령을 사용해 장치를 읽기 전용으로 표시한다.

NIST CFTT는 소프트웨어 쓰기 방지 도구 테스트를 수행했으며, http://www.cftt.nist.gov/software_write_block.htm에서 찾을 수 있다.

하드웨어 쓰기 방지 장치는 여전히 포렌식 증거 수집 중에 저장 장치 매체를 보호하는 가장 안전하고 권장되는 방법이다.

리눅스 포렌식 부팅 CD

현장에서 사고 대응 및 분류 작업을 수행해야 하는 필요성 때문에 이러한 작업을 수행하는 데 필요한 소프트웨어가 포함된 부팅 가능한 리눅스 CD가 개발됐다. 이 CD는 대상 컴퓨터를 부팅하고 다양한 포렌식 도구를 사용해 로컬에 연결된 저장소에 접근할 수 있다. 포렌식 부팅 CD는 포렌식적으로 이미지화해야 할 경우에 발견된 저장 장치를 보호하기 위해 작성됐다. 위의 예에 표시된 wrtblk와 같은 명령을 사용해 연결된 디스크를 쓰기 가능하게 만들 수 있다. 이 명령은 외장형 디스크를 연결할 때 이미지를 가져오는 데 유용하다. 포렌식 부팅 CD에는 네트워크 기능이 있으며, 원격 분석 및 수집이 가능하다.

포렌식 부팅 CD는 다음과 같은 경우에 유용하다.

- 디스크를 제거하기 위해 컴퓨터를 열지 않은 상태에서 검사해야 한다.
- 쓰기 방지 장치를 사용할 수 없다.
- 이미지 작업 수행을 결정하기 전에 특정 증거에 대한 선별 검사 중 컴퓨터를 신속하게 검사해야 한다.
- 리눅스 기반 도구(Sleuth Kit, Foremost 등)가 필요하지만, 다른 방법으로는 사용할 수 없다.
- 포렌식 기술자는 ssh를 통해 작업을 원격으로 수행해야 한다.

현재 유지 관리 중인 몇 가지 일반적인 포렌식 부팅 CD는 다음과 같다.

- 데비안 기반의 칼리 리눅스(이전의 백트랙): https://www.kali.org
- 우분투 리눅스를 기반으로 하는 DEFT(Digital Evidence & Forensics Toolkit): http://www.deftlinux.net
- 펜투Pentoo, 젠투 리눅스Gentoo Linux 기반 포렌식 CD: http://pentoo.ch
- 우분투 리눅스를 기반으로 한 C.A.I.N.E. Computer Forensics Linux Live

164

Distro: http://www.caine-live.net

포렌식 부팅 CD는 유지 관리 및 테스트 작업이 많이 필요하다. 과거에는 다양한 포렌식 부팅 CD를 사용할 수 있었다. 포렌식 부팅 CD의 변화하는 동향 때문에 최신 기능 및 유지 관리 버전을 조사하고 사용해야 한다.

물리적 읽기 전용 모드가 있는 저장소

일부 저장 매체는 포렌식적인 맥락에서 유용할 수 있는 쓰기 방지 메커니즘을 갖고 있다. 예를 들어, 대부분의 테이프에는 그림 4-5의 왼쪽에 표시된 것처럼 테이프 드라이브가 읽기 전용으로 처리하도록 지시하는 슬라이딩 스위치 또는 탭이 있다. LTO-5 테이프(왼쪽 아래)에 닫힌 탭은 쓰기 보호돼 있음을 나타내고, DAT160 테이프(왼쪽 위)에 열려 있는 탭은 쓰기 보호돼 있음을 나타낸다.

SD 메모리 카드에는 그림 4-5의 오른쪽에 표시된 대로 메모리 카드를 쓰기 방지하는 잠금 스위치가 있다.

그림 4-5 테이프와 SD 카드용 쓰기 방지 탭

오래된 USB 드라이브에는 쓰기 방지 스위치가 있을 수 있다. 아주 오래된 IDE 하드 디스크에는 드라이브 전자 장치가 드라이브를 읽기 전용으로 처리하도록 설정할 수 있는 점퍼가 있다.

CD-ROM, DVD 및 블루레이 디스크는 기본적으로 읽기 전용이기 때문에 쓰기 방지 장치가 필요하지 않다. 이러한 재기록 가능 디스크에 접근하는 간단한 작업으로는 타임스탬프 또는 디스크의 다른 데이터가 수정되지 않는다. 이러한 광 매체의 변경 사항을 디스크에 명시적으로 집어넣어야 한다.

마무리하며

4장에서는 기본 감사, 활동 로깅, 태스크 관리를 하는 방법을 학습했다. 명명 규칙 및 확장 가능한 디렉터리 구조와 같은 주제는 물론 이미지 크기, 드라이브 용량 계획 및 성능, 환경 문제와 관련된 다양한 문제를 다뤘다. 마지막으로 포렌식 쓰기 방지의 중요한 구성 요소에 대해 논의했다. 이제 포렌식 수집 프로세스를 수행하기 위해 수집 호스트에 조사 대상 드라이브를 연결할 준비가 됐다.

CHAPTER **5**

수집 호스트에 조사 대상 매체 연결

5장에서는 조사 호스트에 조사 대상 저장 매체를 물리적으로 연결하는 법과 시스템에서 조사 대상 장치를 식별하는 방법 그리고 정보 수집을 위해 장치 펌웨어에 질의하는 방법을 다룬다. HPA와 DCO의 제거, ATA 비밀번호의 해제 그리고 자가암호화 드라이브의 복호화도 배운다. 5장은 몇몇 특수 이미지 관련 주제로 마무리된다. 조사 대상 컴퓨터의 하드웨어를 검사하는 것부터 시작하자.

조사 대상 컴퓨터 하드웨어의 검사

현장에서 컴퓨터나 노트북이 압수되고 검사를 위해 포렌식 랩으로 배달되면, 내장 디스크뿐 아니라 훨씬 더 많은 것을 검사할 수 있다. 컴퓨터 하드웨어 설정, BIOS 설정, 하드웨어 시간 등을 완전하게 점검하는 과정이 검사에 포함돼야 한다.

이 책은 "비활성화" 디스크 수집만을 다루고 있는데, 이는 드라이브와 컴퓨터의 전원이 이미 꺼진 상태에서 수집한 것을 의미한다. 범죄 또는 사고 현장에 활성화된 상태로 운영 중인 기기들이 있는 경우, 기관에 따라 우선순위 선정(triage) 절차가 있을 것이다. 화면의 사진을 찍어두고, 암호로 보호되는 화면 보호기 작동을 방지하기 위해 마우스 지글러를 사용하고, 메모리 덤프 도구를 실행하는 일들이 이 절차에 포함될 수 있다. 활성화 컴퓨터에 대한 초동 대응반의 우선순위 선정은 이 책의 범위를 벗어난다.

컴퓨터의 물리적 검사와 디스크 분리

드라이브 케이블을 뽑거나 드라이브 베이에서 드라이브를 분리하기 전에, 조사 대상 컴퓨터의 사진을 찍어 하드웨어 설정과 디스크 수 그리고 이 디스크들이 메인보드에 어떻게 연결돼 있는지 문서화해야 한다.

디스크를 분리할 때는 주의해야 하며, 특히 수년간 열어보지 않은 오래된 컴퓨터의 경우에는 더욱 조심해야 한다. 드라이브 각각의 윗부분을 촬영해 레이블에 적인 시리얼 번호와 기타 정보를 기록 할 수 있다. 메인보드가 여러 개의 SATA 포트를 갖고 있는 경우, 각각의 디스크가 사용 중이었던 포트를 기록해야 한다.

광학 드라이브 트레이를 열어 디스크가 들어 있지 않은지도 확인해야 한다. 대부분의 광학 드라이브들은 전원을 켜지 않아도 드라이브를 열 수 있도록 작은 구멍이 나 있다.

PCI 슬롯을 확인해 PCI SATA Express 드라이브나 PCI NVME 드라이브도 점검하라. 메인보드에 M.2나 mSATA 슬롯이 있는 경우에는 SSD 서킷 보드도 확인해야 한다.

조사 대상 컴퓨터의 하드웨어 살펴보기

격리된 조사 대상 컴퓨터에서 드라이브를 모두 제거하고 나면, 메인보드에 전원을 인가해 BIOS 설정, 시계, 부트 순서, 잠재적인 BIOS 로그, 버전 등을 기록하라.

조사 대상 컴퓨터에 대한 추가 정보가 필요하다면 포렌식 부트 CD로 부팅해 그 안에 담긴

lsh, dmidecode 등의 다양한 하드웨어 분석 도구로 컴퓨터를 조사할 수 있다.

특정 제조사에 특화된 도구로 해당 제조사만의 특징적인 정보를 얻을 수도 있다. 예를 들어, IBM과 레노보^{Lenovo} 하드웨어에는 vpddecode 그리고 Compaq 하드웨어 소유권 태그에는 ownership을 사용할 수 있다.

메모리 모듈이나 PCI 카드 등 추가 하드웨어 컴포넌트들도 검사하고 문서화해야 한다.

수집 호스트에 조사 대상 디스크 연결

(쓰기 방지 기법을 사용해) 조사 대상 디스크를 조사관 워크스테이션에 물리적으로 연결하고 나면, 조사 대상 드라이브와 연결된 블록 장치를 올바르게 식별해야 한다. 수집 호스트에서 조사 대상 드라이브를 신뢰성 있게 식별하기 위해서는 우선 저장 매체 장치들을 나열하고 물리 드라이브와 연결된 고유 식별자를 확인한 후, /dev 내에서 해당하는 장치 파일을 찾아내면 된다. 이 절에서는 그 절차들을 세부적으로 알아본다.

수집 호스트의 하드웨어 살펴보기

조사에 쓰일 호스트의 하드웨어 설정을 이해하면 성능 조율, 용량 계획, 플랫폼의 안정성 유지, 트러블슈팅, 장애 격리 그리고 사람이 실수할 확률을 감소시키는 데 도움이 된다. 이 절에서는 컴퓨터 하드웨어를 나열하고 열람할 수 있는 도구들을 알아본다.

lshw 도구를 이용하면 조사관 워크스테이션 하드웨어에 대한 요약 정보를 생성할 수 있다.

```
# lshw -businfo
```

버스 정보는 장치의 구체적인 주소를 설명하는데, 예를 들면 pci@domain:bus:slot. function, scsi@host.channel.target.lun 그리고 usb@bus:device 등이 있다.

연결된 특정 장치 유형을 검색하기 위해 다음과 같이 lshw를 쓸 수도 있다.

```
# lshw -businfo -class storage
Bus info          Device       Class       Description
=======================================================
...
usb@2:5.2         scsi22       storage     Forensic SATA/IDE Bridge
...
# lshw -businfo -class disk

Bus info          Device       Class       Description
=======================================================
...
scsi@22:0.0.0     /dev/sdp     disk        120GB SSD 850
...
```

scsi22가 scsi@22:.0.0.0으로 연결되고, 다시 /dev/sdp로 연결된다. 연결된 물리 드라이브에 해당하는 리눅스 장치 파일을 식별하는 내용은 뒤의 절들에서 더 깊이 다룬다.

만약 조사 대상 드라이브가 외장형으로 연결된 상태라면, 아마 USB, 썬더볼트, 파이어와이어나 eSATA로 연결돼 있을 가능성이 높다(드물지만 파이버 채널일 수도 있다).

드라이브가 내장형이라면, SATA 케이블, PCI Express 슬롯, M.2 인터페이스나 SAS 케이블로 연결돼 있을 가능성이 높다(또는 병렬 SCSI나 IDE와 같은 구형 인터페이스일 수도 있다).

lspci 도구를 이용하면 PCI 버스에 연결된 (병렬 PCI와 PCI Express를 포함한) 장치 목록을 얻을 수 있다.

```
# lspci
```

PCI 버스는 장치들을 클래스로 분류한다(PCI ID와 장치 클래스에 관해서는 http://pci-ids.ucw.cz/ 참고). 연결된 저장 매체를 관리하는 것은 대용량 저장 장치 컨트롤러 클래스(클래스 ID 01)

이기 때문에 이 장치들은 관심 대상이다.

(pciutils 버전 3.30 이상의) lspci 최신 버전들은 PCI 버스를 장치 클래스 기준으로 나열해 원하는 특정 하드웨어를 분리해낼 수 있다. 다음 명령은 모든 SATA 대용량 저장 장치 컨트롤러 (클래스 ID 01, 서브클래스 ID 06)들의 목록을 생성한다.

```
# lspci -d ::0106
```

이 명령은 시스템의 모든 SCSI, IDE, RAID, ATA, SATA, SAS와 NVME 대용량 저장 장치 컨트롤러 장치 목록을 생성한다.

```
# for i in 00 01 04 05 06 07 08; do lspci -d ::01$i; done
```

연결된 저장 매체를 관리할 수 있는 또 다른 PCI 클래스로는 직렬 버스 컨트롤러 클래스(클래스 ID 0C)가 있다. 다음 명령은 USB 직렬 버스 컨트롤러 클래스(클래스 ID 0C, 서브클래스 ID 03)에 해당하는 모든 장치의 목록을 생성한다.

```
# lspci -d ::0C03
```

이 명령은 조사관 호스트의 모든 파이어와이어, USB, 파이버 채널 직렬 버스 컨트롤러 목록을 생성한다.

```
# for i in 00 03 04; do lspci -d ::0C$i; done
```

만약 조사 대상 드라이브가 USB로 연결돼 있다면, PCI 버스에는 나타나지 않을 것이다. USB 장치들은 lsusb를 이용해 별도로 출력할 수 있다. 별도의 옵션이 주어지지 않을 경우 이 명령은 연결된 USB 장치 전체에 대한 목록을 생성한다.

```
# lsusb
...
Bus 001 Device 005: ID 0951:1665 Kingston Technology
Bus 001 Device 002: ID 8087:0024 Intel Corp. Integrated Rate Matching Hub
Bus 001 Device 001: ID 1d6b:0002 Linux Foundation 2.0 root hub
```

여기서 USB 드라이브 하나는 USB 버스 1번에 연결돼 USB 장치 ID 5번을 할당받았다. lsusb -v로 USB 장치에 대한 세부 정보를 얻을 수 있다.[22]

앞선 도구들과 예시는 조사관 워크스테이션에 연결된 하드웨어와 저장 매체 컨트롤러들에 대한 개괄적인 정보를 제공한다. lshw(1), lspci(8) 그리고 lsusb(8) 매뉴얼 페이지에서 설명하는 추가 매개변수와 기능들을 이용하면 하드웨어 정보를 더 세부적으로 열람할 수 있다.

조사 대상 드라이브의 식별

조사관 워크스테이션 하드웨어, 특히 사용할 수 있는 버스 시스템과 컨트롤러에 대한 깊은 이해는 조사 대상 디스크가 연결된 위치를 찾아내는 데 도움이 된다. 그 다음 단계는 시리얼 번호, 고유 모델 번호 등 고유한 특징을 이용해 조사 대상 드라이브의 성체를 확인하는 단계다.

조사 대상 장치를 식별하는 데에는 여러 가지 방법이 있다. 조사 대상 디스크가 USB 버스를 통해 연결돼 있고 lsusb 도구로 보이는 상태라면, 조사 대상 디스크의 제조사: 제품 ID 값을 통해 다음과 같이 추가 정보를 얻을 수 있다.

```
# lsusb -vd 0781:5583

Bus 004 Device 002: ID 0781:5583 SanDisk Corp.
...
```

---

22 lsusb -v 출력에서 Linux Foundation...root hub devices의 iSerial 장치 식별자는 USB 컨트롤러의 PCI 장치 주소를 가리킨다.

```
idVendor              0x0781 SanDisk Corp.
idProduct             0x5583
bcdDevice               1.00
iManufacturer             1 SanDisk
iProduct                  2 Ultra Fit
iSerial                   3 4C530001200627113025
...
  wSpeedsSupported    0x000e
    Device can operate at Full Speed (12Mbps)
    Device can operate at High Speed (480Mbps)
    Device can operate at SuperSpeed (5Gbps)
...
```

출력 내용 중 (시리얼 번호 등의) 장치 고유 정보를 이용해 연결된 장치가 조사 대상 드라이브
인지 식별할 수 있다. 만약 시리얼 번호나 다른 고유 특징이 물리적으로 연결된 드라이브와
일치한다면, 장치를 올바르게 식별한 것이다.

SCSI 명령을 이용하면 거의 모든 드라이브에 접근할 수 있다(직접 연결된 NVME 드라이브들은
기억해 둘 만한 예외다). 연결된 저장 장치에 질의하기 위해서는 lsscsi 도구를 이용하면 된다.
lsscsi는 SATA, USB, SAS, 파이어와이어, ATA, SCSI, 파이버 채널 등의 다양한 전송 계층
프로토콜을 지원한다. lsscsi는 /dev 안의 장치 파일과 커널 장치 경로를 연결하는 데에도 사
용할 수 있다.

```
# lsscsi -v
...
[6:0:0:0]    disk    ATA      INTEL SSDSA2CW30 0302   /dev/sda
  dir: /sys/bus/scsi/devices/6:0:0:0  [/sys/devices/pci0000:00/0000:00:1f.2/ata7/
    host6/target6:0:0/6:0:0:0]
...
```

커널은 호스트 시스템에 장치를 연결하거나 연결을 해제할 때, 안내 메시지를 출력한다. 이

것은 커널 링 버퍼로, dmesg 도구로 열람할 수 있다. dmesg에 -T 플래그를 사용하면 사람이
읽을 수 있는 타임스탬프가 출력되는데, 어느 장치가 어느 시간에 연결됐는지 확인해야 할
때 유용하다.

```
# dmesg -T
...
[Sun May 15 13:44:45 2016] usb 2-1: new SuperSpeed USB device number 9 using
    xhci_hcd
[Sun May 15 13:44:45 2016] usb 2-1: New USB device found, idVendor=0781,
    idProduct=5583
[Sun May 15 13:44:45 2016] usb 2-1: New USB device strings: Mfr=1, Product=2,
    SerialNumber=3
[Sun May 15 13:44:45 2016] usb 2-1: Product: Ultra Fit
[Sun May 15 13:44:45 2016] usb 2-1: Manufacturer: SanDisk
[Sun May 15 13:44:45 2016] usb 2-1: SerialNumber: 4C530001141203113173
[Sun May 15 13:44:45 2016] usb-storage 2-1:1.0: USB Mass Storage device detected
[Sun May 15 13:44:45 2016] scsi host24: usb-storage 2-1:1.0
[Sun May 15 13:44:46 2016] scsi 24:0:0:0: Direct-Access     SanDisk  Ultra Fit
    1.00 PQ: 0 ANSI: 6
[Sun May 15 13:44:46 2016] sd 24:0:0:0: Attached scsi generic sg5 type 0
[Sun May 15 13:44:46 2016] sd 24:0:0:0: [sdf] 30375936 512-byte logical blocks:
    (15.6 GB/14.5 GiB)
[Sun May 15 13:44:46 2016] sd 24:0:0:0: [sdf] Write Protect is off
[Sun May 15 13:44:46 2016] sd 24:0:0:0: [sdf] Mode Sense: 43 00 00 00
[Sun May 15 13:44:46 2016] sd 24:0:0:0: [sdf] Write cache: disabled, read cache:
    enabled, doesn't support DPO or FUA
[Sun May 15 13:44:46 2016] sdf: sdf1
[Sun May 15 13:44:46 2016] sd 24:0:0:0: [sdf] Attached SCSI removable disk
```

이 출력 결과를 이용해 USB 장치를 SCSI 호스트 ID 및 블록 장치명과 맞춰봄으로써 현재
연결된 물리 장치를 식별할 수 있다. 이 예시에서 usb 2-1:은 버스 2번과 물리 포트 1번(플
러그)에 해당한다. USB 드라이브는 장치 번호 9번을 할당받았고 (USB3을 지원하는) xhci_hcd
드라이버를 사용한다. 제조사와 제품 ID 문자열들인 idVendor=0781, idProduct=5583이 표

시되고, 제조사, 제품, 시리얼 번호 정보와 관련된 문자열들이 그 뒤에 나타난다(idVendor와 idProduct에 따라 내용이 달라질 수도 있다). 벌크 전용 전송을 위한 usb-storage 드라이버가 장치를 탐지하고(UASP 장치들은 이 드라이버가 필요 없다), scsi host24:는 장치에 SCSI 호스트 번호가 할당됐으며, 그 SCSI 주소가 24:0:0:0:임을 나타낸다. sg5(일반 SCSI)와 sdf(블록 장치), 2개의 장치가 생성되며, 각각 /dev/sg5와 /dev/sdf에 해당한다. (이제 연결된) SCSI 장치에 대한 정보가 질의되고, 파티션 테이블이 탐지된다(sdf1).

세부 정보와 장치 경로를 포함해 연결된 모든 저장 장치의 목록을 보기 위한 간단한 명령으로 lsblk가 있다. 최신 버전의 lsblk는 출력 옵션으로 제조사, 모델, 버전, 시리얼 번호와 WWN(월드 와이드 네임, https://en.wikipedia.org/wiki/World_Wide_Name) 번호를 지원한다. 추가로, lsblk는 장치명, 크기, 물리 및 논리 섹터의 크기, 전송 프로토콜(USB, SATA, SAS 등), SCSI 주소 등 유용한 기술 정보를 제공한다.

```
# lsblk -pd -o TRAN,NAME,SERIAL,VENDOR,MODEL,REV,WWN,SIZE,HCTL,SUBSYSTEMS,HCTL
```

여기의 도구들 대부분은 리눅스 /proc 디렉터리에서 서로 다른 파일과 디렉터리를 읽고 있을 뿐이다. /proc 트리에서는 연결된 드라이브들과 기타 커널 구조에 대한 많은 정보를 얻을 수 있다. proc 파일 시스템에 대한 정보는 proc(5) 매뉴얼 페이지를 참고하라.

조사 대상 디스크의 정보 조회

조사관 워크스테이션에 조사 대상 드라이브를 연결하고 작업할 리눅스 장치를 올바르게 식별하고 나면, 장치에 대한 메타데이터를 추가 수집할 수 있다. 드라이브 정보, 펌웨어, SMART 데이터 및 기타 설정 세부 사항에 대해 장치에 직접 질의할 수 있다.

하드 드라이브에 저장된 정보를 조회하는 데는 몇 가지 도구가 있다. 통상 이런 펌웨어 정보에 접근하기 위해서는 드라이브 장비와 직접 상호 작용하는 낮은 차원의 ATA나 SCSI 인터페이스 명령을 사용해야 한다.

장치 식별 정보의 문서화

이 시점에는 조사관 호스트에 연결된 드라이브에 대한 여러 가지 정보와 기술적인 식별자들이 취합됐을 텐데, 그중 일부는 다음과 같다.

- 제조사, 제품군과 모델
- 시리얼 번호 또는 WWN
- 리눅스 장치명
- PCI domain:bus:slot.function
- PCI vendorID:deviceID
- USB bus:device
- USB vendorID:productID
- SCSI host:channel:target:lun

여러 도구의 출력을 텍스트 파일로 리다이렉트하면 이런 정보들을 저장해 문서화할 수 있다.

쓰기 방지 장치의 사용에 대한 증거도 문서화하라. Tableau와 같은 하드웨어 쓰기 방지 장치를 사용 중이라면, 장치를 조회해 결과를 저장할 수 있다.

```
# tableau-parm /dev/sdc > write-blocked.txt
```

여기서 /dev/sdc 부분은 조사 대상 드라이브에 해당하는 장치로 변경해야 한다.

만약 wrtblk와 같은 소프트웨어 쓰기 방지 장치를 사용 중이라면, (읽기 전용 플래그를 포함한) 장치의 현재 상태가 담긴 보고서를 blockdev에 요청하면 된다.

```
# blockdev --report /dev/sda > wrtblk.txt
```

여기서 /dev/sda 부분은 조사 대상 드라이브에 해당하는 장치로 변경해야 한다.

조사 대상 드라이브가 USB로 연결돼 있는 경우, (-s로) 버스: 장치 번호를 지정하거나 (-d로) 제조사: 제품 번호를 지정할 수 있다. 다음 두 명령은 동일한 세부 내용을 출력하고 저장할 것이다.

```
# lsusb -v -s 2:2 > lsusb.txt
# lsusb -v -d 13fe:5200 > lsusb.txt
```

여기서 2:2와 13fe:5200 부분은 수집 호스트에 연결된 조사 대상 드라이브에 해당하는 값으로 변경해야 한다.

lsblk 명령은 리눅스 장치를 지정할 수 있고, -O 플래그로 출력할 수 있는 모든 정보를 내보낼 수 있다.

```
# lsblk -O /dev/sda > lsblk.txt
```

여기서 /dev/sda 부분은 수집 호스트에 연결된 조사 대상 드라이브에 해당하는 장치로 변경해야 한다.

lsscsi 명령 역시 연결된 드라이브에 대한 특정 정보들을 저장할 수 있는데, 사용할 SCSI 주소를 지정하면 된다.

```
# lsscsi -vtg -L 16:0:0:0 > lsscsi.txt
```

여기서 16:0:0:0 부분은 수집 호스트에 연결된 조사 대상 드라이브에 해당하는 SCSI 주소로 변경해야 한다.

dmesg의 결괏값 역시, 원한다면 텍스트 파일로 복사할 수 있다.

이 절의 예시들은 특정 조사 대상 드라이브에 대한 명령 출력을 저장하는 법을 보였다. 간결함을 위해 6장부터는 데이터를 파일에 저장하는 예시 대신, 명령의 구성에 더 집중할 것이다.

hdparm으로 디스크 기능 조회

이전에 다룬 (lsusb, lspci, lsblk 등의) 많은 도구는 리눅스 시스템과 커널 구조를 통해 정보를 수집했다. 그러나 드라이브에 직접 질의해 추가 정보를 얻을 수도 있다. hdparm 도구는 리눅스 시스템에 연결된 대부분의 드라이브에 명령을 보낼 수 있다.

hdparm 도구는 (ioctls를 이용해) 운영 체제 디스크 드라이버에 요청을 보내 디스크 정보를 획득한다. 포렌식 관점에서는 몇몇 항목이 흥미롭거나 문서화할 만하다.

- 드라이브의 (물리 및 논리) 구성
- 디스크가 지원하는 표준 및 기능
- 드라이브 설정과 관련된 상태와 플래그 값
- DCO와 HPA 정보
- 보안 정보
- 제품군, 모델, 시리얼 번호 등 제조사 정보
- (존재한다면) WWN 장치 식별자
- 안전 삭제에 소요되는 시간(대부분의 디스크에서 이 시간은 수집에 소요되는 시간과 비슷하다)

hdparm 기능에 대한 세부 정보는 hdparm(8) 매뉴얼 페이지를 참고하라.

다음 예시는 hdparm을 -I 플래그와 함께 원시 디스크 장치에 사용해 디스크에 대한 개괄적인 정보를 얻는 과정이다. 결과에는 포렌식 조사관들을 위한 주석이 포함돼 있다.

출력 결과는 제조사, 모델, 시리얼 번호, 지원하는 표준이 포함된 드라이브의 문서화 정보로 시작한다. 물리 및 논리 섹터 크기, 섹터 수, 폼 팩터와 기타 물리적 특징 등 다양한 드라이브 매개변수들도 포함된다.

```
# hdparm -I /dev/sda

/dev/sda:

ATA device, with non-removable media
        Model Number:       WDC WD20EZRX-00D8PB0
        Serial Number:      WD-WCC4NDA2N98P
        Firmware Revision:  80.00A80
        Transport:          Serial, SATA 1.0a, SATA II Extensions, SATA Rev 2.5,
     SATA Rev 2.6, SATA Rev 3.0
Standards:
        Supported: 9 8 7 6 5
        Likely used: 9
Configuration:
        Logical         max     current
        cylinders       16383   16383
        heads           16      16
        sectors/track   63      63
        --
        CHS current addressable sectors:    16514064
        LBA user addressable sectors:       268435455
        LBA48 user addressable sectors:  3907029168
        Logical Sector size:                   512 bytes
        Physical Sector size:                 4096 bytes
        device size with M = 1024*1024:    1907729 MBytes
        device size with M = 1000*1000:    2000398 MBytes (2000 GB)
        cache/buffer size = unknown
        Nominal Media Rotation Rate: 5400
Capabilities:
        LBA, IORDY(can be disabled)
        Queue depth: 32
        Standby timer values: spec'd by Standard, with device specific minimum
```

```
      R/W multiple sector transfer: Max = 16 Current = 16
  DMA: mdma0 mdma1 mdma2 udma0 udma1 udma2 udma3 udma4 udma5 *udma6
      Cycle time: min=120ns recommended=120ns
  PIO: pio0 pio1 pio2 pio3 pio4
      Cycle time: no flow control=120ns IORDY flow control=120ns
...
```

출력의 다음 부분은 드라이브가 지원하는 기능을 설명하며, ※ 표시가 된 기능은 현재 활성화
된 기능이다(특정 벤더사 기능들을 이해하기 위해서는 전용 설명서가 추가로 필요할 수 있다). 이 기능
은 포렌식 수집을 준비할 때 유용한데, 그 이유는 보안 기능 및 DCO(Device Configuration
Overlay 기능 모음) 등의 상태를 알 수 있기 때문이다.

```
...
Commands/features:
      Enabled Supported:
          *     SMART feature set
                Security Mode feature set
          *     Power Management feature set
          *     Write cache
          *     Look-ahead
          *     Host Protected Area feature set
          *     WRITE_BUFFER command
          *     READ_BUFFER command
          *     NOP cmd
          *     DOWNLOAD_MICROCODE
                Power-Up In Standby feature set
          *     SET_FEATURES required to spinup after power up
                SET_MAX security extension
          *     48-bit Address feature set
          *     Device Configuration Overlay feature set
          *     Mandatory FLUSH_CACHE
          *     FLUSH_CACHE_EXT
          *     SMART error logging
          *     SMART self-test
```

```
*       General Purpose Logging feature set
*       64-bit World wide name
*       WRITE_UNCORRECTABLE_EXT command
*       {READ,WRITE}_DMA_EXT_GPL commands
*       Segmented DOWNLOAD_MICROCODE
*       Gen1 signaling speed (1.5Gb/s)
*       Gen2 signaling speed (3.0Gb/s)
*       Gen3 signaling speed (6.0Gb/s)
*       Native Command Queueing (NCQ)
*       Host-initiated interface power management
*       Phy event counters
*       NCQ priority information
*       READ_LOG_DMA_EXT equivalent to READ_LOG_EXT
*       DMA Setup Auto-Activate optimization
        Device-initiated interface power management
*       Software settings preservation
*       SMART Command Transport (SCT) feature set
*       SCT Write Same (AC2)
*       SCT Features Control (AC4)
*       SCT Data Tables (AC5)
        unknown 206[12] (vendor specific)
        unknown 206[13] (vendor specific)
        unknown 206[14] (vendor specific)
...
```

hdparm 출력의 다음 부분은 현재 활성화된 보안 기능들에 대한 세부 정보를 제공하는데, 드라이브가 잠겼거나 암호화됐는지 확인할 때 중요한 정보가 된다. 안전 삭제에 필요한 시간으로는 수집에 걸리는 소요 시간을 대략 예측할 수 있다(조사 대상 드라이브가 성능의 병목 구간인 경우에 그렇다).

```
...
Security:
        Master password revision code = 65534
                supported
```

```
not      enabled
not      locked
not      frozen
not      expired: security count
         supported: enhanced erase
324min for SECURITY ERASE UNIT. 324min for ENHANCED SECURITY ERASE UNIT.
```

...

hdparm 출력의 마지막 부분은 다시 한 번 WWN을 출력하지만, 이번에는 (WWN의 나머지 부분을 설명하는) NAA, IEEE OUI가 할당한 제조사 ID 그리고 (디스크마다 고유한) WWN의 나머지 부분으로 나눠 출력한다.

```
...
Logical Unit WWN Device Identifier: 50014ee25fcfe40c
        NAA            : 5
        IEEE OUI       : 0014ee
        Unique ID      : 25fcfe40c
Checksum: correct
```

hdparm 출력은 포렌식 조사관들이 관심을 가질 만한 여러 항목을 포함하며, 문서화나 추가 분석을 위한 정보로 사용할 수 있다. hdparm -l의 전체 결과를 포렌식 보고서에 추가하기 위해 출력 결과를 텍스트 파일로 리다이렉트할 수 있다.

SCSI 드라이브를 조회하기 위한 유사한 도구로는 sdparm이 있으며, sdparm을 이용하면 SCSI 모드 페이지에 접근할 수 있다. sdparm에 -a -l 플래그를 추가하면 디스크 매개변수들의 세부 정보 목록을 얻을 수 있다. 더 간결하게 sdparm -i를 사용하면 제품 필수 정보(VPD)를 추출해 SCSI와 SAS 드라이브의 제품군, 모델명, 시리얼 번호에 대한 고유 식별 정보를 얻을 수 있다.

smartctl로 SMART 데이터 추출

SMART는 하드 디스크를 모니터링하고 장애를 예측하기 위해 1990년대 초반에 개발됐다. 1995년에는 SCSI-3 표준 (SCSI-3 표준: X3T10/94-190 Rev 4)에 추가됐고, 1997년에는 ATA-3 표준(ATA-3 표준: X3.298-1997)에 추가됐다. 포렌식 조사에 있어 디스크 하드웨어의 특정 정보들이 가치 있는 경우가 있기 때문에 이 절에서는 디스크 하드웨어의 SMART 정보를 추출하는 몇 가지 기법을 배우게 된다.

smartctl 명령은 smartmontools 패키지의 일부로, 오늘날에는 거의 모든 하드 드라이브에 내장된 SMART 인터페이스에 대한 접근을 제공한다. smartctl 명령으로 ATA, SATA, SAS와 SCSI로 연결된 하드웨어 정보를 조회할 수 있다.

SMART는 디스크에 대한 다양한 변숫값과 통계를 제공하는데, 이 중 일부는 포렌식 조사관이 관심을 가질 만한 것들이다. 예를 들면 다음과 같다.

- 디스크 오류 통계와 디스크의 전반적인 상태
- 디스크 전원이 인가된 횟수
- 디스크가 동작 중이었던 시간 수
- 읽고 쓴 바이트 수(종종 GB 단위로 표현된다)
- 다양한 SMART 로그(온도 기록 등)[23]

다음 예시는 드라이브로부터 SMART 데이터를 요청한다. 출력 결과에는 포렌식 조사관들을 대상으로 한 주석들이 삽입돼 있다.

-x 플래그는 모든 정보를 출력하도록 smartctl에 지시한다. 출력의 첫 블록은 정보 절으로, 드라이브에 대한 고유 식별 정보를 제공한다. 이 정보의 대부분은 이전 예시들의 hdparm과 같이 다른 도구로도 얻을 수 있다.

---

23 얻을 수 있는 SMART 통계와 로그는 하드 디스크 제조사마다 다르다.

```
# smartctl -x /dev/sda
smartctl 6.4 2014-10-07 r4002 [x86_64-linux-4.2.0-22-generic] (local build)
Copyright (C) 2002-14, Bruce Allen, Christian Franke, www.smartmontools.org

=== START OF INFORMATION SECTION ===
Model Family:      Western Digital Green
Device Model:      WDC WD20EZRX-00D8PB0
Serial Number:     WD-WCC4NDA2N98P
LU WWN Device Id:  5 0014ee 25fcfe40c
Firmware Version:  80.00A80
User Capacity:     2,000,398,934,016 bytes [2.00 TB]
Sector Sizes:      512 bytes logical, 4096 bytes physical
Rotation Rate:     5400 rpm
Device is:         In smartctl database [for details use: -P show]
ATA Version is:    ACS-2 (minor revision not indicated)
SATA Version is:   SATA 3.0, 6.0 Gb/s (current: 6.0 Gb/s)
Local Time is:     Thu Jan 7 12:33:43 2016 CET
SMART support is:  Available - device has SMART capability.
SMART support is:  Enabled
AAM feature is:    Unavailable
APM feature is:    Unavailable
Rd look-ahead is:  Enabled
Write cache is:    Enabled
ATA Security is:   Disabled, NOT FROZEN [SEC1]
Wt Cache Reorder:  Enabled
...
```

그 다음 SMART 데이터 절에는 드라이브의 현재 상태와 자가테스트 결과가 드러난다. 문제가 발생한 드라이브는 수집 시 문제가 발생할 수도 있다는 조기 경보로 받아들일 수 있다. 그 다음으로 추가 SMART 기능들이 나열된다.

```
...
=== START OF READ SMART DATA SECTION ===
SMART overall-health self-assessment test result: PASSED
```

```
General SMART Values:
Offline data collection status: (0x82)  Offline data collection activity
                                        was completed without error.
                                        Auto Offline Data Collection: Enabled.
Self-test execution status:     (   0)  The previous self-test routine completed
                                        without error or no self-test has ever
                                        been run.

Total time to complete Offline
data collection:             (30480)  seconds.
Offline data collection
capabilities:                 (0x7b)  SMART execute Offline immediate.
                                      Auto Offline data collection on/off support.
                                      Suspend Offline collection upon new
                                      command.
                                      Offline surface scan supported.
                                      Self-test supported.
                                      Conveyance Self-test supported.
                                      Selective Self-test supported.
SMART capabilities:         (0x0003)  Saves SMART data before entering
                                      power-saving mode.
                                      Supports SMART auto save timer.
Error logging capability:     (0x01)  Error logging supported.
                                      General Purpose Logging supported.

Short self-test routine
recommended polling time:     (   2)  minutes.
Extended self-test routine
recommended polling time:     ( 307)  minutes.
Conveyance self-test routine
recommended polling time:     (   5)  minutes.
SCT capabilities:           (0x7035)  SCT Status supported.
                                      SCT Feature Control supported.
                                      SCT Data Table supported.

...
```

그 다음 부분은 추가 드라이브 통계를 제공한다. 포렌식 관점에서는 여기에 드라이브 사용

기록에 대한 통계가 있다. 예를 들어, 드라이브 전원이 인가된 후, 흐른 시간 수(Power_On_Hours)와 드라이브 전원이 인가된 횟수(Power_Cycle_Count) 등이 있다. 두 통계 모두 채증된 컴퓨터와 관련이 있을 수 있다. 읽고 쓴 논리 블록 주소(LBA) 개수는 과거의 드라이브 볼륨 사용량을 가늠할 수 있게 한다.

```
...
SMART Attributes Data Structure revision number: 16
Vendor Specific SMART Attributes with Thresholds:
ID# ATTRIBUTE_NAME              FLAGS   VALUE WORST  THRESH FAIL  RAW_VALUE
  1 Raw_Read_Error_Rate         POSR-K  200   200    051    -     0
  3 Spin_Up_Time                POS--K  181   180    021    -     5908
  4 Start_Stop_Count            -O--CK  100   100    000    -     61
  5 Reallocated_Sector_Ct       PO--CK  200   200    140    -     0
  7 Seek_Error_Rate             -OSR-K  200   200    000    -     0
  9 Power_On_Hours              -O--CK  099   099    000    -     989
 10 Spin_Retry_Count            -O--CK  100   253    000    -     0
 11 Calibration_Retry_Count     -O--CK  100   253    000    -     0
 12 Power_Cycle_Count           -O--CK  100   100    000    -     59
192 Power-Off_Retract_Count     -O--CK  200   200    000    -     33
193 Load_Cycle_Count            -O--CK  199   199    000          3721
194 Temperature_Celsius         -O---K  119   110    000    -     31
196 Reallocated_Event_Count     -O--CK  200   200    000    -     0
197 Current_Pending_Sector      -O--CK  200   200    000    -     4
198 Offline_Uncorrectable       ----CK  200   200    000    -     4
199 UDMA_CRC_Error_Count        -O--CK  200   200    000    -     0
200 Multi_Zone_Error_Rate       ---R--  200   200    000    -     4
                                ||||||_ K auto-keep
                                |||||__ C event count
                                ||||___ R error rate
                                |||____ S speed/performance
                                ||_____ O updated online
                                |_____ P prefailure warning
...
```

다음 절은 로그 디렉터리로, 드라이브에 있는 SMART 로그를 설명한다. smartctl -x 출력 내용에 이 로그들이 반복된 엔트리를 제거한(건너뛴) 채로 포함된다. 일부 로그는 포렌식 조사의 관심 대상이 될 수도 있다.

```
...
General      Purpose   Log Directory Version 1
SMART                  Log Directory Version 1 [multi-sector log support]
Address      Access    R/W  Size    Description
0x00         GPL,SL    R/O    1     Log Directory
0x01            SL     R/O    1     Summary SMART error log
0x02            SL     R/O    5     Comprehensive SMART error log
0x03         GPL       R/O    6     Ext. Comprehensive SMART error log
0x06            SL     R/O    1     SMART self-test log
0x07         GPL       R/O    1     Extended self-test log
0x09            SL     R/W    1     Selective self-test log
0x10         GPL       R/O    1     SATA NCQ Queued Error log
0x11         GPL       R/O    1     SATA Phy Event Counters log
0x80-0x9f    GPL,SL    R/W   16     Host vendor specific log
0xa0-0xa7    GPL,SL    VS    16     Device vendor specific log
0xa8-0xb7    GPL,SL    VS     1     Device vendor specific log
0xbd         GPL,SL    VS     1     Device vendor specific log
0xc0         GPL,SL    VS     1     Device vendor specific log
0xc1         GPL       VS    93     Device vendor specific log
0xe0         GPL,SL    R/W    1     SCT Command/Status
0xe1         GPL,SL    R/W    1     SCT Data Transfer
...
```

다음 절의 로그 정보는 자가 테스트 결과를 출력한다. 실패한 자가 테스트는 수집 시 문제가 발생할 수도 있다는 조기 경보로 받아들일 수 있다.

```
...
SMART Extended Comprehensive Error Log Version: 1 (6 sectors)
No Errors Logged
```

```
SMART Extended Self-test Log Version: 1 (1 sectors)
Num  Test_Description Status                     Remaining  LifeTime(hours)  LBA_of...
# 1  Short offline    Completed without error      00%            0               -

SMART Selective self-test log data structure revision number 1
 SPAN  MIN_LBA  MAX_LBA   CURRENT_TEST_STATUS
    1     0        0       Not_testing
    2     0        0       Not_testing
    3     0        0       Not_testing
    4     0        0       Not_testing
    5     0        0       Not_testing
Selective self-test flags (0x0):
  After scanning selected spans, do NOT read-scan remainder of disk.
If Selective self-test is pending on power-up, resume after 0 minute delay.

SCT Status Version:                 3
SCT Version (vendor specific):      258 (0x0102)
SCT Support Level:                  1
Device State:                       Active (0)
...
```

다음 출력 블록은 드라이브의 온도 통계를 설명한다. 이 정보는 수십 절차 중의 모니터링에 유용할 수 있다. 드라이브 생애 주기 내의 최소 및 최대 온도를 용의자 컴퓨터의 환경적 변수와 연결 짓는다면 조사를 위한 관심의 대상이 될 수 있다. 제조사별 SMART 데이터는 일반적인 SMART 표준의 일부가 아니며, 제조사별 SMART 데이터를 이해하기 위해서는 추가 전용 문서가 필요할 수 있다.

```
...
Current Temperature:                31 Celsius
Power Cycle Min/Max Temperature:    22/31 Celsius
Lifetime    Min/Max Temperature:    20/41 Celsius
Under/Over Temperature Limit Count: 0/0
Vendor specific:
```

```
01 00 00 00 00 00 00 00 00 00 00 00 00 00 00 00
00 00 00 00 00 00 00 00 00 00 00 00 00 00 00 00
...
```

어떤 SMART 호환 드라이브는 온도 기록의 로그를 유지한다. 기록 주기와 기록 용량을 곱해 기록을 계산할 수 있다. 이 예시에서 478분은 대략 8시간의 온도 데이터에 해당한다. 어떤 디스크들은 훨씬 큰 온도 기록 주기(1시간 이상)를 갖고 있다. 온도 기록 주기는 조사에 있어 잠재적인 도움이 된다. 만약 범죄 직후 디스크를 압수했다면, 알려진 온도 범위를 디스크 온도 기록과 대조해볼 수 있다.

```
...
SCT Temperature History Version:          2
Temperature Sampling Period:              1 minute
Temperature Logging Interval:             1 minute
Min/Max recommended Temperature:           0/60 Celsius
Min/Max Temperature Limit:                -41/85 Celsius
Temperature History Size (Index):         478 (175)

Index    Estimated Time   Temperature Celsius
 176    2016-01-07 05:00      ?     -
 ...    ..(300 skipped).     ..     -
 477    2016-01-07 10:01      ?     -
   0    2016-01-07 10:02     29     **********
   1    2016-01-07 10:03     30     ***********
 ...    ..( 68 skipped).     ..     ***********
  70    2016-01-07 11:12     30     ***********
  71    2016-01-07 11:13     31     ************
 ...    ..(103 skipped).     ..     ************
 175    2016-01-07 12:57     31     ************
...
```

이 출력 예시의 마지막 부분은 물리 오류에 대한 통계를 보여준다. 이 통계를 수집 중 또는 수집 완료 후의 결괏값과 비교해 수집 과정에서 물리적인 오류가 발생하지 않았음을 확인하는 데에 쓸 수 있다.

```
...
SCT Error Recovery Control command not supported

Device Statistics (GP/SMART Log 0x04) not supported

SATA Phy Event Counters (GP Log 0x11)
ID      Size    Value   Description
0x0001  2           0   Command failed due to ICRC error
0x0002  2           0   R_ERR response for data FIS
0x0003  2           0   R_ERR response for device-to-host data FIS
0x0004  2           0   R_ERR response for host-to-device data FIS
0x0005  2           0   R_ERR response for non-data FIS
0x0006  2           0   R_ERR response for device-to-host non-data FIS
0x0007  2           0   R_ERR response for host-to-device non-data FIS
0x0008  2           0   Device-to-host non-data FIS retries
0x0009  2           6   Transition from drive PhyRdy to drive PhyNRdy
0x000a  2           6   Device-to-host register FISes sent due to a COMRESET
0x000b  2           0   CRC errors within host-to-device FIS
0x000f  2           0   R_ERR response for host-to-device data FIS, CRC
0x0012  2           0   R_ERR response for host-to-device non-data FIS, CRC
0x8000  4       14532   Vendor specific
```

디스크 제조사에 따라 다른 SMART 로그들이 있을 수도 있다. 연결된 조사 대상 드라이브에 보낼 수 있는 추가 질의와 플래그에 대한 정보를 위해서는 smartctl(8) 매뉴얼 페이지를 참고하라.

숨겨진 섹터에 대한 접근 활성화

포렌식 문서들은 종종 이미징 과정의 일부로 HPA와 DCO 조작을 다룬다. 일부 이미징 소프트웨어들은 수집 도중에 숨겨진 섹터인 HPA와 DCO를 탐지하고 제거할 수 있다. 이 책에서는 HPA/DCO의 탐지와 제거를 이미징 과정이 아닌 준비 과정의 일부로 본다. 이 숨겨진 영역들이 일단 접근이 활성화된 후에는 이미징하는 데에 별다른 기법이 필요하지 않다. 그저 드라이브 설정 매개변수에 의해 보호되고 있던 디스크 섹터에 불과한 것이다. 간단한 절차만으로도 HPA/DCO를 이미징 프로세스에 포함되게 할 수 있다. HPA나 DCO를 제거하는 것은 드라이브 설정을 변경하지만, 그 내용까지 변경하지는 않는다.[24]

이 절은 디스크의 드라이브 유지보수 섹터와 서비스 영역도 다루지만, 일반적인 오픈 소스 도구들로는 접근하기가 쉽지 않은 영역이기 때문에 간단하게만 다룬다.

DCO의 제거

DCO는 컴퓨터 시스템 제조사들이 다양한 드라이브 모델이 서로 같은 기능을 가진 것처럼 보이게 하기 위해 개발됐다. DCO를 사용하면 특정 기능을 비활성화하고, 드라이브 용량(사용할 수 있는 섹터 수)을 제조사 요구 사항에 맞춰 감소시킬 수도 있다. 용의자 드라이브를 분석할 때 DCO를 식별하고 제거하는 것은 포렌식의 표준 절차에 해당한다.

DCO는 일반 설정에 대한 오버레이로, 여러 기능을 덮어쓸 수 있다. 드라이브의 섹터 수 변경만 가능한 것이 아니다.

2개의 hdparm 명령으로 DCO의 존재 여부와 사용할 수 있는 실제 섹터 수를 얻을 수 있다. 첫 번째 명령은 드라이브가 DCO 기능 모음이 활성화됐는지 확인한다. 이 예시에서는 현재 디스크 크기가 474GB 또는 (512바이트 섹터 크기의) 926,773,168개 섹터로 보고되며, `Device Configuration Overlay` 기능 모음 옆의 * 표시는 현재 DCO가 활성화됐음을 나타낸다.

---

24 HPA와 DCO 영역의 포렌식 관련 논문을 위해서는 Mayank R. Gupta, Michael D. Hoeschele, and Marcus K. Rogers, "Hidden Disk Areas: HPA and DCO," International Journal of Digital Evidence 5, no. 1(2006)를 참고하라.

```
# hdparm -I /dev/sdl

/dev/sdl:

ATA device, with non-removable media
        Model Number:       WDC WD5003AZEX-00MK2A0
...
        LBA48 user addressable sectors:    926773168
        Logical  Sector size:                 512 bytes
        Physical Sector size:                4096 bytes
        device size with M = 1024*1024:      452525 MBytes
        device size with M = 1000*1000:      474507 MBytes (474 GB)
...
            * Device Configuration Overlay feature set
...
```

두 번째 명령은 DCO에 의해 변경된 기능들을 질의한다.

```
# hdparm --dco-identify /dev/sdl

/dev/sdl:
DCO Revision: 0x0002
The following features can be selectively disabled via DCO:
        Transfer modes:
                udma0 udma1 udma2 udma3 udma4 udma5 udma6
        Real max sectors: 976773168
        ATA command/feature sets:
                security HPA
        SATA command/feature sets:
                NCQ interface_power_management SSP
```

이 예시에서 "Real max sectors"는 976773168로 앞에서 보고된 크기보다 25GB가 작기 때문에 DCO의 존재를 암시한다. 보고된 크기인 474GB 역시 물리 드라이브 레이블에 적힌

500GB와는 차이가 있다. 제조사의 제품 문서와 드라이브 모델 번호를 확인하면 있어야 할 섹터 수를 확인할 수 있다.

hdparm으로 DCO의 존재를 확인하고 나면, 같은 hdparm 명령으로 DCO를 제거할 수 있다. 우선, hdparm을 실행해 드라이브 설정이 잠금 또는 수정 금지 상태인지 확인한다.

```
# hdparm -I /dev/sdl

/dev/sdl:

ATA device, with non-removable media
        Model Number:           WDC WD5003AZEX-00MK2A0
...
Security:
...
        not     locked
        not     frozen
...
```

어떤 BIOS나 운영 체제들은 부팅 중 악의적인 변조를 방지하기 위해 ATA 명령으로 DCO 설정을 동결시킨다. 이 경우 부팅 이후에 드라이브 전원 케이블을 핫 플러깅하면 드라이브가 동결 해제된 상태로 가동된다.[25] 많은 USB 브리지는 연결된 디스크를 잠금 해제된 상태로 가동시킨다. 드라이브가 잠긴 경우, 202쪽의 "ATA 비밀번호로 보호된 디스크의 식별과 잠금 해제"를 참고하라.

드라이브가 준비되면, 적절한 ATA 명령을 보내 DCO를 재설정해 숨겨진 추가 섹터들에 접근하게 할 수 있다.

hdparm 명령에 --dco-restore 옵션을 추가하는 것만으로는 경고 메시지만 출력될 뿐, 아무런 일도 일어나지 않는다.

---

25 일부 메인보드는 SATA 포트가 핫 플러깅을 지원하도록 BIOS에서 설정해야 한다.

```
# hdparm --dco-restore /dev/sdl

/dev/sdl:
Use of --dco-restore is VERY DANGEROUS.
You are trying to deliberately reset your drive configuration back to the factory
    defaults.
This may change the apparent capacity and feature set of the drive, making all
data
    on it inaccessible.
You could lose *everything*.
Please supply the --yes-i-know-what-i-am-doing flag if you really want this.
Program aborted.
```

안내문에 따라 --yes-i-know-what-i-am-doing 플래그를 추가하면 다음과 같이 DCO를 제거할 수 있다.

```
# hdparm --yes-i-know-what-i-am-doing --dco-restore /dev/sdl

/dev/sdl:
 issuing DCO restore command
```

이제 다시 hdparm -l 명령을 실행하면, 전체 섹터가 드러난다.

```
# hdparm -I /dev/sdl

/dev/sdl:

ATA device, with non-removable media
        Model Number:       WDC WD5003AZEX-00MK2A0
...
        LBA48 user addressable sectors:   976773168
        Logical  Sector size:                 512 bytes
        Physical Sector size:               4096 bytes
```

```
          device size with M = 1024*1024:          476940 MBytes
          device size with M = 1000*1000:          500107 MBytes (500 GB)
...
```

이제 드라이브를 수집하고 포렌식 도구들로 분석할 수 있다. 숨겨진 DCO 영역의 정확한 섹터 오프셋을 알아두는 것이 중요한데, 그 이유는 별도의 분석을 위해 DCO 섹터만 추출하고 싶을 때 유용하기 때문이다.

hdparm으로 DCO를 제거하는 것은 까다로운 일이 될 수 있다. 특정 드라이브가 제거 명령 실행 시 문제를 일으킨다면 hdparm(8) 매뉴얼 페이지를 참고하라.

tableau-parm 도구에는 드라이브로부터 (가능하면 HPA와) DCO를 제거할 수 있는 -r 플래그가 있다.

HPA의 제거

HPA는 고객이 정상적으로 접근할 수 없는 방식으로 데이터를 저장하기 위해 컴퓨터 시스템 제조사들에 의해 개발됐다. HPA의 예로는 진단 도구와 복구 파티션 등이 있다. 이런 특수 영역은 부팅 중 BIOS 핫키를 통해 작동된다.

단일 hdparm 명령으로 HPA의 존재 여부를 탐지할 수 있다.

```
# hdparm -N /dev/sdl

/dev/sdl:
 max sectors   = 879095852/976773168, HPA is enabled
```

HPA is enabled 문구로 HPA의 존재를 알 수 있다. max sectors는 현재 접근할 수 있는 섹터 수와 뒤이어 실제 섹터 수를 제공한다. 이 예시에서 두 섹터 개수의 차이를 계산하면 50GB이고, 이 부분이 호스트 보호 영역이다.

같은 명령으로 HPA를 임시로 제거할 수 있다(DCO 제거와 같이 경고 메시지가 출력되며, --yes-i-know-what-i-am-doing 플래그를 사용해야 한다).

```
# hdparm --yes-i-know-what-i-am-doing -N 976773168 /dev/sdl

/dev/sdl:
 setting max visible sectors to 976773168 (temporary)
 max sectors   = 976773168/976773168, HPA is disabled
```

이 명령의 효과는 임시적이다. 다음 번에 다시 드라이브의 전원을 인가할 때 원본 HPA가 다시 자리 잡게 된다. 영구적인 제거를 위해서는 p와 섹터 수를 합친 플래그를 다음과 같이 더 해야 한다.

```
# hdparm --yes-i-know-what-i-am-doing -N p976773168 /dev/sdl

/dev/sdl:
 setting max visible sectors to 976773168 (permanent)
 max sectors   = 976773168/976773168, HPA is disabled
```

이제 HPA가 제거돼 드라이브를 수집하거나 포렌식 도구들로 분석할 수 있다. 숨겨진 HPA 영역의 정확한 섹터 오프셋을 알아두는 것이 중요한데, 그 이유는 별도의 분석을 위해 HPA 섹터만 추출하려고 할 때 유용하기 때문이다.

hdparm으로 DCO를 제거하는 것은 까다로운 일이 될 수 있다. 특정 드라이브가 제거 명령 실행 시 문제를 일으킨다면 hdparm(8) 매뉴얼 페이지를 참고하라.

과거 Sleuth Kit 포렌식 도구 모음에는 HPA를 탐지하고 임시로 제거하기 위한 2개의 유틸리티가 있었다. disk_stat와 disk_sreset이 그 둘이다. hdparm과 같은 다른 도구가 같은 기능을 제공함에 따라 앞의 두 도구들은 2009년에 삭제됐다.

드라이브 서비스 영역 접근

하드 디스크 드라이브는 SMART 로그, ATA 비밀번호, 배드 섹터 목록, 펌웨어, 기타 지속 정보 등의 정보를 보관해야 한다. 일반적으로 이 정보는 디스크 플래터상에서 시스템 영역이라고 불리는 접근 불가능한 예약 섹터(서비스 영역, 네거티브 섹터, 유지보수 섹터로 불리기도 한다)들에 저장된다. 시스템 영역에 대한 접근은 독점적인 제조사 명령을 통해 이뤄지는데, 보통은 공개되지 않는다.

디스크 시스템 영역에 대해서는 일반적이고 체계적인 접근이라고 할 만한 것이 없다. 디스크 제조사들은 시스템 영역을 서로 다르게 구현하고, 산업 표준이 존재하지도 않으며 공개적으로 사용할 수 있는 도구는 몇 개 되지 않는다. 일부 특화된 상용 도구들이 존재하는데, Ace Laboratory의 PC-3000(http://www.acelaboratory.com/catalog/)이나 Atola Insight Forensic(http://www.atola.com/products/insight/supported-drives.html) 등이 여러 디스크의 서비스 영역에 접근할 수 있다.[26, 27]

어떤 경우에는 표준 SATA, USB나 SAS 인터페이스를 우회해 드라이브 기기에 내장된 디버그 및 진단 포트로 저장 매체에 접근할 수 있다. 이 인터페이스들은 직렬 RS-232/TTL, JTAG를 통해 칩에 접근하거나[28] 일반 드라이브 인터페이스에서 문서화되지 않은 제조사 전용 명령을 수행할 수도 있다. 이 방식의 매체 접근은 제조사별로 차이가 있으며, 심지어 같은 제조사의 다른 드라이브 간에도 차이가 있다.

설명을 위해 다음 예시는 Seagate Barracuda ST500DM002 드라이브의 직렬 인터페이스를 통해 정보를 읽는다. 이 드라이브는 SATA 데이터 플러그 옆에 직렬 포트가 있으며 USB 3V TTL 케이블로 접근할 수 있다. 이 예시에서는 리눅스 cu[connect UNIX]와 같은 표준 직렬 터미널

---

26 서비스 영역에 데이터를 은닉하는 가능성에 대한 연구는 Ariel Berkman, "Hiding Data in Hard-Drive's Service Areas," Recover Information Technologies LTD, February 14, 2013, http://www.recover.co.il/SA-cover/SA-cover.pdf를 참고하라.

27 Todd G. Shipley and Bryan Door, "Forensic Imaging of Hard Disk Drives: What We Thought We Knew," Forensic Focus, January 27, 2012, http://articles.forensicfocus.com/2012/01/27/ forensic-imaging-of-hard-disk-drives-what-we-thought-we-knew-2/

28 Joint Test Action Group(JTAG)은 전자 부품에 접근하기 위한 표준 디버그 인터페이스를 정의한다.

에뮬레이션 소프트웨어가 사용된다.

그림 5-1은 드라이브 뒷면의 핀 블록에 USB 케이블을 연결한 모습이다.

그림 5-1 직렬 포트로 디스크 펌웨어에 접근

NOTE 경고: 이 기법은 특화된 훈련이나 도구 없이 사용해서는 안 된다. 수리가 불가능한 수준까지 디스크를 물리적으로 파괴할 가능성이 있기 때문이다.

터미널을 연결하고 드라이브를 켜고 나면, 부트 메시지가 표시된다. Ctrl+Z를 누르면 드라이브를 진단 모드로 전환하고(유닉스 터미널이나 아날로그 모뎀과 유사하게), 드라이브 펌웨어에서 명령 프롬프트가 나타난다.

```
$ cu -s 38400 -l /dev/ttyUSB0
Connected.

Boot 0x10M
```

```
 Spin Up[0x00000000][0x0000B67C][0x0000BA10]
 Trans.

Rst 0x10M
 MC Internal LPC Process
 Spin Up
(P) SATA Reset

ASCII Diag mode

F3 T>
```

이 진단 인터페이스를 통해 디스크에 대한 세부 정보를 얻을 수 있다. 다음 예시에서는 2단계의 x 명령으로 내부 물리 드라이브의 구성과 사용자 및 시스템 영역의 파티션 정보를 얻는다.

```
F3 2>x

User Partition

 LBAs 000000000000-0000075D672E
 PBAs 000000000000-0000076F8EDD
 HdSkew 006E, CylSkew 002D
 ZonesPerHd 11

 Head 0, PhyCyls 000000-040001, LogCyls 000000-03F19C

    Physical        Logical        Sec    Sym     Sym       Data
 Zn Cylinders       Cylinders      Track  Wedge   Track     Rate
 00 000000-0003FB   000000-0003FB  010F   0D77    000F4D40  1263.750
 01 0003FC-005A41   0003FC-005A41  0130   0F1A    00112A40  1417.500
...

Head 1, PhyCyls 000000-039877, LogCyls 000000-038B61
```

```
        Physical            Logical           Sec     Sym     Sym        Data
   Zn Cylinders         Cylinders         Track   Wedge   Track      Rate
   00 000000-00035B     000000-00035B     0130    0F16    001124A0   1415.625
   01 00035C-004E72     00035C-004E72     0145    1025    00125E80   1516.875
...
System Partition

  LBAs 000000000000-0000000972CF
  PBAs 000000000000-00000009811F
  HdSkew 006E, CylSkew 0018
  ZonesPerHd 02

  Head 0, PhyCyls 040002-040155, LogCyls 000000-000152

        Physical            Logical           Sec     Sym     Sym        Data
   Zn Cylinders         Cylinders         Track   Wedge   Track      Rate
   00 040002-0400AB     000000-0000A9     0394    063D    00072AE0   592.500
   01 0400AC-040155     0000AA-000152     0394    063D    00072AE0   592.500

  Head 1, PhyCyls 039878-0399CB, LogCyls 000000-000152

        Physical            Logical           Sec     Sym     Sym        Data
   Zn Cylinders         Cylinders         Track   Wedge   Track      Rate
   00 039878-039921     000000-0000A9     0394    063D    00072AE0   592.500
   01 039922-0399CB     0000AA-000152     0394    063D    00072AE0   592.500
```

위와 같은 진단 인터페이스들은 다른 방법으로는 접근되지 않는 시스템 영역의 디스크 섹터나 다른 정보에 접근할 수 있다. 낮은 차원의 디스크 접근과 복구에 대해 논의하는 온라인 포럼들이 있는데, 예를 들면 HDDGURU(http://forum.hddguru.com/index.php)와 The HDD Oracle(http://www.hddoracle.com/index.php)이 있다.

SSD나 플래시 저장 매체의 기본 영역에 접근하는 방법 중에는 메모리 칩을 물리적으로 제거(디솔더링)하는, 일명 칩오프라고 불리는 방법도 있다. 이후 메모리 칩의 내용을 추출하고 읽을 수 있는 데이터 블록으로 복구할 수 있다.

(사물 인터넷, 모바일 기기 등) 어떤 장치들은 메모리 내용에 접근할 수 있는 JTAG 인터페이스를 갖고 있다. JTAG는 문서화가 잘 이뤄진 표준으로 포렌식에서의 데이터 추출에 적용될 수 있다(http://www.evidencemagazine.com/index.php?option=com_content&task=view&id=922 참고).

이 기법들을 자세히 다루는 것은 이 책의 범위를 벗어난다. JTAG 인터페이스와 직렬 인터페이스로 디스크에 접근하는 방법들을 언급한 것은 이러한 기법들이 포렌식 업계에 존재한다는 것을 깨닫게 하기 위해서였다.

ATA 비밀번호 보안과 자가암호화 드라이브

이 절은 디스크 제조사들이 구현한 표준 보안 기능들을 다룬다. 이 기능들에는 드라이브 잠금, 비밀번호 보호, 자가암호화 드라이브 및 기타 보안 메커니즘이 있다. 여기에서 다룬 기능 중 몇몇은 널리 사용되고 있지는 않지만, 전문적인 포렌식 랩 환경에서는 이 기능들도 이해하는 것이 중요하다.

여기에서 비밀번호 복구 기법들은 자세히 다루지 않는다. 이 절의 예시들은 비밀번호로 보호된 매체를 수집 호스트에 연결해 이미징을 준비하는 방법을 보인다. 비밀번호는 미리 알고 있는 상태라고 가정한다.

비밀번호를 획득하는 방법은 이 책의 범위를 벗어나지만, 보통 다음을 포함한다.

- 랜덤 대입, 올바른 비밀번호를 찾기까지 무차별로 여러 비밀번호를 시도하는 것
- 접근 가능한 위치에 저장된 또는 숨어 있는 비밀번호를 찾아내는 것
- 여러 계정이나 장치가 공유하는 비밀번호에 대한 지식, 한곳에서의 복구가 전체 장비에 대한 접근으로 이어질 수 있음
- 사법권에 의해 어떤 사람이 비밀번호를 제공해야 할 법적인 의무가 있을 수 있음

- 우호적이고 협조적인 소유자(아마도 피해자일 것이다)나 협력 중인 공모자가 비밀번호를 자발적으로 제공할 수 있음
- 기업 IT 환경에서는 키 에스크로나 백업이 있을 수 있음

ATA 비밀번호로 보호된 디스크의 식별과 잠금 해제

ATA/ATAPI 명령들(http://www.t13.org/)에는 비밀번호를 사용해 디스크 접근을 제한하는 보안 기능 모음이 지정돼 있다. 이 기능이 활성화되면 요구한 비밀번호가 제공되기 전까지는 펌웨어가 디스크 내용에 대한 접근을 포함한 특정 ATA 명령의 실행을 방지한다. 이것은 단지 접근 제어 기능에 불과하며, 디스크 데이터의 보호를 위해 암호화를 사용하지 않는다.

hdparm 도구로 디스크에 보안 기능 모음이 활성화됐는지 판별할 수 있다. 다음 예시를 살펴보자.

```
# hdparm -I /dev/sda
...
Commands/features:
       Enabled Supported:
...
       *       Security Mode feature set
...
Security:
       Master password revision code = 1
               supported
               enabled
               locked
       not     frozen
       not     expired: security count
               supported: enhanced erase
       Security level high
       60min for SECURITY ERASE UNIT. 60min for ENHANCED SECURITY ERASE UNIT.
...
```

Commands/features: 정보에 따르면 보안 모드 기능 모음^{Security Mode feature set}이 존재하고 활성화된 상태며, Security: 정보 역시 해당 기능이 지원되고 활성화된 상태임을 확인해준다.

Security: 목록에 enabled가 있을 경우, 사용자 비밀번호가 설정된 상태로 부팅 시 드라이브가 잠긴다. 위의 예시처럼 드라이브가 locked 상태인 경우, 올바른 비밀번호가 제공되기 전까지 디스크에 대한 접근이 제한된다. 디스크에 접근을 시도할 경우 운영 체제에서 장치 오류나 명령 실패 오류를 생성할 수 있다. T13 표준은 디스크가 잠겼을 때 가능한 명령들을 정의한다. 디스크가 잠긴 상태에서도 SMART 정보 질의 등 몇몇 명령에 대한 접근은 가능하다.

사용자와 마스터, 두 가지 비밀번호를 설정할 수 있다. 사용자 비밀번호가 설정된 경우, (이전 예시와 같이) 보안이 활성화된다. 마스터 비밀번호만 설정하는 것으로는 보안이 활성화되지 않는다.

만약 마스터 비밀번호를 설정한 적이 없다면(공장 초기 비밀번호가 설정돼 있을 수 있다), Master password revision code가 65534일 것이다. 처음으로 마스터 비밀번호를 설정하면 이 값이 1이 되며, 마스터 비밀번호가 재설정될 때마다 1씩 더해진다.

두 가지 보안 단계가 있어, 올바른 비밀번호를 입력했을 때의 동작을 조절한다. Security level은 T13 표준의 MASTER PASSWORD CAPABILITY 비트 값을 참조하며 "높음"이나 "최대"일 수 있다. 보안 단계가 "높음"으로 설정된 경우, 사용자와 마스터 비밀번호 둘 다 드라이브의 잠금을 해제할 수 있다. 보안 단계가 "최대"로 설정된 경우, 마스터 비밀번호로는 보안 삭제 명령을 실행할 수 있지만 드라이브 잠금 해제를 위해서는 반드시 사용자 비밀번호가 필요하다.

어떤 컴퓨터들은 (악의적인 비밀번호 설정 공격을 방지하기 위해) 올바른 비밀번호를 입력해도 일단 부팅 이후 추가 보안 명령이 실행되지 않도록 보안 동결 명령을 실행한다. hdparm 출력 중 Security 부분에서 드라이브가 동결 상태인지 식별할 수 있다. 많은 USB 브리지는 자동으로 연결된 디스크를 동결 해제된 상태로 가동하는데, 그래도 어려움이 있다면 다음 방법을 시도해볼 수 있다.

- BIOS 설정을 점검해 동결 명령을 활성화/비활성화
- 포렌식 부팅 CD를 이용해 동결 명령 실행을 방지
- 디스크를 (메인보드에 내장되지 않은) 별도의 컨트롤러 카드에 연결
- (지원되는 경우) 시스템에 디스크를 핫 플러깅
- 동결 명령을 보내지 않는 메인보드를 사용

만약 사용자 비밀번호를 알고 드라이브 보안이 동결된 상태가 아니라면, 다음과 같이 드라이브의 잠금을 해제할 수 있다.

```
# hdparm --security-unlock "mysecret99" /dev/sdb
security_password="mysecret99"

/dev/sdb:
 Issuing SECURITY_UNLOCK command, password="mysecret99", user=user
```

기본적으로 사용자 비밀번호는 hdparm을 사용해 입력하고, 마스터 비밀번호는 추가 명령 줄 매개변수를 통해 명시적으로 지정돼야 한다. 마스터 비밀번호를 알고 있고 보안 단계가 높음으로 설정돼 있다면, 마스터 비밀번호로 다음과 같이 드라이브의 잠금을 해제할 수 있다.

```
# hdparm --user-master m --security-unlock "companysecret22" /dev/sdb
security_password="companysecret22"

/dev/sdb:
 Issuing SECURITY_UNLOCK command, password="companysecret22", user=master
```

알고 있는 비밀번호가 없다면, 일반 도구로는 디스크에 접근할 수 없다. 비밀번호 정보는 디스크의 서비스/시스템 영역에 저장돼 있어 일반적으로 특수한 하드웨어나 도구 없이는 접근할 수 없다. 그러나 여기서는 몇 가지 추가 선택지들을 다룰 것이다.

마스터 비밀번호가 공장 초깃값으로 설정돼 있다면 (보안 단계가 최대가 아닌 높음으로 설정돼 있는 경우) 드라이브 접근에 이용할 수 있다. 인터넷에서 공장 초깃값 마스터 비밀번호들의 목록을 쉽게 찾을 수 있다.

비밀번호 입력이 다섯 번 실패하면 드라이브를 재가동해야 하기 때문에 마스터나 사용자 비밀번호를 알아내기 위해 무차별 대입을 하는 것은 비효율적이다. 하지만 가능성이 높은 소수의 비밀번호들을 알고 있다면, 여러 번을 시도해볼 만하며, 성공으로 이어질 수도 있다.

특화된 데이터 복구 기업들은 디스크의 서비스 영역에서 ATA 보안 기능 모음 비밀번호를 복구하거나 재설정하는 서비스 및 하드웨어 도구를 제공한다. 모든 디스크에 대해 성공을 보장하지는 못해도, 데이터 복구 기업들은 자사가 지원하는 디스크의 목록을 제공한다. 어떤 경우에는 관리 연속성이 전제되는 기업의 연구실로 디스크를 배송시켜야 할 수도 있다. 197쪽의 "드라이브 서비스 영역 접근"을 참고하라.

하드 디스크 제조사에서 ATA 비밀번호를 비활성화하거나 재설정하는 데 도움을 줄 수도 있다. 제조사의 협조, 디스크와 그 내용물에 대한 소유권의 증명 가능 여부, 요청 집단의 권위 그리고 데이터 복구의 동기에 의해 그 가능성이 좌우된다.

하드웨어와 펌웨어 해킹과 연구자들이 공개한 방법들이 있어 특정 하드 드라이브 모델에 대한 접근을 제공할 수도 있다. 보안 연구 커뮤니티는 접근이 어려운 곳에 있는 데이터에 접근하고 수정을 가할 수 있는 혁신적인 방법들을 정기적으로 모색하고 있다.

Opal 자가암호화 드라이브의 식별과 잠금 해제

자가암호화 드라이브(SED)는 풀−디스크 암호화(FDE)의 한 형태다(TrueCrypt, FileVault, LUKS 등) 운영 체제가 암호화를 관리하는 소프트웨어 기반 풀−디스크 암호화와 달리, 자가암호화 드라이브는 드라이브 전자 기기와 펌웨어에 직접 내장된 암호화 기능이 있다. 자가암호화 드라이브는 운영 체제와 무관하며, 제조사와 독립적인 표준에 기반을 두고 있다. 이 표준을 정의하는 국제 단체는 Trusted Computing Group(TCG; http://www.trustedcomputinggroup.

org/)이다. 표준명은 TCG Storage Security Subsystem Class: Opal, Specification Version 2.00이다.

이 절에서는 Opal 암호화 드라이브를 식별하고 드라이브의 잠금을 해제하기 위해 적절한 키를 사용하는 방법을 다룬다. 암호화 키의 복구는 이 책의 범위를 벗어난다. 여기의 예시들은 이미 키를 알고 있다고 가정한다. 드라이브를 물리적으로 조사하는 것만으로도 Opal 자가암호화 드라이브인지, 아닌지를 알 수 있다. 드라이브 라벨에 출력된 물리 보안 ID(PSID)의 존재를 그림 5-2에서 확인할 수 있다. 이 문자열은 새로운 키를 안전하게 생성하고 전체 데이터를 파괴하고 드라이브를 공장 초기화 상태로 되돌리는 Opal의 RevertSP 기능에 사용된다. PSID는 드라이브에서 질의되지 않으며, 물리적으로 읽거나 QR코드가 있는 경우 스캔을 통해서도 얻을 수 있다. PSID 문자열의 존재만으로 드라이브가 잠금됐고, 비밀번호가 설정됐는지는 알 수 없다. 다만 이 드라이브가 Opal 풀-디스크 암호화를 지원한다는 사실만 의미한다.

그림 5-2 Opal 자가암호화 드라이브(SED)의 물리 보안 ID(PSID)

풀-디스크 암호화는 닭이 먼저냐, 달걀이 먼저냐와 같은 문제가 있다. 부트 섹터를 포함한 전체 드라이브가 암호화된 상태라면, 시스템이 어떻게 마스터 부트 레코드(MBR)를 실행해 비밀번호나 다른 보안 계정 정보를 요구할 수 있을까? 그 해답으로 섀도 MBR을 구현해 디스크의 시스템 영역에 저장하는 방법이 있다(SMART 데이터, 배드 블록 등이 저장된 곳이다). Opal 디스크가 잠긴 상태에서 호스트는 섀도 MBR만 볼 수 있다. 섀도 MBR은 암호화되지 않은 섹터의 묶음으로 (용량이 클 수 있는데 예를 들면 150MB가 될 수도 있다) 정상 MBR과 같이 실행된다(호스트는 자신이 섀도 MBR을 이용하고 있는지 알 수 없다). 이 대체 부트 영역은 코드를 실행해 비밀번호를 요구하고, 신뢰된 플랫폼 모듈(TPM) 칩이나 스마트카드에 접근해 다른 계정 정보를 획득할 수 있다. 디스크 잠금이 해제된 후에는 원래 MBR이 접근 가능해지고,

정상적인 부팅 절차가 시작될 수 있다.

리눅스에는 Opal 자가암호화 드라이브의 암호화를 관리하기 위한 오픈 소스 명령 줄 도구가 있다. 원래 이름은 msed로, https://github.com/r0m30/msed/에서 찾을 수 있었지만, 최근에 sedutil-cli로 이름을 바꾸고 https://github.com/Drive-Trust- Alliance/sedutil/로 이동한 상태다. 이 도구는 아직 개발이 진행 중이며, 모든 드라이브에서 동작하지 않을 수 있다. 안내를 꼼꼼하게 따르고 `libata.allow_tpm`이 커널에서 활성화돼 있는지 점검하라.

다음 명령은 로컬 시스템을 스캔해 Opal 호환 자가암호화 드라이브를 찾는다. 연결된 드라이브 4개 중 하나의 디스크가 Opal 버전 2로 탐지됐다.

```
# sedutil-cli --scan

Scanning for Opal compliant disks
/dev/sda  2  Crucial_CT250MX200SSD1              MU01
/dev/sdb No  WDC WD20EZRX-00D8PB0                80.00A80
/dev/sdc No  INTEL SSDSA2CW300G3                 4PC10302
/dev/sdd No  Kingston SHPM2280P2H/240G           0C34L5TA
No more disks present ending scan
```

Opal 상태 정보를 알아내기 위해 드라이브에 질의할 수 있는데, 디스크가 암호화됐는지, 잠금 상태인지, 섀도 MBR이 있는지 등을 알 수 있다(이 예시에서는 세 가지 모두 나타난다).

```
# sedutil-cli --query /dev/sda

/dev/sda ATA Crucial_CT250MX200SSD1                  MU01    15030E69A241
...
Locking function (0x0002)
    Locked = Y, LockingEnabled = Y, LockingSupported = Y, MBRDone = N,
    MBREnabled = Y, MediaEncrypt = Y
...
```

두 가지 명령을 실행할 수 있다. 하나는 잠금 해제를 위한 명령, 다른 하나는 섀도 MBR이 필요 없음을 디스크에 알리기 위한 명령이다. 이 예시에서 비밀번호는 xxmonkey다.

```
# sedutil-cli --disableLockingRange 0 xxmonkey /dev/sda
- 16:33:34.480 INFO: LockingRange0 disabled
# sedutil-cli --setMBRDone on xxmonkey /dev/sda
- 16:33:54.341 INFO: MBRDone set on
```

이 시점에 커널 메시지(dmesg)를 확인하면 사용할 수 있는 장치에 변화가 있을 수 있다. 이 예시에서 상태를 보면 다음과 같이 나타난다.

```
# sedutil-cli --query /dev/sda

/dev/sda ATA Crucial_CT250MX200SSD1                MU01            15030E69A241
...
Locking function (0x0002)
    Locked = N, LockingEnabled = Y, LockingSupported = Y, MBRDone = Y,
    MBREnabled = Y, MediaEncrypt = Y
...
```

드라이브는 더 이상 잠금 상태가 아니며, 섀도 MBR이 더 이상 보이지 않는다. 원래 MBR과 복호화된 디스크의 나머지를 사용할 수 있으며, 일반적인 포렌식 도구들로 접근할 수 있다. 이제 다음 예시처럼 리눅스가 설치된 파티션 테이블에 접근할 수 있게 된다.

```
# mmls /dev/sda
DOS Partition Table
Offset Sector: 0
Units are in 512-byte sectors

    Slot    Start       End         Length      Description
00: Meta    0000000000  0000000000  0000000001  Primary Table (#0)
```

```
01: -----    0000000000    0000002047    0000002048    Unallocated
02: 00:00    0000002048    0471887871    0471885824    Linux (0x83)
03: -----    0471887872    0471889919    0000002048    Unallocated
04: Meta     0471889918    0488396799    0016506882    DOS Extended (0x05)
05: Meta     0471889918    0471889918    0000000001    Extended Table (#1)
06: 01:00    0471889920    0488396799    0016506880    Linux Swap / Solaris x86 (0x82)
07: -----    0488396800    0488397167    0000000368    Unallocated
```

섀도 MBR이 없는 잠긴 드라이브는 커널 dmesg 출력에서 여러 개의 오류 메시지를 출력할
것이다.

이 절에서 설명한 간단한 예시는 설명을 위해서만 제공한 것이다. 어떤 Opal 디스크들은
이 도구를 사용했을 때 다르게 동작할 수 있다. 실제 시나리오에서는 키가 단순한 비밀번호
대신 TPM이나 기업 보안 메커니즘과 연계돼 있을 수 있다. 만약 이 상황에서 잘못된 명령
을 입력하면 디스크의 데이터가 복구할 수 없도록 파괴될 수도 있다(키가 파괴되는 것은 한순간
이다).

포렌식 관점에서는 분석을 위해서 섀도 MBR도 이미징하는 것이 유용하다. 디스크 암호화가
설정된 시간에 흥미로운 아티팩트들이 있을 수 있기 때문이다. Opal 호환 드라이브의 섀도
MBR 영역에 데이터가 숨어 있는 경우도 생각해볼 수 있다.

암호화된 USB 드라이브

"보안" 장치로 판매되는 USB 드라이브에는 종종 제조사에서 제공하는 상용 소프트웨어 암
호화 솔루션이 동봉된다. 어떤 드라이브들은 키패드, 지문 인식기나 스마트 카드 인증을 이
용한 운영 체제 독립적 암호화를 제공한다(그림 5-3).

그림 5-3 암호화 USB 스틱

상용 솔루션들은 접근 관리를 위해 호환이 가능한 도구가 없을 수 있으므로 리눅스로 복호화된 데이터를 획득하는 일을 어렵게 한다. 보드 자체에 인증 메커니즘이 있는 장치들은 인증후에는 일반적인 USB 저장 장치로 나타난다.

보안 USB 드라이브들은 호스트에 연결될 때 각각 다르게 동작할 수 있다. 어떤 드라이브들은 호스트에 연결됐다는 표시를 전혀 드러내지 않고, 어떤 드라이브들은 (메모리 카드 리더와같이) 매체가 없는 이동식 매체 장치로 나타난다. 또한 어떤 드라이브들은 CD-ROM으로 나타나 그 안에 있는 드라이브를 관리하는 소프트웨어를 실행하거나 설치해 드라이브를 관리한다.

더 큰 하드웨어 암호화 외장 드라이브들도 있는데, 잠금을 해제하기 위해 PIN 번호를 요구할 수 있다. 그런 드라이브의 예시들은 7장에서 다룬다(329쪽의 그림 7-1 참고).

이동식 매체의 연결

이 절은 이동식 저장 매체를 사용하는 장치의 연결을 다룬다. 이동식 매체의 흔한 예로는 광학 디스크, 메모리 카드와 자기테이프가 있다. 어떤 의미에서는 수집 호스트에 이동식 저장 매체를 연결하는 일이 두 번 발생한다. 처음으로는 장치의 전자 기기들이 연결되고, 추가 단계로 이동식 매체가 삽입된다. 광학 매체 드라이브에 대한 논의부터 시작하자.

광학 매체 드라이브

광학 드라이브들은 통상 SATA를 통해 내부적으로 연결되거나 USB를 통해 외부적으로 연결된다. 리눅스 장치 트리에는 드라이브들이 나타나지만 매체가 없는 상태다. 빈 드라이브를 대상으로 포렌식 명령을 수행하면 다음과 같이 뻔한 결과가 발생한다.

```
# mmls /dev/cdrom
Error opening image file (raw_open: file "/dev/cdrom" - No medium found)
```

연결된 드라이브와 삽입된 디스크에 대한 정보를 얻기 위한 2개의 유용한 명령이 있다. cd-drive 명령은 연결된 (내부 또는 외부) 광학 드라이브에 대한 상세 정보를 제공하는데, 여기에는 다양한 기능, 지원하는 매체 등이 포함된다.

```
# cd-drive
cd-drive version 0.83 x86_64-pc-linux-gnu
...
CD-ROM drive supports MMC 3

                    Drive: /dev/cdrom
Vendor              : ASUS
Model               : BW-16D1HT
Revision            : 1.01
Profile List Feature
        Blu Ray BD-RE
        Blu Ray BD-R random recording
        Blu Ray BD-R sequential recording
        Blu Ray BD-ROM
```

        DVD+R Double Layer - DVD Recordable Double Layer

        DVD+R - DVD Recordable

        DVD+RW - DVD Rewritable

        DVD-R - Double-layer Jump Recording

        DVD-R - Double-Layer Sequential Recording

        Re-recordable DVD using Sequential Recording

        Re-recordable DVD using Restricted Overwrite

        Re-writable DVD

        Re-recordable DVD using Sequential recording

        Read only DVD

        CD-RW Re-writable Compact Disc capable

        Write once Compact Disc capable

        Read only Compact Disc capable
...
Removable Medium Feature

        Tray type loading mechanism

        can eject the medium or magazine via the normal START/STOP command

        can be locked into the Logical Unit
...

디스크를 드라이브에 삽입하고 나면 cd-info 명령으로 매체에 대한 정보를 얻을 수 있다. 실행 결과는 모드, 포맷, 퍼블리셔 정보를 포함한다.

---

cd-info

cd-info version 0.83 x86_64-pc-linux-gnu

Disc mode is listed as: CD-DA

CD-ROM Track List (1 - 1)

  #: MSF   LSN   Type   Green? Copy? Channels Premphasis?

  1: 00:02:00 000000 data   false no

170: 39:42:20 178520 leadout (400 MB raw, 400 MB formatted)

Media Catalog Number (MCN): 0000000000000

TRACK 1 ISRC: 000000000000

Last CD Session LSN: 0

audio status: invalid

```
----------------------------------
CD Analysis Report
CD-ROM with ISO 9660 filesystem
ISO 9660: 154301 blocks, label 'SOLARIS_2_5_1_SPARC'
Application: NOT SPECIFIED
Preparer   : SOLARIS_PRODUCT_ENGINEERING
Publisher  : SUNSOFT_INC
System     : SUNSOFT_INC
Volume     : SOLARIS_2_5_1_SPARC
Volume Set : SOLARIS_2_5_1_SERIES
```

eject 셸 명령으로 광학 매체를 꺼낼 수 있다.

광학 드라이브에 쓰기 방지 장치를 사용할 필요는 없다. 디스크의 파일에 접근하는 것만으로는 어떠한 타임스탬프도 갱신되지 않는다. 광학 디스크를 수정하는 것은 명시적인 굽기[burn] 명령이 필요하므로 실수로 수정하는 위험을 줄일 수 있다.

자기테이프 드라이브

lshw 도구와 tape 클래스를 이용하면 연결된 테이프 드라이브의 목록을 식별할 수 있다. 출력 결과는 드라이브 제조사, 시리얼 번호와 장치 정보 등을 제공한다.

이 예시에서는 2개의 테이프 드라이브가 발견된다(LTO와 DAT).

```
# lshw -class tape
  *-tape
      description: SCSI Tape
      product: LTO-5 HH
      vendor: TANDBERG
      physical id: 0.0.0
      bus info: scsi@13:0.0.0
      logical name: /dev/nst0
```

```
        version: Y629
        serial: HU1246T99F
        capabilities: removable
        configuration: ansiversion=6
   *-tape
        description: SCSI Tape
        product: DAT160
        vendor: HP
        physical id: 0.0.0
        bus info: scsi@15:0.0.0
        logical name: /dev/nst1
        version: WU8A
        serial: HU10123NFH
        capabilities: removable
        configuration: ansiversion=3
```

자기테이프는 보통 SCSI 장치에 표준 SCSI 명령으로 질의할 수 있다. mt는 테이프를 제어하기 위한 표준 도구로 드라이브 상태의 정보를 제공하고, 테이프 위치를 조절하며, 매체를 꺼낼 수 있다. mt가 테이프에 대한 기본적인 정보를 제공하지만, tapeinfo 도구가 더 포괄적이다. 이 예시에서는 테이프가 담긴 LTO 테이프 드라이브의 상태를 mt와 tapeinfo 도구로 질의한다.

```
# mt -f /dev/nst0 status
SCSI 2 tape drive:
File number=1, block number=0, partition=0.
Tape block size 0 bytes. Density code 0x58 (no translation).
Soft error count since last status=0
General status bits on (81010000):
 EOF ONLINE IM_REP_EN

# tapeinfo -f /dev/nst0
Product Type: Tape Drive
Vendor ID: 'TANDBERG'
```

```
Product ID: 'LTO-5 HH'
Revision: 'Y629'
Attached Changer API: No
SerialNumber: 'HU1246T99F'
MinBlock: 1
MaxBlock: 16777215
SCSI ID: 0
SCSI LUN: 0
Ready: yes
BufferedMode: yes
Medium Type: Not Loaded
Density Code: 0x58
BlockSize: 0
DataCompEnabled: yes
DataCompCapable: yes
DataDeCompEnabled: yes
CompType: 0x1
DeCompType: 0x1
Block Position: 166723430
Partition 0 Remaining Kbytes: 1459056
Partition 0 Size in Kbytes: 1459056
ActivePartition: 0
EarlyWarningSize: 0
NumPartitions: 0
MaxPartitions: 1
```

테이프 헤드는 테이프의 두 번째 파일에 위치한 상태다(파일 1은 파일 0 다음 파일이다). 테이프로부터 포렌식적으로 개별 파일을 수집할 때는 블록 오프셋과 파일 오프셋이 유용하다. mt를 이용하면 테이프를 되감고 오프라인 상태로 만들 수 있다(테이프를 꺼낼 수 있다).

```
# mt -f /dev/nst0 status
```

테이프 장치가 리눅스 시스템에 연결되면 관련된 몇 가지 장치가 생성된다.

```
# ls -1 /dev/*st0*
/dev/nst0
/dev/nst0a
/dev/nst0l
/dev/nst0m
/dev/st0
/dev/st0a
/dev/st0l
/dev/st0m
```

st* 장치들은 각 명령이 실행될 때마다 테이프를 자동으로 되감고(이렇게 동작하길 원하지 않을 때도 있다), nst* 장치들은 테이프를 되감지 않는다. a, l, m은 같은 장치지만 (블록 크기나 압축 등) 서로 다른 특징을 나타낸다. 포렌식 수집을 수행할 때는 (추가 a, l, m 문자가 없는) nst* 장치를 사용해야 한다.

메모리 카드

메모리 카드는 일반적으로 다양한 종류의 메모리 카드용 슬롯이 있는 USB 어댑터를 통해 호스트에 연결된다. 어댑터가 연결되면 각 슬롯마다(슬롯이 비었더라도) 이동식 SCSI 장치를 생성한다. 이는 다음 dmesg 출력에서 관찰할 수 있다.

```
[ 2175.331711] usb 1-7: new high-speed USB device number 10 using xhci_hcd
[ 2175.461244] usb 1-7: New USB device found, idVendor=058f, idProduct=6362
[ 2175.461249] usb 1-7: New USB device strings: Mfr=1, Product=2, SerialNumber=3
[ 2175.461252] usb 1-7: Manufacturer: Generic
[ 2175.461938] usb-storage 1-7:1.0: USB Mass Storage device detected
[ 2175.462143] scsi host15: usb-storage 1-7:1.0
[ 2176.458662] scsi 15:0:0:0: Direct-Access     Generic  USB SD Reader    1.00
    PQ: 0 ANSI: 0
[ 2176.459179] scsi 15:0:0:1: Direct-Access     Generic  USB CF Reader    1.01
    PQ: 0 ANSI: 0
[ 2176.459646] scsi 15:0:0:2: Direct-Access     Generic  USB SM Reader    1.02
```

```
    PQ: 0 ANSI: 0
[ 2176.460089] scsi 15:0:0:3: Direct-Access     Generic  USB MS Reader    1.03
    PQ: 0 ANSI: 0
[ 2176.460431] sd 15:0:0:0: Attached scsi generic sg11 type 0
[ 2176.460641] sd 15:0:0:1: Attached scsi generic sg12 type 0
[ 2176.460863] sd 15:0:0:2: Attached scsi generic sg13 type 0
[ 2176.461150] sd 15:0:0:3: Attached scsi generic sg14 type 0
[ 2176.463711] sd 15:0:0:0: [sdj] Attached SCSI removable disk
[ 2176.464510] sd 15:0:0:1: [sdk] Attached SCSI removable disk
[ 2176.464944] sd 15:0:0:2: [sdl] Attached SCSI removable disk
[ 2176.465339] sd 15:0:0:3: [sdm] Attached SCSI removable disk
```

슬롯에 매체를 삽입하면 이 매체는 섹터들의 선형 배열로 이뤄진 USB 대용량 저장 장치로 접근할 수 있게 되며, 포렌식 수집을 할 수 있게 된다. 이전 예시에서 계속해보면, 카드 리더에 메모리 카드가 삽입돼 이제 블록 장치로 나타난다.

```
[ 2310.750147] sd 15:0:0:0: [sdj] 7959552 512-byte logical blocks:(4.07 GB/3.79 GiB)
[ 2310.753162] sdj: sdj1
```

hdparm과 smartctl 등 하드웨어에 질의하는 도구들의 결과는 신뢰도가 떨어지는데, 전용 드라이브 전자 회로가 있는 복잡한 드라이브들이 갖고 있는 ATA 기능이 메모리 카드에는 없기 때문이다.

기타 저장 장치의 연결

가끔씩 저장 매체가 포렌식 수집 호스트에 연결된 후에는 고유한 방식으로 동작할 때가 있다. 구체적으로는 휴대용 장치, 애플 컴퓨터 시스템과 NVME 드라이브에 대해 알아두는 것이 유용하다.

애플 타깃 디스크 모드

OpenBoot 또는 그 이후의 펌웨어가 갖춰진 애플 컴퓨터가 부팅될 때 TDM을 이용하면 맥 시스템이 외부 디스크로 보이고 내장 디스크들이 SCSI 타깃 장치에 접근하게 할 수 있다. 초기 TDM 구현은 파이어와이어 버스를 사용했지만, 이후 썬더볼트로 옮겨갔다. 애플 컴퓨터의 전원을 켤 때 T를 누르고 있음으로써 이 모드를 활성화할 수 있다.

썬더볼트 어댑터가 없는 리눅스 머신은 대신 파이어와이어와 어댑터를 통해 같은 결과를 얻을 수 있다. 그림 5-4는 썬더볼트-파이어와이어 어댑터다.

그림 5-4 썬더볼트-파이어와이어 어댑터

썬더볼트-파이어와이어 어댑터를 미리 삽입하고 (T를 누른 상태에서) 애플 장치를 켜야 한다. 그렇지 않으면 애플 펌웨어가 대상 장치를 위해 파이어와이어 어댑터를 사용하지 않을 것이다.

다음 예시는 TDM으로 애플 노트북이 썬더볼트-파이어와이어 어댑터를 사용한 리눅스 머신에 연결된 상태의 dmesg 출력 결과다(애플 기기 쪽에 썬더볼트를 연결하고, 리눅스 머신에 파이어와이어를 연결했다).

```
[ 542.964313] scsi host10: SBP-2 IEEE-1394
```

218

```
[ 542.964404] firewire_core 0000:0e:00.0: created device fw1: GUID
   000a27020064d0ef, S800
[ 543.163093] firewire_sbp2 fw1.0: logged in to LUN 0000 (0 retries)
[ 543.163779] scsi 10:0:0:0: Direct-Access-RBC AAPL     FireWire Target  0000
    PQ: 0 ANSI: 3
[ 543.164226] sd 10:0:0:0: Attached scsi generic sg10 type 14
[ 543.165006] sd 10:0:0:0: [sdj] 236978176 512-byte logical blocks:
    (121 GB/113 GiB)
[ 543.165267] sd 10:0:0:0: [sdj] Write Protect is off
[ 543.165271] sd 10:0:0:0: [sdj] Mode Sense: 10 00 00 00
[ 543.165759] sd 10:0:0:0: [sdj] Write cache: enabled, read cache: enabled,
    doesn't support DPO or FUA
[ 543.171533] sdj: sdj1 sdj2 sdj3
[ 543.173479] sd 10:0:0:0: [sdj] Attached SCSI disk
```

썬더볼트 포트가 있는 컴퓨터 기반 리눅스 시스템은 일반적이지 않으며, 리눅스 커널 지원은 여전히 개발 중이다. 그 대안으로 최신 애플 컴퓨터들은 포렌식 부트 CD/USB 장치로 부팅해 로컬로 연결된 증거 드라이브에서 수집을 진행할 수 있다.

NVME SSD 드라이브

NVME 드라이브는 PCI Express 버스에 직접 연결된다는 점에서 SATA Express와 경쟁한다. 이 글을 쓰는 시점에 NVME 드라이브를 위한 하드웨어 쓰기 방지 장치는 굉장히 새로운 장치다. 핫-플러그가 가능하고 NVME와 SATA Express 드라이브를 위한 Tableau의 USB 브리지가 있다. 설명을 위해 여기의 예시들은 리눅스 시스템에 직접 연결된 NVME 장치를 사용한다.

nvme-cli 소프트웨어 패키지의 nvme 도구로 연결된 NVME 장치들의 목록을 출력할 수 있다.

```
# nvme list
```

```
Node              Model                Version  Namespace  Usage                   ...
----------------  -------------------  -------  ---------  ----------------------  ----------
/dev/nvme0n1      INTEL SSDPE2MW400G4  1.0      1          400.09 GB / 400.09 GB ...
/dev/nvme1n1      Samsung SSD 950 PRO  1.1      1            3.01 GB / 256.06 GB ...
...
```

nvme 도구로 각 NVME 드라이브에 여러 개의 네임스페이스가 있는지 점검해야 한다. 이 예시에서는 하나의 네임스페이스만 존재한다.

```
# nvme list-ns /dev/nvme1
[  0]:0x1
```

여러 개의 네임스페이스는 개별적으로 수집돼야 한다. 다른 드라이브들에서 단일 드라이브가 섹터의 선형 집합으로 나타나 한 번에 수집할 수 있는 것과 달리 NVME에는 근본적인 차이가 있다. 여러 개의 네임스페이스가 있는 NVME 드라이브는 특별한 취급이 필요하다.[29]

NVME 표준이 SCSI나 ATA 표준(및 AHCI 등)과의 호환성을 고려하지 않고 처음부터 만들어졌다는 점을 알아야 한다. 이 이유로 어떤 도구들은 NVME 하드웨어에서는 기대한 대로 동작하지 않을 수 있다. SATA나 SAS 등 낮은 차원의 장치 드라이버를 직접 이용하는 포렌식 도구들은 NVME에서 동작하지 않을 것이다. 그러나 포렌식 도구들이 가상 블록 계층에서 동작한다면, 정상적으로 실행될 것이다. 추가로 PCI 포렌식 쓰기 방지 장치가 브리지로 동작해 장치를 SCSI 장치처럼 보이게 할 수 있다. 예를 들어, 여기서는 Sleuth Kit mmls 도구를 수집 호스트에 연결된 NVME 드라이브 대상으로 사용한다.

```
# mmls /dev/nvme1n1
DOS Partition Table
Offset Sector: 0
```

---

29 이 글을 쓰는 시점에, 여러 개의 네임스페이스를 지원하는 NVME 드라이브를 구할 수 없어 테스트하지 못했다. 이는 표준과 문서들을 읽은 끝에 내린 결론이다.

```
Units are in 512-byte sectors

     Slot     Start        End          Length       Description
00:  Meta     0000000000   0000000000   0000000001   Primary Table (#0)
01:  -----    0000000000   0000002047   0000002048   Unallocated
02:  00:00    0000002048   0167774207   0167772160   Linux (0x83)
03:  00:01    0167774208   0335546367   0167772160   Linux (0x83)
04:  00:02    0335546368   0500118191   0164571824   Linux (0x83)
```

장치가 nvme1이 아니라 nvme1n1임에 주목하라. NVME 드라이브에 명령을 내릴 때는 드라이브의 네임스페이스가 명시돼야 한다.

다른 드라이브처럼 NVME 드라이브 역시 SMART 로그가 있지만, (이 글을 쓰는 시점에) smartctl의 현재 버전으로는 접근할 수가 없다. 그러나 다음과 같이 nvme 도구로 SMART 로그를 추출할 수 있다.

```
# nvme smart-log /dev/nvme1
Smart Log for NVME device:/dev/nvme1 namespace-id:ffffffff
critical_warning          : 0
temperature               : 46 C
available_spare           : 100%
available_spare_threshold : 10%
percentage_used           : 0%
data_units_read           : 2,616
data_units_written        : 5,874
host_read_commands        : 19,206
host_write_commands       : 56,145
controller_busy_time      : 0
power_cycles              : 34
power_on_hours            : 52
unsafe_shutdowns          : 17
media_errors              : 0
num_err_log_entries       : 7
```

nvme 도구는 연결된 NVME 드라이브에 질의하기 위한 여러 기능이 있다. 더 많은 정보를 위해서는 nvme(1) 매뉴얼 페이지나 https://github.com/linux-nvme/를 참고하라.

이 글을 쓰는 시점에 NVME 드라이브는 부상 중인 기술이다. 성능이나 효율 측면에서 다양한 이득이 있기 때문에 미래에는 더 인기를 구가할 수도 있다.

블록 및 문자 접근을 지원하는 기타 장치

리눅스 커널이 블록 장치로 탐지하는 장치라면 어떤 장치라도 이미징할 수 있다. 어떤 장치들은 호스트 시스템에 연결되는 즉시 블록 장치로 나타날 수 있다. 예를 들어, 다수의 일반 MP3/뮤직 플레이어들, 카메라와 모바일 장치들이 이렇게 동작한다. 어떤 장치들은 블록 장치로 접근하기 위해 별도의 "디스크" 모드로 변환해야 한다. 보통은 장치의 사용자 인터페이스에서 이 모드를 선택할 수 있다. 어떤 USB 장치들은 다양한 기능이 있어 저장 외에도 다른 USB 모드를 지원한다. 이런 장치를 수집할 때는 미리 USB 저장 장치 모드로 전환해야 할 수 있다. 리눅스 도구인 usb_modeswitch는 다기능 USB 장치들과 지원되는 모드를 질의할 수 있다.

마무리하며

5장에서는 조사 대상 드라이브를 수집 머신에 연결하고 이미징을 위해 장치를 식별하는 법을 배웠다(USB, PCI, 블록 장치 등). 다양한 컴퓨터 하드웨어의 특징들과 수집 시스템에 질의하는 방법 그리고 펌웨어와 SMART 정보를 얻기 위해 드라이브에 질의하는 방법을 배웠다. HPA와 DCO뿐 아니라 몇몇 드라이브 하드웨어에 내장된 다양한 보안 장치들을 제거하는 법을 보였다. 이제 포렌식 수집을 수행할 수 있는 사전 지식이 갖춰졌고, 이 내용은 6장에서 집중적으로 다룬다.

CHAPTER **6**

포렌식 이미지 수집

 6장에서는 포렌식적으로 온전한 이미지 수집에 주안점을 두고 저장 매체의 포렌식 이미징에 대해 설명한다. 포렌식적으로 온전한 이미지 수집이란, 특정 저장 매체에서 추출되는 데이터양을 최대화하면서 저장 장치와 매체에는 최소한의 영향만을 미치고, 수집된 증거를 보존하며, (오류를 포함한) 진행 과정을 문서화하는 것을 의미한다.

6장은 몇몇 도구와 접근 방법 그리고 각각의 장단점을 기술한다. 이로써 특정 상황에서 어떤 도구가 가장 적절한지 합리적인 결정을 내리고, dd, dcfldd, dc3dd, ewfacquire와 ftkimager-cli 같은 무료 및 오픈 소스 도구들의 사용법을 익힐 수 있다. 여기에 추가로, 기존의 수집 도구들을 이용해 SquashFS 포렌식 증거 보관소를 생성하는 스크립트인 sfsimage 도구에 대해 설명한다.

디스크 이미징에 어느 도구를 사용할지 어떻게 정할 수 있을까? 어느 정도까지는 개인의 선호 문제다. 과거 경험에 기반해 특정 도구를 신뢰하거나(과거 경험 때문에 특정 도구를 신뢰하지 않을 수도 있다) 어떤 도구를 다른 도구보다 더 잘 알고 있을 수도 있다. 각각의 도구들은 자신만의 강점과 고유한 기능들을 갖고 있다. EnCase나 FTK를 자주 사용하는 포렌식 랩들은 호환성과 내부 정책 때문에 ewfacquire나 ftkimager-cli를 선택하는 경우가 있다.

Dcfldd와 dc3dd는 성숙하고 잘 테스트된 소프트웨어를 기반으로 하며, 광범위한 해싱과 로깅을 포함해 포렌식적으로 원시 이미지를 수집하기 위해 설계됐다. 대상 디스크에 배드 블록이 많은 경우, GNU ddrescue가 좋은 선택지가 될 수 있다. 수집 도중 통합 해싱, 압축, 암호화 기능을 원한다면 dd_rescue의 최근 버전이 흥미로운 대안이 될 수 있다. 궁극적으로 어느 도구를 사용할지는 포렌식 랩의 기관 정책, 검사 유형, 개인 선호도와 기타 여러 가지 환경이 좌우한다. 이 책에서 특정 도구를 추천하지는 않는다.

6장의 모든 예시는 다음 가정들을 따른다.

- 대상 저장 장치는 포렌식 조사관의 수집 워크스테이션과 물리적으로 연결됨
- 대상 저장 장치의 정보를 확인함
- 대상 저장 장치의 변조를 방지하기 위해 적절한 쓰기 방지 조치를 취함
- 디스크 공간이 문제가 되지 않도록 디스크 용량 계획을 수립함

dd 도구를 이용한 이미지 수집

dd 기반의 도구로 수집한 이미지들은 Encase EWF나 FTK SMART 등의 포렌식 포맷과는 달리 정형화돼 있지 않다. dd 기반의 도구가 생성한 이미지들은 헤더, 푸터, 내부 지표나 사건 사고에 대한 기술적인 메타데이터를 갖고 있지 않다. dd 이미지들은 데이터 묶음에 대한 원시 미러 이미지로, 이 경우에는 분석 대상 디스크나 대용량 저장 장치의 미러 이미지일 뿐이다.

NOTE 주의: dd 도구들은 당신이 실수를 저지를 경우 재확인 없이 보호되지 않은 디스크를 덮어쓰고 복구가 불가능하게 만들 수 있다.

증거나 조사관의 워크스테이션을 훼손하는 위험을 경감하기 위해서는 항상 다음 내용을 이중으로 확인해야 한다.

- 쓰기 방지 장치가 증거/대상 드라이브를 보호하고 있음
- 입력 장치의 시리얼 번호(if=)가 물리적인 대상 디스크 레이블의 시리얼 번호와 일치함
- 출력 파일(of=)이 조사관 시스템의 내부에 있는 일반 파일이거나 표준 입력(stdin)으로 들어올 입력을 처리할 수 있는 프로그램임

표준 유닉스 dd와 GNU dd

dd의 명령 문법은 간단히 입력 파일과 출력 파일을 지정하면 되고, 다른 동작을 위해서는 별도의 옵션이 추가될 수도 있다. 다음 예제는 dd를 이용해 디스크 블록 장치를 파일로 복사하는 명령이다.

```
# dd if=/dev/sde of=image.raw
15466496+0 records in
15466496+0 records out
7918845952 bytes (7.9 GB) copied, 130.952 s, 60.5 MB/s
```

여기서 if=는 입력 파일을 지정하는데, 이 경우에는 수집 시스템에 연결된 원시 디스크 장치다. of= 매개변수는 출력 파일로, 디스크 장치에서 복사된 원시 데이터를 담고 있다. 실행이 완료되면 dd는 몇 바이트가 전송됐는지를 기록한다. 전송된 바이트 수를 섹터 크기로 나눈 결과는 저장 장치를 연결했을 때 확인됐던 섹터 수와 정확히 일치해야 한다.

dd를 이용해 포렌식적으로 디스크를 이미징할 때 문제가 발생할 수도 있다. 수집 도중 읽기 오류가 발생할 경우, dd는 "Input/output error."를 출력하고 중단된다. 이 문제는 conv=noerror 옵션을 추가해 dd가 읽기에 실패한 블록을 건너뛰게 함으로써 해결할 수

있다. 그러나 읽을 수 없는 블록을 건너뛰는 것은 나머지 뒷부분의 파일 시스템 블록에 해당하는 섹터 오프셋을 변경시키기에 디스크상의 파일 시스템 뒷부분이 손상된 것으로 표시되는 문제가 있다. 설명을 위해 책의 페이지들을 떠올려보자. 책의 99쪽이 찢겨 나갔다고 가정해보자. 목차 중 200쪽에서 시작하는 장이 있을 경우에는 문제 없이 이 장을 찾아갈 수 있다. 그러나 디스크 이미지에서 섹터 99번이 (읽기 오류로) 찢겨 나간 경우는 다르다. 나머지 섹터들의 번호는 다시 매겨지고, 파일 시스템의 "목차"는 99번 섹터 이후로는 잘못된 블록들을 가리키고 있을 것이다.

sync 매개변수는 문제 해결을 위해 읽기에 실패한 블록을 0으로 채우는데, 본질적으로는 0으로 만들어진 "가짜" 섹터 또는 블록을 대신 삽입한다. 이렇게 함으로써 디스크 이미지의 나머지 부분들도 파일 시스템에서 예상하는 올바른 섹터 번호(오프셋)를 갖게 된다.

앞선 예시를 이용하되, 이번에는 읽기에 실패에 대한 보호 대책(읽기를 건너뛰고 대신 0을 삽입하는 것)을 적용한 결과는 다음과 같다.

```
# dd if=/dev/sde of=image.raw conv=noerror,sync
15466496+0 records in
15466496+0 records out
7918845952 bytes (7.9 GB) copied, 136.702 s, 57.9 MB/s
```

출력 파일에 패딩을 삽입하는 것은 이미지를 변조하고 새로운 데이터(0)를 추가하는 것이기 때문에 포렌식 수집에 영향을 미친다. 디스크의 암호 체크섬은 디스크의 원본 데이터와 일치하지 않을 것이다(특히 디스크의 읽기 불가능한 영역이 새로 생기거나 변경된 경우에 발생한다). 이 문제는 해시 윈도우를 로깅해 해결할 수 있다. 이 내용은 239쪽의 "해시 윈도우"에서 설명한다.

dd의 또 다른 문제는 전송 블록 크기가 물리적인 매체 섹터 크기보다 클 수 있다는 점이다. 이 문제는 읽기 오류가 발생할 때 부각되는데, 읽기에 실패한 물리 섹터만이 아니라 섹터보다 더 큰 전송 블록의 나머지 부분까지 전부 0으로 패딩되기 때문이다. 이렇게 되면 정상적으로 읽을 수 있는 섹터들이 포렌식 이미지에서 제외될 수도 있다. 또한 섹터 크기보다 큰 블록 크기는 포렌식 이미지의 끝부분에 추가 패딩 섹터들을 삽입하게 만들 수 있다(이미지 크기가 블록 크기로 나누어떨어지지 않는 이상 그렇게 된다). 블록 크기를 키움으로써 얻을 수 있는 성능상의 이득을 패딩이 많은 블록에서 발생할 수 있는 증거 손실의 위험과 항상 비교해야 한다.

전통적인 dd에는 일반적인 포렌식 수집 도구에 기대되는 해싱, 파일로의 로깅 등의 기능들이 존재하지 않는다. 원시 이미지가 원본 수집 대상 디스크에 대한 메타데이터를 전혀 포함하고 있지 않기 때문에 디스크에 대한 어떠한 정보라도 별도로 문서화해야 한다(또는 일부 정보를 파일명에 녹여내야 한다).

dcfldd와 dc3dd

dcfldd와 dc3dd는 dd에서 파생된 두 가지 도구로, 포렌식 상황에서의 사용을 위해 독립적으로 개발됐다.

GNU dd로부터 파생된 만큼, 두 도구의 명령 문법 체계는 유사하다. 두 도구 모두 포렌식 포맷(FTK, EnCase, AFF)으로 출력하는 기능이지만 압축, 이미지 암호화 등은 제공하지 않는다. 그러나 이러한 기능들은 파이프 처리를 통해 구현할 수 있는데, 뒤따르는 절들에서 살펴볼 수 있다.

다음 예시는 dcfldd를 이용해 디스크를 이미징하고, 읽기가 불가능한 섹터들이 나타날 경우 프로그램을 종료하는 대신, 패딩을 추가하도록 설정한다.

```
# dcfldd if=/dev/sde of=image.raw conv=noerror,syncerrlog=error.log
241664 blocks (7552Mb) written.
241664+0 records in
241664+0 records out
```

오류는 별도의 오류 로그 파일에 기록된다. dcfldd 도구는 conv=noerror,sync를 기본 옵션으로 사용하지 않기 때문에 직접 추가해야 한다.

다음 예시는 dc3dd를 사용해 유사한 명령을 내리는 방법이다. 기본적으로 dc3dd는 수집 도중 발생하는 오류들을 잘 처리한다. conv=noerror,sync 기능이 기본으로 설정돼 있어서 플래그로 지정해줄 필요가 없다. 출력 내용은 문서화가 잘된 상태로 표준 출력(stdout)과 파일로 동시에 기록된다. 다음은 간단한 수집 예시다.

```
# dc3dd if=/dev/sde of=image.raw log=error.log
dc3dd 7.2.641 started at 2016-05-07 14:37:10 +0200
compiled options:
command line: dc3dd if=/dev/sde of=image.raw log=error.log
device size: 15466496 sectors (probed), 7,918,845,952 bytes
sector size: 512 bytes (probed)
  7918845952 bytes ( 7.4 G ) copied ( 100% ), 80 s, 95 M/s

input results for device `/dev/sde':
   15466496 sectors in
   0 bad sectors replaced by zeros
output results for file `image.raw':
   15466496 sectors out
dc3dd completed at 2016-05-07 14:38:30 +0200
```

sfsimage 스크립트를 이용해 dcfldd나 dc3dd의 이미징 결과를 SquashFS 포렌식 보관소로 만들 수 있다. 다음 예시에서는 4K 기본(기본 섹터 크기가 4096바이트인) 드라이브를 sfsimage로 이미징한다.

```
# sfsimage -i /dev/sdd 4Knative.sfs
Started: 2016-05-07T17:16:54
Sfsimage version: Sfsimage Version 0.8
Sfsimage command: /usr/bin/sfsimage -i /dev/sdd
Current working directory: /exam
```

```
Forensic evidence source: if=/dev/sdd
Destination squashfs container: 4Knative.sfs
Image filename inside container: image.raw
Aquisition command: sudo dc3dd if=/dev/sdd log=errorlog.txt hlog=hashlog.txt
    hash=md5 2>/dev/null | pv -s 3000592982016
2.73TiB 5:29:31 [144MiB/s] [=======================================>] 100%
Completed: 2016-05-07T22:47:4
# cat /sys/block/sdd/queue/logical_block_size
4096
# cat /sys/block/sdd/queue/physical_block_size
4096
```

이 예시는 dd 기반 이미징 도구를 이용할 때 드라이브의 물리적 섹터와 논리적 섹터 크기가 수집에 영향을 미치지 않음을 의미한다.

dcfldd와 dc3dd 모두 암호 해싱, 이미지 분할, 외부 프로그램으로 파이프 전달 등의 추가 기능을 제공한다. 다양한 상황 속에서 이러한 기능에 대한 시범을 이 책의 나머지 부분에서 보일 것이다.

포렌식 포맷으로 이미지 수집

일부 이미징 포맷은 포렌식을 염두에 두고 특별히 만들어졌다. 상용 포맷 중 FTK와 Encase 등 일부는 호환할 수 있는 오픈 소스 도구를 개발하기 위해 리버스 엔지니어링을 거쳐야 했다. 앞으로 2개의 절은 이 상용 포맷들을 이용한 수집 도구들을 설명하는 데 할애한다.

ewfacquire 도구

Guidance EnCase Expert Witness 포맷에 특화된 수집 도구는 libewf(https://github.com/libyal/libewf/)의 ewfacquire다. 이 도구는 명령 실행 시에 필요한 정보를 매개변수 또는 상

호 작용을 거쳐 받아들인다. EnCase의 여러 포맷과 FTK 포맷을 포함한 다양한 상용 포맷을 선택할 수 있다. ewfacquire 도구에서 만든 파일은 EnCase, FTK, Sleuth Kit과 호환할 수 있다. 원시 이미지를 다른 포맷으로 변환할 수도 있다.

다음 예시는 ewfacquire가 연결된 디스크 장치(썬더볼트–파이어와이어 어댑터를 통해 조사관 워크스테이션과 대상 디스크 모드로 연결된 맥북 에어)를 수집하는 과정을 나타낸다.

```
# ewfacquire -c best -t /exam/macbookair /dev/sdf
ewfacquire 20160424

Device information:
Bus type:                          FireWire (IEEE1394)
Vendor:
Model:
Serial:


Storage media information:
Type:                              Device
Media type:                        Fixed
Media size:                        121 GB (121332826112 bytes)
Bytes per sector:                  512


Acquiry parameters required, please provide the necessary input
Case number: 42
Description: The case of the missing vase
Evidence number: 1
Examiner name: holmes
Notes: The vase was blue.
Media type (fixed, removable, optical, memory) [fixed]:
Media characteristics (logical, physical) [physical]:
Use EWF file format (ewf, smart, ftk, encase1, encase2, encase3, encase4, encase5,
    encase6, encase7, encase7-v2, linen5, linen6, linen7, ewfx) [encase6]:
Start to acquire at offset (0 <= value <= 121332826112) [0]:
The number of bytes to acquire (0 <= value <= 121332826112) [121332826112]:
Evidence segment file size in bytes (1.0 MiB <= value <= 7.9 EiB) [1.4 GiB]:
```

230

The number of bytes per sector (1 <= value <= 4294967295) [512]:
The number of sectors to read at once (16, 32, 64, 128, 256, 512, 1024, 2048,
    4096, 8192, 16384, 32768) [64]:
The number of sectors to be used as error granularity (1 <= value <= 64) [64]:
The number of retries when a read error occurs (0 <= value <= 255) [2]:
Wipe sectors on read error (mimic EnCase like behavior) (yes, no) [no]:

The following acquiry parameters were provided:
Image path and filename: /exam/macbookair.E01
Case number: 42
Description: The case of the missing vase
Evidence number: 1
Examiner name: holmes
Notes: The vase was blue.
Media type: fixed disk
Is physical: yes
EWF file format: EnCase 6 (.E01)
Compression method: deflate
Compression level: best
Acquiry start offset: 0
Number of bytes to acquire: 113 GiB (121332826112 bytes)
Evidence segment file size: 1.4 GiB (1572864000 bytes)
Bytes per sector: 512
Block size: 64 sectors
Error granularity: 64 sectors
Retries on read error: 2
Zero sectors on read error: no

Continue acquiry with these values (yes, no) [yes]:

Acquiry started at: May 07, 2016 14:54:52
This could take a while.

Status: at 0.0%
        acquired 60 MiB (62914560 bytes) of total 113 GiB (121332826112 bytes)
        completion in 2 hour(s), 8 minute(s) and 38 second(s) with 14 MiB/s

```
        (15712616 bytes/second)
…
Status: at 99.9%
        acquired 112 GiB (121329188864 bytes) of total 113 GiB (121332826112 bytes)
        completion in 0 second(s) with 51 MiB/s (54069886 bytes/second)

Acquiry completed at: May 07, 2016 15:32:16

Written: 113 GiB (121332826300 bytes) in 37 minute(s) and 24 second(s) with
    51 MiB/s (54069886 bytes/second)
MD5 hash calculated over data:              083e2131d0a59a9e3b59d48dbc451591
ewfacquire: SUCCESS
```

ewfacquire 수집은 37분만에 성공적으로 완료됐고, 120GB 크기의 파일은 54개의 *.E0 파일로 분할 압축돼 총 79GB가 됐다.

AccessData ftkimager

AccessData는 FTK Imager의 컴파일된 무료 명령 줄 버전을 제공한다. 이 도구명은 ftkimager로, (소스 코드가 아닌) 실행 파일이 각각 데비안 리눅스, 페도라 리눅스 OSX, 윈도우용 버전으로 분류돼 AccessData 웹 사이트인 http://accessdata.com/ product-download/digital-forensics/에서 다운로드할 수 있다.

ftkimager 도구는 원시 장치, 파일 또는 표준 입력으로부터 입력받을 수 있다. 그 결과는 FTK SMART 포맷이나 EnCase EWF 포맷 또는 표준 출력으로 출력할 수 있다. 표준 입력과 표준 출력 스트림은 다른 프로그램으로 그리고 다른 프로그램으로부터 파이프 처리할 때 특히 유용하다. 몇 가지 추가 기능으로는 저장된 포맷에 사건 정보를 추가하는 기능이나 파일 압축, 출력 파일 분할("이미지 조각"), 해싱 그리고 이미지 암호화 기능이 있다.

다음 기본 예시는 ftkimager를 이용해 연결된 디스크를 수집하는 방법이다.

```
# ftkimager /dev/sdf --s01 --description "SN4C53000120 Ultra Fit" sandisk
AccessData FTK Imager v3.1.1 CLI (Aug 24 2012)
Copyright 2006-2012 AccessData Corp., 384 South 400 West, Lindon, UT 84042
All rights reserved.

Creating image…
Image creation complete.
```

이 예시에서 수집 대상 드라이브는 /dev/sdf를 통해 접근할 수 있는 SanDisk USB 디스크며, 출력 파일명은 sandisk다. 기본 포맷이 원시 포맷이기 때문에 --s01 플래그를 추가해 FTK SMART 포맷으로 파일을 저장하도록 했다. --description 플래그를 사용해 시리얼 번호와 모델명을 메타데이터에 추가했다.

ftkimager는 기본적인 메타데이터와 명령 줄의 플래그로 추가된 정보를 포함해 다음과 같은 로그 파일을 만든다.

```
# cat sandisk.s01.txt
Case Information
Acquired using: ADI3
Case Number:
Evidence Number:
Unique description: SN4C53000120 Ultra Fit
Examiner:
Notes:
---------------- -------------------- -------- -------- -------------------------
Information for sandisk:

Physical Evidentiary Item (Source) Information:
[Device Info]
 Source Type: Physical
[Drive Geometry]
 Cylinders: 14832
 Heads: 64
 Sectors per Track: 32
```

```
 Bytes per Sector: 512
 Sector Count: 30375936
 Source data size: 14832 MB
 Sector count: 30375936
[Computed Hashes]
 MD5 checksum: a2a9a891eed92edbf47ffba9f4fad402
 SHA1 checksum: 2e73cc2a2c21c9d4198e93db04303f9b38e0aefe

Image Information:
 Acquisition started: Sat May 7 15:49:07 2016
 Acquisition finished: Sat May 7 15:53:07 2016
 Segment list:
  sandisk.s01
  sandisk.s02
```

참고로 파일명과 함께 --print-info 플래그를 사용해도 똑같은 정보를 추출할 수 있다.

SquashFS 포렌식 증거 저장소

sfsimage 도구는 간단한 셸 래퍼 스크립트로, 표준 출력으로 이미지를 깔끔하게 출력할 수 있는 어떤 이미징 도구라도 사용할 수 있다. sfsimage는 이미지의 바이트 스트림을 SquashFS 압축 파일 시스템에 기록한다.

이번 예제에서 sfsimage는 셸 스크립트의 시작 부분에 있는 dd 변수를 수정함으로써 dc3dd를 이미징 도구로 설정했다.

```
DD="dc3dd if=$DDIN log=errorlog.txt hlog=hashlog.txt hash=md5"
```

그런 다음, -i 플래그를 이용해 블록 장치를 이미징한다.

```
$ sfsimage -i /dev/sde philips-usb-drive.sfs
Started: 2016-05-07T15:40:03
```

```
Sfsimage version: Sfsimage Version 0.8
Sfsimage command: /usr/bin/sfsimage -i /dev/sde
Current working directory: /exam
Forensic evidence source: if=/dev/sde
Destination squashfs container: philips-usb-drive.sfs
Image filename inside container: image.raw
Aquisition command: sudo dc3dd if=/dev/sde log=errorlog.txt hlog=hashlog.txt
    hash=md5 2>/dev/null | pv -s 7918845952
7.38GiB 0:01:18 [95.7MiB/s] [===================================>] 100%
Completed: 2016-05-07T15:41:22
```

이어지는 출력은 압축된 *.sfs 파일의 크기를 나타낸다.

```
$ ls -lh *.sfs
-rw-r----- 1 holmes holmes 4.5G May 7 15:41 philips-usb-drive.sfs
```

sfsimage -l을 사용해 SquashFS 보관소 파일의 내용을 나열하거나 sfsimage -m을 사용해
(읽기 전용으로) 마운트할 수 있다. sfsimage는 수집 과정에서 원시 이미지 파일과 함께 오류
로그, 해시 로그 및 자체 로그를 저장한다. sfsimage -a를 사용해 sfsimage 보관소에 파일
을 추가할 수도 있다.

다수의 목적지로 이미지 수집

유닉스 파이프 메커니즘의 유연성을 이용하면 여러 가지 복잡한 임무를 한 단계만에 자동으
로 완성할 수 있다. dc3dd와 dcfldd 모두 여러 개의 출력 파일명을 동시에 지정해 동시에 여
러 이미지 복제본을 만들 수 있도록 지원한다. 다음 예시는 디스크를 이미징하고 여러 개의
드라이브에 출력하는 과정이다. 로컬 복사본은 수집 호스트, 두 번째 복사본은 외부 서드파
티 드라이브를 마운트해 저장한다. 2개의 출력 파일은 다음과 같이 of= 플래그를 여러 개 사
용해 지정한다.

```
# dc3dd if=/dev/sde of=/exam/local-lab.raw of=/ext/third-party.raw

dc3dd 7.2.641 started at 2016-05-07 15:56:10 +0200
compiled options:
command line: dc3dd if=/dev/sde of=/exam/local-lab.raw of=/ext/third-party.raw
device size: 15466496 sectors (probed), 7,918,845,952 bytes
sector size: 512 bytes (probed)
  7918845952 bytes ( 7.4 G ) copied ( 100% ), 79 s, 95 M/s

input results for device `/dev/sde':
  15466496 sectors in
  0 bad sectors replaced by zeros

output results for file `/exam/local-lab.raw':
  15466496 sectors out

output results for file `/ext/third-party.raw':
  15466496 sectors out

dc3dd completed at 2016-05-07 15:57:30 +0200
```

하나의 이미지를 분석용, 다른 하나는 백업용으로 사용하거나, 제삼자를 위해 별도의 이미지를 생성하거나 이미지의 복사본이 여러 개 필요한 어떤 상황에서도 이 기법이 유용하다. 두 이미지는 서로 완전히 똑같아야 하며, 암호 체크섬을 비교함으로써 검증할 수 있다.

암호학을 이용한 디지털 증거 보존

증거의 무결성을 보존하는 것은 디지털 포렌식 절차에 있어서 근본적인 일이다. 무결성은 암호 해시를 사용해 유지될 수 있으며, 수집을 수행한 기술자들의 암호화 서명에 의해 강화될 수 있다.

이미지를 해싱하거나 이미지에 서명하는 것은 그 이미지가 수집 당시의 상태에서 변경되지 않았음을 검증하기 위함이다. 재판 절차와 증거 제출이 수개월에서 수년까지 걸릴 수 있는 상황에서 증거가 그 동안 변조되지 않았음을 확인하는 일은 매우 유용하다. 어떻게 보면 디지털 관리 연속성(chain of custody)이라고 할 수 있다.

다음 몇 개의 절들은 디지털 증거를 보존하기 위해 해시 윈도우, PGP와 S/MIME 서명, RFC-3181 타임스탬프를 사용하는 법을 다룬다. 기본 암호 해싱 예제 몇 개부터 시작하자.

기본 암호 해싱

포렌식 이미지의 암호 해싱은 일반적으로 이미지 수집 과정의 일부에 포함된다. 전체 미디어 이미지(순서대로 정렬된 각 섹터)는 단방향 해시 함수를 통과한다. 이 책에서 다루는 4개의 주요 포렌식 이미지 도구들은 이 글을 쓰는 시점에 표 6-1에 나타난 암호 해시 알고리즘들을 지원한다.

표 6-1 지원되는 암호 해시 알고리즘

도구	지원하는 해시 알고리즘
dcfldd	MD5, SHA1, SHA256, SHA384, SHA512
dc3dd	MD5, SHA1, SHA256, SHA512
ewfacquire	MD5, SHA1, SHA256
ftkimager	MD5, SHA1

포렌식 포맷을 사용하는 도구들은 기본 설정만으로도 해시 값을 만들어낸다. 이전 예시에서도 드러났듯이 ftkimager와 ewfacquire는 수집 과정에서 해시를 자동으로 만들어낸다.

dcfldd를 이용해 해시 값(또는 여러 개의 해시 값)을 만들어내기 위해서는 다음과 같이 명령 줄에 원하는 해시 알고리즘을 지정해야 한다.

```
# dcfldd if=/dev/sde of=image.raw conv=noerror,sync hash=md5,sha256
```

```
241664 blocks (7552Mb) written.Total (md5): ebda11ffb776f183325cf1d8941109f8
Total (sha256): 792996cb7f54cbfd91b5ea9d817546f001f5f8ac05f2d9140fc0778fa60980a2

241664+0 records in
241664+0 records out
```

dc3dd는 다음과 같이 hash=를 여러 번 사용해 해시 알고리즘을 지정한다.

```
# dc3dd if=/dev/sde of=image.raw hash=md5 hash=sha1 hash=sha512

dc3dd 7.2.641 started at 2016-05-07 16:02:56 +0200
compiled options:
command line: dc3dd if=/dev/sde of=image.raw hash=md5 hash=sha1 hash=sha512
device size: 15466496 sectors (probed), 7,918,845,952 bytes
sector size: 512 bytes (probed)
  7918845952 bytes ( 7.4 G ) copied ( 100% ), 80 s, 94 M/s

input results for device `/dev/sde':
   15466496 sectors in
   0 bad sectors replaced by zeros
   ebda11ffb776f183325cf1d8941109f8 (md5)
   62e5045fbf6a07fa77c48f82eddb59dfaf7d4d81 (sha1)
   f0d1132bf569b68d900433aa52bfc08da10a4c45f6b89847f244834ef20bb04f8c35dd625a31c2e3
    a29724e18d9abbf924b16d8f608f0ff0944dcb35e7387b8d (sha512)

output results for file `image.raw':
   15466496 sectors out

dc3dd completed at 2016-05-07 16:04:17 +0200
```

전통적인 dd 명령은 해싱을 지원하지 않는다. 그 대신 수집 프로세스 도중 별도의 프로그램으로 이미지를 파이프 처리해야 하는데, 이때는 Unix tee 명령을 사용하면 된다.

```
# dd if=/dev/sde | tee image.raw | md5sum
```

238

```
15466496+0 records in
15466496+0 records out
7918845952 bytes (7.9 GB, 7.4 GiB) copied, 108.822 s, 72.8 MB/s
 ebda11ffb776f183325cf1d8941109f8  -
```

---

dd는 지정된 of= 매개변수가 없는 경우, 데이터를 표준 출력으로 보내 다른 프로그램으로 리다이렉트하거나 파이프 처리를 할 수 있게 한다. 이 예제에서는 데이터를 Unix tee 명령으로 파이프 처리해 데이터를 파일로 저장하면서 동시에 표준 출력으로 내보낸다. 그런 다음, 파이프 처리로 별도의 해싱 도구인 md5sum을 이용해 해시 값을 만들어낸다. Linux coreutils 소프트웨어 패키지에는 md5sum뿐 아니라 다른 해시 프로그램들인 sha1sum, sha224sum, sha256sum, sha384sum, sha512sum도 들어 있다.

만들어진 해시 값을 검증하는 과정은 301쪽의 "포렌식 이미지의 무결성 검증"에서 설명한다.

해시 윈도우

오래되거나 손상된 디스크를 이미징하는 경우, 블록 읽기 오류가 있을 수 있다. 읽기 오류는 수집 도중 임의의 장소에서 발생할 수 있고, 시간이 갈수록 그 빈도는 늘어난다. 이 점은 증거의 무결성을 보존할 때 문제가 되는데, 그 이유는 암호 해시 값이 디스크를 읽을(재수집, 복제, 검증 등) 때마다 다를 수 있기 때문이다.

이 문제의 해결책은 조각별 해시, 이른바 해시 윈도우를 사용하는 방법이다. 해시 윈도우는 디스크의 일부 연속된 섹터에 대해서만 계산된 별도의 암호 해시 값이다. 예를 들어 수집 중 10MB 크기의 해시 윈도우는 연속된 섹터의 크기가 10MB가 될 때마다 별도의 해시 값을 만들어내 전체 디스크에 해당하는 해시 값 목록을 작성한다. 하나의 섹터가 읽을 수 없게 될 경우 (또는 모종의 이유로 변조될 경우), 해당하는 윈도우의 해시 값은 무효화될 것이다. 그러나 디스크의 나머지 해시 윈도우들은 무결성이 유지될 수 있다. 그러므로 전체 디스크의 해시 값이 유효하지 않더라도, 해시 윈도우가 일치하면 윈도우 내 데이터의 무결성은 보존된다.

상용 포렌식 포맷 중 Expert Witness Format(EWF)의 초기 버전들은 데이터 블록마다 CRC^{Cyclic Redundancy Check} 체크섬만 계산한다. EWF의 최근 버전들은 개방된 포맷이 아니다. ftkimager는 해시 윈도우를 만들거나 열람하는 기능이 없다.

dcfldd로 해시 윈도우를 만들기 위해서는 hashwindow= 매개변수를 추가해 윈도우 크기를 지정해야 한다. hashlog= 매개변수와 파일명을 지정하면 수집 중에 해시 윈도우 목록을 파일로 저장할 수 있다. 다음 예시에서는 1MB의 해시 윈도우와 각 섹터 구간의 해시 값이 표준 출력으로 나타난다.

```
# dcfldd if=/dev/sde of=image.raw conv=noerror,sync hashwindow=1M
0 - 1048576: e0796359399e85ecc03b9ca2fae7b9cf
1048576 - 2097152: 5f44a2407d244c24e261b00de65949d7
2097152 - 3145728: d6d8c4ae64b464dc77658730aec34a01
3145728 - 4194304: 0eae942f041ea38d560e26dc3cbfac48
4194304 - 5242880: 382897281f396b70e76b79dd042cfa7f
5242880 - 6291456: 17664a919d533a91df8d26dfb3d84fb9
6291456 - 7340032: ce29d3ca2c459c311eb8c9d08391a446
7340032 - 8388608: cd0ac7cbbd58f768cd949b082de18d55
256 blocks (8Mb) written.8388608 - 9437184: 31ca089fce536aea91d957e070b189d8
9437184 - 10485760: 48586d6dde4c630ebb168b0276bec0e3
10485760 - 11534336: 0969f7533736e7a2ee480d0ca8d9fad1
...
```

동일한 디스크 섹터를 가진 그룹은 동일한 해시 값을 갖는다. 디스크의 많은 부분이 0이나 똑같은 패턴으로 이뤄져 있을 때 이런 일이 종종 발생한다.

dc3dd에서는 해시 윈도우 대신 조각별^{piecewise} 해싱이라는 이름을 쓰고, 섹터 구간이 아닌 파일 조각별로 해시 값을 계산할 수 있다. 다음 예제에서 각 파일 조각에 해당하는 섹터 구간의 해시 값들이 기록된다.

```
# dc3dd if=/dev/sda hof=image.raw ofs=image.000 ofsz=1G hlog=hash.log hash=md5
```

```
dc3dd 7.2.641 started at 2016-05-07 17:10:31 +0200
compiled options:
command line: dc3dd if=/dev/sda hof=image.raw ofs=image.000 ofsz=1G hlog=hash.log
    hash=md5
device size: 15466496 sectors (probed), 7,918,845,952 bytes
sector size: 512 bytes (probed)
  7918845952 bytes ( 7.4 G ) copied ( 100% ), 114 s, 66 M/s
  7918845952 bytes ( 7.4 G ) hashed ( 100% ), 24 s, 314 M/s

input results for device `/dev/sda':
   15466496 sectors in
   0 bad sectors replaced by zeros
   5dfe68597f8ad9f20600a453101f2c57 (md5)
   c250163554581d94958018d8cca61db6, sectors 0 - 2097151
   cd573cfaace07e7949bc0c46028904ff, sectors 2097152 - 4194303
   83d63636749194bcc7152d9d1f4b9df1, sectors 4194304 - 6291455
   da961f072998b8897c4fbed4c0f74e0e, sectors 6291456 - 8388607
   4cd5560038faee09da94a0c829f07f7a, sectors 8388608 - 10485759
   516ba0bdf8d969fd7e86cd005c992600, sectors 10485760 - 12582911
   c19f8c710088b785c3f2ad2fb636cfcd, sectors 12582912 - 14680063
   fb2eb5b178839878c1778453805b8bf6, sectors 14680064 - 15466495

output results for file `image.raw':
   15466496 sectors out
   [ok] 5dfe68597f8ad9f20600a453101f2c57 (md5)

output results for files `image.000':
   15466496 sectors out

dc3dd completed at 2016-05-07 17:12:25 +0200
```

만약 하나의 이미지 파일만 있다면 (즉, 파일이 분할되지 않았다면), 여러 개의 해시 윈도우 대신
전체 이미지의 해시 값 하나만 있게 된다. 직전의 예시에서는 8개의 이미지 파일이 만들어졌
고, 각 파일의 MD5 해시 값은 수집 중에 보고된 것과 일치한다. 이 사실은 md5sum으로 다

음과 같이 손쉽게 확인할 수 있다.

```
# md5sum image.*
c250163554581d94958018d8cca61db6 image.000
cd573cfaace07e7949bc0c46028904ff image.001
83d63636749194bcc7152d9d1f4b9df1 image.002
da961f072998b8897c4fbed4c0f74e0e image.003
4cd5560038faee09da94a0c829f07f7a image.004
516ba0bdf8d969fd7e86cd005c992600 image.005
c19f8c710088b785c3f2ad2fb636cfcd image.006
fb2eb5b178839878c1778453805b8bf6 image.007
```

PGP와 S/MIME를 이용한 이미지 서명

해시 값은 긴 시간에 걸쳐 이미지의 무결성을 보존하기에는 유용하지만, 누구라도 아무때나 이미지의 암호 해시 값을 계산할 수 있다. 허가받지 않은 사람이 디스크를 변조하고 디스크의 해시 값을 다시 계산하는 경우를 생각해보자. 수집 시점의 해시 값이 안전하게 보관되지 않은 경우, 어느 해시 값(이전 해시 값 또는 새로 계산된 해시 값)이 올바른지 알 수 있는 방법이 없다. 포렌식 이미지에 대한 암호 서명은 이미지의 무결성과 사람(또는 그 사람의 암호키)을 묶는다. 포렌식 조사관이나 상급자 또는 중립적인 외부 집단이 수집 시점에 이미지 서명을 할 수 있다.

서명을 위해 수TB짜리 이미지를 사람들과 공유할 필요는 없다. 드라이브 전체의 해시 값이나 해시 윈도우 목록에 대해 서명하는 것으로 충분하다. 가장 좋은 선택은 타임스탬프, 수집한 바이트, 관련 암호 해시 값이 모두 담겨 있는 출력 로그에 서명하는 것이다.

공인된 개인이 종이 문서에 펜으로 서명하듯이, 디지털 서명으로는 디지털 문서에 서명할 수 있다. 종이/펜 서명과 달리, 디지털 서명은 (개인키가 도난당하지 않았다면) 위조하기 어렵다. 디지털 정보 서명의 인기 있는 2개의 표준으로 Pretty Good Privacy(PGP)와 Secure/

Multipurpose Internet Mail Extensions(S/MIME)가 있다.

OpenPGP 표준의 가장 일반적인 리눅스 구현으로는 GnuPG(GPG)[30]가 있다. 일반 이진 서명, 평문 서명 및 분리 서명의 세 가지 서명 방법이 있다. 평문 서명은 텍스트와 서명을 같이 보여주기 때문에 다른 문서나 보고서에 첨부하기 쉬워 가장 유용하다.

다음 예시에서 S. Holmes는 디스크의 포렌식 이미지 수집을 수행하고, MD5 해시 값과 기타 세부 사항을 포함한 로그 출력에 서명을 한다.

```
$ gpg --clearsign hash.log

You need a passphrase to unlock the secret key for
user: "Sherlock Holmes <holmes@digitalforensics.ch>"
2048-bit RSA key, ID CF87856B, created 2016-01-11

Enter passphrase:
```

위 명령은 파일 내용과 서명을 함께 담고 있는 hash.log.asc 파일을 만들었다.

```
$ cat hash.log.asc
-----BEGIN PGP SIGNED MESSAGE----
Hash: SHA1


dc3dd 7.2.641 started at 2016-05-07 17:23:49 +0200
compiled options:
command line: dc3dd if=/dev/sda hof=image.raw ofs=image.000 ofsz=1G hlog=hash.log
    hash=md5

input results for device `/dev/sda':
   5dfe68597f8ad9f20600a453101f2c57 (md5)
```

---

30 공인된 개인이 GnuPG를 설치하고 안전하게 키쌍을 만들었다고 가정한다.

```
         c250163554581d94958018d8cca61db6, sectors 0 - 2097151
         cd573cfaace07e7949bc0c46028904ff, sectors 2097152 - 4194303
         83d63636749194bcc7152d9d1f4b9df1, sectors 4194304 - 6291455
         da961f072998b8897c4fbed4c0f74e0e, sectors 6291456 - 8388607
         4cd5560038faee09da94a0c829f07f7a, sectors 8388608 - 10485759
         516ba0bdf8d969fd7e86cd005c992600, sectors 10485760 - 12582911
         c19f8c710088b785c3f2ad2fb636cfcd, sectors 12582912 - 14680063
         fb2eb5b178839878c1778453805b8bf6, sectors 14680064 - 15466495

output results for file `image.raw':
   [ok] 5dfe68597f8ad9f20600a453101f2c57 (md5)

output results for files `image.000':

dc3dd completed at 2016-05-07 17:25:40 +0200

-----BEGIN PGP SIGNATURE----
Version: GnuPG v1

iQEcBAEBAgAGBQJXLgnoAAoJEEg0vvzPh4VrdeAH/0EhCLFSWwTZDNUrIn++1rI3
XI6KuwES19EKR18PrK/Nhf5MsF3xyy3c/j7tjopkfnDGLYRA615ycWEvIJlevNh7
k7QHJoPTDnyJcF29uuTINPWk2MsBlkNdTTiyA6ab3U4Qm+DMC4wVKpOp/io52qq3
KP7Kh558aw8m+0Froc0/4sF7rer9xvBThA2cw+ZiyF5a8wTCBmavDchCfWm+NREr
RIncJV45nuHrQW8MObPOK6G34mruT9nSQFH1LR1FL830m/W69WHS2JX+shfk5g5X I6I7jNEn6FgiRyhm+
BizoSl5F6mv3ff6mRlVysGDJ+FXE3CiE6ZzK+jNB7Pw+Zg=
=6GrG
-----END PGP SIGNATURE----
```

서명된 텍스트는 이후 아무 때나 Holmes의 GPG 공개키 사본을 이용해 제삼자가 검증할 수 있다.

파일을 서명하기 위한 또 다른 암호화 표준에는 S/MIME이 있다. S/MIME는 공개키 기반 구조의 X.509 인증서에 기반을 두고 있으며 기관 내부에서 사설로 쓰거나 공개된 인증 기관의 인증서일 수 있다. 공인된 개인이 개인 인증서(일반적으로 S/MIME 이메일을 서명하고 암호화할 때 쓰는 것과 같다)를 갖고 있는 경우, 이미지 수집의 세부 정보를 담고 있는 파일에 서명하는 일에도 쓸 수 있다.

gpgsm 도구는 GnuPG2의 일부로 X.509 키 관리, 암호화, S/MIME 표준 서명을 지원한다. 필요한 키들이 생성되고 인증서들이 저장되면, GPG와 유사한 방식으로 gmgsm을 통해 파일에 서명할 수 있다. 다음 명령은 특정 파일의 서명을 만들어낸다.

```
$ gpgsm -a -r holmes@digitalforensics.ch -o hash.log.pem --sign hash.log
```

-a 플래그는 아스키 아머(ASCII armor) 사용을 지정하는데, 여기서 아스키 아머란 이진 데이터를 평문 형태로 인코딩하는 방법이다(이 형식이 보고서나 이메일에 넣기 쉽기 때문이다). -r 플래그는 서명에 어느 수신자 키를 이용할지를 지정한다. 이 명령 예제에서는 이메일 주소가 사용됐지만, 키 ID, 핑거프린트, X.509의 문자열의 일부분을 사용할 수도 있다. -o 플래그는 서명의 출력 파일을 지정하고, --sign은 지정된 hash.log 파일에 대해 서명을 작성하도록 지시한다.

gpgsm이 서명에 사용될 때는 다음과 유사하게 생긴 PEM[31] 서명 파일을 만들어낸다.

```
-----BEGIN SIGNED MESSAGE----
MIAGCSqGSIb3DQEHAqCAMIACAQExDzANBglghkgBZQMEAgEFADCABgkqhkiG9w0B
BwGggCSABIICIApkYzNkZCA3LjIuNjQxIHN0YXJ0ZWQgYXQgMjAxNi0wMS0xMSAy
…
GR2YC4Mx5xQ63Kbxg/5BxT7rlC7DBjHOVMCMJzVPy4OVUOXPnL2IdP2dhvkOtojk
UKIjSw40xIIAAAAAAAA=
-----END SIGNED MESSAGE----
```

공인된 집단에 의해 서명이 생성된 후에는, 원본 포렌식 수집의 해시 값과 세부 정보는 변경될 수 없다.

---

31   PEM은 원래 Privacy Enhanced Mail 표준에서 정의했지만, 최근에는 X.509 인증서를 저장하기 위한 파일 형식을 뜻한다.

서명을 생성한 사람만이 내용을 변경하고 다시 서명할 수 있다.[32] 이 서명들을 이용하면 서명자의 개입 없이도 수집 정보의 무결성을 검증할 수 있다. 서명 검증 절차는 7장에서 다룬다.

웹 사이트를 위해 SSL 인증서를 구입하는 것 같이 개인 S/MIME 인증서도 구입할 수 있다. https://www.sslshopper.com/email-certificates-smime-certificates.html에 방문해 개인 S/MIME 인증서를 제공하는 인증 기관을 알아볼 수 있다. 개인 S/MIME 인증서를 사용하면 출력 로그가 포함된 이메일에 서명을 하고 전송하는 것만으로도 수집 정보에 서명할 수 있다.

이 절의 예제들은 비교적 단순하며, GNU Privacy Guard 도구를 이용한다. 암호 서명을 위한 다른 명령 줄 도구들도 존재한다. OpenSSL 명령 줄 도구는 기능이 풍부한 암호화 도구 모음을 제공하며, X.509 인증서와 S/MIME 인증서로 파일을 서명하는 기능이 포함돼 있다. OpenSSL은 다음 절에서 암호 타임스탬프를 기록하기 위해 사용된다.

RFC-3161 타임스탬프 기록

PGP나 S/MIME 서명은 포렌식 수집 결과를 담고 있는 파일의 무결성과 공인된 개인(들)을 강하게 묶는다. 어떤 경우에는 포렌식 수집 결과를 특정 시간과 강하게 묶는 것이 유용할 때도 있다. 이때는 별도의 타임스탬프 기록 서비스를 이용하면 된다.

타임스탬프 기록은 RFC-3161에 정의된 표준으로, 타임스탬프 요청과 응답의 형식을 기술한다. OpenSSL은 타임스탬프 요청을 만들어 보내고 응답을 검증할 수 있다. 다음 예시는 수집 로그에 대한 RFC-3161 호환 타임스탬프 요청을 통해 *.tsq 확장자를 가진 요청 파일이 만들어지는 과정이다.

```
$ openssl ts -query -data hash.log -out hash.log.tsq -cert
```

---

32   여러 사람이 기록한 복수의 서명은 키 탈취나 특정 개인의 악의적 변조에 대한 위험을 줄일 수 있다.

이 타임스탬프는 원본 파일이 아니라 hash.log 파일의 해시 값을 담고 있다. 전체 파일은 타임스탬프 기록 서버로 보내지지 않는다. 이는 정보 보안 관점에서 중요한 일이다. 타임스탬프 서비스 제공자는 타임스탬프 정보에 대해서만 신뢰할 수 있으며, 타임스탬프 기록 대상이 되는 파일의 내용과는 무관하다.

요청이 만들어지고 나면 OpenSSL에 포함된 `tsget` 명령을 이용해 타임스탬프 기록 서비스로 요청을 전송할 수 있다.[33] 다음 예시는 FreeTSA 서비스를 이용한다.

```
$ tsget -h https://freetsa.org/tsr hash.log.tsq
```

일부 리눅스 배포판에서 이 스크립트가 존재하지 않거나 손상됐을 수 있다. 이 문제는 curl 명령으로 타임스탬프 요청을 수동으로 전송해 우회할 수 있다.

```
$ curl -s -H "Content-Type: application/timestamp-query" --data-binary
    "@hash.log.tsq" https://freetsa.org/tsr > hash.log.tsr
```

타임스탬프 기록 서버가 요청을 받아들이면, RFC-3161 호환 타임스탬프로 응답한다. 이 예제에서 타임스탬프는 hash.log.tsr의 *.tsr 확장자 파일로 저장된다. OpenSSL ts 명령으로 타임스탬프 내용을 볼 수 있다.

```
$ openssl ts -reply -in hash.log.tsr -text
Status info:
Status: Granted.
Status description: unspecified
Failure info: unspecified

TST info:
Version: 1
```

---

33 일부 시스템에서는 /usr/lib/ssl/misc에 있는 Perl 스크립트인 경우도 있다.

```
Policy OID: 1.2.3.4.1
Hash Algorithm: sha1
Message data:
    0000 - 63 5a 86 52 01 24 72 43-8e 10 24 bc 24 97 d0 50    cZ.R.$rC..$.$..P
    0010 - 4a 69 ad a9                                        Ji..
Serial number: 0x0AF4
Time stamp: May 7 22:03:49 2016 GMT
Accuracy: 0x01 seconds, 0x01F4 millis, 0x64 micros
Ordering: yes
Nonce: 0xBC6F68553A3E5EF5
TSA: DirName:/O=Free TSA/OU=TSA/description=This certificate digitally signs
    documents and time stamp requests made using the freetsa.org online
    services/CN=www.freetsa.org/emailAddress=busilezas@gmail.com/L=Wuerzburg/
    C=DE/ST=Bayern
Extensions:
```

hash.log.tsr 파일의 사본은 수집 결과가 특정 시점에 존재했음을 증명한다. 독립적인 제3의 기관이 타임스탬프를 검증할 수도 있다. 타임스탬프 검증은 7장에서 다루기로 한다. 인터넷 에는 상용 및 무료 타임스탬프 서비스들이 있다. 몇 가지 예를 들면 다음과 같다.

- Comodo RFC-3161 타임스탬프 서비스: http://timestamp.comodoca. com/?td=sha256
- FreeTSA: http://freetsa.org/index_en.php
- Polish CERTUM PCC – General Certification Authority: http://time.certum.pl/
- Safe Creative Timestamping Authority(TSA) 서버: http://tsa.safecreative.org/
- StartCom Free RFC-3161 타임스탬프 서비스: http://tsa.startssl.com/rfc3161
- Zeitstempeldienst der DFN-PKI: http://www.pki.dfn.de/zeitstempeldienst/

마지막 2개 절의 예시들은 이미지의 무결성과 특정 개인 및 시간을 강하게 묶는다. 스마트 카드나 하드웨어 보안 모듈과 같은 암호 토큰을 이용해 개인키를 보호하고, 물리적으로 토 큰을 갖고 있는 경우에만 서명이 가능하도록 할 수 있다. 하드 토큰의 암호키는 복제되거나 도난당할 염려가 없다. 암호 서명을 만들기 위해 쓸 수 있는 하드 토큰들에는 Nitrokey, Yubikey, GnuPG OpenPGP 스마트카드 등이 있다.

드라이브 고장과 오류 관리

때때로 포렌식 랩에서 받는 하드 디스크들 중에는 분석하기에 어려움이 있는 것들이 있다. 오래됐거나, 손상됐거나, 고장 났을 수도 있고, 인터페이스 오류, 플래터 읽기 오류, 헤드 오류, 모터 리셋 등의 오류가 있을 수도 있다. 어떤 경우에는 그럼에도 불구하고 드라이브 일부분에 대한 포렌식 이미지가 수집될 수도 있다. 배드 디스크의 이미징은 디스크와 블록 크기, 읽기 불가능한 섹터 수에 따라 며칠씩 걸리는 경우도 있다.

다만 여기에 언급된 오류들이 모두 하드웨어적인 문제임은 짚고 넘어간다. 손상된 파일 시스템이나 파괴된 파티션 테이블 등의 소프트웨어 오류와는 관계가 없다.

이 절에서는 다양한 도구가 어떻게 오류 조건들에 대처하는지 알아본다. dmsetup 도구는 디스크 오류를 시뮬레이션하고 여러 악조건에서 포렌식 도구들이 어떻게 동작하는지 테스트하는 일에 유용하며, 앞으로 나올 몇 개의 예시(/dev/mapper/errdisk가 디스크 장치다)에서 사용된다. 그 다음 절에서는 dc3dd, dcfldd, ewfacquire, ftkimager가 각각 어떻게 오류를 관리하고 보고하는지 알아본다.

포렌식 도구의 오류 처리

다음 예제에서는 dcfldd가 2개의 오류가 있는 디스크를 다루고 있다. 디스크상의 오류가 있는 위치(블록 오프셋)는 다음과 같이 표준 출력으로 보고되고, 특정 파일에 로깅된다.

```
# dcfldd if=/dev/mapper/errdisk of=errdisk.raw conv=noerror,sync errlog=error.log
...
# cat error.log
```

```
dcfldd:/dev/mapper/errdisk: Input/output error
(null)+15 records in
(null)+16 records out
dcfldd:/dev/mapper/errdisk: Input/output error
(null)+29 records in
(null)+32 records out
(null)+62496 records in
(null)+62501 records out
```

데비안 리눅스에서 dcfldd를 테스트할 때 몇 가지 버그가 있었다. 512바이트 블록 크기를 지정했음에도 패딩에 사용되는 블록 크기는 4K였다(dd 역시 마찬가지였다). 어떤 경우에는 dcfldd가 무한 루프에 빠지면서 수동으로 종료해야 했다.

dc3dd 도구는 자신이 겪은 오류에 대해 굉장히 자세한 정보를 제공한다. 다음과 같이 오류는 표준 출력으로 보내지고, 특정 로그 파일에 저장된다.

```
# dc3dd if=/dev/mapper/errdisk of=errdisk.raw log=error.log
...
# cat error.log

dc3dd 7.2.641 started at 2016-01-12 19:42:26 +0100
compiled options:
command line: dc3dd if=/dev/mapper/errdisk of=errdisk.raw log=error.log
device size: 4000000 sectors (probed), 2,048,000,000 bytes
sector size: 512 bytes (probed)
[!!] reading `/dev/mapper/errdisk' at sector 1000 : Input/output error
[!!] 4 occurences while reading `/dev/mapper/errdisk' from sector 2001 to sector 2004
  : Input/output error
2048000000 bytes ( 1.9 G ) copied ( 100% ), 5.74919 s, 340 M/s

input results for device `/dev/mapper/errdisk':
  4000000 sectors in
  5 bad sectors replaced by zeros
output results for file `errdisk.raw':
```

```
    4000000 sectors out

dc3dd completed at 2016-01-12 19:42:31 +0100
```

ewfacquire 도구는 오류를 기본 64섹터 단위로 처리하지만, 0으로 패딩되는 섹터 수를 줄이기 위해 단위 섹터 수를 1로 변경할 수 있다. ewfacquire의 이 예제에서는 2개의 읽기 오류만 발생했다(dcfldd와 비슷하게 다른 섹터를 검사하지 않고 4K짜리 블록을 건너뛰며 패딩 처리했다).

```
# ewfacquire -t errdisk /dev/mapper/errdisk
ewfacquire 20150126
...
The number of bytes per sector (1 <= value <= 4294967295) [512]:
The number of sectors to read at once (16, 32, 64, 128, 256, 512, 1024, 2048, 4096,
    8192, 16384, 32768) [64]:
The number of sectors to be used as error granularity (1 <= value <= 64) [64]: 1
The number of retries when a read error occurs (0 <= value <= 255) [2]: 1
Wipe sectors on read error (mimic EnCase like behavior) (yes, no) [no]: yes
...
Acquiry completed at: Jan 12, 2016 19:57:58

Written: 1.9 GiB (2048000804 bytes) in 14 second(s) with 139 MiB/s (146285771
    bytes/second).
Errors reading device:
        total number: 2
        at sector(s): 1000 - 1008 number: 8 (offset: 0x0007d000 of size: 4096)
        at sector(s): 2000 - 2008 number: 8 (offset: 0x000fa000 of size: 4096)

MD5 hash calculated over data: 4d319b12088b3990bded7834211308eb
ewfacquire: SUCCESS
```

ftkimager는 오류를 보고하고 로그를 기록한다. 다음 예제는 실제로 문제가 있는 디스크(원조 1세대 아이팟)를 사용하는데, 그 이유는 dmsetup으로 시뮬레이션한 오류가 ftkimager에서 잘 동작하지 않았기 때문이다.

```
# ftkimager /dev/sdg ipod
AccessData FTK Imager v3.1.1 CLI (Aug 24 2012)
Copyright 2006-2012 AccessData Corp., 384 South 400 West, Lindon, UT 84042
All rights reserved.

Creating image…
234.25 / 4775.76 MB (11.71 MB/sec) - 0:06:27 left
Image creation complete.
# cat ipod.001.txt
Case Information:
Acquired using: FTK
…


ATTENTION:
The following sector(s) on the source drive could not be read:
        491584 through 491591
        491928 through 491935
The contents of these sectors were replaced with zeros in the image.
…
```

각각의 포렌식 수집 도구에는 오류를 탐지하고, 조치하고, 로깅하는 기능이 있다. 그러나 다수의 오류나 하드웨어 손상이 있는 디스크의 경우에는 보다 전문화된 도구를 이용하는 것이 적합하다. 다음 절에서는 이런 목적을 가진 데이터 복구 도구들의 사용법을 설명한다.

데이터 복구 도구

강력한 오류 처리와 적극적인 복구 방법 때문에 언급할 만한 디스크 블록 복구 도구가 몇 있다. 포렌식을 염두에 두고 만들어진 것은 아니지만, 다른 포렌식 도구들을 사용할 수 없는 상황에서 이런 도구들이 빛을 발한다. (Antonio Diaz Diaz가 제작한) ddrescue 도구는 손상된 디스크의 블록을 복구하는 데 쓴다. 다른 dd 계열 도구들과 달리, ddrescue는 디스크를 대상으로 여러 단계의 복구 알고리즘을 수차례 실행해 이미지의 빈 영역을 채운다. 문제가 발생한 디스크 부분을 거꾸로 읽어 복구 섹터 수를 늘리고, 여러 차례에 걸쳐 갖가지 작업을 시도한다.

ddrescue 명령이 완료되면 복구 성공률이 포함된 실행 결과를 통계로 출력한다.

```
# ddrescue /dev/sda image.raw image.log
rescued:    40968 MB,  errsize:   2895 kB,  current rate:        0 B/s
   ipos:    39026 MB,   errors:      38,  average rate:     563 kB/s
   opos:    39026 MB, run time:   20.18 h,  successful read:    8.04 h ago
Finished
```

ddrescue가 생성하는 로그 파일에는 시작, 종료 시간과 디스크 배드 영역에 대한 자세한 정보가 담긴다.

```
# Rescue Logfile. Created by GNU ddrescue version 1.19
# Command line: ddrescue /dev/sda image.raw image.log
# Start time: 2015-06-13 22:57:39
# Current time: 2015-06-14 19:09:03
# Finished
# current_pos    current_status
0x9162CAC00       +
#     pos          size    status
0x00000000 0x4F29D000   +
0x4F29D000 0x00002000   -
0x4F29F000 0x00253000   +
...
```

dd_rescue 도구(밑줄에 주의하라)는 1990년대 후반에 쿠르트 갈로프가 개발했는데, 이름에 dd가 포함되지만 명령 체계는 완전히 달라 (ddrescue와 마찬가지로) 데이터 변환을 수행하지 않는다. 다만 dd처럼 데이터 블록을 전송하기는 한다. 몇몇 기능 덕분에 dd_rescue를 디지털 포렌식 연구소에서도 사용할 수 있다. 디스크 오류가 발생하면 수집 블록 크기가 동적으로 변해 물리적 블록의 크기까지 작아진다. 오류 없이 일정 시간이 지나면, 성능 향상을 위해 수집 블록 크기가 다시 늘어난다. 디스크를 맨 끝에서 처음까지 반대 방향으로 수집할 수도 있다. 이 기법은 디스크의 특정 지점 이후, 읽기가 어려운 경우에 유용하다.

myrescue 도구는 일단 읽기 어려운 영역은 (재시도 없이) 건너뛰고 읽을 수 있는 영역을 최대한 복구하는 데 집중한다. 정상 섹터들이 모두 복사된 후에는 그제서야 실패한 구간에서 작업을 시작한다. myrescue 문서에서는 까다로운 드라이브들의 경우, 수집을 다시 시도하기전에 몇 시간 여유를 둘 것을 권장한다.

데이터 복구를 하는 또 다른 도구로 recoverdm이 있다. 손상된 디스크에서 섹터나 개별 파일 단위로 데이터를 복구할 수 있는 것이 고유한 특징이다. recoverdm은 플로피 디스크와 광학 매체를 위한 별도의 추가 기능을 갖고 있다.

SMART와 커널 오류

디스크의 SMART 정보로 드라이브 상태에 대한 추가 지표들을 확인하고 복구 성공 가능성을 가늠할 수 있다. 다음 예시를 보자.

```
# smartctl -x /dev/sda
smartctl 6.4 2014-10-07 r4002 [x86_64-linux-3.19.0-18-generic] (local build)
Copyright (C) 2002-14, Bruce Allen, Christian Franke, www.smartmontools.org

=== START OF INFORMATION SECTION ===
Model Family:     Maxtor DiamondMax D540X-4K
Device Model:     MAXTOR 4K040H2
Serial Number:    672136472275
Firmware Version: A08.1500
User Capacity:    40,971,571,200 bytes [40.9 GB]
Sector Size:      512 bytes logical/physical
```

...

Vendor Specific SMART Attributes with Thresholds:

ID#	ATTRIBUTE_NAME	FLAGS	VALUE	WORST	THRESH	FAIL	RAW_VALUE
1	Raw_Read_Error_Rate	P--R-K	100	253	020	-	0
3	Spin_Up_Time	POS--K	087	086	020	-	1678
4	Start_Stop_Count	-O--CK	078	078	008	-	14628
5	Reallocated_Sector_Ct	PO--CK	003	001	020	NOW	486
7	Seek_Error_Rate	PO-R--	100	100	023	-	0
9	Power_On_Hours	-O--C-	073	073	001	-	17814
10	Spin_Retry_Count	-OS--K	100	100	000	-	0
11	Calibration_Retry_Count	PO--C-	100	080	020	-	0
12	Power_Cycle_Count	-O--CK	100	100	008	-	294
13	Read_Soft_Error_Rate	PO-R--	100	100	023	-	0
194	Temperature_Celsius	-O---K	094	083	042	-	17
195	Hardware_ECC_Recovered	-O-RC-	100	031	000	-	7137262
196	Reallocated_Event_Count	----C-	100	253	020	-	0
197	Current_Pending_Sector	-O--CK	003	001	020	NOW	486
198	Offline_Uncorrectable	----C-	100	253	000	-	0
199	UDMA_CRC_Error_Count	-O-RC-	199	199	000	-	1

```
||||||_ K auto-keep
|||||__ C event count
||||___ R error rate
|||____ S speed/performance
||_____ O updated online
|_____ P prefailure warning
```

Read SMART Log Directory failed: scsi error badly formed scsi parameters

ATA_READ_LOG_EXT (addr=0x00:0x00, page=0, n=1) failed: scsi error aborted command
Read GP Log Directory failed
...
ATA Error Count: 9883 (device log contains only the most recent five errors)
...
Error 9883 occurred at disk power-on lifetime: 17810 hours (742 days + 2 hours)
...
Error 9882 occurred at disk power-on lifetime: 17810 hours (742 days + 2 hours)

...
Error 9881 occurred at disk power-on lifetime: 17810 hours (742 days + 2 hours)
...

포렌식 이미지 수집 중에는 dmesg나 도구가 출력하는 모든 오류와 실패 메시지를 기록해야 한다. 섹터 읽기에 실패해 0 패딩을 추가하게 될 경우, 이 역시 기록해야 한다(사용 중인 포렌식 수집 도구에 따라, 자체적으로 로깅될 수도 있다).

손상된 드라이브를 위한 대안

이 절에서는 손상된 디스크 수집에 도움이 될 만한 추가 팁과 의견을 제시한다.

어떤 경우에는 디스크가 차가울 때 몇 분만 정상적으로 동작하고 이후에는 불안정하거나 접근이 불가능해진다. 디스크 오류가 나기 전 몇 분만 정상적으로 동작하더라도, 반복적으로 복구를 재시작하는 방식으로 이미지를 수집할 수 있다. 114쪽의 "데이터 복구 도구"에 언급된 몇몇 도구는 최근 복구 시도의 상태가 담긴 파일을 관리한다. 복구 작업을 임의로 중단하고 추후에 그 지점에서부터 재개할 수 있다.

잠시 동안 드라이브 이미지 수집을 시도한 후, 드라이브가 식을 때까지 기다리고 재시도하라. 디스크가 과열되면 접근 문제들이 심화되는 경우도 있다. 이 상황에서도 디스크 복구 도구의 재시작 기능이 유용하다.

드라이브 전자 인터페이스(electronics) 문제가 의심되고 (제조사, 모델, 펌웨어 버전까지) 동일한 또 다른 정상 드라이브[34]가 제공되는 경우, 임시로 드라이브 인터페이스만 교체하면 복구할 수 있다. 디스크를 열어볼 필요까지는 없기 때문에 (먼지 등에 의한) 손상이 발생할 가능성은 매우 적다.

전문 데이터 복구 기관들은 숙련된 직원들이 드라이브를 열어 헤드를 제거하고 액추에이터

---

34 데이터 복구 산업에서는 기증자(donor) 드라이브라고 한다.

를 교체하는 등의 정교한 작업을 수행할 수 있는 클린룸을 보유하고 있다. 적절한 환경, 장비와 훈련 없이 이 작업들을 시도하면 안 된다. 클린룸이 아닌 곳에서 열면 먼지 입자에 노출돼 디스크가 손상된다.

손상된 광학 매체

앞에서 언급한 대부분의 도구가 광학 매체에서도 동작한다. 광학 매체를 위한 기능이나 특별한 작동 방식을 추가한 도구도 있다.

ddrescue는 광학 매체에서는 섹터 크기를 2048바이트로 지정할 것을 권장한다. 다음은 ddrescue가 손상된 CD-ROM을 복구하는 예시다.

```
# ddrescue -b 2048 /dev/cdrom cdrom.raw
GNU ddrescue 1.19
Press Ctrl-C to interrupt
rescued:    15671 kB,  errsize:    3878 kB,  current rate:        0 B/s
   ipos:   408485 kB,   errors:     126,     average rate:   12557 B/s
   opos:   408485 kB, run time:   20.80 m,  successful read:    31 s ago
Copying non-tried blocks... Pass 2 (backwards)
```

ddrescue가 블록 복구를 위해 CD-ROM을 반대 방향으로 읽는다는 점에 주목하라.

부분적으로 복구는 가능하지만 파일 시스템이 손상된 광학 디스크의 경우, 카빙 도구들로 파일만 추출할 수 있다. dares 카버(ftp://ftp.heise.de/pub/ct/ctsi/dares.tgz)는 광학 디스크를 위해 고안된 데이터 카버로, 여러 광학 디스크 파일 시스템 형식을 지원한다.

이 절에서는 디스크 손상과 오류 관리에 대해 다뤘다. 드라이브 손상과 오류는 실제로 일어나는 일이며, 전체 또는 일부 데이터의 손실로 이어진다. 드라이브에 문제가 발생하면 반드시 오류 내용을 문서화하고 가능하면 영향을 받은 섹터까지 기록해야 한다.

네트워크상의 이미지 수집

네트워크상의 디스크를 수집하는 것은 다음 몇 가지 이유로 유용할 수 있다.

- 디스크가 원격지에 있으며, (운영 중단, 자원 부족 등의 관리적인 문제로) 디스크를 물리적으로 확보해 중앙 포렌식 랩으로 보내기 어려운 경우

- 시급한 사고의 경우, 배송 지연 없이 최대한 빨리 원격 드라이브 이미지가 필요한 경우(네트워크 대역폭, 디스크 크기, 배송 시간을 고려하면 디스크를 직접 배송하는 것이 더 빠를 수도 있다)[35]

- 포렌식 연구소에 물리적으로 디스크를 분리하기 어려운 컴퓨터가 있는 경우. 컴퓨터의 디자인, 도구의 부족, 증거의 손상이나 파괴 위험성이 그 이유가 될 수 있음

일반적으로 직접 디스크를 확보하는 것은 큰 기업의 대규모 환경에서는 비효율적이기 때문에 대체로 원격에서 디스크를 수집하고 초동 조치가 가능한 기업용 솔루션을 배포한다. 전통적으로는 EnCase Enterprise가 있고, 새로운 기업들이 유사한 제품으로 시장에 진입 중이다.

디스크 이미징에 있어 네트워크를 통해 포렌식 이미지를 수집하는 데에는 여러 가지 방법이 있다. 대다수 솔루션이 선택하는 방법은 원격 머신에서 포렌식 CD를 부팅하고, 네트워크를 연결한 후 dd 출력을 네트워크 파이프 처리해 파일로 출력하는 것이다. dd와 netcat을 이용하면 이 방법을 직접 시도할 수도 있다. 안전한 연결을 위해 ssh나 netcat의 보안 대체용인 socat와 cryptcat를 사용할 수도 있다.

이 절에서는 안전한 네트워크 연결을 위해 ssh를 사용하는 몇 가지 예제를 제공한다. 하지만 일단은 포렌식 수집을 염두에 두고 고안된 rdd부터 살펴보자.

---

35 앤드류 타넨바움(Andrew S. Tanenbaum)이 이에 적합한 말을 했다.
    "마그네틱 테이프로 가득찬 스테이션 왜건이 고속도로를 달릴 때의 대역폭을 과소평가하지 마라."

rdd를 이용한 원격 포렌식 수집

네트워크상의 디스크 이미지 수집을 위해 고안된 rdd는 네덜란드 포렌식 학회에서 개발된 도구다. rdd는 해싱, 로깅, 압축, 오류 처리, 파일 분할, 진행률 표시, 통계를 포함한 다수의 유용한 기능을 갖고 있다. 컴파일 시 EWF 출력을 지원하도록 할 수도 있다. rdd는 클라이언 트–서버 모델을 적용하며, (포렌식 부팅 CD로 부팅한) 대상 컴퓨터가 클라이언트, 조사관 컴퓨 터가 서버로 동작한다. 수집은 서버(조사관 컴퓨터)에서 접속을 기다리는 프로세스를 가동한 후 클라이언트에서 수집 스크립트를 실행해 이뤄진다.

rdd는 자체적인 보안 기능이 없다. 그 대신 VPN, 시큐어 셸이나 동일한 기능을 하는 소프트 웨어로 보안을 유지해야 한다. rdd를 신뢰할 수 없거나 악성 네트워크상에서 사용할 경우, 네트워크 트래픽을 암호화해야 하며, 열려 있는 TCP 포트들은 노출되지 않아야 한다. 이를 위해서는 안전한 네트워크 채널을 구성하고 수집을 시작하는 2단계의 절차를 밟으면 된다.

그러나 rdd는 보안이 없더라도 신뢰된 네트워크 구간이나 보호된 랩 환경에서 또는 직접 크 로스 이더넷 케이블을 사용하거나 두 컴퓨터를 파이어와이어 케이블로 연결한 경우에는 여 전히 유용하다(파이어와이어 인터페이스를 네트워크 인터페이스로 사용할 수 있다).

다음 예시와 같이 조사관 워크스테이션에서 –S를 명시해 rdd-copy의 서버 모드를 가동할 수 있다. 이 작업은 클라이언트가 가동되기 전에 시작돼야 한다. 방화벽이나 iptables 패킷 필 터링이 TCP 4832(기본 포트)를 차단하지 않도록 해야 한다.

```
# rdd-copy -S --md5 -l server.log
# cat server.log
2016-01-13 01:34:21 +0100:
2016-01-13 01:34:21 +0100: 2016-01-13 01:34:21 CET
2016-01-13 01:34:21 +0100: rdd version 3.0.4
...
2016-01-13 01:34:21 +0100: rdd-copy -S --md5 -l server.log
2016-01-13 01:34:21 +0100: ========== Parameter settings ==========
2016-01-13 01:34:21 +0100: mode: server
2016-01-13 01:34:21 +0100: verbose: no
```

```
2016-01-13 01:34:21 +0100: quiet: no
2016-01-13 01:34:21 +0100: server port: 4832
2016-01-13 01:34:21 +0100: input file: <none>
2016-01-13 01:34:21 +0100: log file: server.log
...
2016-01-13 01:37:05 +0100: === done ***
2016-01-13 01:37:05 +0100: seconds: 147.787
2016-01-13 01:37:05 +0100: bytes written: 7918845952
2016-01-13 01:37:05 +0100: bytes lost: 0
2016-01-13 01:37:05 +0100: read errors: 0
2016-01-13 01:37:05 +0100: zero-block substitutions: 0
2016-01-13 01:37:05 +0100: MD5: a3fa962816227e35f954bb0b5be893ea
...
```

원격의 수집 대상 컴퓨터에서는 -C로 rdd-copy의 클라이언트 모드를 가동한다. 입력 장치는 대상 컴퓨터에 직접 연결된 어떤 장치라도 될 수 있다(이 예제에서는 원격의 USB 메모리였다). -O 로 지정하는 출력 파일은 네트워크 위치도 지정할 수 있다. 클라이언트는 서버에게 수집 이 미지를 어떤 파일에 저장할지 지정하는데, 호스트명:/파일/경로 형식의 전통적인 UNIX 규 칙을 쓴다.

```
# rdd-copy -C --md5 -l client.log -I /dev/sde -O -N lab-pc:/evi/image.raw
# cat client.log
2016-01-13 01:34:37 +0100:
2016-01-13 01:34:37 +0100: 2016-01-13 01:34:37 CET
2016-01-13 01:34:37 +0100: rdd version 3.0.4
...
2016-01-13 01:34:37 +0100: rdd-copy -C --md5 -l client.log -I /dev/sde -O -N
    lab-pc:/evi/image.raw
2016-01-13 01:34:37 +0100: ========== Parameter settings ==========
2016-01-13 01:34:37 +0100: mode: client
2016-01-13 01:34:37 +0100: verbose: no
2016-01-13 01:34:37 +0100: quiet: no
2016-01-13 01:34:37 +0100: server port: 4832
```

```
2016-01-13 01:34:37 +0100: input file: /dev/sde
2016-01-13 01:34:37 +0100: log file: client.log
2016-01-13 01:34:37 +0100: output #0
2016-01-13 01:34:37 +0100:     output file: /evi/image.raw
2016-01-13 01:34:37 +0100:         segment size: 0
2016-01-13 01:34:37 +0100:         output as ewf compression: no ewf
2016-01-13 01:34:37 +0100:         output host: lab-pc
2016-01-13 01:34:37 +0100:         output port: 4832
…
2016-01-13 01:37:05 +0100: === done ***
2016-01-13 01:37:05 +0100: seconds: 147.787
2016-01-13 01:37:05 +0100: bytes written: 7918845952
2016-01-13 01:37:05 +0100: bytes lost: 0
2016-01-13 01:37:05 +0100: read errors: 0
2016-01-13 01:37:05 +0100: zero-block substitutions: 0
2016-01-13 01:37:05 +0100: MD5: a3fa962816227e35f954bb0b5be893ea
…
```

클라이언트와 서버 모두 -l 옵션으로 로그 파일을 지정하고, 해시 알고리즘을 지정해 전송 완료 후 로그를 검증한다. 클라이언트나 서버 (또는 양쪽 모두)에 -P 1을 추가해 진행률을 모니터링할 수 있다.

ssh로 안전한 원격 이미지 수집

rdd를 사용할 수 없는 상황에서는 조사관 컴퓨터나 수집 대상 드라이브가 연결된 원격 컴퓨터 어느 쪽에서든 ssh만을 사용해 기본적인 이미지 수집을 할 수 있다. 다음 예시는 원격 컴퓨터가 시작한 세션의 시큐어 셸로 원격에서 디스크(이 예에서는 원격 컴퓨터에 꽂힌 USB 드라이브)를 수집하는 방법이다.

```
# dd if=/dev/sdb | ssh lab-pc "cat > sandisk-02028302BCA1D848.raw"
7856127+0 records in
7856127+0 records out
```

```
4022337024 bytes (4.0 GB) copied, 347.411 s, 11.6 MB/s
```

dd는 로컬에서 실행되고, 그 출력이 ssh 명령으로 파이프 처리된다. 시큐어 셸은 조사관의 cat 프로그램으로 이 데이터 스트림을 파이프 처리한다. cat 프로그램의 출력은 조사관 컴퓨터의 파일에 기록된다. 명령이 완료되면 다른 포렌식 도구로 검사할 수 있는 원시 이미지를 얻는다.

이와 반대로 조사관 워크스테이션에서 시큐어 셸을 열고 조사 대상 디스크가 연결된 원격 컴퓨터에 접속해 이미지를 수집할 수도 있다. 다음 예시가 바로 조사관 컴퓨터에서 동일한 USB를 수집하는 방법이다.

```
# ssh remote-pc "dd if=/dev/sdb" > sandisk-02028302BCA1D848.raw
7856127+0 records in
7856127+0 records out
4022337024 bytes (4.0 GB) copied, 343.991 s, 11.7 MB/s
```

이 예시에서 시큐어 셸은 원격 (대상) 기기에서 dd 명령을 실행한다. 원격 dd 명령의 출력은 로컬 ssh 명령의 출력이 되고, 이 내용은 다시 파일로 기록된다. 명령이 모두 실행되면 조사관 컴퓨터에 분석할 수 있는 이미지가 생성된다. 이 절에서 사용한 기초적인 dd 명령 대신 dcfldd, dc3dd나 표준 출력으로 이미지를 수집하는 어떤 수집 도구라도 사용할 수 있다. 다음 예시들은 DEFT 리눅스 부팅 CD로 부팅된 원격 컴퓨터에서 데이터를 수집하는 방법들이다. 이 예시에서는 hdparm, smartctl, lshw 데이터가 수집되고 조사관 워크스테이션에 저장된다.

```
# ssh remote-pc "hdparm --dco-identify /dev/sda" > dco.lenovo-W38237SJ.txt
# ssh remote-pc "hdparm -I /dev/sda" > hdparm.lenovo-W38237SJ.txt
# ssh remote-pc "smartctl -x /dev/sda" > smartctl.lenovo-W38237SJ.txt
# ssh remote-pc "lshw" > lshw.lenovo-W38237SJ.txt
```

방금과 같이 ssh는 원격 기기에서 다양한 명령을 실행하고, 그 결과는 로컬 (조사관) 워크스테이션의 파일로 저장된다. 물리적인 디스크와 수집된 데이터 파일들의 자명한 상관 관계를 보증하기 위해, 파일명에는 디스크의 시리얼 번호가 포함된다.

SquashFS 증거 보관소로 원격 수집

이전에 보인 것과 같이, SquashFS는 sfsimage로 수집한 로컬 디스크에 대한 포렌식 증거 보관소로 사용될 수 있다. sfsimage 스크립트는 원격 머신의 디스크를 SquashFS 증거 보관소에 직접 이미징할 수도 있다. 여기서는 2개의 예시가 있다.

원격 dd 출력을 ssh로 파이프 처리해 로컬의 sfsimage 명령으로 보내고, 원시 이미지가 담긴 SquashFS 포렌식 증거 보관소를 생성할 수 있다.

```
$ ssh root@remote-pc "dd if=/dev/mmcblk0" | sfsimage -i - remote-pc.sfs
Started: 2016-05-08T10:30:34
Sfsimage version: Sfsimage Version 0.8
Sfsimage command: /usr/bin/sfsimage -i
Current working directory: /home/holmes
Forensic evidence source:
Destination squashfs container: remote-pc.sfs
Image filename inside container: image.raw
Aquisition command: sudo dc3dd log=errorlog.txt hlog=hashlog.txt hash=md5
    2>/dev/null | pv -s 0
31116288+0 records inMiB/s] [   <=>        ]
31116288+0 records out
15931539456 bytes (16 GB, 15 GiB) copied, 597.913 s, 26.6 MB/s
14.8GiB 0:09:58 [25.4MiB/s] [   <=>     ]
Completed: 2016-05-08T10:40:32
```

이 예시에서는 root 계정으로 원격 컴퓨터에 접속(root@remote-pc)하고 있으며, 원격 미디어 카드(/dev/mmcblk0)가 dd 출력에 의해 표준 출력으로 이미징되고 있다. 표준 출력 스트림은 ssh 연결을 통해 로컬의 sfsimage 명령으로 전송되고, 이때 -(표준 입력)가 입력 파일로 지정된다.

두 번째 방법은 동일한 원리를 적용하지만 sfsimage 셸 스크립트의 변수들을 지정한다. sfsimage의 config() 블록이나 별도의 sfsimage.conf 파일을 통해 sfsimage의 동작 방식을 제어할 수 있는 변수들과 환경 설정을 지정할 수 있다. DD 변수를 ssh 명령으로 지정하면 mksquashfs가 ssh를 통해 원격 머신으로부터 데이터를 입력받을 수 있게 된다. 현재 디렉터리에 있는 설정 파일은 다음과 같다.

```
$ cat sfsimage.conf
DD="ssh root@remote-pc \"dd if=/dev/mmcblk0\""
SQSUDO=""
```

DD 변수의 큰따옴표는 이스케이프 처리를 해야 한다. SQSUDO 변수는 로컬 루트 권한이 필요하지 않기 때문에 빈 문자열로 남겨 있다. 이 설정 파일을 현재 로컬 디렉터리에 두고 sfsimage를 실행하면 sfsimage의 기본 설정을 덮어쓰게 된다.

이때 주의해야 할 점은 여전히 입력 파일은 붙임표(-)로 지정해야 한다는 것인데, DD 변수의 ssh 명령에 의해 입력이 표준 입력으로 파이프 처리되기 때문이다. sfsimage를 사용한 원격 수집은 다음과 같은 방식으로 진행된다.

```
$ sfsimage -i - remote-pc.sfs
Started: 2016-05-08T10:56:30
Sfsimage version: Sfsimage Version 0.8
Sfsimage command: /usr/bin/sfsimage -i
Current working directory: /home/holmes
Forensic evidence source:
Destination squashfs container: remote-pc.sfs
Image filename inside container: image.raw
Aquisition command: ssh root@remote-pc "dd if=/dev/mmcblk0" 2>/dev/null | pv -s 0
14.8GiB 0:09:03 [ 28MiB/s] [            <=>             ]
```

264

Completed: 2016-05-08T11:05:33

이 DD 설정 예시를 든 이유는 일단 원격 네트워크 이미징 명령들을 sfsimage에 녹여낼 수 있는 가능성을 제시하기 위함이다. 일반적으로 설정 파일에 복잡한 수집 명령을 추가함으로써 sfsimage 스크립트의 동작 방식을 변경할 수 있다.

원격 디스크를 EnCase나 FTK 형식으로 수집

원격 ssh 명령을 다른 프로그램으로 파이프 처리해 포맷 변환 등의 작업을 수행할 수 있다. 쓸 만한 예시로는 원격으로 원시 이미지를 수집하고 디스크에 쓰는 동시에 Encase/EWF 형식으로 변환하는 것이 있다. 이 예시는 조사관 컴퓨터에서 원격 컴퓨터를 이미징해 *.ewf 파일로 저장한다.

```
# ssh remote-pc "dd if=/dev/sda" | ewfacquirestream -D 16048539022588504422 -t
    eepc-16048539022588504422
ewfacquirestream 20140608

Using the following acquiry parameters:
Image path and filename:          eepc-16048539022588504422.E01
Case number:                      case_number
Description:                      16048539022588504422
Evidence number:                  evidence_number
Examiner name:                    examiner_name
Notes:                            notes
Media type:                       fixed disk
Is physical:                      yes
EWF file format:                  EnCase 6 (.E01)
Compression method:               deflate
Compression level:                none
Acquiry start offset:             0
Number of bytes to acquire:       0 (until end of input)
```

```
Evidence segment file size:            1.4 GiB (1572864000 bytes)
Bytes per sector:                      512
Block size:                            64 sectors
Error granularity:                     64 sectors
Retries on read error:                 2
Zero sectors on read error:            no


Acquiry started at: Jun 22, 2015 21:22:47
This could take a while.
…
Status: acquired 3.7 GiB (3999301632 bytes)
        in 7 minute(s) and 38 second(s) with 8.3 MiB/s (8732099 bytes/second).


7815024+0 records in
7815024+0 records out
4001292288 bytes (4.0 GB) copied, 451.948 s, 8.9 MB/s
Acquiry completed at: Jun 22, 2015 21:30:25

Written: 3.7 GiB (4001526432 bytes) in 7 minute(s) and 38 second(s) with 8.3 MiB/s
    (8736957 bytes/second).
MD5 hash calculated over data:         e86d952a68546fbdab55d0b205cd1c6e
ewfacquirestream: SUCCESS
```

이 예제에서 컴퓨터명(eepc)과 시리얼 번호(16048539022588504422)가 이미지 파일명에 포함
된다. 실행이 완료되면 dd 명령의 최종 출력이 표시되고, ewfacquirestream 완료 메시지가
바로 그 다음에 나타난다. EnCase, Sleuth Kit이나 EWF를 지원하는 어떤 도구라도 사용해
수집된 이미지를 포렌식적으로 분석할 수 있다.

```
# ls -l eepc-16048539022588504422.
-rw-r----- 1 root root 1572852270 Jun 22 21:30 eepc-16048539022588504422.E01
-rw-r----- 1 root root 1572851461 Jun 22 21:30 eepc-16048539022588504422.E02
-rw-r----- 1 root root  857059301 Jun 22 21:30 eepc-16048539022588504422.E03
```

ewfacquirestream에 추가 플래그값으로 사건 메타데이터 정보를 추가하고, 압축률을 증가 시키는 등의 여러 기능을 사용할 수 있다. 더 많은 정보를 위해서는 ewfacquirestream(1) 매뉴얼을 참고하라.

Copy-On-Write 스냅샷을 통한 라이브 이미징

수집하려는 디스크에서 운영 체제가 실행 중인 상태로 라이브 시스템의 포렌식 이미지를 생 성하는 것은 보통 무의미하다. 섹터별 이미지를 수집하는 동안에도 파일 시스템은 계속 변경 되고, 결과적으로 파일 시스템의 이미지 복제본은 손상되고 모순 상태에 빠진다.

그러나 원격으로 이미지 수집이 필요할 때 포렌식 부팅 CD로 시스템을 부팅하는 것이 쉽지 않을 수 있다. 가동을 중지할 수 없는 라이브 서버의 경우에는 백업 시 파일 시스템을 동결시 키는 방법을 똑같이 적용할 수도 있다. Copy-on-Write(CoW) 파일 시스템으로 구성된 시 스템에서는 파일 시스템 스냅샷들이 블록 장치(논리 볼륨 관리자(LVM) 등)와 연계된 경우, 상 당량의 포렌식 이미징이 가능할 수 있다. CoW 파일 시스템이 스냅샷을 위해 연결된 블록 장 치가 없을 경우에도, 적어도 파일 단위 수집을 위해 파일을 동결시킬 수는 있다.

만약 대상 시스템이 클라우드 기반 가상 머신일 경우, 클라우드 제공자가 스냅샷 이미지를 제공하지 않는다면 라이브 시스템을 네트워크상에서 수집할 수밖에 없다.

이동식 매체 수집

이동식 매체는 드라이브 장치가 별도의 매체 없이 시스템에 연결돼 동작할 수 있다는 점에서 독특하다. 매체를 삽입한 후에야 포렌식 수집을 위해 블록 장치에 접근할 수 있게 된다. USB 플래시 드라이브는 이동식 장치지만 이동식 매체는 아니다. 메모리 카드 어댑터나 카드 리더 가 아닌 이상 USB 드라이브에서 매체의 분리가 불가능하기 때문이다.

이 절에서는 메모리 카드, 광학 디스크, 자기테이프 등 기본적인 이동식 매체들을 다룬다.

메모리 카드

대부분의 메모리 카드는 일반 드라이브와 비슷하게 동작한다. 메모리 카드의 저장소는 선형으로 연속적인 블록으로 표현되며, 블록 장치들에서 동작하는 도구들을 사용해 접근할 수 있는 일반 드라이브와 같은 모습을 하고 있다. 그림 6-1에서는 마이크로 SD 카드가 SD 카드 어댑터에 삽입되고, 다시 이 어댑터가 컴퓨터에 연결돼 있다. 이렇듯 여러 개의 이동식 매체가 연결된 경우에도 이 매체들은 여전히 블록 장치로 보이는 상태며, 정상적으로 이미징할 수 있다.

그림 6-1 이동식 메모리 카드 어댑터

이 예시에서는 3개의 매체가 모두 수집 호스트에 삽입 및 연결돼 있다. 커널이 이동식 매체를 탐지하고 /dev/sdg 블록 장치를 생성했다.

```
# dmesg
...
```

```
[65396.394080] usb-storage 3-2:1.0: USB Mass Storage device detected
[65396.394211] scsi host21: usb-storage 3-2:1.0
[65397.392652] scsi 21:0:0:0: Direct-Access     SanDisk  SDDR-113       1.00 PQ:
    0 ANSI: 0
[65397.393098] sd 21:0:0:0: Attached scsi generic sg5 type 0
[65398.073649] sd 21:0:0:0: [sdf] 3911680 512-byte logical blocks: (2.00 GB/1.87
    GiB)
[65398.074060] sd 21:0:0:0: [sdf] Write Protect is on
...
```

dmesg 출력에서 보이듯이 SD 어댑터의 쓰기 방지 기능이 활성화된 상태다.

이 예시에서는 Micro SD 카드가 sfsimage 스크립트를 통해 SquashFS 증거 보관소로 이미
징된다.

```
$ sfsimage -i /dev/sdf MicroSD.sfs
Started: 2016-05-08T11:19:35
Sfsimage version: Sfsimage Version 0.8
Sfsimage command: /usr/bin/sfsimage -i /dev/sdf
Current working directory: /home/holmes
Forensic evidence source: if=/dev/sdf
Destination squashfs container: MicroSD.sfs
Image filename inside container: image.raw
Aquisition command: sudo dc3dd if=/dev/sdf log=errorlog.txt hlog=hashlog.txt
    hash=md5 2>/dev/null | pv -s 2002780160
1.87GiB 0:02:34 [12.3MiB/s] [=======================================>] 100%
Completed: 2016-05-08T11:22:10
```

이미징이 종료되면 (마운트되지 않았다는 가정하에) 카드 리더에서 메모리 카드를 안전하게 제
거할 수 있다.

광학 디스크

여러 종류의 광학 매체들은 물리 및 화학적 성질이 각각 다르다. 그러나 연결된 광학 드라이브에 이 매체들을 삽입하고 나면, 차이점보다는 공통점이 더 많다. 가장 일반적인 디스크들(DVD, CD-ROM과 블루레이)은 2048바이트 크기의 섹터가 선형으로 연속 배치돼 있다(테이프와 유사하지만, 나선형으로 돼 있다). 세 가지 디스크의 차이점은 (장치 하드웨어에 의해 추상화되는) 데이터 비트의 밀도와 디스크 용량이다.

데이터 디스크 수집 자체는 단순하며, 플래시 매체나 하드 디스크 수집과 유사하다. dc3dd로 광학 매체를 수집하는 예시는 다음과 같다.

```
# dc3dd if=/dev/cdrom of=datacd.raw

dc3dd 7.2.641 started at 2016-01-13 23:04:31 +0100
compiled options:
command line: dc3dd if=/dev/cdrom of=datacd.raw
device size: 331414 sectors (probed),  678,735,872 bytes
sector size: 2048 bytes (probed)
   678735872 bytes ( 647 M ) copied ( 100% ), 142 s, 4.5 M/s

input results for device `/dev/cdrom':
   331414 sectors in
   0 bad sectors replaced by zeros

output results for file `datacd.raw':
   331414 sectors out

dc3dd completed at 2016-01-13 23:06:53 +0100
```

일반적인 포렌식 도구로 datacd.raw 이미지 파일을 분석할 수 있다.

콤팩트 디스크 디지털 오디오(CDDA)나 음악 CD의 복구는 데이터 디스크와는 다르다. 이 CD들 안에는 펄스 부호 변조(PCM) 인코딩 비트 스트림의 나열로 구성된 음악 트랙들이 담겨 있다. 데이터 CD와 달리 이 경우에는 어느 정도의 오류를 감수할 수 있다. 이런 이유로 CDDA 복구나 정렬 오류, 프레임 지터[36]와 같은 드라이브 문제들을 해결하기 위한 도구들이 만들어졌다. 대부분의 CDDA 도구는 CD 트랙을 (특정 오디오 포맷으로 다시 인코딩된) 오디오 파일로 변환하는 단순 음악 CD 추출기다. 이 예제에서는 cdparanoia를 이용해 PCM 데이터를 추출한다.

```
# cdparanoia --output-raw --log-summary 1- cdda.raw
cdparanoia III release 10.2 (September 11, 2008)


Ripping from sector       0 (track  1 [0:00.00])
        to sector   251487 (track 15 [4:58.72])

outputting to cdda.raw

(== PROGRESS == [                               | 251487 00 ] == :^D * ==)

Done.
```

이 명령은 전체 음악 CD를 모든 오디오 트랙이 담긴 하나의 원시 PCM 오디오 이미지 파일로 변환한다. 이 파일을 오디오 분석 소프트웨어에서 열어볼 수 있다. 오디오 데이터가 변환되거나 다시 인코딩되지 않았기 때문에 오디오 품질의 손실이나 하락이 발생하지 않는다.

디지털 권한 관리(DRM)와 지역 제한이 걸린 DVD와 블루레이 디스크는 복구하기 까다롭다. 암호화된 콘텐츠를 복구하기 위한 리눅스 도구와 명령들이 존재하지만, 이 책에서는 의도적으로 다루지 않았다.

---

36   cdparanoia가 개발될 때는 오늘날보다 CD 드라이브의 품질 문제가 더 많았다.

자기테이프

테이프는 이제 가정에서 본질적으로 사라졌다. 그러나 여전히 중소기업 및 대기업 등에서는 백업과 기록 보관을 위해 사용되고 있다. 드문 일이겠지만, 테이프로부터 데이터를 복구해 달라는 요청을 받을 수도 있다. 예를 들어 기업 포렌식 랩에서는 부서 개편이나 이전할 때 오래된 테이프가 발견되는 경우가 있다.

역사적으로 인기 있던 테이프는 4mm DAT, 8mm Exabyte와 DLT 테이프다. 오늘날 가장 일반적으로 사용되는 것은 LTO와 8mm DAT다. 이 테이프들의 최대 원시/압축 저장 용량은 DAT-320의 경우 160GB(원시)/320GB(압축), LTO-7은 6TB(원시)/15TB(압축)다. 최신 LTO 드라이브는 암호화된 테이프도 지원한다.

최신 테이프 드라이브는 SAS나 파이버 채널 인터페이스로 호스트 시스템과 연결된다. 역사적으로 거의 모든 테이프 드라이브들은 SCSI 스트림 명령(SSC) 표준을 준수했다(가장 최신은 SSC-5다).

테이프 기술은 자체적인 '파일'의 개념을 사용하고, 이 파일들은 테이프에 순차적으로 배치된다. 테이프 파일은 보통 백업이나 기록 보관 소프트웨어에 의해 작성된 백업 기록으로 구성된다. 테이프 파일들은 디스크 드라이브나 광학 디스크처럼 랜덤 접근이 불가능하다. 그 대신, 파일 번호가 시작하는 위치로 이동하거나 간격을 띄운 후 파일의 끝부분까지 논리적 블록을 읽어들여 파일에 접근한다.

테이프에는 테이프 드라이브에 헤드 위치 정보를 알려주는 다양한 지표를 갖고 있다(그림 6-2 참고). 여기에서 이해하고 넘어갈 만한 지표들은 다음과 같다.

- BOT와 BOM(Beginning of Tape or Media, 테이프 또는 매체 시작점)은 드라이브가 어디서부터 데이터를 읽고 쓸 수 있는지 알려준다.
- EOF(End of File, 파일의 끝)은 드라이브에 테이프 파일의 끝을 알린다.
- EOD(End of Data, 데이터의 끝)는 드라이브에 기록된 데이터의 끝부분에 도달했음을 알린다(마지막 테이프 파일 직후에 발견된다). 여기까지가 테이프의 논리적 끝부분이다.

- PEOT, EOT나 EOM((Physical) End of Tape or Media, 테이프 또는 매체 (물리적) 종료점) 은 드라이브에 물리적인 테이프 길이의 끝에 도달했음을 알린다.

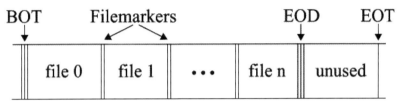

그림 6-2 테이프의 파일과 지표

포렌식을 위해 테이프를 수집할 때는 반드시 EOD 지표(테이프상의 읽을 수 있는 마지막 파일)까 지의 모든 파일을 복사해야 한다. 표준 SCSI 명령으로 테이프의 EOD 지점을 지나 읽는 것 은 불가능하다. 어떤 포렌식 회사들은 EOD 너머의 데이터까지 복구할 수 있는 특화된 하드 웨어와 서비스를 제공하기도 한다.

dd 기반 도구를 사용하면 테이프에서 파일을 추출할 수 있다. 다음 예제에서는 3개의 파일 이 테이프에서 복구된다. 모든 파일이 복사되기 전에 드라이브가 되감아지는 것을 막기 위해 테이프 접근 시 (테이프를) 되감지 않는 장치를 선택하는데, 통상 리눅스에서는 /dev/nst0를 사용한다. 모든 파일이 추출됐음을 표시하는 "0+0 records in" 메시지가 표시되기 전까지는 똑같은 명령이 항상 동일한 입력 장치를 지정해 (테이프의 다음 파일을 가져오게 된다) 반복적으 로 수행된다.

```
# dcfldd if=/dev/nst0 of=file0.tape hashlog=hash0.log
0+46 records in
14+1 records out
# dcfldd if=/dev/nst0 of=file1.tape hashlog=hash1.log
22016 blocks (688Mb) written.
0+70736 records in
22105+0 records out
# dcfldd if=/dev/nst0 of=file2.tape hashlog=hash2.log
256 blocks (8Mb) written.
0+1442 records in
```

```
450+1 records out
# dcfldd if=/dev/nst0 of=file3.tape hashlog=hash3.log
0+0 records in
0+0 records out
```

테이프 파일들이 복구된 후에는 파일 유형을 분석할 수 있다. 어떤 기록 또는 백업 형식이 사
용됐는지 판별하는 일에는 기본적인 파일 타입 프로그램만 있어도 되는 경우가 종종 있다.
이 예제에서는 2개의 .tar 파일과 하나의 .dump 파일이 추출됐다.

```
# ls -l
total 722260
-rw-r----- 1 root root    471040 Jan 14 01:46 file0.tape
-rw-r----- 1 root root 724336640 Jan 14 01:46 file1.tape
-rw-r----- 1 root root  14766080 Jan 14 01:47 file2.tape
-rw-r----- 1 root root         0 Jan 14 01:47 file3.tape
-rw-r----- 1 root root        46 Jan 14 01:46 hash0.log
-rw-r----- 1 root root        46 Jan 14 01:46 hash1.log
-rw-r----- 1 root root        46 Jan 14 01:47 hash2.log
-rw-r----- 1 root root        46 Jan 14 01:47 hash3.log
# file *.tape
file0.tape: POSIX tar archive (GNU)
file1.tape: POSIX tar archive (GNU)
file2.tape: new-fs dump file (little endian), Previous dump Thu Jan 14 01:39:29
    2016, This dump Thu Jan 1 01:00:00 1970, Volume 1, Level zero, type: tape
    header, Label none, Filesystem / (dir etc), Device /dev/sdf1, Host lab-pc,
    Flags 3
file3.tape: empty
```

각 hash*.log 파일들은 추출된 테이프 파일에 대한 개별 MD5 해시 값을 별도로 보관한다.
이 예시에서 file3.tape는 비어 있고, 무시해도 된다.

RAID와 멀티디스크 시스템

RAID[Redundant Array of Independent Disks] 시스템의 포렌식 수집은 많은 문제를 야기하며, 수집의 완료까지는 추가 절차가 필요할 수 있다. 수많은 디스크를 이미징해야 할 수도 있기 때문에 용량 계획이 중요하다.

이 절에서는 RAID의 개별 디스크들이 각각 따로 수집돼 수집 워크스테이션에 존재한다고 가정한다. 이 절의 목적은 수집된 디스크들을 재조합해 메타 장치 계층을 파일이나 블록 장치처럼 접근하고 포렌식 도구들을 사용할 수 있게 하는 것이다.

일반적인 RAID 시스템은 디스크의 시작 부분(또는 가끔은 끝부분)에 자기만의 헤더 정보를 기록한다. 이 헤더는 고유 식별자(UUID), 디스크 배열명, 타임스탬프, RAID 세부 설정 그리고 기타 관리 정보를 포함한다.

상용 RAID 수집

하드웨어 RAID 컨트롤러가 사용돼 오프라인 상태에서 RAID를 재조합할 소프트웨어가 없을 경우, RAID 디스크를 그대로 복제하고 물리적으로 컨트롤러가 설치된 조사 시스템에서 부팅해야 할 수도 있다.

이 절의 예시는 리눅스 소프트웨어 RAID에 집중하지만, 상용 RAID 시스템의 수집과 분석을 지원하는 오픈 소스 도구들이 많다. 데비안 소프트웨어 저장소에는 이런 도구들을 포함하는 다음과 같은 패키지들이 있다.

- dpt-i2o-raidutils   Adaptec I2O 하드웨어 RAID 관리 유틸리티
- array-info   일부 RAID 타입의 RAID 상태를 보고하는 명령 줄 도구
- cciss-vol-status   HP의 SmartArray RAID 볼륨 상태 검사기
- cpqarrayd   HP의 (Compaq) SmartArray 컨트롤러 모니터링 도구
- dpt-i2o-raidutils   Adaptec I2O 하드웨어 RAID 관리 유틸리티
- mpt-status   mpt (등의) HW RAID 컨트롤러의 RAID 상태를 읽는 도구

- varmon   VA RAID 모니터링

이 소프트웨어 패키지 외에도 dmraid는 몇 가지 상용 포맷에 대해 RAID 메타데이터를 식별할 수 있다. 다음과 같이 -l 플래그를 사용해 지원하는 형식의 목록을 찾을 수 있다.

```
# dmraid -l
asr     : Adaptec HostRAID ASR (0,1,10)
ddf1    : SNIA DDF1 (0,1,4,5,linear)
hpt37x  : Highpoint HPT37X (S,0,1,10,01)
hpt45x  : Highpoint HPT45X (S,0,1,10)
isw     : Intel Software RAID (0,1,5,01)
jmicron : JMicron ATARAID (S,0,1)
lsi     : LSI Logic MegaRAID (0,1,10)
nvidia  : NVidia RAID (S,0,1,10,5)
pdc     : Promise FastTrack (S,0,1,10)
sil     : Silicon Image(tm) Medley(tm) (0,1,10)
via     : VIA Software RAID (S,0,1,10)
dos     : DOS partitions on SW RAIDs
```

dmraid 도구는 (dmsetup 도구로 오류를 시뮬레이션했던) 249쪽의 "드라이브 고장과 오류 관리"에서 다룬 장치 매퍼 기술을 똑같이 사용한다. dmraid(8) 매뉴얼 페이지에는 상용 RAID 설정을 재조합하는 몇 가지 예제가 제공된다.[37]

JBOD와 RAID-0 스트라이프 디스크

JBOD(단순 디스크 묶음)는 하나의 논리적 드라이브에 여러 디스크가 (성능이나 중복을 위한 어떠한 RAID 설정도 없이) 연결된 것을 의미하는 용어다. 단일 JBOD 장치에 여러 디스크를 연결하기 위해 dmsetup 명령을 사용할 수 있다.

---

37 Heinz Mauelshagen, "dmraid - Device-Mapper RAID Tool: Supporting ATARAID Devices via the Generic Linux Device-Mapper." 2005년 7월, 오타와 온타리오의 리눅스 심포지엄에 제출된 논문이다. - 옮긴이

다수의 디스크로 구성된 장치를 꾸릴 경우, 장치, 오프셋, 매핑이 정의된 별도의 테이블 파일이 있는 것이 좋다. 이 간단한 텍스트 파일에 디스크 정보가 담긴 코멘트도 포함할 수 있다.

다음 예시에는 서로 다른 용량의 3개 디스크로 구성된 JBOD(디스크 용량과 무관하게 조합할 수 있는 것이 특징이다)가 있다. JBOD 장치 매퍼 테이블 파일(여기서는 jbod-table.txt)은 세 디스크가 어떻게 연결돼 있는지 정의한다. 테이블 파일을 입력으로 설정하고 dmsetup을 실행해 /dev/mapper에 장치를 생성할 수 있다.

```
# cat jbod-table.txt
0          15589376 linear /dev/sdm 0
15589376 15466496 linear /dev/sdn 0
31055872 15728640 linear /dev/sdo 0
# dmsetup create jbod < jbod-table.txt
```

이 테이블은 /dev/mapper에 나타나는 장치 파일을 이루고 있는 3개의 매핑을 정의한다. 파일의 라인들이 각각 정의하는 내용은 매퍼 장치의 오프셋, 매핑 대상 섹터 수, 대상의 유형(여기서는 linear), 대상 장치와 그 오프셋(여기서는 전체 장치에 관심이 있으므로 섹터 0)이다. 올바른 오프셋 값을 얻는 것은 까다롭고 어느 정도 계산이 필요한 경우도 있다. 문제가 발생할 경우 우선적으로 오프셋을 다시 점검해야 한다.

장치 매퍼 테이블은 매퍼 장치명이 지정된 상태로 dmsetup create 명령으로 파이프 처리된다. 장치가 생성된 후에는 일반적인 포렌식 도구들을 사용할 수 있다. 다음 예시는 새로 만들어진 장치에 Sleuth Kit의 fsstat 명령을 사용하는 모습이다.

```
# fsstat /dev/mapper/jbod
FILE SYSTEM INFORMATION
--------------------------------------------
File System Type: Ext4
Volume Name:
```

```
Volume ID: cfd74d32abd105b18043840bfd2743b3
...
```

매퍼 장치가 더 이상 필요 없게 되면, 다음과 같이 dmsetup 명령으로 장치를 제거할 수 있다.

```
# dmsetup remove /dev/mapper/jbod
```

dmsetup이 사용하는 장치 매퍼 종류들에 대한 추가 정보를 위해서는 dmsetup(8) 매뉴얼 페이지를 참고하라. 장치 매핑을 암호화, 스냅샷, RAID 시스템, 오류가 발생하거나 손상된 디스크를 시뮬레이션(포렌식 도구를 테스트할 때 유용하다)하는 데에도 사용할 수 있다.

RAID-0 디스크는 데이터 중복이 아니라 성능을 위해 존재한다. RAID-0 설정된 디스크 묶음의 용량은 전체 디스크 용량의 총합과 같고, 디스크에 대한 접근은 전체 디스크 배열에 걸쳐 배포된다(디스크가 추가될수록 성능이 증가한다).

만약 RAID-0 배열의 오프셋과 청크^{chunk} 크기를 알고 있다면, dmsetup 도구는 전체 디스크 배열을 나타내는 매퍼 장치를 생성할 수 있다.

다음 예시에서는 2개의 분산 디스크로 구성된 RAID-0 시스템이 수집 호스트에 연결돼 있다. 대상 RAID 시스템이 메타데이터가 담긴 2,048개의 초기 섹터를 갖고 있으며, 청크 크기가 128 섹터라는 것은 알려져 있다. 그러면 다음과 같이 RAID를 구성할 수 있다.

```
# dmsetup create striped --table '0 117243904 striped 2 128 /dev/sda 2048 /dev/sdb
    2048'
```

이 /dev/mapper 장치를 일반적인 파일 시스템 포렌식 도구로 분석할 수 있다. 새로 생성된 장치에 Sleuth Kit의 fls 명령을 실행하는 예시는 다음과 같다.

278

```
# fls /dev/mapper/striped
r/r 4-128-4: $AttrDef
r/r 8-128-2: $BadClus
r/r 8-128-1: $BadClus:$Bad
```

작업이 완료되면 장치를 제거하는 것을 잊지 말아야 한다.

마이크로소프트 동적 디스크

마이크로소프는 논리 볼륨의 관리를 위해 논리 디스크 관리자(LDM)를 만들었는데, 리눅스 기반 도구인 ldmtool로 마이크로소프트 동적 디스크를 분석할 수 있다. 이번 절의 목표는 포렌식 도구를 통해 전체 볼륨을 블록 단위로 접근할 수 있게 만드는 것이다.

이 예시에서 2개의 디스크가 마이크로소프트 LDM이 생성한 볼륨으로 구성된 상태로 수집 호스트에 연결돼 있다. LDM 디스크 묶음은 글로벌 고유 식별자(GUID)로 식별된다. 디스크 들을 디스크 묶음의 GUID로 스캔해 ldmtool show 명령이 사용됐을 때 디스크 묶음에 대해 더 많은 정보를 얻을 수 있다.

```
# ldmtool scan /dev/sda /dev/sdb
[
  "04729fd9-bac0-11e5-ae3c-c03fd5eafb47"
]
# ldmtool show diskgroup 04729fd9-bac0-11e5-ae3c-c03fd5eafb47
{
  "name" : "LENNY-Dg0",
  "guid" : "04729fd9-bac0-11e5-ae3c-c03fd5eafb47",
  "volumes" : [
    "Volume1"
  ],
  "disks" : [
    "Disk1",
```

```
  "Disk2"
  ]
}
```

show 명령은 디스크 묶음명과 GUID, 볼륨명과 디스크명을 제공한다. 매퍼 장치를 생성하기 위해서는 충분한 정보다. GUID와 볼륨명으로 볼륨 장치를 만들어낼 수 있다.

```
# ldmtool create volume 04729fd9-bac0-11e5-ae3c-c03fd5eafb47 Volume1
[
  "ldm_vol_LENNY-Dg0_Volume1"
]
```

이렇게 동적 디스크 파일 시스템에 해당하는 /dev/mapper 장치가 만들어졌다(/dev/sda1 등의 파티션 장치와 동일하다). 이제는 이 장치에서 일반적인 포렌식 분석 도구를 운영할 수 있다. 다음 예시는 Sleuth Kit의 fsstat 명령을 사용한다.

```
# fsstat /dev/mapper/ldm_vol_LENNY-Dg0_Volume1
FILE SYSTEM INFORMATION
--------------------------------------------
File System Type: NTFS
Volume Serial Number: 0CD28FC0D28FAD10
OEM Name: NTFS
Version: Windows XP

METADATA INFORMATION
--------------------------------------------
First Cluster of MFT: 786432
First Cluster of MFT Mirror: 2
Size of MFT Entries: 1024 bytes
Size of Index Records: 4096 bytes
...
```

더 이상 장치가 필요하지 않게 되면, 276쪽의 "JBOD와 RAID-0 스트라이프 디스크"에서와 같이 dmsetup 명령으로 장치를 제거할 수 있다.

RAID-1 미러드 디스크

미러드 디스크의 구조는 단순하며 2개의 동일한 디스크(동기화됐다면 반드시 동일해야 한다)로 구성된다. 각각의 디스크를 별도의 이미지 파일로 수집하라. 미러링 소프트웨어나 하드웨어에 따라, 분석 업무에서는 건너뛰어야 할 헤더가 디스크의 앞 부분의 섹터에 들어 있을 수 있다.

다음 예시는 EXT4 파티션이 담겨 있는 미러드 디스크다. 미러링 소프트웨어(리눅스 소프트웨어 RAID)는 첫 32,768 섹터를 사용하는데, 이 오프셋은 미러링된 파일 시스템에서 물리 디스크의 오프셋이 되고, 다중 장치[38] md0(9)은 오프셋 없이 시작한다.

```
# fsstat /dev/md0
FILE SYSTEM INFORMATION
--------------------------------------------
File System Type: Ext4
Volume Name:
Volume ID: f45d47511e6a2db2db4a5e9778c60685
…
# fsstat -o 32768 /dev/sde
FILE SYSTEM INFORMATION
--------------------------------------------
File System Type: Ext4
Volume Name:
Volume ID: f45d47511e6a2db2db4a5e9778c60685
…
# fsstat -o 32768 /dev/sdg
```

---

38 리눅스 md 드라이버는 원래 미러 장치(mirror device)를 의미했지만, 어떤 운영 체제들은 메타 장치(meta device)라고 부르기도 한다.

FILE SYSTEM INFORMATION

File System Type: Ext4
Volume Name:
Volume ID: f45d47511e6a2db2db4a5e9778c60685

이 예시에서 md0의 파일 시스템은 두 물리 장치(sde와 sdg)의 32K 오프셋에서 동일하게 확인된다. 미러드 디스크의 암호 체크섬이 서로 일치하지 않는 이유는 (고유 디스크 UUID 등) RAID 헤더 정보가 다르고, 디스크들이 서로 완벽히 동기화되지 않았을 수 있기 때문이다.

리눅스 RAID-5

여러 디스크가 리눅스 RAID 어레이의 일부라면, 이들을 개별적으로 수집한 후, 몇 가지 방법으로 재조합할 수 있다. dmsetup 도구는 테이블을 이용해 mdadm에 접근할 수 있는 인터페이스를 제공한다. mdadm 도구는 매핑되거나 루핑된 장치들에서 동작한다. 다음 예시에서는 리눅스 MD RAID-5로 설정된 3개의 드라이브 이미지가 사용된다.

각각의 파티션 테이블을 mmls로 분석한 결과, 각 디스크 이미지(sda.raw, sdb.raw, sdc.raw)의 2048 섹터에 있는 리눅스 RAID 파티션이 확인된다. 이 섹터 오프셋은 (배시 수학 확장 기능으로) 바이트 오프셋으로 변환돼 losetup 명령에 사용된다.

```
# mmls sda.raw
DOS Partition Table
Offset Sector: 0
Units are in 512-byte sectors

      Slot    Start       End         Length      Description
00:   Meta    0000000000  0000000000  0000000001  Primary Table (#0)
01:   -----   0000000000  0000002047  0000002048  Unallocated
02:   00:00   0000002048  0312580095  0312578048  Linux RAID (0xfd)
03:   -----   0312580096  0312581807  0000001712  Unallocated
```

```
# echo $((2048*512))
1048576
```

계산된 바이트 오프셋(2048섹터, 1,048,576바이트)을 이용하면 어레이 디스크 각각에 읽기 전용 루프 장치를 생성할 수 있다.

```
# losetup --read-only --find --show -o 1048576 sda.raw
/dev/loop0
# losetup --read-only --find --show -o 1048576 sdb.raw
/dev/loop1
# losetup --read-only --find --show -o 1048576 sdc.raw
/dev/loop2
```

앞의 명령들은 수집된 3개의 이미지 파일에 해당하는 루프 장치를 생성한다. mdadm을 이용해 어레이를 다음과 같이 재조합할 수 있다.

```
# mdadm -A --readonly /dev/md0 /dev/loop0 /dev/loop1 /dev/loop2
mdadm: /dev/md0 has been started with 3 drives.
```

이제 /dev/md0 장치에 일반적인 포렌식 도구들을 이용해 RAID 메타 디스크 장치에 접근하고 분석할 수 있다. Sleuth Kit의 fsstat 명령을 다음과 같이 사용할 수 있다.

```
# fsstat /dev/md0
FILE SYSTEM INFORMATION
--------------------------------------------
File System Type: Ext4
Volume Name:
Volume ID: 37b9d96d8ba240b446894383764412

…
```

새로 생성된 장치를 마운트해 일반적인 파일 도구들도 마찬가지로 사용할 수 있다. 리눅스

마운트 명령을 다음과 같이 사용할 수 있다.

```
# mkdir mnt
# mount /dev/md0 mnt
mount: /dev/md0 is write-protected, mounting read-only
```

분석이 완료되면, mdadm 시스템의 stop 명령을 포함해 지금까지의 과정을 역순으로 진행한다.

```
# umount mnt
# rmdir mnt
# mdadm --stop /dev/md0
# losetup -d /dev/loop2
# losetup -d /dev/loop1
# losetup -d /dev/loop0
```

시스템 설정에 따라 RAID 장치 연결이 탐지되면 리눅스 커널이 자동으로 재조합을 시도할 수 있는데, 이때 리빌드 작업이 시작되는 과정에서 증거가 훼손될 수 있다. 라이브 장치들에는 쓰기 방지 기능을 적용해 읽기 전용 루프 장치와 어레이를 생성해야 한다.

6장에서 기술된 많은 기법은 이미지 파일에 매핑되는 루프 장치에 적용되는 것이다. 루프 장치를 생성하고 이용하는 더 많은 예시는 8장에서 다룬다.

마무리하며

6장에서는 책의 주제인 포렌식 수집을 다뤘다. 서로 다른 dd 기반의 도구들을 다루고, 포렌식 형식 이미지를 생성하고, SquashFS를 포렌식 증거 보관소로 사용하는 법을 배웠다. 해싱, 해시 윈도우, 서명, 타임스탬프 등 암호학을 이용한 증거 보존의 다양한 방향도 살펴봤다. 문제가 있는 매체를 이미징할 때의 오류 관리와 복구에 대한 더 깊은 이해를 얻었다. 네트워크상의 이미징, 이동식 매체의 이미징과 다중 디스크(RAID) 시스템 이미징도 할 수 있다. 이 내용이 포렌식 수집 절차의 핵심이다.

CHAPTER 7

포렌식 이미지 관리

7장은 수집이 완료된 포렌식 이미지 파일 관리의 다양한 측면을 다룬다. 디스크 이미지는 디스크상의 일반 파일과 달리, 대형 이미지 파일의 이동, 복사, 변환은 번거롭고 시간이 많이 걸린다. 7장에서는 이런 다양한 문제를 해결하기 위해 대형 이미지 관리에 필요한 몇 가지 기법을 배운다. 이 기법들에는 취급의 용이성을 위한 이미지 압축과 분할, 암호화를 통한 이미지 보존 그리고 포맷 간 이미지 변환 등이 있다. 추가로 안전하게 디스크를 탐색하기 위해 이미지를 읽기 전용으로 마운트하는 절차와 포렌식 클로닝(또는 디스크 복제)을 설명한다. 안전하고 신뢰성 있는 저장소와 대형 이미지 파일의 네트워크 전송도 다룬다. 7장은 이미지 및 파일의 안전한 삭제와 폐기에 대한 설명으로 마무리한다. 이미지 압축 관리부터 시작하자.

이미지 압축 관리

원시 디스크 이미지의 크기는 언제나 디스크가 담고 있는 전체 섹터 수와 같다. 드라이브에 담긴 파일이나 데이터양과는 무관하며, 압축되지 않은 원시 이미지 크기에 영향을 미치지 않는다. 최근 TB 단위의 디스크가 광범위하게 사용되고 있어 시간과 디스크 용량이 제한된 환경에서 이미지를 관리하는 일이 까다로워지기도 한다. 단순히 이미지를 복사하는 것만으로도 수시간이 걸릴 수 있는 것이다. 이미지를 압축한 채로 보관해 이 문제를 어떻게든 완화할 수 있다.

포렌식적인 의미로 이미지를 압축하는 것은 (디스크 내 파일별로 압축하는 일과 달리) 전체 드라이브를 섹터별로 압축하는 일을 수반한다. 디스크의 생애 주기에서 단 한 번도 기록된 적이 없는 GB나 TB 단위의 공간이 많을수록 압축이 더 잘되는데, 그 이유는 드라이브의 많은 부분이 아직 0으로 채워진 미사용 섹터기 때문이다. 잘 사용된 디스크는 디스크 섹터 대부분이 디스크 생애 내 한 번은 기록됐기 때문에 잔류 데이터가 남아 있어 상대적으로 압축이 잘되지 않는다. 다수의 오디오 및 비디오 파일이 담긴 이미지 역시 압축이 잘되지 않는데, 그 이유는 이 파일들이 이미 자체적인 알고리즘으로 압축돼 있기 때문이다.

가장 적절하고 효율적인 압축 도구와 기법을 선택해야 한다. 어떤 도구는 대상 원본 파일이나 압축된 결과 파일의 크기에 제한이 있을 수 있다. 어떤 도구는 비효율적이거나 압축 도중 임시 파일을 사용해 메모리 부족이나 디스크 용량 문제를 야기할 수 있다. 압축 작업을 수행 중일 때 발생하는 이런 문제를 해결하기 위해 파이프와 리다이렉션을 사용할 수 있다.

압축된 포렌식 이미지를 갖고 작업할 때 가장 유용한 기능은 전체 이미지를 압축 해제하지 않고도 포렌식 도구를 사용할 수 있게 하는 기능이다. 다만 몇몇 압축 도구에는 압축 파일 안에서 탐색이 불가능한 문제가 있다. 탐색은 프로그램으로 하여금 파일의 어느 지점에나 임의로 접근할 수 있게 한다. 포렌식 포맷은 분석 프로그램이 있는 그대로의 압축된 이미지에 임의의 접근이 가능하도록 고안돼 있다. 대중적인 포렌식 포맷은 모두 이미지 압축을 지원하며, 수집 시점에 압축이 진행되지만 모든 도구가 압축을 기본 설정으로 수행하지는 않는다.

표준 리눅스 압축 도구

오늘날의 오픈 소스 세상에서 가장 널리 쓰이는 압축 도구는 zip, gzip, bzip(버전 1 또는 2)이다. 이 절의 예시들은 gzip을 사용하지만, 나머지 압축 도구를 사용해도 된다. 시간과 CPU 사이클 대비 높은 효율의 압축을 원한다면, 압축 수준을 조정할 수 있다. 충분한 디스크 공간이 있다면 다음과 같이 간단하게 디스크 이미지를 압축할 수 있다.

```
$ gzip image.raw
```

이 명령은 image.raw.gz 파일을 생성하고 명령이 완료되면 원본 파일을 삭제한다. 압축 과정에서 압축 파일과 원본 파일이 공존할 수 있을 만큼 충분한 공간이 확보돼야 한다. gunzip으로 파일의 압축을 해제할 때도 공간이 필요하다.

수집과 동시에 파이프와 리다이렉션으로 이미지를 다음 예시처럼 실시간으로 압축할 수 있다.

```
# dcfldd if=/dev/sde | gzip > image.raw.gz
```

여기서 입력 파일은 원시 디스크 장치다. dcfldd의 출력 파일을 지정하지 않으면 데이터 스트림이 표준 출력으로 보내지고, gzip으로 파이프 처리된 후 최종적으로 압축 파일로 리다이렉트된다.

이 압축 파일을 추후에 압축 해제하면 원시 이미지 파일로서 포렌식 도구들을 직접 사용할 수 있다. 또 다른 방법으로, 압축되지 않은 스트림을 파이프 처리해 표준 입력과 표준 출력을 사용하는 다른 프로그램들로 보낼 수도 있다. 예를 들면 다음과 같다.

```
$ zcat image.raw.gz | sha256sum
1b52ab6c1ff8f292ca88404acfc9f576ff9db3c1bbeb73e50697a4f3bbf42dd0 -
```

여기서 zcat은 이미지 압축을 해제한 후 파이프 처리해 sha256 암호 해시 값을 생성하는 프로그램으로 보낸다. gzip 파일 포맷에는 생성 시간, 파일의 원래 이름 등의 정보가 담긴 추가 메타데이터가 있는 점은 알아두자. 안에 들어 있는 압축 대상 파일의 해시 값이 동일하더라도 gzip 보관소(image.raw.gz)의 해시 값은 생성될 때마다 다르다.[39]

Encase EWF 압축 포맷

ewfacquire 도구는 수집 과정 중 압축 여부를 제어할 수 있는 플래그를 제공한다. 예시를 보자.

```
# ewfacquire -c bzip2:best -f encase7-v2 /dev/sdj
ewfacquire 20150126
...
EWF file format:            EnCase 7 (.Ex01)
Compression method:         bzip2
Compression level:          best
...
MD5 hash calculated over data:  9749f1561dacd9ae85ac0e08f4e4272e
ewfacquire: SUCCESS
```

이 예시에서, -c 플래그로 압축 알고리즘과 압축 수준을 지정할 수 있다. 여기서는 bzip2 알고리즘과 최대 압축 수준으로 설정했다. EWFv2 포맷만 bzip2를 지원하기 때문에 매개변수로 포맷 버전 encase7-v2가 지정됐다. ewftools가 bzip2와 호환되도록 컴파일돼야 한다는 점을 기억해두자.

---

39 이 글을 쓰는 시점에, ewfacquire의 가장 최신 버전은 임시적으로 bzip2 지원을 비활성화했다(lebewf 소프트웨어 패키지 ChangeLog 파일의 20160404절 참고

FTKSMART 압축 포맷

다음 예시와 같이 명령 줄의 ftkimager 도구는 수집 도중 이미지 압축을 지원한다.

```
# ftkimager --compress 9 --s01 /dev/sdj image
AccessData FTK Imager v3.1.1 CLI (Aug 24 2012)
Copyright 2006-2012 AccessData Corp., 384 South 400 West, Lindon, UT 84042
All rights reserved.

Creating image…
Image creation complete.
```

여기서 --s01 플래그는 SMART ew-압축 이미지 생성을 지정하고, --compress 플래그는 최대 압축 수준을 설정한다. --help 플래그로 ftkimager 압축 옵션에 대한 정보를 더 많이 얻을 수 있다.

AFFlib 내장 압축

AFFv은 폐기됐고(http://forensicswiki.org/wiki/AFF), aimage 사용은 권장되지 않지만(http://forensicswiki.org/wiki/Aimage), aimage의 AFFv3 압축 사용은 설명을 위해 언급할 필요가 있다.

다음은 aimage로 디스크를 이미징하면서 (기본값인 zlib 대신) LZMA 압축 알고리즘을 지정하는 예시다.

```
# aimage --lzma_compress --compression=9 /dev/sdj image.aff
im->outfile=image.aff
image.aff*************************** IMAGING REPORT ***************************
Input: /dev/sdj
   Model: Nano S/N: 07A40C03C895171A
   Output file: image.aff
```

```
    Bytes read: 2,003,828,736
    Bytes written: 628,991,770

raw image md5:  9749 F156 1DAC D9AE 85AC 0E08 F4E4 272E
raw image sha1: 9871 0FB5 531E F390 2ED0 47A7 5BE4 747E 6BC1 BDB0
raw image sha256: 85B7 6D38 D60A 91F6 A0B6 9F65 B2C5 3BD9 F7E7 D944 639C 6F40
    B3C4 0B06 83D8 A7E5
Free space remaining on capture drive: 527,524 MB
```

The Sleuth Kit 포렌식 소프트웨어는 AFFlib 압축 이미지에 대한 통합 지원을 제공한다. AFFv4는 추가 기능이 담긴 aff4imager 도구를 소개한다. 이 내용은 http://github.com/google/aff4/에서 찾을 수 있다.

SquashFS 압축 증거 보관소

6장에서는 SquashFS를 포렌식 증거 보관소로 사용했음을 기억하자. SquashFS 파일을 생성할 때에 몇몇 압축 매개변수를 조율할 수 있다. 3개의 압축 알고리즘(gzip, lzo, xz)을 사용할 수 있으며, SquashFS의 다양한 메타데이터(inode 테이블, 확장 속성) 압축이 가능하고, 그 외의 세부 조정도 수행할 수 있다. 더 많은 정보는 squashfs 매뉴얼을 참고하라. 이 예시에서는 원시 이미지 파일이 압축 SquashFS 파일로 변환된다.

```
# mksquashfs image.raw image.sfs -comp lzo -noI
Parallel mksquashfs: Using 8 processors
Creating 4.0 filesystem on image.sfs, block size 131072.
…
Exportable Squashfs 4.0 filesystem, lzo compressed, data block size 131072
        compressed data, uncompressed metadata, compressed fragments, compressed
    xattrs
        duplicates are removed
Filesystem size 615435.77 Kbytes (601.01 Mbytes)
        31.45% of uncompressed filesystem size (1956923.96 Kbytes)
```

```
Inode table size 61232 bytes (59.80 Kbytes)
        100.00% of uncompressed inode table size (61232 bytes)
Directory table size 31 bytes (0.03 Kbytes)
        100.00% of uncompressed directory table size (31 bytes)
...
```

여기서 -comp 플래그는 압축 알고리즘을 lzo로 설정하고(gzip이 기본값이다), -nol 플래그는 (증거 이미지가 아니라 SquashFS 보관소의) inode 압축을 방지한다.

sfsimage 셸 스크립트는 몇 가지 포렌식 기능을 덧붙인 채로 SquashFS 포렌식 증거 보관소를 생성한다.

압축은 대형 포렌식 이미지로 작업할 때 필수지만, 압축된 이미지라 하더라도 여전히 관리하기에는 지나치게 클 수 있다. 이 절차를 더 간단하게 하기 위한 또 다른 방법으로는 포렌식 이미지를 여러 개의 작은 조각으로 나누는 것을 들 수 있다.

분할 이미지 관리

수집된 디스크 이미지를 관리하는 것은 그 커다란 파일 크기 때문에 어려울 수 있다. 이 문제는 이미지를 더 작고 다루기 쉬운 조각들로 쪼개면 해결할 수 있다. 이미지 분할이 유익한 다음 경우를 고려해보자.

- 분할 이미지를 사용하면 불안정한 네트워크 연결을 통한 전송에서 더 작은 이미지 여러 개를 다운로드할 수 있다.
- 큰 용량의 이미지가 소프트웨어 도구가 지원하는 최대 파일 크기보다 클 수 있다. 이미지 분할로 이 문제를 우회할 수 있다.
- 테이프, CD, DVD 등의 저장 매체는 저량 용량이 고정돼 있다. 이미지를 분할하면 이런 매체들도 사용할 수 있게 된다.
- 어떤 파일 시스템들(대표적으로 FAT)은 최대 파일 크기가 상대적으로 작다. 디지털 포

렌식에서 이미지를 분할하는 가장 일반적인 경우는 증거의 전송과 저장이다. 역사적으로는 이미지를 CD와 DVD로 구워 해온 일이다.

GNU split 명령

표준 유닉스와 리눅스 시스템에는 큰 파일을 다수의 작은 파일로 쪼개기 위한 split 도구가 있다. 다음 예시는 split 명령으로 기존 이미지를 DVD 크기의 조각들로 분할한다.

```
$ split -d -b 4G image.raw image.raw.
$ ls
image.raw.00 image.raw.01 image.raw.02 image.raw.03 image.raw.04
...
```

-d 플래그는 image.raw.(마지막의 마침표에 주의하라)에 숫자 확장자를 덧붙일 것을 지시한다. -b 플래그는 image.raw 파일로부터 만들어진 조각들의 크기를 지정한다.

여러 도구 간의 파이프 처리로 수집 중 압축과 분할을 결합해 시간과 용량을 절약할 수 있다. 다음 예시는 dd로 이미지를 수집하고, gzip으로 압축한 후, CD 크기의 조각들로 분할하는 단일 명령이다.

```
# dd if=/dev/sdb | gzip | split -d -b 640m - image.raw.gz.
```

split 명령의 입력 파일은 -로 표준 입력을 나타내며, 압축된 바이트 스트림을 여러 조각으로 분할한다. 조각들이 독립적으로 gzip 압축된 것이 아니며, 개별적으로 압축을 해제할 수 없음을 아는 것이 중요하다. 분할된 조각들은 압축을 해제하기 전에 다시 재조립돼야 한다.

수집 중 이미지 분할

별도의 단계로 나중에 분할을 수행하는 대신, 수집 과정 중에도 하드 디스크 이미지를 분할할 수 있다. 대용량 디스크를 수집하기 전에, 미래에 분할 이미지가 필요할지, 조각 크기는 얼마여야 하는지 고려해봐야 한다. 적절한 분할 이미지로 시작하는 것은 조사 과정에서 시간 과 디스크 용량을 절약해준다.

이미지 분할은 디지털 포렌식에서 일반적이기 때문에 포렌식 수집 및 분석 도구들이 잘 지원한다. 일반적으로는 플래그를 통해 조각 크기와 분할 이미지의 확장자를 지정한다.

dcfldd 도구에는 분할 기능이 내장돼 있다. 예를 들어, 나중에 16GB USB 드라이브로 이미지를 제삼자에게 전송하고자 한다면, dcfldd로 출력 파일 부분 앞에 split=16G 플래그를 삽입한 채 이미지를 수집하면 된다.

```
# dcfldd if=/dev/sdc split=16G of=image.raw
# ls
image.raw.000   image.raw.001   image.raw.002   image.raw.003   image.raw.004
…
```

기본 확장자는 출력 파일명 뒤에 붙는 숫자 세 자리다.

dc3cc 도구에서 ofsz=로 출력 크기를 지정해 수집 중 이미지 분할할 수 있다. 파일 확장자는 다음과 같이 숫자로 구성된다.

```
# dc3dd if=/dev/sdh ofsz=640M ofs=image.raw.000
# ls -l
total 7733284
-rw-r----- 1 root root 671088640 Jan 14 10:59 image.raw.000
-rw-r----- 1 root root 671088640 Jan 14 10:59 image.raw.001
-rw-r----- 1 root root 671088640 Jan 14 10:59 image.raw.002
…
-rw-r----- 1 root root 671088640 Jan 14 11:00 image.raw.009
-rw-r----- 1 root root 671088640 Jan 14 11:00 image.raw.010
-rw-r----- 1 root root 536870912 Jan 14 11:00 image.raw.011
```

파일 확장자에 0이 충분히 있지 않으면 dc3dd가 완료에 실패하고 [!!] file extensions exhausted for image.raw.0와 같은 오류 메시지를 출력한다(이미지 크기가 분할 파일 크기로 완벽하게 나누어떨어지지 않는 이상) 마지막 분할 파일의 크기는 보통 나머지 파일들보다 작을 것이다.

Encase 도구들은 기본 설정으로 수집 중 이미지 분할을 수행한다. ewfacquire의 -S 플래그로 최대 세그먼트 크기를 지정해 디스크를 분할 EnCase 이미지로 수집할 수 있다.

```
# ewfacquire -S 2G /dev/sdc
…
# ls
image.E01  image.E02  image.E03  image.E04  image.E05  image.E06
…
```

상용 EnCase 포렌식 도구는 이 이미지들을 곧바로 사용할 수 있다. ftkimager 도구는 수집 중 이미지를 분할 저장하기 위한 --frag 플래그를 다음 예시처럼 제공한다.

```
# ftkimager /dev/sdk image --frag 20GB --s01
AccessData FTK Imager v3.1.1 CLI (Aug 24 2012)
Copyright 2006-2012 AccessData Corp., 384 South 400 West, Lindon, UT 84042
All rights reserved.
…
# ls -l
total 53771524
-rw-r----- 1 holmes root 2147442006 Jul   2 08:01 image.s01
-rw-r----- 1 holmes root       1038 Jul   2 08:43 image.s01.txt
-rw-r----- 1 holmes root 2147412323 Jul   2 08:01 image.s02
-rw-r----- 1 holmes root 2147423595 Jul   2 08:02 image.s03
-rw-r----- 1 holmes root 2147420805 Jul   2 08:02 image.s04
…
```

이 디스크 수집에서 최대 조각 크기는 20GB이고, 포맷은 SMART 압축 이미지다. 메타데이터가 포함된 *.txt 파일이 추가됐다. 다른 포렌식 포맷과 달리, 이 txt 파일은 ftkimager가 생성한 FTK 분할 파일에 포함되지 않는다.

분할 이미지 파일 모음에 접근

Sleuth Kit과 같은 포렌식 도구들은 재조립 과정 없이 분할 이미지 파일 모음에 대한 직접적인 접근을 제공한다. Sleuth Kit에서 지원하는 이미지 목록을 출력하기 위해서는 임의의 Sleuth Kit 이미지 처리 도구에서 -i list 플래그를 사용해야 한다.

```
$ mmls -i list
Supported image format types:
        raw (Single raw file (dd))
        aff (Advanced Forensic Format)
        afd (AFF Multiple File)
        afm (AFF with external metadata)
        afflib (All AFFLIB image formats (including beta ones))
        ewf (Expert Witness format (encase))
        split (Split raw files)
```

이 예시에서는 (유닉스 분할 파일을 포함한) 분할 원시 이미지, 분할 AFF 이미지, 분할 EnCase 파일을 지원하고 있다(비록 분명하게 언급되지는 않았지만, 분할 EnCase 파일도 지원한다). 이 이미지 포맷 중 몇몇 종류는 Sleuth Kit을 컴파일할 때 명시적으로 포함해야 사용이 가능할 수도 있다.

다음 예시에서 EWF 이미지는 54개 조각으로 분할된다. 첫 파일을 대상으로 img_stat 명령을 실행하면 전체 파일 모음에 대한 정보를 제공한다.

```
$ img_stat image.E01
IMAGE FILE INFORMATION
-------------------------------------------
```

```
Image Type:            ewf


Size of data in bytes: 121332826112
MD5 hash of data: ce85c1dffc2807a205f49355f4f5a029
```

여러 도구로 분할 이미지에서 직접 작업할 수도 있다. 대부분의 Sleuth Kit 명령은 분할 이미지 형식의 첫 번째 파일을 지정하면 원시 분할 파일 모음 전체에 대해 동작할 것이다.

Sleuth Kit의 최근 버전들은 분할 파일 모음이 있는지 자동으로 검사한다.

```
$ mmls image.raw.000
```

Sleuth Kit의 과거 버전을 사용할 경우, 분할 이미지들을 지정해야 할 수도 있다.

```
$ fls -o 63 -i split image.000 image.001 image.002
```

분할 이미지 모음이 인식됐는지 확인하기 위해, img_stat 명령을 활용해 인식된 전체 바이트 수를 볼 수 있고, 원시 이미지 형식일 경우에는 각 조각별 바이트 오프셋 범위도 표시할 수 있다.

```
$ img_stat image.raw.000
IMAGE FILE INFORMATION
--------------------------------------------------

Image Type: raw

Size in bytes: 2003828736
```

```
Split Information:
image.raw.000    (0 to 16777215)
image.raw.001    (16777216 to 33554431)
```

```
image.raw.002    (33554432 to 50331647)
image.raw.003    (50331648 to 67108863)
image.raw.004    (67108864 to 83886079)
…
```

분할 파일에 대한 지원 여부를 확인하는 또 다른 방법으로 strace -e를 실행한 채로 명령이나 도구를 실행해 파일의 분할 조각들이 각각 열리는지 확인할 수 있다.

파일 분할과 분할된 파일 모음으로 작업하는 일은 유용하지만, 가끔은 이 파일들을 단일 이미지로 재조합해야 할 필요도 있다. 이 내용은 다음 절에서 다룬다.

분할 이미지 재조합

분할 포렌식 포맷 파일의 재조합은 보통 필요 없는데, 그 이유는 상용 포렌식 포맷(EWF, SMART, AFF)과 호환되는 도구들은 분할 파일을 지원하기 때문이다.

원시 이미지에는 헤더나 메타 정보가 없기 때문에 재조합을 위해서는 단순히 이미지 조각들을 이어붙여 단일 이미지로 만들면 된다. 이 작업은 다음과 같이 두 단계로 조심스럽게 이뤄져야 한다.

```
$ ls -1 image.raw.*
image.raw.000
image.raw.001
image.raw.002
image.raw.003
…
$ cat image.raw.* > image.raw
```

ls -1 플래그는 셸-GLOB 패턴이 가리키는 파일들의 목록을 출력한다. 파일들을 단일 이미지로 이어붙이기 전에 이 목록이 완전하고 정렬돼 있는지 확인해야 한다. 만약 분할 조각이 누락돼 있거나 순서가 잘못돼 있을 경우, 재조합된 조각들은 올바른 포렌식 이미지를 만들어내지 못할 것이다.

만약 압축된 원시 이미지의 분할 조각이 각각 담긴 DVD 묶음을 받았다면, 다음과 같이 재조합할 수 있다.

```
$ cat /dvd/image.raw.gz.00 > image.raw.gz
$ cat /dvd/image.raw.gz.01 >> image.raw.gz
$ cat /dvd/image.raw.gz.02 >> image.raw.gz
$ cat /dvd/image.raw.gz.03 >> image.raw.gz
...
```

여기서 DVD들은 반복적으로 삽입돼 /dvd로 마운트되고, 전체 이미지가 복구될 때까지 분할 조각들이 더해진다. 최초 cat의 >는 이미지 파일을 생성하고, 뒤따르는 명령들의 >>는 데이터를 (덮어쓰지 않고) 덧붙이고 있음을 주목하라. 모든 조각이 목적지 파일에 덧붙여지고 나면, 압축 해제된 이미지의 암호 해시는 수집된 이미지의 암호 해시 값과 일치해야 한다.

압축된 이미지의 분할 조각 모음을 재조합하고 압축을 해제하는 또 다른 방법으로, 모든 분할 조각들을 zcat으로 파이프 처리하고 그 출력을 파일로 리다이렉트하는 방법이 있다.

```
# cat image.raw.gz.* | zcat > image.raw
```

AFFlib가 제공하는 유용한 기능으로 FUSE 파일 시스템을 이용해 조각들의 가상 재조합이 가능하다. affuse 도구는 다음과 같이 분할 파일 모음을 완전히 재조합된 하나의 원시 이미지 파일로 나타낼 수 있다.

```
# ls
image.raw.000   image.raw.011   image.raw.022   image.raw.033   image.raw.044
image.raw.001   image.raw.012   image.raw.023   image.raw.034   image.raw.045
...
#
# affuse image.raw.000 /mnt
```

```
# ls -l /mnt
total 0
-r--r--r-- 1 root root 8011120640 1970-01-01 01:00 image.raw.000.raw
```

이 예시에서는 원시 파일로 가득찬 디렉터리가 단일 디스크 이미지 파일로 표현되고, /mnt 가상 파일 시스템에서 그 파일을 찾을 수 있다. 포렌식 도구들을 이용하면 이 원시 파일에서 직접 작업할 수 있다.

포렌식 이미지의 무결성 검증

이미지의 암호 해시를 검증하는 것은 디지털 포렌식 수행의 기본이며, 디지털 증거 보존의 기반이 된다. 이 절에는 이미지의 암호 해시와 서명을 검증하는 예시들이 담겨 있다.

증거 보존을 검증하는 데에는 이미지의 현재 암호 해시가 과거에 계산된 해시와 일치하는 것을 확인하는 일이 포함된다. 해싱을 이용해 디스크나 이미지에 대한 작업(수집, 변환, 백업 등)의 성공 여부를 검증할 수 있다.

해싱(절차와 알고리즘)에 대한 요구 조건은 해싱이 사용되는 법적인 영역과 포렌식 랩을 주관하는 기관의 정책에 따라 각각 다르다. 따라서 특정 해싱에 대한 추천은 하지 않는다.

수집 해시의 검증

디스크 수집 후 수집 해시를 검증하는 것은 디스크의 내용을 암호 해시 프로그램으로 파이프 처리하는 (오래 걸리겠지만) 간단한 일이다. 디스크 해시를 검증할 때 서로 다른 프로그램을 사용하면 도구 관점에서 독립적인 검증이 가능하다.

```
# img_stat image.E01
IMAGE FILE INFORMATION
```

```
--------------------------------------------
Image Type:            ewf
Size of data in bytes: 2003828736
MD5 hash of data:      9749f1561dacd9ae85ac0e08f4e4272e
# dd if=/dev/sdj | md5sum
3913728+0 records in
3913728+0 records out
9749f1561dacd9ae85ac0e08f4e4272e  -
2003828736 bytes (2.0 GB) copied, 126.639 s, 15.8 MB/s
```

여기서 img_stat의 출력은 EnCase 이미지 도구가 기록한 MD5 해시를 나타낸다. 그리고 나서 두 번째 도구인 일반 dd로 원시 디스크 장치의 해시를 다시 계산한다. 예시에서 2개의 해시가 일치해 증거의 무결성이 보존됐음을 확인할 수 있다.

포렌식 이미지의 해시 값 재계산

각각의 포렌식 포맷들과 dd 기반 포렌식 도구들은 디스크 이미지의 해시 값을 기록하거나 로깅할 수 있다. 기록된 해시를 검증하고자 할 경우, 디스크 해시를 다시 계산하면 된다.

다음 예시에서는 dc3dd로 수집 중 해시를 기록해 hashlog.txt에 저장한다. 이 해시 값을 다음과 같이 검증할 수 있다.

```
# grep "(md5)" hashlog.txt
   5dfe68597f8ad9f20600a453101f2c57 (md5)
# md5sum image.raw
5dfe68597f8ad9f20600a453101f2c57 image.raw
```

두 해시 값이 일치하므로 증거 파일과 해시 로그의 일관성을 확인할 수 있고, 증거 무결성 역시 보존됐음을 알 수 있다.

다음 예시에서는 EnCase 포맷의 메타데이터와 저장된 이미지를 검증한다. 이 예시에서는 전용 도구인 ewfverify로 해시를 검증한다.

```
# ewfverify image.Ex01
ewfverify 20160424

Verify started at: May 14, 2016 14:47:32
This could take a while.
...
MD5 hash stored in file:        5dfe68597f8ad9f20600a453101f2c57
MD5 hash calculated over data:  5dfe68597f8ad9f20600a453101f2c57

ewfverify: SUCCESS
```

이 예시에서는 다시 계산된 해시가 일치해 EWF 이미지 파일의 일관성을 확인할 수 있다. ewfverify는 EnCase 포렌식 포맷으로 된 분할 파일 모음의 해시도 자동으로 검증한다.

affinfo 도구는 AFF 파일을 대상으로 유사한 검증 작업을 수행한다. 이 예시에서는 SHA1 해시를 검증한다.

```
$ affinfo -S image.aff
image.aff is a AFF file
...
Validating SHA1 hash codes.
computed sha1: 9871 0FB5 531E F390 2ED0 47A7 5BE4 747E 6BC1 BDB0\
  stored sha1: 9871 0FB5 531E F390 2ED0 47A7 5BE4 747E 6BC1 BDB0   MATCH
```

출력 결과는 AFF 파일에 담긴 이미지의 해시가 AFF 메타데이터에 기록된 해시와 일치함을 확인해준다.

분할된 원시 이미지의 암호 해시

분할된 원시 파일 모음의 암호 해시는 간단하게 계산할 수 있으며, 해싱 프로그램으로 연결된 조각들을 파이프 처리하면 된다. 이 예시는 분할된 원시 파일 모음의 sha256 해시를 계산한다.

```
$ cat image.raw.* | sha256sum
12ef4b26e01eb306d732a314753fd86de099b02105ba534d1b365a232c2fd36a -
```

이 예시는 조각들의 파일명이 올바른 순서로 정렬된다는 전제가 필요하다(`ls -1 image.raw.*` 명령으로 확인해볼 수 있다). sha256sum으로 파이프 처리가 되기 전에 모든 조각을 연결(재조합)하기 위해서는 cat 명령이 필요하다.

압축 후 분할된 이미지의 암호 해시를 검증하기 위해 여러 프로그램을 거치는 명령 파이프라인을 만들 수 있다. 다음 예시에서는 cat으로 이미지를 재조합하고 zcat으로 파이프 처리해 압축을 해제한다. zcat의 출력은 해시 프로그램으로 보내져 명령 완료 시점에 해시 값을 만들어낸다.

```
$ cat image.raw.gz.* | zcat | md5sum
9749f1561dacd9ae85ac0e08f4e4272e -
```

cat 명령이 필요한 이유는 zcat으로 분할 조각들을 보내기 전에 조각들을 연결해야 하기 때문이다. `zcat image.raw.gz.*`를 사용하면 재조합된 전체 이미지가 아니라 각 조각의 압축을 해제하려고 하기 때문에 실패한다.

어떤 명령에 파일을 입력시키기 위해 〈 대신 cat을 쓰는 이유는 유닉스 커뮤니티에서 말하는 이른바 cat의 쓸모없는 사용(UUOC)에 포함된다. 전통적인 유닉스 커뮤니티들은 셸 명령 리다이렉션의 효율적 사용을 권장하기 위해 UUOC 상을 나눠주고는 한다. 그러나 이 절의 예시들은 파일들을 이어붙이는 기능이 필요하기 때문에 cat이 있어야 한다.

해시 윈도우의 불일치 식별

디스크가 오래 되거나, 디스크를 다루고 옮겨지는 과정에는 배드 섹터가 발생하는 등 손상

위험이 있다. 만약 최초 수집 이후, 원본 증거 디스크에서 읽기 불가능한 섹터 오류가 발생하면 디스크의 암호 체크섬이 일치하지 않을 것이다. 이 경우, 해시 윈도우의 가치가 드러나는데, 디스크의 어느 부분에서 불일치가 일어났는지 식별하는 데 해시 윈도우를 사용할 수 있기 때문이다. 더 중요한 것은 전체 디스크의 해시가 일치하지 않더라도 디스크 중 아직 보존된 영역이 어디인지 해시 윈도우가 드러내주기 때문이다.

해시 윈도우의 크기는 디스크 수집이나 디스크 해시 검증 시에 해시가 얼마나 자주 기록되는지 결정한다. 만약 검증을 위해 2개의 해시 목록을 사용한다면, 두 목록은 서로 같은 크기의 해시 윈도우를 사용해야 한다. 불일치하는 영역을 찾기 위해 유닉스 diff 도구로 두 해시 로그를 비교할 수 있다.

다음 예시에서, 디스크 하나를 dcfldd로 수집하고 10M 해시 윈도우의 해시 로그를 저장했다. 이어진 검증 결과 전체 디스크의 md5가 일치하지 않았고, 마찬가지로 10M 해시 윈도우 크기의 해시 로그를 생성했다.

```
$ diff hash1.log hash2.log
3c3
< 20971520 - 31457280: b587779d76eac5711e92334922f5649e
---
> 20971520 - 31457280: cf6453e4453210a3fd8383ff8ad1511d
193c193
< Total (md5): 9749f1561dacd9ae85ac0e08f4e4272e
---
> Total (md5): fde1aa944dd8027c7b874a400a56dde1
```

출력 결과는 전체 이미지의 해시 불일치와 바이트 20971520에서 31457280 구간의 불일치를 드러낸다. 이 구간을 섹터 크기인 512바이트로 나누면 해시 불일치가 일어난 섹터 구간이 40960에서 61440임을 알 수 있다. 나머지 디스크의 해시는 아직 문제가 없다. 해시 불일치가 일어난 섹터만 포렌식적으로 온전히 보존되지 않은 것이다. 해시 불일치 섹터 구간에 올라 있는 (블록, 파일, 파일 일부분 등의) 내용은 추후 제시되는 증거에서 제외할 수 있다. 만약 전체 이미지의 암호 해시가 서로 일치하면, 모든 해시 윈도우 역시 일치한다고 가정해도 된다.

포렌식 이미지의 암호 해시는 수집된 증거의 무결정을 보존한다. 그러나 해시 값 자체는 악의적인 또는 사고에 의한 변경으로부터 보호받지 못한다. 암호 서명과 타임스탬프로 계산된 해시의 무결성을 보장할 수 있다. 서명과 타임스탬프의 유효성을 확인하는 것은 다음 절에서 다룬다.

서명과 타임스탬프 검증

6장에서는 GnuPG로 디스크의 해시를 서명하는 방법을 보였다. 서명의 비밀키 없이도 서명을 검증할 수 있다. 서명한 당사자는 필요하지 않으며, 대신 서명자의 공개키만 있으면 된다. 이 예시는 수집된 디스크 이미지에 서명한 gpg 서명을 검증한다.

```
$ gpg < hash.log.asc

dc3dd 7.2.641 started at 2016-05-07 17:23:49 +0200
compiled options:
command line: dc3dd if=/dev/sda hof=image.raw ofs=image.000 ofsz=1G hlog=hash.log
    hash=md5
input results for device `/dev/sda':
   5dfe68597f8ad9f20600a453101f2c57 (md5)
...
dc3dd completed at 2016-05-07 17:25:40 +0200

gpg: Signature made Sat 07 May 2016 17:29:44 CEST using RSA key ID CF87856B
gpg: Good signature from "Sherlock Holmes <holmes@digitalforensics.ch>"
```

여기에서 서명된 메시지의 내용(수집의 출력과 해시)은 서명이 유효함을 나타내는 gpg 메시지와 함께 표시된다. S/MIME 서명 메시지의 경우, 비슷한 명령으로 PEM 파일으로부터 서명의 유효성(또는 무효성)을 검증할 수 있다.

```
$ gpgsm --verify image.log.pem
gpgsm: Signature made 2016-01-25 19:49:42 using certificate ID 0xFFFFFFFFABCD1234
...
gpgsm: Good signature from "/CN=holmes@digitalforensics.ch/EMail=holmes@
   digitalforensics.ch"
gpgsm:                      aka "holmes@digitalforensics.ch"
```

6장에서는 타임스탬프 공인 기관의 타임스탬프 서비스로 RFC-3161 호환 타임스탬프를 생성하는 방법을 다뤘다. 타임스탬프 검증은 S/MIME 서명 검증과 유사하며, 성공적인 검증을 위해서는 일련의 인증 기관 인증서들이 올바르게 설치돼야 한다. 이 예시는 이전에 FreeTSA(http://freetsa.org/)로 생성한 타임스탬프를 검증한다.

만약 타임스탬프 서비스의 인증 기관 인증서가 설치되지 않았다면, 수동으로 설치할 수도 있다. TSA 인증서는 처음 요청이 이뤄졌을 때 (-cert 플래그 때문에) 타임스탬프의 일부분으로 반환됐어야 한다. 이 예시에서는 다음과 같이 FreeTSA에서 인증 기관 인증서가 설치된다.

```
$ curl http://freetsa.org/files/cacert.pem > cacert.pem
```

인증 기관 및 타임스탬프 기관 인증서가 유효하고 OpenSSL에 제공된다는 가정하에 다음과 같이 타임스탬프를 검증할 수 있다.

```
$ openssl ts -verify -in hash.log.tsr -queryfile hash.log.tsq -CAfile cacert.pem
Verification: OK
```

타임스탬프를 검증하기 위해 openssl ts 명령을 사용했다. 이 예시에서는 타임스탬프 쿼리(tsq), 타임스탬프 응답(tsr)과 함께 타임스탬프 서버의 인증 기관 인증서가 담긴 파일을 지정했다. 이 서드파티 타임스탬프는 유효하며(Verification: OK), 이것은 파일 내용(그리고 파일에 담긴 포렌식 수집 해시)이 지정된 시간 이후로 변경되지 않았음을 의미한다. 특정 타임스탬프 기관을 영구적으로 이용하기 위해서는 인증 기관 인증서를 운영 체제의 신뢰된 인증서 목록에 포함할 수 있다.

AFFlib 역시 X.509 인증서를 이용해 수집된 이미지에 서명하고 서명을 검증하는 기능을 제공한다.

이 절에서는 이미지 서명과 타임스탬프 검증에 사용되는 암호키와 관련돼 있는 신뢰망이나 공개키 기반 구조는 언급하지 않는다. 예시들은 이 신뢰가 이미 수립된 것으로 가정한다.

이미지 포맷 간 변환

포렌식 이미지 포맷 간 변환은 여러 가지 이유로 이점이 있다. 만약 포렌식 랩이 새로운 소프트웨어나 인프라를 구축했는데 기존 포맷이 지원되지 않거나 비효율적일 경우, 다른 포맷으로 변환하는 것이 선택지가 될 수 있다. 제삼자에게 이미지를 전송하려고 할 때, 상대가 선호하는 이미지 포맷이 있을 수 있다. 이와 반대로 제삼자로부터 이미지를 전송받을 때, 선호하는 포맷으로 변환하고 싶을 수도 있다. 이 절은 명령 줄에서 포맷 간 변환이 이뤄지는 예시를 제공한다. 추가로 여러 포맷을 SquashFS 증거 보관소로 변환하는 시범도 보인다.

이미지 포맷 간 변환에는 파이프와 리다이렉션을 사용하는 것이 좋다. 임시 파일을 이용하는 도구들은 피해야 한다. 변환 중에는 이미지의 사본 2개가 공존할 수 있기 때문이다(1개 또는 2개 이미지 모두 압축돼 있을 수 있다). 변환을 위해 미리 용량 계획을 수립해야 한다.

변환이 완료되면, 원본 이미지와 변환 결과물의 해시 값을 검사해 일치 여부를 확인한다.

원시 이미지로부터의 변환

원시 이미지로부터 다른 포맷으로의 변환은 보통 손쉬운데, 그 이유는 일반적인 디스크 수집 기능을 사용할 수 있기 때문이다. 원시 장치명 대신 원시 이미지 파일명이 사용된다.

다음 예시는 원시 이미지 파일을 EnCase와 FTK 포맷으로 변환한다. 첫 번째 예시는 ewfacquire를 사용해 image.raw를 EnCase Expert Witness 포맷으로 변환한다.

```
$ ewfacquire image.raw -t image -f encase7
ewfacquire 20160424

Storage media information:
Type:                              RAW image
Media size:                        7.9 GB (7918845952 bytes)
Bytes per sector:                  512

Acquiry parameters required, please provide the necessary input
Case number: 42
Description: The case of the missing red stapler
Evidence number: 1
Examiner name: S. Holmes
Notes: This red USB stick was found at the scene
...
Acquiry completed at: May 14, 2016 15:03:40

Written: 7.3 GiB (7918846140 bytes) in 54 second(s) with 139 MiB/s
   (146645298 bytes/second)
MD5 hash calculated over data:        5dfe68597f8ad9f20600a453101f2c57
ewfacquire: SUCCESS
```

여기서 출처 파일로 지정된 것은 원시 이미지고, -t로는 목적지인 *.e01 EnCase 파일들의 기본명을 지정한다. EnCase 버전 7이 지정됐고, 명령이 실행되면 일련의 질문에 대답해야 한다. 원시 파일은 사건 메타데이터가 없기 때문에 수동으로 입력해야 한다.

원시 이미지를 FTK SMART로 변환하는 것도 비슷하다. 출처로 원시 이미지를 지정하고, 사건 메타데이터를 수동으로 입력한다. ftkimage를 이용하면 다음 예시와 같이 사건 메타데이터를 명령 줄에 입력해야 한다.

```
$ ftkimager image.raw image --s01 --case-number 1 --evidence-number 1 --description
    "The case of the missing red stapler" --examiner "S. Holmes" --notes "This USB
    stick was found at the scene"
AccessData FTK Imager v3.1.1 CLI (Aug 24 2012)
Copyright 2006-2012 AccessData Corp., 384 South 400 West, Lindon, UT 84042
All rights reserved.

Creating image...
Image creation complete.
```

--s01 플래그는 SMART 압축 이미지 생성을 지정한다. 기본 파일명은 간단하게 image로 지정했고, 적절한 파일 확장자가 자동으로 추가된다.

sfsimage 스크립트를 사용하면 이미지를 SquashFS 포렌식 증거 보관소로 변환하는 것은 다음과 같이 간단한 명령 하나로 가능하다.

```
$ sfsimage -i image.raw image.sfs
Started: 2016-05-14T15:14:13
Sfsimage version: Sfsimage Version 0.8
Sfsimage command: /usr/bin/sfsimage -i image.raw
Current working directory: /exam
Forensic evidence source: if=/exam/image.raw
Destination squashfs container: image.sfs
Image filename inside container: image.raw
Aquisition command: sudo dc3dd if=/exam/image.raw log=errorlog.txt hlog=hashlog.txt
    hash=md5 2>/dev/null | pv -s 7918845952
7.38GiB 0:00:22 [ 339MiB/s] [==================================>] 100%
Completed: 2016-05-14T15:14:37
```

여기서는 목적지인 SquashFS 보관소 파일명과 함께 원시 이미지 파일도 지정했다. sfsimage 스크립트는 필요한 SquashFS 의사 장치를 생성하고 로그와 해시 정보를 일반 텍스트 파일로 추가한다. 증거 보관소에 추가 사건 메타데이터를 (sfsimage -a로) 수동으로 추가할 수도 있다.

gzip 파일은 탐색(파일 내 아무 블록이나 임의로 접근하는 것)이 불가능하기 때문에 일반적인 포렌식 도구로는 gzip 압축된 원시 이미지에 접근할 수 없다. 이런 파일들은 탐색할 수 있는 압축 포맷으로 변환하는 것이 최선이다. 그런 다음, 포렌식 도구들로 직접 접근해 작업할 수 있다. 이 예시에서는 sfsimage로 gzip 압축된 원시 이미지 파일을 SquashFS 압축 파일로 변환한다.

```
$ zcat image.raw.gz | sfsimage -i - image.sfs
Started: 2016-05-14T15:20:39
Sfsimage version: Sfsimage Version 0.8
Sfsimage command: /usr/bin/sfsimage -i -
Current working directory: /exam
Forensic evidence source:
Destination squashfs container: image.sfs
Image filename inside container: image.raw
Aquisition command: sudo dc3dd log=errorlog.txt hlog=hashlog.txt hash=md5
  2>/dev/null | pv -s 0
7.38GiB 0:00:38 [ 195MiB/s] [   <=>                                    ]
Completed: 2016-05-14T15:21:18
```

원본 파일은 원시 형태 그대로 남아 있지만, 이제는 압축 파일 시스템 안에 존재한다. 다음과 같이 생성된 *.sfs 파일을 마운트해 원시 이미지에 접근할 수 있다.

```
$ sfsimage -m image.sfs
image.sfs.d mount created
$ ls image.sfs.d/
errorlog.txt   hashlog.txt   image.raw   sfsimagelog.txt
```

간단한 affconvert 명령으로 원시 이미지 파일을 AFF 파일로 변환할 수 있다.

```
$ affconvert image.raw
convert image.raw --> image.aff
Converting page 119 of 119
md5: 9749f1561dacd9ae85ac0e08f4e4272e
sha1: 98710fb5531ef3902ed047a75be4747e6bc1bdb0
bytes converted: 2003828736
Total pages: 120 (117 compressed)
Conversion finished.
```

이 다음 affsegment 등 별도의 도구로 사건 메타데이터를 추가할 수 있다. affconvert 도구
는 압축 시 적당한 기본값을 제공하고, 결과 파일은 원시 파일명을 기본으로 한 *.aff 확장자
를 갖는다.

다음의 마지막 예시는 SquashFS 포렌식 증거 보관소 안에 있는 원시 이미지를 affconvert
명령을 이용해 AFF 파일로 변환한다.

```
# affconvert -Oaff image.sfs.d/image.raw
convert image.sfs.d/image.raw --> aff/image.aff
Converting page 953 of 953
md5: d469842a3233cc4e7d4e77fd81e21035
sha1: 9ad205b1c7889d0e4ccc9185efce2c4b9a1a8ec6
bytes converted: 16001269760
Total pages: 954 (954 compressed)
Conversion finished.
```

SquashFS는 읽기 전용이기 때문에 수정 가능한 다른 디렉터리에 출력 파일을 기록하도록
affconvert에 알려줘야 한다.

EnCase/E01 포맷의 변환

libefw 패키지에는 EnCase EWF(*.E0*) 파일을 다른 포맷으로 변환하는 ewfexport 도구가 포함돼 있다. ewfexport는 하나 또는 여러 개의 파일을 읽어 다른 프로그램으로 파이프 처리하는 기능도 갖고 있다.

> **NOTE** 구 버전의 ewfexport에는 표준 출력으로 이미지를 내보낼 때 이미지 끝부분에 ewfexport: SUCCESS를 덧붙이는 버그가 있다. 이 추가된 문자열은 이미지 MD5 해시의 불일치를 일으킨다. 문자열의 총 길이가 19바이트이므로 파이프 처리로 tail −c 19를 거치게 하면 이 현상을 억제할 수 있다.

SquashFS 보관소의 수동 생성

책 전반에 걸쳐 sfsimage 셸 스크립트 예시를 계속 제시했다. 그러나 스크립트 없이 SquashFS 파일을 생성하는 예시도 참고할 만하다. 다음 예시는 sfsimage가 내부적으로 어떻게 동작하는지 이해하는 데 도움을 줄 것이다. 다음은 54개의 *.E0 파일을 재조합해 단일 원시 이미지로 만든 후 SquashFS 증거 보관소에 저장하는 EnCase 수집 예시다.

```
# ls
image.E01   image.E10   image.E19   image.E28   image.E37   image.E46
image.E02   image.E11   image.E20   image.E29   image.E38   image.E47
image.E03   image.E12   image.E21   image.E30   image.E39   image.E48
image.E04   image.E13   image.E22   image.E31   image.E40   image.E49
image.E05   image.E14   image.E23   image.E32   image.E41   image.E50
image.E06   image.E15   image.E24   image.E33   image.E42   image.E51
image.E07   image.E16   image.E25   image.E34   image.E43   image.E52
image.E08   image.E17   image.E26   image.E35   image.E44   image.E53
image.E09   image.E18   image.E27   image.E36   image.E45   image.E54
```

우선은 SquashFS 보관소에 파일을 생성할 명령을 정의하기 위한 mksquashfs 의사 정의 파일이 필요하다. 의사 정의 파일에는 목적지 파일명, 파일 유형, 권한, 소유권 그리고 실행될 명령이 포함된다. 정의된 명령의 출력 결과는 정의된 파일명의 파일 내용이 되고, 이 파일은

SquashFS 파일 시스템 내에 위치한다.

다음 예시에서는 2개의 정의가 담긴 pseudo_files.txt 파일이 생성된다. 첫 번째 정의는 ewfinfo로 EnCase 메타데이터를 추출하고 image.txt에 저장한다(이렇게 하지 않으면 메타데이터가 소실된다). 두 번째 정의는 *.E0 파일들에서 원시 이미지를 생성해 image.raw로 내보낸다.

```
# cat pseudo_files.txt
image.txt f 444 root root ewfinfo image.E01
image.raw f 444 root root ewfexport -u -t - image.E01
```

ewfexport의 -u 플래그는 사용자 개입 없는 변환을 지시한다(이렇게 하지 않을 경우 사용자에게 질문을 한다). -t 플래그는 출력 파일을 지정하는데, 이 예시에서는 표준 출력 또는 붙임표(−)다.

생성된 파일들이 담긴 압축 파일 시스템을 이 정의 파일을 이용해 다음과 같이 만들 수 있다.

```
# mksquashfs pseudo_files.txt image.sfs -pf pseudo_files.txt
Parallel mksquashfs: Using 12 processors
Creating 4.0 filesystem on image.sfs, block size 131072.
ewfexport 20160424


Export started at: May 12, 2016 19:09:42
This could take a while.
...
Export completed at: May 12, 2016 19:28:56

Written: 113 GiB (121332826112 bytes) in 19 minute(s) and 14 second(s) with
  100 MiB/s (105141097 bytes/second)
MD5 hash calculated over data:        083e2131d0a59a9e3b59d48dbc451591
ewfexport: SUCCESS
...
```

```
Filesystem size 62068754.40 Kbytes (60614.02 Mbytes)
        52.38% of uncompressed filesystem size (118492706.13 Kbytes)
...
```

실행 결과로 만들어진 SquashFS 파일 시스템 image.sfs는 3개의 파일을 갖고 있다. 원시 이미지 파일 image.raw, 메타데이터가 담긴 image.txt, 실행 명령이 정의된 pseudo_files.txt 파일이다.

mksquashfs(1) 매뉴얼 페이지는 SquashFS 파일 시스템 생성 시 쓸 수 있는 플래그와 옵션에 대한 더 많은 정보를 담고 있다.

SquashFS 파일의 내용을 보기 위해서는 unsquashfs 명령을 다음과 같이 쓸 수 있다.

```
# unsquashfs -lls image.sfs
...
-r--r--r-- root/root      121332826112 2016-05-12 19:09 squashfs-root/image.raw
-r--r--r-- root/root               770 2016-05-12 19:09 squashfs-root/image.txt
-rw-r----- root/root                98 2016-05-12 16:58 squashfs-root/
    pseudo_files.txt
```

마지막 단계는 MD5 해시 값을 비교해 증거 보존 여부를 검증하는 단계다. ewfinfo 명령은 최초 EnCase 수집 시 계산된 MD5를 제공한다. md5sum을 이용하면 새로 변환된 SquashFS 보관소 내 원시 이미지의 두 번째 MD5 체크섬을 계산할 수 있다. 이를 위해서는 우선 SquashFS 파일 시스템을 마운트해야 한다. 다음 예시에서 각각의 단계를 보인다.

```
# ewfinfo image.E01
ewfinfo 20160424
...
Digest hash information
        MD5:                    083e2131d0a59a9e3b59d48dbc451591
# mkdir image.sfs.d; mount image.sfs image.sfs.d
# md5sum image.sfs.d/image.raw
```

```
083e2131d0a59a9e3b59d48dbc451591   image.sfs.d/image.raw
```

실행 결과 두 MD5 해시가 일치해 Encase에서 SquashFS 보관소 안의 원시 이미지로, 보존된 상태의 증거 변환이 성공했음을 알 수 있다. 세 번째로 일치하는 MD5 해시는 변환 작업 중 계산된 ewfexport 출력에서 찾을 수 있다. ewfexport 도구는 다른 EnCase 포맷들로 변환하거나 데이터를 내보낼 수 있다.

마운트된 SquashFS 파일 시스템인 `image.sfs.d`가 더 이상 필요하지 않을 경우, `umount image.sfs.d` 명령으로 마운트를 해제할 수 있다. `sfsimage` 스크립트가 이 작업을 대신 관리해줄 수 있다.

EnCase에서 FTK로의 파일 변환

ftkimager 도구는 EnCase에서 FTK로 변환을 지원한다. 이 예시에서는 EnCase *.e01 파일 모음을 SMART ew-압축 파일로 변환해 이름은 같지만 확장자는 *.s01인 파일들로 만든다.

```
# ftkimager image.E01 image --s01
AccessData FTK Imager v3.1.1 CLI (Aug 24 2012)
Copyright 2006-2012 AccessData Corp., 384 South 400 West, Lindon, UT 84042
All rights reserved.
Creating image...
Image creation complete.
```

새로운 FTK 파일에는 해시 값이 확인 및 추가된다. 원본의 사건 메타데이터는 변환된 파일들에는 추가되지 않는다. 그 대신, 원본 포맷에서 추출돼 이름은 같지만 확장자가 *.txt인 별도의 파일(이 예시에서는 image.s01.txt)로 저장된다.

FTK 포맷의 변환

명령 줄의 ftkimager 도구는 EnCase와 FTK 포맷 간 변환을 지원하며, 원시 이미지 파일 변환을 위해서는 표준 입력과 표준 출력도 지원한다.

다음 예시에서는 압축된 FTK SMART *.s01 파일들이 EnCase EWF *E01 포맷으로 변환된다.

```
# ftkimager image.s01 image --e01
AccessData FTK Imager v3.1.1 CLI (Aug 24 2012)
Copyright 2006-2012 AccessData Corp., 384 South 400 West, Lindon, UT 84042
All rights reserved.

Creating image...
Image creation complete.
```

사건 메타데이터는 새로운 포맷으로 전달되지는 않지만 별도의 파일(image.E01.txt)로 자동 저장된다.

ftkimager를 통해 SMART *.s01 파일을 표준 출력으로 변환하고 원시 이미지 파일로 리다이렉트하거나 다른 프로그램들로 파이프 처리할 수 있다. 다음은 ftkimager 출력을 sfsimage로 파이프 처리함으로써 FTK SMART 파일 모음이 SquashFS 포렌식 증거 보관소로 변환되는 예시다.

```
# ftkimager sandisk.s01 - | sfsimage -i - sandisk.sfs
Started: 2016-05-12T19:59:13
Sfsimage version: Sfsimage Version 0.8
Sfsimage command: /usr/bin/sfsimage -i -
Current working directory: /exam
Forensic evidence source:
Destination squashfs container: sandisk.sfs
Image filename inside container: image.raw
Aquisition command: sudo dc3dd log=errorlog.txt hlog=hashlog.txt hash=md5
    2>/dev/null | pv -s 0
AccessData FTK Imager v3.1.1 CLI (Aug 24 2012)
Copyright 2006-2012 AccessData Corp., 384 South 400 West, Lindon, UT 84042
```

```
14.5GiB 0:01:37 [ 151MiB/s] [    <=>    ]
Completed: 2016-05-12T20:00:51
# sfsimage -a sandisk.s01.txt sandisk.sfs
Appending to existing 4.0 filesystem on sandisk.sfs, block size 131072
```

FTK 포맷에서 원시 디스크 이미지로 변환할 때는 사건 메타데이터가 전달되지 않는다. 보통 별도의 텍스트 파일에 담긴 사건 메타데이터를 따로 저장해야 한다. 이전 예시처럼 sfsimage -a 명령으로 메타데이터를 SquashFS 보관소에 추가할 수 있다.

어떤 종류의 작업이더라도 변환 후에는 결과 포맷의 해시 값을 검증해 증거 무결성이 보존됐는지 확인해야 한다.

AFF 포맷의 변환

affconvert 도구는 AFF 이미지를 원시 이미지로 (그리고 원시 이미지를 AFF 이미지로) 변환할 수 있다. affconvert 도구는 표준 입출력을 사용하지 않는다. 그 대신, 독립적인 파일을 읽거나 쓴다. 다음은 AFF 파일을 원시 이미지로 변환하는 간단한 예시다.

```
$ affconvert -r image.aff
convert image.aff --> image.raw
Converting page 96 of 96
bytes converted: 1625702400
Conversion finished.
```

원시 이미지를 AFF 포맷으로 변환하려면 간단하게 affconvert image.raw를 실행해 image.aff를 생성하면 된다. AFF 파일을 파이프 처리와 리다이렉션에 이용하려면 affcat 도구를 사용할 수 있다. 이전 예시 대신 affcat을 실행하고 파일로 리다이렉트할 수도 있는데 (상태나 완료 정보를 표시하지 않아 스크립트로 사용할 때 유용하다), 그 방법은 다음과 같다.

```
$ affcat image.aff > image.raw
```

AFF 이미지를 EnCase나 FTK로 변환하기 위해 affcat 도구로 이미지를 표준 입출력을 거쳐 파이프 처리하면 적절한 도구를 통해 원하는 포맷의 이미지를 새로 만들 수 있다. 예를 들어, 다음과 같이 AFF에서 압축 FTK SMART 이미지로 이미지를 변환할 수 있다.

```
$ affcat image.aff | ftkimager - image --s01
AccessData FTK Imager v3.1.1 CLI (Aug 24 2012)
Copyright 2006-2012 AccessData Corp., 384 South 400 West, Lindon, UT 84042
All rights reserved.

Creating image...
Image creation complete.
```

-는 원시 이미지 데이터를 수신할 표준 입력 파일 기술자를 나타내고, image는 기본 파일명, 마지막의 --s01 플래그는 압축 포맷을 지정한다.

이와 마찬가지로 ewfacquirestream을 이용하면 다양한 EnCase 포맷으로 변환할 수 있다.

```
$ affcat image.aff | ewfacquirestream -C 42 -E 1 -e "S. Holmes" -D "Data theft
    case" image
ewfacquirestream 20160424

Using the following acquiry parameters:
Image path and filename:          image.E01
Case number:                      42
Description:                      Data theft case
Evidence number:                  1
Examiner name:                    S. Holmes
...
Acquiry completed at: May 14, 2016 15:41:42
```

```
Written: 1.8 GiB (2003934492 bytes) in 10 second(s) with 191 MiB/s (200393449
    bytes/second)
MD5 hash calculated over data:          9749f1561dacd9ae85ac0e08f4e4272e
ewfacquirestream: SUCCESS
```

이전의 AFF 변환 예시들에서는 AFF에서 다른 포맷으로 변환될 때 사건의 메타데이터(사건명, 조사관명, 수집 시간, 해시 등)가 보존되지 않는다. 그러나 이 정보를 affinfo로 내보낸 후 출력 포맷에 직접 추가하거나 저장할 수 있다. 이전 예시의 -C 42 -E 1 -e "S. Holmes" -D "Data theft case"처럼 사용하는 도구에 따라 메타데이터를 명령 줄 플래그로 추가할 수도 있다.

마지막 예시는 sfsimage를 이용해 AFF 파일을 압축 SquashFS 포렌식 증거 보관소로 변환하는 예시다.

```
$ affcat image.aff | sfsimage -i - image.sfs
Started: 2016-05-14T15:47:19
Sfsimage version: Sfsimage Version 0.8
Sfsimage command: /usr/bin/sfsimage -i -
Current working directory: /exam
Forensic evidence source:
Destination squashfs container: image.sfs
Image filename inside container: image.raw
Aquisition command: sudo dc3dd log=errorlog.txt hlog=hashlog.txt hash=md5
    2>/dev/null | pv -s 0
1.87GiB 0:00:06 [ 276MiB/s] [          <=>          ]
Completed: 2016-05-14T15:47:26
```

다음과 같이 affinfo로 AFF 파일에서 메타데이터를 추출해 SquashFS 포렌식 증거 보관소에 덧붙일 수 있다.

```
$ affinfo image.aff > affinfo.txt
```

```
$ sfsimage -a affinfo.txt image.sfs
Appending to existing 4.0 filesystem on image.sfs, block size 131072
```

이미지가 변환된 후에는 원본 이미지와 결과 이미지의 해시 값을 비교해 일치 여부를 확인할
수 있다.

암호화를 이용한 이미지 보호

디지털 포렌식에서 중요하지만 자주 잊혀지는 요소는 정보 보안이다. 조사 중에 획득하고 추
출한 정보는 민감한 정보로 간주하고, 그에 따른 보안을 적절히 유지해야 한다.

데이터 기밀성의 손실은 의도치 않은 결과로 이어질 수 있다. 예를 들어, 조직의 정책 요구
사항을 위반하거나, 법률 및 규정 준수를 위협하거나, 피해자의 개인 정보 보호 문제를 발생
시키거나, 조사 기관의 명예를 실추시킬 수도 있다. 획득한 증거를 적절히 보호하지 못할 경
우, 조사관과 그 고용주, 피해자, 변호인 그리고 관련 있는 다른 집단 등 연관된 모든 사람
에게 피해를 입힐 수 있다. 유출된 정보는 진행 중인 조사에 간섭하거나 조사를 방해할 수도
있다.

이 절에서는 정보의 보호를 확보하기 위한 방안, 구체적으로는 데이터 전송 및 (장단기 스토리
지에) 저장할 때 보안을 유지하는 방법을 다룬다. 이미지에 보안 요소를 추가하면 암호화 및
복호화에 드는 복잡도와 시간이 늘어나지만, 여기의 예시들은 이 과정을 최대한 간단하고 효
율적으로 유지하고자 한다. 따라서 신뢰망이나 복잡한 공개키 기반 구조 대신 기본적인 대칭
암호화를 사용한다.

이 절에서 공개된 기법들에 더해 ZIP 압축 포맷 역시 암호화에 사용할 수 있다. ZIP64 확장
이 포함된 버전들은 4GB 이상의 파일을 지원한다. ZIP은 윈도우 등 다른 플랫폼과의 높은
호환성이 장점이다.

GPG 암호화

대칭 암호화를 이용하면 네트워크 전송이나 저장 시 보호를 위해 디스크 이미지를 손쉽게 암호화할 수 있다. GNU Privacy Guard(GPG)는 RFC-4880에서 정의한 OpenPGP 표준의 무료 구현체를 제공한다. GPG는 1990년대 초반 Phil Zimmerman이 만든 전통적인 PGP 암호화의 대안이다.

GPG를 사용할 때는 에이전트를 실행하는 것이 좋다(GP2에서는 에이전트가 자동으로 실행된다). 통상 로그인 시점에 다음과 같이 실행할 수 있다.

```
$ eval $(gpg-agent --daemon)
```

앞으로 나올 모든 예제에서 -v 플래그는 세부 정보를 표시하기 위해 사용한다. -v 플래그를 이용하면 (이 책뿐 아니라 수행한 절차를 설명하기 위한 정식 포렌식 보고서를 작성할 때에도) 출력 내용을 문서화에 이용할 수 있다.

기존 이미지를 GPG로 암호화하는 것은 다음과 같이 매우 간단하다.

```
$ gpg -cv image.raw
gpg: using cipher AES
gpg: writing to `image.raw.gpg'
Enter passphrase:
```

암호화에는 비밀 문구가 필요하며, 이미지를 기본 대칭 암호화 알고리즘으로 암호화해 .gpg 확장자를 갖는 새로운 파일을 생성한다. GPG가 암호화와 동시에 압축도 진행하기 때문에 새로 생성된 파일은 기존 이미지보다 용량이 작다. 이 내용을 다음처럼 확인할 수 있다.

```
$ ls -lh
total 1.2G
-r--r----- 1  holmes holmes    1.9G May 14 15:56 image.raw
```

```
-rw-r----- 1   holmes holmes 603M May 14 15:57 image.raw.gpg
```

이전 예제는 이미 저장된 파일을 암호화했다. 반면, 수집 진행과 동시에 암호화할 수도 있다.

```
$ sudo dcfldd if=/dev/sde | gpg -cv > image.raw.gpg
Enter passphrase:
gpg: using cipher AES
gpg: writing to stdout
241664 blocks (7552Mb) written.
241664+0 records in
241664+0 records out
```

dcfldd는 /dev/sde를 통해 연결된 디스크에 접근하고, 그 결과는 GPG 프로그램으로 곧바로 파이프 처리한다. GPG의 암호화된 출력은 파일로 리다이렉트된다. sudo 명령은 원시 장치를 읽기 위해 권한을 root로 상승시킨다.

GPG로 암호화된 이미지의 복호화는 암호화만큼이나 간단하다. 유일한 차이는 복호화 플래그의 사용과 출력 파일을 지정해야 한다는 점이다(기본값으로 표준 출력으로 설정된다). 다음 예시에서는 GPG 암호화된 이미지를 (보호되지 않은) 일반 파일로 복호화한다.

```
$ gpg -dv -o image.raw image.raw.gpg
gpg: AES encrypted data
Enter passphrase:
gpg: encrypted with 1 passphrase
gpg: original file name='image.raw'
```

이 예시는 서명 없는 대칭 암호화를 보여준다. GPG 공개 및 비밀키로 이미지를 암호화하고, 복호화하고, 이미지에 서명할 수 있다. 이미지의 무결성을 검증하기 위해서는 다음과 같이 GPG 암호화된 이미지의 해시와 원시 이미지 파일의 해시를 비교해야 한다.

```
$ gpg -dv image.raw.gpg | md5sum
gpg: AES encrypted data
Enter passphrase:
gpg: encrypted with 1 passphrase
gpg: original file name='image.raw'
5dfe68597f8ad9f20600a453101f2c57 -
$ md5sum image.raw
5dfe68597f8ad9f20600a453101f2c57 image.raw
```

이미지를 복호화할 때는 용량 계획이 필요하다. 복호화가 완료되면 이미지의 사본 2개가 존재하기 때문이다(1개 또는 2개 이미지 모두 압축돼 있을 수 있다).

GPG 암호화된 파일은 탐색이 불가능하기 때문에 포렌식 분석 도구로 파일 내용에서 직접 작업할 수는 없다.

OpenSSL 암호화

다른 암호화 시스템들도 디스크 이미지를 위한 보안을 제공한다. OpenSSL 도구 모음 (http://www.openssl.org/)은 파일 암호화를 위한 여러 가지 알고리즘을 제공한다. 예를 들어, 암호 블록 체인(CBC) 모드를 사용하는 256비트 AES로 이미지를 암호화하기 위해서는 다음 명령을 사용해야 한다.

```
# openssl enc -aes-256-cbc -in image.raw -out image.raw.aes
enter aes-256-cbc encryption password:
Verifying - enter aes-256-cbc encryption password:
```

OpenSSL은 암호화 방식과 모드에 있어 수십 가지 선택지를 제공할 만큼 유연하다. 파이프 처리와 리다이렉션도 지원하기 때문에 다음과 같이 수집 중 암호화도 손쉽게 수행할 수 있다.

```
# dcfldd if=/dev/sdg | openssl enc -aes-256-cbc > image.raw.aes
enter aes-256-cbc encryption password:
Verifying - enter aes-256-cbc encryption password:
241664 blocks (7552Mb) written.
241664+0 records in
241664+0 records out
```

OpenSSL 암호화된 파일을 복호화하는 것도 암호화 알고리즘을 안다는 전제하에 상대적으로 간단하다.

```
# openssl enc -d -aes-256-cbc -in image.raw.aes -out image.raw
enter aes-256-cbc decryption password:
```

-d 플래그를 추가해 복호화 작업임을 나타낼 수 있다(enc는 대칭 암호화 사용을 지정한다). OpenSSL은 어느 대칭 암호화가 사용됐는지 자동으로 탐지하지 않기 때문에 파일이 암호화된 방식을 문서화하는 일이 중요하다. zlib를 포함해 명시적으로 컴파일하지 않은 이상, OpenSSL은 파일을 압축하지 않는다. 수집과 동시에 암호화도 추가하고 싶다면 다음과 같이 파이프라인에 gzip을 추가할 수 있다.

```
# dcfldd if=/dev/sdg | gzip | openssl enc -aes-256-cbc > image.raw.gz.aes
enter aes-256-cbc encryption password:
Verifying - enter aes-256-cbc encryption password:
241664 blocks (7552Mb) written.
241664+0 records in
241664+0 records out
```

이미지의 암호 해시를 검증하기 위해서는 다음과 같은 명령 파이프를 실행할 수 있다.

```
$ openssl enc -d -aes-256-cbc < image.raw.gz.aes | gunzip | md5sum
enter aes-256-cbc decryption password:
```

```
4f9f576113d981ad420bbc9c251bea0c    -
```

압축 및 암호화된 파일을 입력으로 받은 복호화 명령은 그 출력을 gunzip으로 파이프 처리하고, 압축이 해제된 원시 이미지는 다시 해싱 프로그램으로 입력된다.

일부 ZIP 구현체는 내장 암호화를 지원하며, 이미지나 다른 증거 파일들을 보호하는 데 사용할 수 있다.

포렌식 포맷 내장 암호화

GPG와 OpenSSL은 다양한 암호화를 수행하는 잘 알려진 도구로, 다른 도구들과의 호환 및 상호 운용성을 제공한다. 그러나 GPG와 OpenSSL은 디지털 포렌식을 위해 고안된 도구가 아니기 때문에 이 둘로 암호화된 이미지 파일을 곧바로 표준 포렌식 도구에 적용할 수는 없다(우선 이미지를 복호화해야 한다). 이 책 전반에 걸쳐 다루는 대중적인 포렌식 포맷들의 일부 버전은 탐색 가능한 암호화 이미지를 지원한다.

ftkimager 프로그램은 인증서나 비밀번호를 이용해 이미지 파일을 보호할 수 있다. 수집 도중에 비밀번호(monkey99)로 암호화를 수행하는 예시는 다음과 같다.

```
# ftkimager --outpass monkey99 --e01 /dev/sdg image
AccessData FTK Imager v3.1.1 CLI (Aug 24 2012)
Copyright 2006-2012 AccessData Corp., 384 South 400 West, Lindon, UT 84042
All rights reserved.

Creating image...
Image creation complete.
```

NOTE 명령 매개변수에 비밀번호를 포함시키는 것은 일반적으로 나쁜 사용법이다. 셸 히스토리에 비밀번호가 남으며, 프로세스 테이블에서 아무나 비밀번호를 볼 수 있다.

비밀번호 없이 또는 잘못된 비밀번호로 암호화된 이미지에 접근하려고 하면 다음의 오류 메시지가 생성된다.

```
** Source is encrypted; please provide credentials for decryption.
** AD Decryption setup failed.
```

암호화된 이미지에서 작업할 경우, 다음과 같이 명령 줄에 비밀번호를 포함해야 한다.

```
# ftkimager --inpass monkey99 image.E01 - > image.raw
AccessData FTK Imager v3.1.1 CLI (Aug 24 2012)
Copyright 2006-2012 AccessData Corp., 384 South 400 West, Lindon, UT 84042
All rights reserved.
```

EWF 포맷의 일부 버전은 암호화를 지원하며, 이 책을 쓰는 시점에서는 libewf 여러 개발 단계를 거치고 있었다. 현재 시점에서의 암호화 포맷 지원 여부에 대해서는 최신 소스 코드를 참고하라.

AFFlib suite는 고급 포렌식 포맷 라이브러리를 통해 암호화 이미지에 직접 접근한다. AFFlib는 개발 초기부터 정보 보안을 염두에 두고 개발됐다. (대칭) 비밀번호 및 (X.509) 인증서 기반 암호화 등 포렌식 이미지를 보호할 수 있는 다양한 암호화 기능을 갖고 있다. affcrypto 도구를 사용해 기존의 수집 이미지를 보호할 수도 있다. 다음은 그 예시다.

```
# affcrypto -e -N monkey99 image.aff
image.aff:   967 segments;     0 signed;   967 encrypted;     0 pages;
    0 encrypted pages
```

dd_rescue의 최근 버전들은 플러그인 인터페이스를 구현해 (이 책을 쓰는 시점에서) LZO 압축, 암호 해시, 대칭 암호화(AES)를 위한 플러그인들이 있었다. 다음 예시는 디스크(/dev/sdc)를 이미징한 후 AES 플러그인으로 출력을 암호화된 형태로 저장한다.

```
# dd_rescue -L crypt=enc:passfd=0:pbkdf2 /dev/sdc samsung.raw.aes
```

```
dd_rescue: (info): Using softbs=128.0kiB, hardbs=4.0kiB
dd_rescue: (input): crypt(0): Enter passphrase:
dd_rescue: (warning): some plugins don't handle sparse, enabled -A/--nosparse!
dd_rescue: (info): expect to copy 156290904.0kiB from /dev/sdc
dd_rescue: (info): crypt(0): Derived salt from samsung.raw.aes=00000025433d6000
dd_rescue: (info): crypt(0): Generate KEY and IV from same passwd/salt
dd_rescue: (info): ipos: 156286976.0k, opos: 156286976.0k, xferd: 156286976.0k
                   errs:      0, errxfer:       0.0k, succxfer: 156286976.0k
             +curr.rate:  38650kB/s, avg.rate:  56830kB/s, avg.load: 14.9%
             >-------------------------------.< 99% ETA:   0:00:00
dd_rescue: (info): read /dev/sdc (156290904.0kiB): EOF
dd_rescue: (info): Summary for /dev/sdc -> samsung.raw.aes
dd_rescue: (info): ipos: 156290904.0k, opos: 156290904.0k, xferd: 156290904.0k
                   errs:      0, errxfer:       0.0k, succxfer: 156290904.0k
             +curr.rate:  29345kB/s, avg.rate:  56775kB/s, avg.load: 14.9%
             >--------------------------------< 100% TOT: 0:45:53
```

포렌식 랩의 조사관들이 이미지와 증거에 대한 대규모의 암호화, 서명, 타임스탬프가 필요하다면, PKI 사용에 투자를 할 만하다. 사설 PKI 시스템이나 외부 사용 PKI 제공자를 이용할 수 있다.

일반 디스크 암호화

앞 절들의 예시는 개별 파일이나 파일 보관소의 보호에 집중돼 있다. 그러나 그 대신 이미지 파일이 담겨 있는 드라이브 전체를 보호할 수도 있다. 이 보호를 위해 파일 시스템 암호화를 하드웨어, 사용자 공간 또는 커널에서 수행할 수 있다. 이 절에 몇몇 예시가 있을 것이다.

그림 7-1에 있는 레노보의 싱크패드 보안 하드 드라이브와 같이 시장에는 안전하게 이미지 파일을 전송할 수 있는 대용량 보안 외장형 드라이브들이 있다. 이 드라이브들은 운영 체제와 독립적이며 장치에 있는 물리적인 키패드에 PIN 번호를 입력해 디스크 내용을 암호화한다.

그림 7-1 싱크패드 보안 하드 드라이브

TrueCrypt는 한때 지원되는 소프트웨어 중 가장 인기 있는 무료 크로스 플랫폼 파일 시스템 소프트웨어였다. 그러나 2014년 3월, 개발이 중단돼 TrueCrypt의 대체재를 찾으라는 개발자들의 권고안이 설명도, 예고도 없이 공개됐다. 몇 가지 파생 및 호환 프로젝트들이 생겼고, 그중 일부는 다음과 같다.

- **VeraCrypt**: https://veracrypt.codeplex.com/
- **tc-play**: https://github.com/bwalex/tc-play/
- **CipherShed**: https://ciphershed.org/
- **zuluCrypt**: http://mhogomchungu.github.io/zuluCrypt/(TrueCrypt의 구현은 아니지만 TrueCrypt 관리 시스템으로 언급할 만한 가치가 있다)

이 절의 나머지 예시들은 VeraCrypt를 사용한다. 이 책을 쓰는 시점에서 VeraCrypt는 활발하게 개발이 진행 중이었고, TrueCrypt의 대체재로서 인기를 모으고 있었다.

다음 예시는 빈 외장형 드라이브를 통째로 암호화한다. 이후 암호화된 보관소를 안전한 전송이나 증거 데이터의 보관에 이용할 수 있다. Veracrypt 도구는 암호화 보관소를 설정하기 위해 몇 가지 질문을 한다. 이 예시에서 /dev/sda가 대상 드라이브가 아닌 조사관의 드라이브임을 참고하라.

```
# veracrypt -c /dev/sda
Volume type:
 1) Normal
 2) Hidden
Select [1]:

Encryption Algorithm:
 1) AES
 2) Serpent
 3) Twofish
 4) AES(Twofish)
 5) AES(Twofish(Serpent))
 6) Serpent(AES)
 7) Serpent(Twofish(AES))
 8) Twofish(Serpent)
Select [1]:

Hash algorithm:
 1) SHA-512
 2) Whirlpool
 3) SHA-256
Select [1]:

Filesystem:
 1) None
 2) FAT
 3) Linux Ext2
 4) Linux Ext3
 5) Linux Ext4
 6) NTFS
Select [2]: 5
```

```
Enter password:
Re-enter password:

Enter PIM:

Enter keyfile path [none]:

Please type at least 320 randomly chosen characters and then press Enter:

The VeraCrypt volume has been successfully created.
```

이제 이 드라이브는 VeraCrypt 보관소로 초기화됐다(드라이브 크기와 컴퓨터 성능에 따라 시간이 오래 걸릴 수 있다). VeraCrypt 볼륨을 마운트하기 위해서는 출처 장치와 마운트 지점을 포함하는 간단한 명령을 쓰면 된다.

```
# veracrypt /dev/sda /mnt
Enter password for /dev/sda:
Enter PIM for /dev/sda:
Enter keyfile [none]:
Protect hidden volume (if any)? (y=Yes/n=No) [No]:
# veracrypt -l
1: /dev/sda /dev/mapper/veracrypt1 /mnt
```

장치를 안전하게 제거하기 위해서는 VeraCrypt 볼륨의 마운트를 해제해야 하며, 이는 마운트 지점을 지정하는 간단한 명령으로 수행할 수 있다.

```
# veracrypt --dismount /mnt
```

이 시점이 되면 시스템에서 물리적으로 드라이브를 제거할 수 있다. 이 예시에서 암호화된 드라이브는 전체 원시 장치지만, VeraCrypt 보관소 파일을 사용할 수도 있다. 또한 이 예시의 마운트 지점은 /mnt이지만, 파일 시스템 어느 곳에서나 마운트할 수 있다. 포렌식 이미지 파일과 기타 데이터를 보호하기 위해 사용할 수 있는 다른 풀-디스크 암호화 시스템들도 있다. 205쪽의 "Opal 자가암호화 드라이브의 식별과 잠금 해제"에서 자세히 설명한 자가암호화 드라이브를 sedutil-cli 명령과 함께 사용하면 저장과 전송을 위한 암호화 드라이브를 생성할 수 있다. 리눅스 LUKS와 dm-crypt와 같은 파일 시스템 암호화 역시 비슷한 수준의 암호화를 제공한다. 그러나 이 암호화 시스템들이 드라이브에 담긴 증거 데이터를 보호하더라도, 다른 운영 체제들과 상호 호환이 불가능할 수는 있다(예를 들어 윈도우나 OSX).

디스크 클로닝과 복제

어떤 경우에는 이미지 파일 대신 디스크의 클론 또는 복제본이 선호되기도 한다. 각 복제본은 원본 디스크의 정확한 섹터별 사본이다. 새롭게 클론된 디스크는 원본 디스크와 일치하는 암호 체크섬을 갖는다. 클론 디스크는 몇 가지 점에서 유용하다.

- 디스크 쓰기가 필요한 분석 도구와 기법을 사용할 때
- 디스크 복제본으로 컴퓨터를 부팅할 때
- 상용 컨트롤러를 이용하는 RAID 배열을 재구성할 때

디스크 클로닝은 단순한 작업으로, 기본적으로는 수집을 반대로 진행하는 일이다. 만약 실수로 잘못된 장치를 목적지로 설정할 경우에 데이터가 파괴될 수 있으므로 복제 과정에서는 주의를 기울여야 한다.

클론 디스크 준비

대상 디스크, 즉 클론 디스크의 크기(섹터 수)는 원본 디스크보다 크거나 같아야 한다. 클로닝은 섹터별로 이뤄지므로 클론 디스크에는 원본 디스크의 모든 섹터를 담을 수 있을 만한 용량이 있어야 한다. 대상 디스크가 원본보다 더 커도 상관 없는 경우가 있는데, 컴퓨터와 운영 체제가 파티션 테이블에 정의된 내용까지만 복제하고 나머지 공간은 무시할 수 있기 때문

이다. 그러나 어떤 경우에는 정확한 섹터 수를 복제하는 것이 중요한데, 소프트웨어와 도구들이 기대하는 특정 섹터 수가 있을 수 있기 때문이다. 예시들 중에는 GPT 파티션(디스크 끝 부분에 백업 내용이 저장된다)과 RAID 시스템 분석 그리고 디스크 최종 섹터에 부분적으로 상주하는 악성 코드 변종들의 분석이 포함된다.

클로닝 전에 (0이 저장된 섹터로) 대상 디스크를 안전하게 삭제하는 것은 과거 데이터의 흔적을 제거하고 클론 오염의 위험을 줄이기 위해서는 필수적이다.

HPA를 이용한 섹터 크기 복제

HPA를 참고해 원본 디스크와 같은 섹터 수를 클론 디스크에서 시뮬레이션할 수 있다.[40] 원본 디스크와 정확히 똑같은 수의 섹터가 있어야 할 경우, 클론 디스크의 HPA를 설정해 효과를 볼 수 있다. 특히, 상용 컨트롤러를 이용하는 RAID 시스템을 재구성하거나 디스크 최종 섹터에 데이터가 있는 디스크를 복제할 경우에 중요하다.

> **NOTE** hdparm 도구로 HPA를 설정하기 전에 원본 드라이브의 정확한 섹터 수를 알아야 한다(드라이브가 조사관 호스트에 연결될 때 결정된다).

이 예시에서는 120GB 드라이브를 복제하기 위해 500GB 디스크의 HPA를 설정한다. 원본 디스크에는 512바이트 크기의 섹터가 234,441,648개 있으며, 클론 드라이브에서 이 값을 사용해 최대 사용할 수 있는 섹터를 설정할 수 있다. 다음 명령을 사용하면 된다.

```
# hdparm -N /dev/sdk

/dev/sdk:
 max sectors    = 976773168/976773168, HPA is disabled
# hdparm --yes-i-know-what-i-am-doing -N p234441648 /dev/sdk
```

---

40 섹터 크기는 DCO를 이용해 복제될 수도 있다.

```
/dev/sdk:
 setting max visible sectors to 234441648 (permanent)
 max sectors   = 234441648/976773168, HPA is enabled
# hdparm -I /dev/sdk
...
        LBA    user addressable sectors:  234441648
...
        device size with M = 1000*1000:     120034 MBytes (120 GB)
...
```

첫 hdparm −N 명령으로는 500GB의 접근 가능한 섹터와 비활성화된 HPA의 초기 상태를 표시한다. 두 번째 hdparm 명령은 섹터 크기 변경 등 위험한 설정을 하기 위해 --yes-i-know-what-i-am-doing 플래그가 필요하다. -N p234441648는 섹터 수를 지정한다. 접두어로 p를 붙여 드라이브 재기동에도 변화가 영구적으로 적용되도록 한다. 마지막 hdparm 명령은 드라이브가 새로운 섹터 크기를 반영했는지 확인하기 위한 것으로, 이제는 클론과 같은 크기(120GB)를 갖고 있다.

클론 디스크에 이미지 파일 기록하기

새 디스크에 이미지를 기록하기 위해서는 디스크 수집에 쓰는 도구를 그대로 쓰되, 순서를 반대로 하면 된다.

디스크 클론을 만들기 위해서는 원본 조사 대상 디스크나 이전에 수집한 이미지 파일을 대상으로 표준 dd 유틸리티를 사용하면 된다. 이 예시는 dc3dd를 이용해 원시 이미지 파일을 클론 디스크에 기록한다.

```
# dc3dd if=image.raw of=/dev/sdk log=clone.log

dc3dd 7.2.641 started at 2016-01-16 01:41:44 +0100
compiled options:
```

```
command line: dc3dd if=image.raw of=/dev/sdk log=clone.log
sector size: 512 bytes (assumed)
120034123776 bytes ( 112 G ) copied ( 100% ), 663 s, 173 M/s

input results for file `image.raw':
   234441648 sectors in

output results for device `/dev/sdk':
   234441648 sectors out

dc3dd completed at 2016-01-16 01:52:48 +0100
```

이제 원본 디스크와 암호 해시를 비교할 수 있다. 원본과 클론 디스크의 섹터 수가 일치하지 않으면 (복제 작업을 완료하기에는 클론 디스크의 섹터가 모자란 경우) 오류가 발생하거나 해시 값이 일치하지 않는다.

분할 이미지 모음, 압축 이미지, 암호화 이미지를 클론 디스크에 기록할 때 일반 이미지로 변환하는 과정을 거치지 않아도 된다.

원시 포맷이 아닌 AFF, EnCase EWF, FTK SMART 등을 활용해 클론 디스크를 만들 수도 있다. 만약 어떤 포렌식 도구가 이미지를 다시 장치에 기록할 수 없다면, 원시 이미지를 dd 프로그램으로 파이프 처리해 대신 기록할 수도 있다.

이미지 전송과 보관

포렌식 이미지의 전송과 장기 보관을 안전하고 성공적으로 관리하려면 고민과 계획이 필요하다. 큰 조직 내의 다른 부서나 독립적인 제3의 포렌식 기업 또는 사법 기관 등 다른 집단에게 이미지를 전송해야 하는 상황이 종종 닥친다.

몇 가지 요소가 전송의 완료를 좌우하는데, 그중 대표적인 것이 데이터의 크기와 보안이다.

조직에 따라서는 법과 규제 그리고 기관 내부 규정의 요구 사항을 고려해야 할 수도 있다. 예를 들어 글로벌 은행의 경우, 고객 정보를 국외로 반출할 수 없게 하는 은행 규제로 인해 디스크 이미지를 국경 밖으로 전송하지 못할 수 있다.

이미지의 장기 보관 역시 고민과 계획이 필요하다. 만약 어떤 이미지를 수년 후에 다시 열어 본다면, 인원과 도구 그리고 기반 시설이 모두 달라져 있을 것이다. 무엇이 저장돼 있는지 문서화하고, 과거에 사용된 소프트웨어와 하위 호환성을 유지하는 것이 중요하다.

이동식 매체에 기록

과거에는 CD 또는 DVD 묶음을 이용해 수집된 이미지를 전송했다. 압축과 분할을 이용하면 이런 매체를 사용하는 것이 저렴하고 현실적인 전송 방식이었다. 오늘날에는 4TB와 6TB 디스크가 흔하고, 10TB 디스크까지 소비자 시장에 출시됐다. 압축을 한다고 해도 오늘날의 대용량 이미지 크기를 고려하면 광학 디스크는 더 이상 실용적인 전송 매체가 아니다. 그러나 설명의 완전성을 위해 몇 가지 예시만 소개한다.

다음은 SquashFS 파일을 CD-ROM으로 굽는 간단한 예시다. mkisofs 명령은 genisoimage로의 심벌릭 링크고, 여기서 만들어진 파일 시스템은 wodim 도구를 이용해 디스크에 구워진다.

```
# mkisofs -r -J maxtor-2gb-L905T60S.sfs | wodim dev=/dev/cdrom -
...
Starting to write CD/DVD at speed 48.0 in real TAO mode for single session.
...
97.45% done, estimate finish Sat Jan 16 02:36:16 2016
98.88% done, estimate finish Sat Jan 16 02:36:15 2016
...
348929 extents written (681 MB)
Track 01: Total bytes read/written: 714606592/714606592 (348929 sectors).
```

다음은 이미지를 DVD로 굽는 간단한 예시다. growisofs 도구는 genisoimage의 프런트엔드로 시작해 이제는 일반적인 DVD 및 블루레이 굽기 도구로 발전했다.

```
# growisofs -Z /dev/dvd -R -J ibm-4gb-J30J30K5215.sfs
Executing 'genisoimage -R -J ibm-4gb-J30J30K5215.sfs | builtin_dd of=/dev/dvd
    obs=32k seek=0'
...
99.58% done, estimate finish Sat Jan 16 02:30:07 2016
99.98% done, estimate finish Sat Jan 16 02:30:07 2016
1240225 extents written (2422 MB)
...
```

다음 예시는 growisofs 명령으로 이미지를 블루레이 디스크로 굽는다.

```
# growisofs -allow-limited-size -Z /dev/dvd -R -J atlas-18gb.sfs
Executing 'genisoimage -allow-limited-size -R -J atlas-18gb.sfs | builtin_dd
    of=/dev/dvd obs=32k seek=0'
...
This size can only be represented in the UDF filesystem.
...
/dev/dvd: pre-formatting blank BD-R for 24.8GB...
...
 99.79% done, estimate finish Sat Jan 16 02:20:10 2016
 99.98% done, estimate finish Sat Jan 16 02:20:10 2016
2525420 extents written (4932 MB)
...
```

리눅스에서 대용량 이미지를 광학 디스크로 굽는 일은 까다로울 수 있다. 사용되는 드라이브와 매체에 따라 기대하지 않았거나 일관성이 없는 결과를 얻을 수도 있다. 실제 환경에서 사용하기 전에 반드시 드라이브와 매체 호환성을 테스트해야 한다.

보관과 전송을 위한 저가형 디스크

분할 및 압축 이미지 모음으로부터 광학 디스크 묶음을 만드는 프로세스는 체계적이지만 오래 걸리고, 오류가 발생하기도 쉽다. 현재 블루레이의 최대 저장 용량은 100GB(BD-R XL)다. 블루레이의 GB당 가격은 저가형 하드 디스크의 GB당 가격보다 비싸다.

투입되는 인력, 오류율, 광학 디스크에 데이터를 굽는 데 걸리는 시간, GB당 가격을 고려해 보면, 포렌식 이미지의 오프라인 저장과 전송에는 단순히 저가형 하드 디스크를 사서 쓰는 것이 매력적인 선택지다.

대규모 네트워크 전송

6장에서 이미 네트워크상에서 이미지를 수집할 때의 주의점을 살펴봤다. 수집된 이미지의 대규모 네트워크 전송은 완료까지 긴 시간이 걸릴 뿐 아니라 기업의 내부 네트워크나 인터넷 망을 포화시킬 수 있다. 긴 시간의 네트워크 전송 중에 연결이 끊어지거나 타임아웃이 발생할 수도 있다.

네트워크상에서 호스트 간에 대용량 포렌식 이미지를 전송하는 것은 로컬 머신에서 디스크 간에 전송하는 것만큼 빠르지 않다. 표 7-1은 2개의 고속 드라이브 인터페이스와 2개의 고속 네트워크 인터페이스를 비교한다.

표 7-1 일반적인 인터페이스의 전송 속도

인터페이스	전송 속도
NVME	4000MB/s
SATA III	600MB/s
Gigibit Ethernet	125MB/s
Fast Ethernet	12.5MB/s

다른 대역폭 간의 세부적인 비교를 위해서는 위키피디아 페이지 https://en.wikipedia.

org/wiki/List_of_device_bit_rates를 참고하라.

네트워크 대역폭과 이미지 크기에 따라, 네트워크 전송보다 수집된 대상 이미지가 담긴 저장 보관소의 물리적인 배달이 더 빠를 수도 있다.

그러나 어떤 경우에는 안전한 네트워크 데이터 전송이 필요할 때도 있다. 전송 중에 보안을 보장하는 것은 복잡도의 증가나 성능 감소 등의 불리한 점이 있을 수 있다. 신뢰되지 않거나 알려지지 않은 네트워크상의 네트워크 데이터 전송을 위해서는 SSL/TLS, ssh/sftp, IPSEC 과 같은 표준 보안 프로토콜을 사용할 수 있다.

다음의 간단한 예시는 OpenSSH 소프트웨어 패키지의 scp^{secure copy}를 이용한 포렌식 이미지 파일의 전송이다.

```
$ scp image.raw server1.company.com:/data/image.raw
image.raw                   11% 1955MB 37.8MB/s 06:51 ETA
...
```

여기서 이미지 파일(image.raw)은 안전하지 않은 네트워크를 통해 원격 서버의 특정 디렉터리로 복사되고 있다. scp를 사용하는 데는 강력한 암호화 알고리즘, 내장된 압축 기능, 실시간 진행 상태 표시, 예상 완료 시간, 강력한 인증 등 여러 장점이 있다. 그중에서도 포렌식 조사관에게 가장 중요한 것은 (바이너리 컴파일 시 64비트 대용량 파일 크기 지원을 포함했을 경우) 아주 큰 크기의 파일을 지원한다는 점인데, 그 이유는 대용량 디스크 이미지를 전송하는 데에 쉽게 사용할 수 있기 때문이다.

만약 이미지 파일이 이미 암호화된 상태라면 기본적인 보안에 신경을 덜 쓰고 파일 전송 프로토콜(FTP)이나 윈도우 서버 메시지 블록(SMB) 등 전통적인 파일 전송 프로토콜을 사용할 수 있다. 그러나 암호화된 파일을 전송할 때 안전하지 않고 인증이 약한 프로토콜들을 사용하려면, 전송이 완료된 이후 암호 해시를 검증해 파일 무결성을 확인해야 한다.

안전한 소거와 데이터 처분

디스크를 폐기 또는 재사용하거나, 임시 파일이 더 이상 필요 없는 경우에는 내용을 제대로 삭제하기 위해 세심한 단계를 밟아야 한다. 이 작업을 위해서 명령 줄의 소거 및 안전 삭제 기법이 몇 가지 있다.

개별 파일의 처분

몇몇 상황에서는 전체 디스크가 아닌 개별 파일들만 안전하게 지워야할 수도 있다. 예를 들어, 수집 호스트에 생성된 임시 수집 이미지들을 처분할 필요가 있을 수 있다. 이 시나리오에서는 파일 분쇄/소거 프로그램을 사용하는 것이 현명한데, 그 이유는 조사관 워크스테이션의 다른 파일들을 훼손할 위험을 줄일 수 있기 때문이다.

표준 리눅스 coreutils 패키지에는 shred 도구가 있으며, 이 도구로 다음과 같이 안전하게 파일을 삭제할 수 있다.

```
$ shred -v confidential-case-notes.txt
shred: confidential-case-notes.txt: pass 1/3 (random)...
shred: confidential-case-notes.txt: pass 2/3 (random)...
shred: confidential-case-notes.txt: pass 3/3 (random)...
```

소프트웨어 패키지인 secure_deletion 툴킷은 스왑, 캐시, 메모리, inode와 파일들을 삭제할 수 있는 도구 모음을 제공한다. 특히 srm 도구는 개별 파일 소거에 사용된다. 또 다른 명령 줄 도구인 wipe 역시 파일을 삭제한다.

개별 파일의 소거는 복잡한 과정이고 운영 체제와 파일 시스템 등 여러 변수와 관련이 있다. 소거 또는 파쇄된 파일 조각들이 완전히 파괴됐다는 보장은 불가능하다.

저장 장치의 안전 소거

물리적인 드라이브 전체를 소거하기 위해서는 드라이브에서 사용자 접근이 가능한 모든 섹터에 0이나 랜덤 바이트를 기록해야 한다. 그러나 이렇게 한다고 해서 물리적 드라이브에서 사용자 접근이 불가능한 구역까지 소거된다는 것은 아니다. HPA나 DCO로 보호된 섹터들이나(강제로 제거할 수는 있다), 매핑이 변경된 배드 섹터들, 플래시 메모리의 오버 프로비저닝 영역 그리고 드라이브에서 접근 불가능한 시스템 영역은 사용자가 접근할 수 없기 때문에 일반적인 리눅스 도구로는 소거할 수 없다. 그럼에도 불구하고 사용자 접근이 가능한 섹터만 모두 소거하는 것도 납득할 만한 수준이기 때문에 랩 내에서 드라이브를 재사용할 때 데이터 처분을 위한 세심한 방법이 될 수 있다.

특정 조직의 위험 관리 정책과 선호도에 따라, 데이터 처분은 다음 중 하나 이상을 요구할 수 있다.

- 데이터 소거 없이 일반적인 포맷
- 접근할 수 있는 모든 섹터를 0으로 한차례 소거
- 접근할 수 있는 모든 섹터를 랜덤 데이터로 여러 차례 소거
- 물리적으로 드라이브를 소자
- 물리적으로 드라이브를 파쇄

예상되는 위험에 따라 어느 처분 방법이 필요한지를 결정하게 되며, 드라이브 내 데이터의 민감도, 데이터 복구에 관심 있는 주체, 복구에 드는 비용과 노력 등 여러 가지에 의해 좌우된다.

첫 번째 예시는 디스크의 접근 가능한 각 섹터에 dc3dd로 0을 써넣는다. dc3dd 도구는 소거 기능이 내장돼 있고, 다음과 같이 쓸 수 있다.

```
# dc3dd wipe=/dev/sdi

dc3dd 7.2.641 started at 2016-01-16 00:03:16 +0100
```

```
compiled options:
command line: dc3dd wipe=/dev/sdi
device size: 29305206 sectors (probed), 120,034,123,776 bytes
sector size: 4096 bytes (probed)
120034123776 bytes ( 112 G ) copied ( 100% ), 3619 s, 32 M/s

input results for pattern `00':
   29305206 sectors in

output results for device `/dev/sdi':
   29305206 sectors out

dc3dd completed at 2016-01-16 01:03:35 +0100
```

/dev/zero 를 입력 파일로 하고 dd를 사용해 같은 일을 할 수 있지만, dc3dd가 더 빠르다.

디스크가 0으로 소거됐음을 확인하기 위해서는 dd로 디스크를 읽어들여 헥스 덤프 프로그램으로 보낼 수 있다.

```
# dd if=/dev/sda | hd
```

전체 디스크가 0으로 가득차면, 헥스 덤프(hd) 도구는 전체 디스크 패턴을 반복하는 대신 한 줄의 0과 그 뒤에 *를 붙여 표시한다.

```
0000000 000000 000000 000000 000000 000000 000000 000000 000000
*
```

출력 결과에서 0만 보인다면, 드라이브의 접근 가능한 섹터들이 모두 성공적으로 소거된 것이다.

다음 예제가 사용하는 도구는 nwipe로, Darik's Boot and Nuke(dban) 도구에서 나온 프로그램이다. nwipe 도구는 소거 표준, 랜덤 정도, 소거 횟수 등을 지정할 수 있고, 실행 결과에 대한 로그 파일을 제공한다. 다음은 Canadian RCMP TSSIT OPS-II wipe 버전이다.

```
# nwipe --autonuke --nogui --method=ops2 /dev/sdj
[2016/01/15 23:14:56] nwipe: notice: Opened entropy source '/dev/urandom'.
[2016/01/15 23:14:56] nwipe: info: Device '/dev/sdj' has sector size 512.
[2016/01/15 23:14:56] nwipe: warning: Changing '/dev/sdj' block size from 4096 to
    512.
[2016/01/15 23:14:56] nwipe: info: Device '/dev/sdj' is size 160041885696.
[2016/01/15 23:14:56] nwipe: notice: Invoking method 'RCMP TSSIT OPS-II' on device
    '/dev/sdj'.
[2016/01/15 23:14:56] nwipe: notice: Starting round 1 of 1 on device '/dev/sdj'.
[2016/01/15 23:14:56] nwipe: notice: Starting pass 1 of 8, round 1 of 1, on device
    '/dev/sdj'.
[2016/01/15 23:57:00] nwipe: notice: 160041885696 bytes written to device
    '/dev/sdj'.
[2016/01/15 23:57:00] nwipe: notice: Finished pass 1 of 8, round 1 of 1, on device
    '/dev/sdj'.
...
```

드라이브를 소거할 때는 DCO와 HPA가 제거됐는지 확인해야 한다. NVME 드라이브를 소거할 때는 개별 네임스페이스가 소거돼야 한다(대부분의 소비자용 NVME 드라이브는 단일 네임스페이스만 갖고 있다).

ATA 안전 삭제 단위 명령의 실행

ATA 표준에는 드라이브에 직접 요청해 디스크를 소거할 수 있는 안전 삭제 명령이 정의돼 있다. ATA SECURITY ERASE UNIT 명령으로 사용자 접근이 가능한 모든 디스크 섹터에 0을 기록할 수 있다. EXTENDED SECURITY ERASE 명령은 0 대신 (드라이브 제조사가 정의한) 사전 정의된 패턴을 기록한다.

hdparm을 실행하면 드라이브 보안과 관련된 상태와 지원되는 작업을 표시한다. 또한 다음과 같이 드라이브를 안전하게 삭제하는 데에 걸리는 예상 시간도 표시한다.

```
# hdparm -I /dev/sdh
...
        device size with M = 1000*1000: 500107 MBytes (500 GB)
...
Security:
        Master password revision code = 7
                supported
                enabled
        not     locked
        not     frozen
        not     expired: security count
                supported: enhanced erase
        Security level high
        60min for SECURITY ERASE UNIT. 60min for ENHANCED SECURITY ERASE UNIT.
```

어떤 드라이브들은 명시적으로 비밀번호를 설정하기 전까지 삭제 명령을 거부한다. 다음 예시에서는 Western Digital 드라이브를 사용하고, --security-erase 명령이 실행되기 전에 비밀번호를 dummy로 설정한다.

```
# hdparm --security-erase dummy /dev/sdh
security_password="dummy"

/dev/sdh:
Issuing SECURITY_ERASE command, password="dummy", user=user
```

이제 이 드라이브는 안전하게 소거돼 재사용할 수 있다. 만약 드라이브에 비밀번호를 설정해야 한다면, 안전 삭제가 완료된 이후 비밀번호를 비활성화하는 것을 잊지 말아야 한다.

암호화된 디스크 키의 파괴

암호화된 디스크와 파일 시스템을 안전하게 파괴하기 위해서는 알려진 암호화 키와 사본들

344

을 모두 파괴해야 한다. 만약 키가 스마트카드, TPM이나 Opal 드라이브 등의 보안 장치에서 생성됐다면 키는 단 하나밖에 없을 것이다. 기업 환경에서 드라이브나 파일 시스템이 프로비저닝돼 있다면, 복구를 위해 키의 백업이나 에스크로 사본이 있을 수 있다.

마이크로소프트 BitLocker, 애플 FileVault, 리눅스 LUKS/dm-crypt나 TrueCrypt 계열 등 운영 체제 기반 암호화 드라이브의 키 소거 절차를 위해서는 키 저장 위치에 대한 세부적인 지식이 필요하다. 키는 비밀번호나 암호문으로 보호된 채로 파일 또는 드라이브의 특정 블록에 저장될 수 있다. 별도의 키 파일에 저장될 수도 있다. 사설 키의 사본들을 모두 찾아내고 안전하게 파괴할 수 없다면, 대안으로 이전 절에서 설명한 전체 드라이브를 소거하는 방법으로 디스크를 소거할 수도 있다.

통상 외장형 보안 USB 드라이브는 비밀번호 분실에 대비한 공장 초기화 기능이 있다. 이 기능으로 키를 파괴하면 드라이브 내용을 파괴할 수 있다. 예를 들어, Corsair Padlock2 USB 드라이브는 KEY와 0/1 버튼을 3초간 누른 후 911을 입력해 키를 초기화하고 드라이브 내용을 파괴할 수 있다.

Opal SED 드라이브의 내용의 경우도 물리 보안 ID(PSID)를 입력하면 암호화 키를 파괴해 순식간에 드라이브 내용을 파괴할 수 있다. PSID는 손으로 입력하는 대신 드라이브의 물리 커버에 QR코드 형태로 존재한다. 드라이브에 ATA 명령으로 질의해서는 PSID를 얻을 수 없으며, 물리 드라이브의 커버에서만 찾을 수 있다.

sedutil-cli 명령은 PSID를 이용해 복구가 불가능하도록 드라이브 키를 재설정할 수 있는 특별한 옵션이 있다.

```
# time sedutil-cli --yesIreallywanttoERASEALLmydatausingthePSID
    3HTEWZBOTVOLH2MZU8F7LCFD28U7GJPG /dev/sdi
- 22:21:13.738 INFO: revertTper completed successfully

real    0m0.541s
user    0m0.000s
sys     0m0.000s
```

이제 드라이브의 암호화 키는 재설정됐고, 데이터는 효과적으로 파괴됐다. 디스크는 공장 초기화 상태로 잠금이 해제돼 재사용할 수 있게 됐다. 120GB 드라이브의 데이터를 파괴하는 데 걸린 시간은 0.5초였다.

마무리하며

6장에서는 일반 리눅스 도구와 포렌식 포맷의 내장 압축 기능을 이용한 이미지 압축 등 포렌식 이미지를 관리하는 다양한 기법을 배웠다. 포렌식 증거 보관소를 관리하기 위한 SquashFS 압축 파일 시스템과 sfsimage 스크립트에 대한 예시도 더 많이 살펴봤다. 이미지 분할과 재조합, 드라이브 복제 그리고 이미지 포맷 간 변환도 알아봤다. 또한 해시 검증, 서명과 타임스탬프 그리고 네트워크 전송과 보관 중 이미지 보호를 위한 암호화도 배웠다. 마지막으로는 포렌식 이미지 파일과 드라이브의 안전한 처분에 대해 살펴봤다.

CHAPTER **8**

특수 이미지 접근

8장은 디스크 이미지 파일의 정보를 획득하고, 이 디스크 이미지를 블록 장치와 마운트 디렉터리 형태로 접근할 수 있는 기법들을 다룬다. 장치 매퍼 도구로 루프 장치를 설치하고 논리 장치를 생성하는 법도 배운다. 소프트웨어로 암호화된 디스크 이미지를 변환해 포렌식 도구로 접근되도록 하는 방법들도 찾아본다. 이런 방법들은 이미지 내용이 직접 접근되지 않아 한차례 변환이나 복호화가 필요한 경우에 유용하다. 그 예시로 암호화된 파일 시스템, 가상 머신 이미지 그리고 포렌식 도구들이 직접 지원하지 않는 이미지 포맷이 있다.

각 절에는 (읽기 전용) 이미지 파일을 포렌식 수집 호스트의 일반 파일 시스템으로 안전하게 마운트하는 예시들도 들어 있다. 마운트가 완료되면 파일 관리자, 사무용 프로그램, 파일 뷰어, 미디어 플레이어 등의 일반 프로그램으로도 파일 시스템에 접근할 수 있다.

포렌식적으로 수집한 이미지 파일

이 절에서 볼 많은 기법과 예시들은 리눅스 루프 장치(네트워크 인터페이스인 루프백 장치와 혼동하지 말 것)를 기반으로 한다. 루프 장치는 의사 장치로, 일반 파일과 연결하면 그 파일을 /dev에서 블록 장치처럼 접근할 수 있게 한다.

리눅스 시스템은 기본적으로 8개의 루프 장치를 생성하는데, 포렌식 수집 호스트에서 8개가 충분하지 않을 경우, 부팅 시 수동 또는 자동으로 이 값을 증가시킬 수 있다. 부팅 시점에 32개의 루프 장치를 생성하기 위해서는 /etc/default/grub 파일의 GRUB_CMDLINE_LINUX_DEFAULT= 라인에 max_loop=32를 추가하면 된다. 재부팅이 완료되면 32개의 사용되지 않은 루프 장치를 쓸 수 있을 것이다. sfsimage 스크립트는 SquashFS 포렌식 증거 보관소 마운트를 위해 루프 장치를 사용한다.

8장은 QEMU의 가상 머신 시스템, 버추얼박스, VMWare, 마이크로소프트 버추얼 PC 등 다양한 가상 머신 시스템의 가상 머신 이미지를 다룰 것이다. 마이크로소프트 BitLocker, 애플 FileVault, 리눅스 LUKS, VeraCrypt(TrueCrypt에서 파생했다) 등 운영 체제 암호화 파일 시스템에 접근하는 방법도 다룬다. 그러나 우선은 이미지의 가장 간단한 형태부터 시작하자. dd 계열 수집 도구로 수집한 원시 디스크 이미지다.

루프 장치와 원시 이미지 파일

루프 장치 사용법을 알 수 있는 가장 간단한 방법은 (아마도 간단한 dd 명령으로 수집된) 원시 이미지 파일을 사용하는 것이다. losetup 명령은 리눅스 시스템에서 루프 장치를 연결하고 연결을 해제한다. 이 예시는 image.raw 파일에 대한 블록 장치를 생성한다.

```
# losetup --read-only --find --show image.raw
/dev/loop0
```

여기서 플래그를 통해 루프 장치를 읽기 전용으로(read-only) 생성하고, 바로 다음에 사용할 수 있는 루프 장치를 사용(--find)하고, 완료 사실을 표시할 것(--show)을 지정한다. 지정된 파일명(image.raw)은 이제 블록 장치로 연결돼 사용할 수 있다.

losetup 명령을 매개변수 없이 이용할 경우, 설정된 모든 루프 장치의 상태를 나타낸다. 방금 생성한 루프 장치 상태도 다음과 같이 볼 수 있다.

```
# losetup
NAME        SIZELIMIT  OFFSET  AUTOCLEAR  RO BACK-FILE
/dev/loop0          0       0          0   1 /exam/image.raw
```

/dev/loop0 장치는 이제 /exam/image.raw를 가리키며, 블록 장치에 대해 동작하는 어떤 도구라도 이용해 접근할 수 있다. 예를 들어, Sleuth Kit의 mmls 명령으로 루프 장치를 통해 image.raw 파일의 파티션 테이블을 볼 수 있다.

```
# mmls /dev/loop0
DOS Partition Table
Offset Sector: 0
Units are in 512-byte sectors

     Slot    Start       End         Length      Description
00:  Meta    0000000000  0000000000  0000000001  Primary Table (#0)
01:  -----   0000000000  0000002047  0000002048  Unallocated
02:  00:00   0000002048  0058597375  0058595328  Linux (0x83)
03:  00:01   0058597376  0078129151  0019531776  Linux Swap / Solaris x86 (0x82)
04:  00:02   0078129152  0078231551  0000102400  NTFS (0x07)
05:  00:03   0078231552  0234441647  0156210096  Mac OS X HFS (0xaf)
```

루프 장치가 더 이상 필요 없는 경우, 다음과 같이 연결을 해제한다.

```
# losetup --detach /dev/loop0
```

루프 장치는 유연하게 설정할 수 있다. 이전의 mmls 예시에서는 파일 시스템이 2048 섹터에서 시작한다. 포렌식 도구를 실행할 때마다 오프셋을 지정할 수도 있지만, 각 파티션마다 (/dev/sda1과 같이) 별도의 장치를 설정하는 것이 더 쉽다. losetup 명령으로 올바른 오프셋 플래그(--offset)와 크기 플래그(--sizelimit)를 지정해 특정 파티션에 대한 별도의 루프 장치를 생성할 수는 있다. 그러나 더 일반적으로 받아들여지는 방법은 장치 매퍼를 사용하는 것이다.

275쪽의 "RAID와 멀티디스크 시스템"에서 설명한 바와 같이 dmsetup과 매핑 테이블을 이용해 직접 파티션 장치를 생성할 수 있다. 그러나 kpartx 도구를 이용하면 특정 이미지에 대한 파티션 장치 생성을 자동화할 수 있다. 포렌식적으로 수집된 4개 파티션의 이미지를 이용해 kpartx 도구로 각 파티션별 매퍼 장치를 생성하는 예시는 다음과 같다.

```
# kpartx -r -a -v image.raw
add map loop0p1 (252:0): 0 58595328 linear /dev/loop0 2048
add map loop0p2 (252:1): 0 19531776 linear /dev/loop0 58597376
add map loop0p3 (252:2): 0 102400 linear /dev/loop0 78129152
add map loop0p4 (252:3): 0 156210096 linear /dev/loop0 78231552
```

여기서 kpartx 도구는 디스크나 이미지 파일의 파티션 테이블을 읽고 전체 이미지의 루프 장치를 생성한 후, 각 파티션별로 매퍼 장치를 생성한다. -r 플래그 드라이브 루프와 파티션 매핑을 읽기 전용으로 지정하고, -a 플래그는 kpartx가 발견하는 모든 것을 매핑하도록 지시한다. 세부 내용 플래그인 -v로 명령의 출력 내용과 매핑된 내용을 문서화할 수 있다. 이 예시에서는 전체 이미지 파일의 루프 장치 (/dev/loop0)이 생성됐고, 원시 블록 장치처럼 접근할 수 있다. 추가로 파티션 장치들은 /dev/mapper 디렉터리에서 사용할 수 있으며, 오프셋을 지정하지 않아도 파티션상에서 동작하는 포렌식 도구들을 사용할 수 있다. 몇몇 파티션을 대상으로 한 Sleuth Kit 명령 예시들을 보자.

```
# fsstat /dev/mapper/loop0p1
FILE SYSTEM INFORMATION
```

```
------------------------------------------
File System Type: Ext4
Volume Name:
Volume ID: d4605b95ec13fcb43646de38f7f49680

…
# fls /dev/mapper/loop0p3
r/r 4-128-1:    $AttrDef
r/r 8-128-2:    $BadClus
r/r 8-128-1:    $BadClus:$Bad
r/r 6-128-1:    $Bitmap
r/r 7-128-1:    $Boot
d/d 11-144-2:   $Extend
r/r 2-128-1:    $LogFile
r/r 0-128-1:    $MFT

…
# fsstat /dev/mapper/loop0p4
FILE SYSTEM INFORMATION
------------------------------------------
File System Type: HFS+
File System Version: HFS+
...
```

이미지 파일에서 장치로 매핑된 파일 시스템은 읽기 전용으로 안전하게 마운트할 수 있다. 이렇게 하면 표준 파일 관리자, 애플리케이션이나 파일 분석 도구들을 이용해 파일 시스템에 접근할 수 있다. 다음 예시와 같이 루프 파티션을 마운트하고 언마운트할 수 있다.

```
# mkdir p3
# mount --read-only /dev/mapper/loop0p3 p3
# mc ./p3
…
# umount p3
# rmdir p3
```

여기서 파티션을 나타내는 디렉터리 p3은 원시 이미지와 같은 디렉터리 안에 만들어졌다. 그리고 나서 마운트 지점으로 p3을 사용했다(마운트 지점은 조사관 호스트 파일 시스템의 어떤 지점으로도 지정할 수 있다). 이 예시의 Midnight Commander (mc)는 텍스트 기반의 파일 매니저로(Norton Commander의 복제품이다), 마운트된 파티션에서 파일을 살펴보는 데 사용된다. 마운트 지점이 더 이상 필요 없는 경우, umount(이 명령은 하나의 n만 있는데, 철자가 틀린 것이 아니다) 명령으로 파일 시스템을 언마운트하고, rmdir로 마운트 지점 디렉터리를 제거할 수 있다. 이것이 호스트 시스템에서 파일 시스템을 마운트하고 언마운트하는 전통적인 유닉스 방식이다.

드라이브 루프와 파티션 매핑이 더 이상 필요 없는 경우, kpartx의 delete (-d) 플래그와 이미지 파일명을 지정해 다음과 같이 전부 제거할 수 있다.

```
# kpartx -d image.raw
loop deleted : /dev/loop0
```

이때 "delete"의 결과는 디스크 이미지의 내용에 영향을 미치지 않는다. 드라이브 이미지가 아닌 루프 장치와 매핑이 삭제된 것이며, 드라이브 이미지는 수정되지 않는다.

원시 이미지의 파티션 테이블이 손상되거나 덮어쓴 경우, 이미지를 스캔해 파일 시스템을 찾고 dmsetup을(dmsetup tables을) 이용해 파일 시스템들을 장치로 직접 매핑할 수 있다.

루프 장치를 생성, 마운트, 언마운트하거나 연결을 해제할 때는 루트 권한이 필요하다. 포렌식 도구로 /dev/loopX 장치들을 조작할 때에도 루트 권한이 필요하다. 이 절의 예시들은 root 계정을 이용해 명령의 복잡함을 줄여 이해하기 쉽게 만들었다. 루트 사용자가 아닌 경우 명령들 앞에 sudo를 붙여 권한이 필요한 명령들을 실행할 수 있다.

포렌식 포맷 이미지 파일

ewflib 소프트웨어 패키지에는 ewfmount라는 도구가 있는데, 이 도구로 포렌식 이미지의 내용을 마운트해 일반적인 원시 이미지 파일처럼 접근할 수 있게 한다.

다음 예시는 *.e01 파일 모음을 다룬다. 이 예시에서는 마운트 지점인 raw를 mkdir로 생성하고 원시 이미지 파일을 담을 것이다.

```
# ls
image.E01   image.E02   image.E03   image.E04   image.E05
# mkdir raw
```

ewfmount 도구는 하나 또는 그 이상의 EWF 파일로부터 가상 원시 이미지가 담긴 FUSE 파일 시스템을 생성한다. ewfmount 명령을 첫 번째 EnCase EWF 파일 그리고 마운트 지점과 함께 실행하면 다음과 같이 원시 이미지 파일에 접근할 수 있다.

```
# ewfmount image.E01 raw
ewfmount 20160424

# ls -l raw
total 0
-r--r--r-- 1 root root 16001269760 May 17 21:20 ewf1
```

이제 EWF 포맷을 직접 지원하지 않는 도구들도 이 가상 원시 이미지에 접근할 수 있다. 다음 예시에서는 (EWF가 지원되지 않는) 헥스 에디터를 섹터 모드로 실행해 원시 이미지를 분석한다.

```
# hexedit -s raw/ewf1
...
```

kpartx 도구는 파티션을 찾아내고 해당하는 루프 장치를 만드는 데 유용하며, 블록 장치에서 동작하는 도구들을 사용하고 일반 브라우징을 위해 파일 시스템을 마운트할 수 있게 해준다. *.e01 파일들을 ewfmount로 마운트하고 kpartx를 실행한 결과는 다음과 같다.

```
# kpartx -r -a -v raw/ewf1
add map loop0p1 (252:0): 0 29848707 linear /dev/loop0 63
add map loop0p2 (252:1): 0 2 linear /dev/loop0 29848770
add map loop0p5 : 0 1397592 linear /dev/loop0 29848833
```

계속해서 파티션의 마운트 지점을 생성하고, 파일 시스템을 마운트한 후 접근해보자.

```
# mkdir p1
# mount --read-only /dev/mapper/loop0p1 p1
# ls p1
cdrom home/      lib32/      media/ proc/  selinux/ tmp/  vmlinuz
bin/    dev/    initrd.img lib64      mnt/    root/  srv/    usr/
boot/   etc/    lib/        lost+found/ opt/   sbin/  sys/    var/
...
```

이 예시에서는 파티션에 해당하는 마운트 지점이 로컬 디렉터리에 생성돼 파티션 장치가 마운트됐고, ls로 파일 시스템에 접근했다. 가능하다면 증거 파일과 보관소를 마운트할 때는 /mnt나 다른 공유 마운트 디렉터리의 사용을 지양하라. 이미지의 마운트 지점이 사건 관련 다른 파일과 같은 디렉터리 안에 있는 편이 포렌식 업무에 더 편리하다.

전과 같이 작업이 완료되면 마운트와 가상 파일들을 정리해야 한다. 마찬가지로, 이 작업 역시 마운트의 역순으로 진행한다.

```
# umount p1
# kpartx -d raw/ewf1
loop deleted : /dev/loop0
# fusermount -u raw
# rmdir p1 raw
```

이 예시에서는 fusermount 명령이 사용됐지만, 표준 리눅스의 umount 명령 역시 사용할 수 있다. 현재 작업 중인 디렉터리가 마운트 지점 밖이고, 마운트 지점 안의 파일들을 사용 중인 프로그램이 없는지 확인해야 한다. 두 경우, 모두 정리 작업을 실패하게 한다.

SquashFS 포렌식 증거 보관소를 사용할 때는 sfsimage -m으로 *.sfs 파일을 마운트하고, 파티션 장치를 생성한 후 원하는 파티션을 마운트해 원시 이미지에 접근할 수 있다. 이후 조사 대상 이미지의 파일 시스템에 일반 명령들을 사용할 수 있다. 완전한 예시는 다음과 같다.

```
# sfsimage -m image.sfs
image.sfs.d mount created
# kpartx -r -a -v image.sfs.d/image.raw
add map loop1p1 (252:0): 0 29848707 linear /dev/loop1 63
add map loop1p2 (252:1): 0 2 linear /dev/loop1 29848770
add map loop1p5 : 0 1397592 linear /dev/loop1 29848833
# mkdir p1
# mount /dev/mapper/loop1p1 p1
mount: /dev/mapper/loop1p1 is write-protected, mounting read-only
# ls -l
...
```

원시 이미지와 내부 파일 시스템 접근이 완료되면, SquashFS 포렌식 증거 보관소를 정리하는 방법도 역시 마운트의 역순이다. sfsimage -u 명령으로 다음 예시처럼 SquashFS 파일 시스템을 언마운트할 수 있다.

```
# umount p1
# kpartx -d image.sfs.d/image.raw
loop deleted : /dev/loop1
# sfsimage -u image.sfs.d/
image.sfs.d unmounted
```

이 절은 포렌식 포맷 파일의 내용을 블록 장치와 일반 파일 시스템으로 접근하는 몇 가지 방법을 보였다. ewfmount 도구는 FTK SMART 파일과도 호환된다. Afflib의 비슷한 도구로

affuse는, *.aff 파일을 마운트할 수 있다. ewfmount와 affuse 모두 각각의 포맷에 대해 단일 또는 분할 파일을 지원한다.

참고할 점은 많은 포렌식 도구(예를 들어, Sleuth Kit)는 원시 블록 장치나 원시 파일 없이도 포렌식 포맷에 직접 접근할 수 있다는 것이다.

xmount로 부트 이미지 준비

포렌식 조사관들은 종종 파일 관리자, 사무용 프로그램, 애플리케이션, 기타 파일 뷰어 등 포렌식용이 아닌 일반 도구들로 조사 대상 드라이브 이미지를 조사하고 싶을 때가 있다. 이때는 로컬 조사관 기기에 읽기 전용으로 드라이브 내용을 마운트하면 안전하게 접근할 수 있다. 대상 드라이브를 가상 머신 안에서 부팅시켜 활성화된 조사 대상 환경하에 상호 작용을 시도하거나 관찰해보는 것이 유용한 경우도 있다.

조사 대상의 바탕화면을 살펴보거나 대상 컴퓨터에 설치된 프로그램들을 실행할 수도 있다. 이렇게 하기 위해서는 이 절에서 다루는 몇 가지 도구를 사용하면 된다.

xmount(크로스마운트라고 읽는다) 도구는 버추얼박스나 kvmqemu와 같은 가상 머신 소프트웨어로 부팅할 수 있는 가상 디스크 이미지를 생성한다. xmount 도구는 가상 머신이 디스크를 쓸 수 있다고 생각하도록 읽기-쓰기가 가능한 드라이브를 가상화하지만, 실제로는 이미지를 읽기 전용 상태로 보호한다. 원시 파일, DMG, VDI, VMD, VMDK, VMDKS 등 여러 종류의 가상 머신 포맷으로도 출력할 수 있다.

입력 포맷에는 포렌식적으로 수집된 이미지 파일이 포함되는데, *.raw, EnCase의 *.ewf, Afflib의 *.aff 등이 있다.

다음은 원시 이미지(image.raw)를 xmount를 통해 버추얼박스 *.vdi 파일로 설정하는 예시다.

```
$ mkdir virtual
```

```
$ xmount --cache xmount.cache --in raw image.raw --out vdi virtual
$ ls virtual/
image.info   image.vdi
$ cat virtual/image.info
------> The following values are supplied by the used input library(ies) <-----

--> image.raw <-
RAW image assembled of 1 piece(s)
30016659456 bytes in total (27.955 GiB)

------> The following values are supplied by the used morphing library <-----

None
$ virtualbox
```

이 예시에서 virtual 디렉터리는 가상 이미지 파일(FUSE로 마운트한다)을 보관하기 위해 생성됐다. xmount 명령은 기존 image.raw 파일에서 쓰기-캐시된 버추얼박스 VDI 이미지를 생성해 ./virtual 디렉터리에 저장한다. 이 이미지는 원시 이미지 파일의 가상화 표현일 뿐이며, 복사되거나 변환된 것이 아니다(따라서 조사관 기기의 디스크 용량을 낭비하지 않는다) 사용할 이미지 포맷은 --in과 --out 플래그로 지정한다. 입력 포맷은 원시 포맷, AFF나 EWF여야 한다. 출력 포맷은 다양하다.

가상 머신이 제공한 하드웨어 설정과 내부에 설치된 운영 체제가 기대하는 하드웨어 설정이 서로 다른 경우, 운영 체제 이미지를 가상 머신에서 부팅하기 까다로울 수 있다. 일반적으로 리눅스 설치 환경에서는 큰 어려움이 없지만, 윈도우나 OSX에서는 문제가 될 수 있다. 이 문제를 해결하기 위해 opengates와 openjobs 두 도구가 만들어져 가상 환경에서 대상 디스크를 각각 윈도우와 OSX 이미지로 안전하게 부팅할 수 있게 했다. opengates와 openjobs 사용법을 다루지는 않겠지만, https://www.pinguin.lu/openjobs/와 https://www.pinguin.lu/opengates/에서 추가 정보를 얻을 수 있다.

가상 머신 이미지가 더 이상 필요 없는 경우, 가상 이미지를 언마운트하고 마운트 지점 디렉터리를 삭제해 정리할 수 있다.

```
$ fusermount -u virtual
$ ls virtual/
$ rmdir virtual
```

가상 머신 사용 도중에 기록된 데이터를 담고 있는 xmount.cache 파일이 존재할 수 있다. 향후 가상 머신 세션을 재개해야 할 경우 이 파일을 저장하거나, 필요 없는 경우 삭제할 수 있다.

가상 머신 이미지

가정용 컴퓨터의 성능이 꾸준히 증가하고, 대다수의 최신 CPU가 하드웨어 가상화를 지원하며, 무료 및 저가형 가상화 소프트웨어가 등장하면서 가상 머신 이미지에 대한 분석 수요가 증가하고 있다. 어떤 경우에는 조사 대상 컴퓨터에서 여러 개의 가상 머신 이미지를 발견할 수도 있다. 이 절은 QCOW2, VDI, VMDK, VMD와 같은 일반적인 가상 머신 이미지 파일 유형을 다루는 데 집중한다.

QEMU QCOW2

QCOW2 포맷은 리눅스에서 흔히 발견되는 일반적인 가상 머신 이미지 형식으로, QEMU 에뮬레이터가 사용한다. 이 절에서는 QCOW2 이미지를 블록 장치로 활성화하고 탐색이 가능하도록 마운트한다.

(ewflib의 저자인 Joachim Metz가 만든) libqcow-utils 패키지에는 qcowinfo와 qcowmount 도구가 있다. 이전 예시들에서 ewfinfo와 ewfmount 도구를 사용했던 방식으로 똑같이 두 가지 도구를 사용하면 된다. 그러나 다음 예시는 또 다른 방법으로 qemu-img 명령과 nbd

커널 모듈 그리고 qemu-nbd 도구를 사용한다. 후자의 방법은 커널에서 동작하고 kpartx 를 사용하지 않아 몇 가지 단계를 건너뛰기 때문에 성능 면에서 조금 더 뛰어나다.

qemu-img 명령은 *.qcow2 파일을 받아 파일에 대한 요약 정보를 제공한다.

```
# qemu-img info image.qcow2
image: image.qcow2
file format: qcow2
virtual size: 5.0G (5368709120 bytes)
disk size: 141M
cluster_size: 65536
Format specific information:
    compat: 1.1
    lazy refcounts: false
    refcount bits: 16
    corrupt: false
```

QCOW 이미지를 nbd를 통해 원시 이미지 형태로 접근하기 위해서는 nbd 커널 모듈을 적재해야 한다.

```
# modprobe nbd
# dmesg | grep nbd
[16771.003241] nbd: registered device at major 43
```

losetup 명령과 달리, 대상 장치는 자동으로 선택되지 않는다. 다음과 같이 /dev/nbd* 장치를 직접 지정해야 한다.

```
# qemu-nbd --read-only --connect /dev/nbd0 image.qcow2
# dmesg | grep nbd0
[16997.777839] nbd0: p1
```

여기서 QCOW2 이미지 파일은 읽기 전용으로 커널 모듈과 연결됐고, 파티션 장치는 자동으로 탐지됐다. 다음 예시처럼 원시 장치를 포렌식 도구로 다룰 수 있다.

```
# mmls /dev/nbd0
DOS Partition Table
Offset Sector: 0
Units are in 512-byte sectors

      Slot      Start         End           Length        Description
00:   Meta      0000000000    0000000000    0000000001    Primary Table (#0)
01:   -----     0000000000    0000002047    0000002048    Unallocated
02:   00:00     0000002048    0010485759    0010483712    Linux (0x83)
```

파티션 장치들(이 예시에서는 이름이 **p1**인 원시 장치) 역시 포렌식 도구들로 직접 다룰 수 있다. fls 명령을 파티션 장치의 파일 시스템에 직접 적용하는 사례를 보자.

```
# fls /dev/nbd0p1
d/d 11: lost+found
r/r 12: hosts
d/d 327681:    $OrphanFiles
...
```

탐색을 위해 장치들을 마운트하는 방법은 간단하다. 다음과 같이 로컬 마운트 지점 디렉터리를 생성하고, 일반적인 방법으로 파일 시스템을 마운트하면 된다.

```
# mkdir p1
# mount /dev/nbd0p1 p1
mount: /dev/nbd0p1 is write-protected, mounting read-only
# ls p1
hosts  lost+found/
```

이 경우, 뒷정리는 루프 장치를 사용한 예시와 비슷하나 일부 절차가 생략된다. 모든 프로세스들은 사용 중인 파일을 닫아야 하고, 디렉터리가 언마운트될 수 있도록 마운트된 디렉터리에서 나가야 한다. qemu-nbd disconnect 명령으로 장치명을 지정하면 다음과 같이 커널에서 장치의 등록을 해제한다.

```
# umount p1
# qemu-nbd --read-only --disconnect /dev/nbd0
/dev/nbd0 disconnected
# rmdir p1
```

선택 사항으로 rmmod nbd를 이용해 커널 모듈을 제거하는 단계가 있다. 그러나 앞으로 QCOW 마운트를 더 진행할 계획이라면 모듈을 그대로 둬도 상관 없다. /etc/modules 파일에 nbd 모듈을 추가해 부팅 시 자동으로 적재되게 할 수도 있다.

버추얼박스 VDI

버추얼박스는 오라클(과거에는 Sun Microsystems)이 관리하는 오픈 소스 프로젝트다. 버추얼박스가 여러 가상 머신 이미지 포맷을 지원하기는 하지만, 다음 예시들에서는 버추얼박스 VDI 이미지를 사용한다. qemu-nbd 명령을 똑같이 사용하지만, 이번에는 OpenSolaris 이미지가 그 대상이다.

버추얼박스 소프트웨어 패키지에는 여러 가지 유틸리티가 들어 있다. 그중에서 VBoxManage 도구는 VDI 이미지에 대한 정보를 제공한다.

```
# VBoxManage showhdinfo OpenSolaris.vdi
UUID:          0e2e2466-afd7-49ba-8fe8-35d73d187704
Parent UUID:   base
State:         created
Type:          normal (base)
Location:      /exam/OpenSolaris.vdi
```

```
Storage format: VDI
Format variant: dynamic default
Capacity:       16384 MBytes
Size on disk:   2803 MBytes
Encryption:     disabled
```

(QCOW2를 사용한 이전 절과 마찬가지로) qemu-nbd와 nbd 커널 모듈로 버추얼박스 이미지를 마운트할 수 있다. 이 예시의 OpenSolaris 이미지는 윈도우와 리눅스의 파티션 구성과는 약간 다르다. 복수의 디스크 조각들[41]도 표시된다.

```
# qemu-nbd -c /dev/nbd0 OpenSolaris.vdi
# dmesg
…
[19646.708351]  nbd0: p1
                p1: <solaris: [s0] p5 [s1] p6 [s2] p7 [s8] p8 >
```

이 예시에서는 단일 Solaris 파티션(p1)이 여러 조각들(p5, p6, p7, p8)을 담고 있다. 이전의 QEMU 예시와 같은 방식으로 원시 및 파티션 장치에 접근하고, 로컬 마운트 지점에 읽기 전용으로 파티션들을 마운트할 수 있다. 이번에도 파티션을 찾기 위해 kpartx를 사용할 필요가 없고, 커널이 자동으로 파티션을 찾아준다. 파티션 (여기서는 조각이다) 사용이 끝나면, 정리 절차를 밟아 파일 시스템을 언마운트하고 nbd 장치들의 연결을 해제한다.

VMWare VMDK

Virtual Machine DisK(VMDK) 포맷은 VMWare의 가상 머신 소프트웨어 제품에서 사용한다. 다음 예시는 여러 조각으로 쪼개진 Apple Lion VMDK 이미지에 libvmdk-utils 소프트웨어 패키지를 사용한다.

---

41 조각(slice) 개념은 BSD 유닉스에 그 기원이 있고, 유닉스 세상에서는 일반적인 파티션 기법이다.

```
# ls
lion-000001-s001.vmdk    lion-000003-s007.vmdk    lion-s009.vmdk
lion-000001-s002.vmdk    lion-000003-s008.vmdk    lion-s010.vmdk
lion-000001-s003.vmdk    lion-000003-s009.vmdk    lion-s011.vmdk
lion-000001-s004.vmdk    lion-000003-s010.vmdk    lion-s012.vmdk
lion-000001-s005.vmdk    lion-000003-s011.vmdk    lion-s013.vmdk
lion-000001-s006.vmdk    lion-000003-s012.vmdk    lion-s014.vmdk
lion-000001-s007.vmdk    lion-000003-s013.vmdk    lion-s015.vmdk
lion-000001-s008.vmdk    lion-000003-s014.vmdk    lion-s016.vmdk
...
```

vmdkinfo로 재조합된 이미지와 각 부분(Extent)에 대한 정보를 얻을 수 있다.

```
# vmdkinfo lion.vmdk
vmdkinfo 20160119

VMware Virtual Disk (VMDK) information:
        Disk type:                       2GB extent sparse
        Media size:                      42949672960 bytes
        Content identifier:              0xadba0513
        Parent content identifier:       0xffffffff
        Number of extents:               21
Extent: 1
        Filename:                        lion-s001.vmdk
        Type:                            parse
        Start offset:                    0
        Size:                            2146435072 bytes
...
```

마운트 지점을 생성하고 이미지를 마운트하면 원시 이미지 파일로 접근할 수 있다.

```
# mkdir lion
# vmdkmount lion.vmdk lion
```

vmdkmount 20160119

```
# ls -ls lion
total 0
0 -r--r--r-- 1 root root 42949672960 May 17 22:24 vmdk1
# mmls lion/vmdk1
GUID Partition Table (EFI)
Offset Sector: 0
Units are in 512-byte sectors

     Slot    Start        End          Length       Description
00:  Meta    0000000000   0000000000   0000000001   Safety Table
01:  -----   0000000000   0000000039   0000000040   Unallocated
02:  Meta    0000000001   0000000001   0000000001   GPT Header
03:  Meta    0000000002   0000000033   0000000032   Partition Table
04:  00      0000000040   0000409639   0000409600   EFI System Partition
05:  01      0000409640   0082616503   0082206864   Untitled
06:  02      0082616504   0083886039   0001269536   Recovery HD
07:  -----   0083886040   0083886079   0000000040   Unallocated
```

8장의 앞부분에서와 같이 kpartx를 사용하면 관련된 디스크와 파티션 블록 장치를 생성한다. 이후 포렌식 분석 도구들을 직접 사용하거나, 로컬 머신에 마운트해 파일 시스템을 탐색할 수 있다.

마이크로소프트 VHD

마이크로소프트 VHD 가상 이미지 포맷에 접근하는 데에는 여러 가지 방법이 있다. 예를 들면 qemu-nbd를 사용하거나 libvhdi-utils를 vhdiinfo 및 vhdimount와 함께 사용할 수 있다.

세 번째 방법은 blktap-utils과 Xen blktap xapi 인터페이스를 사용하는 것이다. nbd 방식과 비슷하게 blktap 역시 커널 모듈을 삽입하고 직접 장치를 할당해야 한다. 그러면 tapdisk

364

프로세스를 생성해 드라이버에 연결시키고, 디스크 이미지를 열도록 지시할 수 있다. blktap-utils의 매뉴얼 페이지는 큰 쓸모가 없지만, Xen 웹 사이트의 http://wiki.xen.org/wiki/Mounting_a_.vhd_disk_image_ using_blktap/tapdisk 와 http://lists.xen.org/archives/html/xen-api/2012-05/msg00149.html에 설명 자료가 있다.

이 절의 마무리로는 libvhdi 도구를 사용해 장치를 설정하는 절차를 다시 한 번 설명할 것이다. 단순함을 위해 앞의 예시들은 권한이 있는 root 계정을 이용했다. 그러나 다음 예시들은 sudo 사용이 허가된 권한 없는 사용자를 가정한다.

권한 없는 사용자가 FUSE mount와 unmount 명령을 사용하려면 /etc/fuse.conf에서 user_allow_other를 설정해야 한다.

이미지 정보는 vhdiinfo로 확인할 수 있으며, 특별한 권한이 필요하지 않다.

```
$ vhdiinfo windows.vhd
vhdiinfo 20160111


Virtual Hard Disk (VHD) image information:
        Format:            1.0
        Disk type:         Dynamic
        Media size:        136365211648 bytes
        Identifier:        c9f106a3-cf3f-6b42-a13f-60e349faccb5
```

루트 권한이 없어도 FUSE mount가 가능하지만, vhdimount 명령에 -X allow_root 플래그를 추가해 루트 사용자 접근을 허용하도록 명시적으로 지시해야 한다. 이 플래그는 sudo를 통해 루트 계정이 (kpartx로 블록 장치를 생성하는 등의) 다른 작업들을 진행할 때에도 필요하다.

```
$ mkdir raw
$ vhdimount -X allow_root windows.vhd raw
vhdimount 20160111

$ ls -l raw/
```

```
total 0
-r--r--r-- 1 holmes holmes 136365211648 Jan 20 08:14 vhdi1
```

이제 ./raw 디렉터리를 통해 원시 이미지에 접근해 일반 도구들을 사용할 수 있다. 루프와 매퍼 장치를 생성하기 위해서는 kpartx를 sudo 명령과 함께 사용하면 된다. 장치들이 생성된 후에는 sudo 명령과 여러 도구들을 사용해 접근할 수 있다. 모든 블록 장치 접근에는 sudo 명령이 필요하다. kpartx 와 fls 사용 예시는 다음과 같다.

```
$ sudo kpartx -r -a -v ./raw/vhdi1
add map loop0p1 (252:0): 0 266334018 linear /dev/loop0 63
$ sudo fls /dev/mapper/loop0p1
r/r 4-128-4:      $AttrDef
r/r 8-128-2:      $BadClus
r/r 8-128-1:      $BadClus:$Bad
r/r 6-128-1:      $Bitmap
r/r 7-128-1:      $Boot
d/d 11-144-4:     $Extend
r/r 2-128-1:      $LogFile
r/r 0-128-1:      $MFT
```

파일 시스템 마운트 역시 sudo가 필요하며, 명시적으로 -o ro를 지정하면 읽기 전용으로 파일 시스템이 마운트된다. 이전 예시에서 마운트 지점을 생성하고 파일 시스템을 마운트한 후 ls 로 접근하는 예시는 다음과 같다.

```
$ mkdir p1
$ sudo mount -o ro /dev/mapper/loop0p1 p1
$ ls p1
AUTOEXEC.BAT              IO.SYS              $RECYCLE.BIN/
...
```

이 세션을 정리하기 위해 원시 이미지를 언마운트하고 루프와 매퍼 장치를 제거하려면 sudo

가 다시 필요하다. ＊.vhd 파일의 FUSE 마운트를 제거할 때는 루트 권한이 필요하지 않다. 그 절차는 다음과 같다.

```
$ sudo umount p1
$ sudo kpartx -d raw/vhdi1
loop deleted : /dev/loop0
$ fusermount -u raw
```

/etc/sudoers 파일을 수정해 sudo 명령을 설정할 수 있다. 이 책의 많은 예시는 root 계정을 이용하는데, 이미 충분히 복잡한 명령에서 최대한 명령을 줄여 단순함을 확보하기 위함이다. 그러나 좋은 습관은 권한 없는 사용자로 sudo와 같은 보안 메커니즘을 이용하는 것이다.

운영 체제 암호화 파일 시스템

대중적인 암호화 파일 시스템에 접근하는 방법을 살펴보자. 여기서의 주제는 키 복구가 아니라(몇 가지 제안을 하기는 한다), 이미 알려진 키로 파일 시스템에 접근하는 방법이다. 메모리 덤프, 기관 내 에스크로 및 백업, 법적인 의무에 의한 개인 제공, 협조 의지가 있는 피해자, 상용 복구 서비스 및 소프트웨어 등 여러 출처에서 키나 비밀번호를 이미 얻었다고 가정한다.

파일 시스템 암호화 종류를 판별하기 위한 여러 가지 파티션 분석 도구로 헤더, 매직 넘버나 특정 암호화 파일 시스템 유형의 특징적인 구조를 식별할 수 있다. http://encase-forensic-blog.guidancesoftware.com/2014/04/version-7-tech-tip-spotting-full-disk.html을 보면 포렌식 관점에서의 파일 시스템 암호화에 대한 개론을 접할 수 있다. 이 절에서는 암호화 이미지로부터 복호화된 블록 장치나 파일을 생성해 포렌식 도구로 접근하거나 로컬 탐색을 위해 안전하게 마운트하는 방법을 다룬다.

마이크로소프트 BitLocker

BitLocker는 현재 마이크로소프트 파일 시스템의 기본 암호화다. BitLocker는 블록 단위 암호화로 전체 볼륨을 보호한다. 이동식 매체를 위해 고안된 BitLocker의 파생작은 BitLocker-To-Go이며, 일반 파일 시스템 내에서 보관소 파일을 암호화해 사용한다. 이 절의 예시에는 오픈 소스 도구인 dislocker와 libbde가 사용된다.

dislocker 패키지는 Romain Coltel이 제작했으며, https://github.com/Aorimn/dislocker/에서 찾을 수 있다. 이 페이지에는 BitLocker 볼륨을 다루기 위한 여러 도구가 있어 메타데이터를 살펴보거나, 복호화된 이미지 파일을 생성하거나 볼륨을 FUSE로 마운트할 수 있다.

dislocker-find 도구는 BitLocker 볼륨의 존재를 확인하기 위해 연결된 모든 파티션 장치와 지정된 파일을 검색한다. 수집 호스트에 연결하는 과정에서 대상 장치가 이미 식별됐다면 BitLocker 장치를 찾는 일이 필요하지 않을 수도 있다.

dislocker-metadata 명령은 BitLocker 드라이브에 대한 개략적인 정보를 제공한다. 다음 예시는 USB 드라이브에서 수집한 이미지다. 전체 드라이브는 암호화된 상태이며, 파티션 테이블이 존재하지 않는다. 다음과 같이 이미지 파일을 확인할 수 있다.

```
# dislocker-metadata -V bitlocker-image.raw
…
Wed Jan 20 13:46:06 2016 [INFO] BitLocker metadata found and parsed.
Wed Jan 20 13:46:06 2016 [INFO] =====[ Volume header informations ]=====
Wed Jan 20 13:46:06 2016 [INFO]    Signature: 'MSWIN4.1'
Wed Jan 20 13:46:06 2016 [INFO]    Sector size: 0x0200 (512) bytes
…
Wed Jan 20 13:46:06 2016 [INFO]    Number of sectors (64 bits): 0x0000000200000000
   (8589934592) bytes
Wed Jan 20 13:46:06 2016 [INFO]    MFT start cluster: 0x0000000000060001 (393217)
   bytes
…
Wed Jan 20 13:46:06 2016 [INFO] ====================[ BitLocker information
```

```
    structure ]=====================
Wed Jan 20 13:46:06 2016 [INFO]    Signature: '-FVE-FS-'
Wed Jan 20 13:46:06 2016 [INFO]    Total Size: 0x02f0 (752) bytes (including
    signature and data)
Wed Jan 20 13:46:06 2016 [INFO]    Version: 2
Wed Jan 20 13:46:06 2016 [INFO]    Current state: ENCRYPTED (4)
Wed Jan 20 13:46:06 2016 [INFO]    Next state: ENCRYPTED (4)
Wed Jan 20 13:46:06 2016 [INFO]    Encrypted volume size: 7918845952 bytes
    (0x1d8000000), ~7552 MB ...
```

여기 기록하지는 않았지만, 이 명령의 출력은 여러 가지 세부적인 암호화 정보를 제공한다. 문서화를 위해 dislocker-metadata의 출력을 텍스트 파일로 저장할 수 있다. 이 명령은 연결된 장치에 대해 직접 실행할 수도 있다.

이전의 비밀번호 및 암호화 예시들과 마찬가지로, 키를 이미 보유하고 있다고 가정한다. 어떤 상용 도구들은 키 복구를 위해 비밀번호 랜덤 대입 공격을 시도할 수도 있다. 추가로 메모리 이미지에서 FVEK를 추출하는 volatility 플러그인(https://github.com/elceef/bitlocker/)을 사용할 수도 있으며, 이 도구를 메모리 덤프 도구인 inception과 연계할 수도 있다. 이 도구들의 사용법은 여기서 다루지 않는다.

가상 파일 또는 블록 장치를 생성해 디스크 이미지를 그대로 둔 채 복호화된 뷰를 만들 수 있다. 이 방법은 358쪽 "가상 머신 이미지"의 예시들과 비슷한 방법이다. dislocker 소프트웨어 패키지는 복호화된 볼륨의 가상 표현으로 FUSE 파일 시스템을 생성하는 도구를 제공한다.

```
# mkdir clear
# dislocker-fuse -u -V bitlocker-image.raw clear
Enter the user password:
# ls -l clear/
total 0
-rw-rw-rw- 1 root root 7918845952 Jan 1 1970 dislocker-file
...
```

clear 디렉터리 안의 파일은 암호화된 파일 시스템의 복호화된 표현 형태며, 이 위에서 일반 포렌식 도구들로 작업할 수 있다. Sleuth Kit의 fsstat을 사용하는 예시는 다음과 같다.

```
# fsstat clear/dislocker-file
FILE SYSTEM INFORMATION
--------------------------------------------
File System Type: FAT32

OEM Name: MSDOS5.0
Volume ID: 0x5a08a5ba
Volume Label (Boot Sector): NO NAME
Volume Label (Root Directory): MY SECRETS
File System Type Label: FAT32
Next Free Sector (FS Info): 34304
Free Sector Count (FS Info): 15418664
...
```

일반적인 탐색 작업을 위해 복호화된 파일 시스템 이미지를 안전하게 마운트할 수 있다. mount 명령에는 루프 옵션이 있어서 다음과 같이 파티션 이미지를 직접 마운트할 수 있다.

```
# mkdir files
# mount -o loop,ro clear/dislocker-file files
# ls files
Penguins.jpg   private/System Volume Information/
...
```

이 파일들을 정리하기 위해서는 단순히 파일의 마운트 지점을 언마운트하고, FUSE 마운트를 제거한 후 마운트 디렉터리를 삭제하면 된다.

```
# umount files
# rmdir files
# fusermount -u clear
```

```
# rmdir clear
```

앞선 예시들은 이해를 쉽게 하고 복잡도를 줄이기 위해 루트 권한으로 실행됐다. 권한이 없는 사용자로 같은 명령을 수행하려면 다음과 같이 할 수 있다.

```
$ dislocker-metadata -V bitlocker-image.raw
$ mkdir clear files
$ dislocker-fuse -u -V bitlocker-image.raw -- -o allow_root clear
$ sudo mount -o loop,ro,uid=holmes clear/dislocker-file files
...
$ sudo umount files
$ fusermount -u clear
$ rmdir clear files
```

여기서 dislocker-fuse는 FUSE 드라이버에 -o allow_root 매개변수를 전달해 마운트와 언마운트에 sudo를 사용할 수 있게 한다. uid=holmes는 Holmes가 루트 권한 없이도 마운트된 파일에 접근할 수 있게 한다. 추가 가정으로 Holmes는 FUSE 유닉스 그룹의 일원이고, /etc/fuse.conf 파일에는 user_allow_other 라인이 들어 있다.

dislocker를 사용하면 BitLocker 보관소의 잠금을 해제하기 위한 계정 정보로 세 가지를 제공할 수 있다. (이전 예시에서 사용한) -u 플래그는 사용자의 비밀번호를 요구할 것을 지정한다. -p 플래그는 (48자리) 복구 비밀번호를 요구한다. -f 플래그는 키 파일(BEK 파일)을 지정한다. 사용자 비밀번호 (-u) 대신 복구 비밀번호 (-p)를 사용하면 다음과 같이 48자리 복구 비밀번호를 수동으로 입력해야 한다.

```
# dislocker-fuse -p -V bitlocker-image.raw clear
Enter the recovery password: XXXXXX-XXXXXX-XXXXXX-XXXXXX-XXXXXX-XXXXXX-XXXXXX-XXXXXX
Valid password format, continuing.
```

이 명령의 일반 사용자 버전은 FUSE로 플래그를 전달해 sudo로 마운트가 가능하게 한다.

```
$ dislocker-fuse -p -V bitlocker-image.raw -- -o allow_root clear
```

BitLocker 이미지를 복호화한 후 별도의 일반 파일 시스템 이미지로 저장할 수 있다(지정된 볼륨만 저장되며, 파티션 테이블이나 다른 파티션들은 저장되지 않는다). 이 작업은 BitLocker 이미지 크기에 따라 시간이 다소 걸릴 수 있는데, 전체 이미지가 복호화되고 디스크에 새로운 이미지 파일로 기록되기 때문이다. 암호화 및 복호화 이미지 2개가 수집 호스트의 용량을 차지하기 때문에 용량 계획이 필요하다. 다음과 같이 볼륨의 복호화 버전을 생성할 수 있다.

```
# dislocker-file -u -V bitlocker-image.raw bitlocker-image.clear
Enter the user password:
# ls -hs
total 15G
7.4G bitlocker-image.clear 7.4G bitlocker-image.raw
```

출력된 복호화 이미지 파일은 원본과 크기가 같은데, 각각의 BitLocker 블록을 복호화한 평문 블록을 새로운 이미지에 각각 기록했기 때문이다. 이 명령은 루트 권한이 필요 없다.

이제 복호화된 BitLocker 이미지 파일을 마운트하고 loop 옵션을 포함한 mount 명령을 통해 파티션에 접근할 수 있다.

```
# mkdir files
# mount -o loop,ro bitlocker-image.clear files
# ls files/
Penguins.jpg  private/  System Volume Information/
```

일반 사용자 계정의 경우, mount 명령만 다르다.

```
$ sudo mount -o loop,ro,uid=holmes bitlocker-image.clear files
```

BitLocker가 지배적인 운영 체제 플랫폼의 기본 파일 시스템 암호화기 때문에 다른 소프트웨어 패키지를 이용하는 두 번째 예시까지 제공할 만하다(ewflib의 저자인 Joachim Metz가 만든) libbde 패키지 역시 BitLocker 이미지 접근을 위한 라이브러리와 도구를 제공한다.

다음에 살펴볼 예시는 이전보다 살짝 복잡한데, (파티션 테이블이 없는 USB 드라이브가 아니라) 정상적인 파티션 테이블이 포함된 노트북 디스크가 대상이기 때문이다. mmls 출력에서 오프셋을 계산하고 나면, bdeinfo 도구로 BitLocker 보관소의 정제된 정보를 볼 수 있다.

dislocker와 libbde 모두 BitLocker 암호화 볼륨 시작부분의 오프셋을 입력받을 수 있다. 그러나 볼륨 및 파티션의 이미지 파일이나 파티션이 없는 장치들로 작업할 때는 오프셋 입력이 필요 없다. 이 예시에서 수집된 이미지에는 파티션 테이블이 존재하고, BitLocker 암호화된 볼륨의 (바이트) 오프셋을 계산해야 한다.

NOTE 항상 명령이 사용하는 단위를 확실히 하라. 어떤 도구들은 섹터 오프셋을 사용하고, 다른 도구들은 바이트 오프셋을 사용한다. 두 가지 오프셋을 구분하고, 서로 변환도 할 수 있어야 한다.

다음 예시는 바이트 오프셋을 판별하는 법이다. Sleuth Kit의 mmls 명령은 파티션 테이블과 각 파티션의 섹터 오프셋을 표시한다. 복호화 도구들을 사용하기 위해서는 이 섹터 오프셋을 바이트 오프셋으로 변환해야 한다.

```
# mmls image0.raw
DOS Partition Table
Offset Sector: 0
Units are in 512-byte sectors

      Slot      Start        End          Length       Description
00:   Meta      0000000000   0000000000   0000000001   Primary Table (#0)
01:   -----     0000000000   0000002047   0000002048   Unallocated
02:   00:00     0000002048   0004098047   0004096000   NTFS (0x07)
03:   00:01     0004098048   0625140399   0621042352   NTFS (0x07)
04:   -----     0625140400   0625142447   0000002048   Unallocated
# echo $((4098048*512))
```

mmls에서 나온 섹터 오프셋을 변환하기 위해서는 섹터 크기를 곱해 바이트 오프셋을 얻을 수 있다. 명령 줄에서 사용하려면 배시 수학 확장 프로그램을 사용하는 것이 편리하다. 이 예시에서 섹터 오프셋은 4098048이고, 섹터 크기는 512바이트다. 둘을 곱하면 바이트 오프셋 2098200576을 얻는다. 이 값을 다음과 같이 bdeinfo에 사용할 수 있다.

```
# bdeinfo -o 2098200576 image0.raw
bdeinfo 20160119

BitLocker Drive Encryption information:
        Encryption method:          AES-CBC 128-bit with Diffuser
        Volume identifier:          5f61cbf2-75b5-32e5-caef-537fce3cf412
        Creation time:              Jan 10, 2014 17:43:50.838892200 UTC
        Description:                Notebook System 15.01.2014
        Number of key protectors:   2

Key protector 0:
        Identifier:                 3cd1fd6c-2ecb-2dc7-c150-839ce9e710b6
        Type:                       TPM

Key protector 1:
        Identifier:                 837ef544-e1ca-65c1-a910-83acd492bc1a
        Type:                       Recovery password
...
```

bdemount 명령은 dislocker 명령과 유사하게 동작하며 복호화된 이미지를 나타내는 가상 파일을 생성한다(키는 축약했다).

```
# mkdir raw
# bdemount -o 2098200576 -r 630641-...-154814 image.raw raw
```

가상 파일은 ./raw 디렉터리에 나타나며, 곧바로 분석하거나 일반적인 탐색을 위해 루프 장치에 마운트할 수 있다. 마운트 명령은 이전의 BitLocker 예시와 같기 때문에 반복하지는 않는다.

애플 FileVault

FileVault는 애플의 OSX 내장 파일 시스템 암호화다. FileVault 역시 블록 단위의 암호화 시스템이며, 복호화를 위한 몇 가지 오픈 소스 도구가 있다. 여기서 언급할 두 가지 도구는 libfvde와 VFDecrypt다(libfvde 소프트웨어 패키지는 Omar Choudary와 Joachim Metz가 만들었고, https://github.com/libyal/libfvde/에서 찾을 수 있다).

libfvde 도구를 이용하기 전에 FileVault 암호화 볼륨의 바이트 오프셋을 계산해야 한다. mmls 명령은 볼륨의 섹터 오프셋을 제공하며, 이 오프셋을 바이트로 변환해야 한다.

```
# mmls image.raw
GUID Partition Table (EFI)
Offset Sector: 0
Units are in 512-byte sectors

     Slot      Start        End          Length       Description
00:  Meta      0000000000   0000000000   0000000001   Safety Table
01:  -----     0000000000   0000000039   0000000040   Unallocated
02:  Meta      0000000001   0000000001   0000000001   GPT Header
03:  Meta      0000000002   0000000033   0000000032   Partition Table
04:  00        0000000040   0000409639   0000409600   EFI System Partition
05:  01        0000409640   0235708599   0235298960   HDD
06:  02        0235708600   0236978135   0001269536   Recovery HD
07:  -----     0236978136   0236978175   0000000040   Unallocated
# echo $((409640*512))
209735680
```

간단한 배시 수학 확장 프로그램을 이용해 섹터 오프셋에 섹터 크기를 곱하면 바이트 오프셋인 209735680이 나오고, 이 값을 fvdeinfo와 fvdemount 도구에 이용할 수 있다.

fvdeinfo 도구는 FileVault 암호화 볼륨의 기본 정보를 제공한다.

```
# fvdeinfo -o 209735680 image.raw
fvdeinfo 20160108

Core Storage information:

Physical volume:
        Size:                       120473067520 bytes
        Encryption method:          AES XTS

Logical volume:
        Size:                       120137519104 bytes
```

FileVault 볼륨을 복호화하기 위해서는 EncryptedRoot.plist.wipekey 파일을 복원하고 사용자 비밀번호나 복구 키를 입력해야 한다. 다음과 같이 Sleuth Kit 도구로 wipekey 파일을 찾아 추출할 수 있다.

```
# fls -r -o 235708600 image.raw | grep EncryptedRoot.plist.wipekey
+++++ r/r 1036: EncryptedRoot.plist.wipekey
# icat -o 235708600 image.raw 1036 > EncryptedRoot.plist.wipekey
```

Recovery HD 파티션에 대한 fls의 재귀 출력은 mmls로 찾은 섹터 오프셋을 이용한다. 이 출력을 grep으로 걸러내 EncryptedRoot .plist.wipekey 파일을 찾는다. wipekey 파일을 찾고 나면 icat 도구로 추출할 수 있다(inode를 이용하며, 이 예시에서는 1036이다). fls와 icat에 바이트 오프셋이 아니라 섹터 오프셋이 사용했음을 참고하라.

24자리 복구 키는 -r 플래그와 방금 복구한 EncryptedRoot.plist.wipekey 파일과 함께 사용된다. 이 키를 사용해 다음과 같이 볼륨의 복호화 표현을 FUSE로 마운트할 수 있다(복호화 키는 축약했다).

```
# mkdir clear
# fvdemount -o 209735680 -r FKZV-...-H4PD -e EncryptedRoot.plist.wipekey image.raw
    clear
fvdemount 20160108

# ls -l clear
total 0
-r--r--r-- 1 root root 120137519104 Jan 20 22:23 fvde1
...
```

EncryptedRoot.plist.wipekey 파일과 복구 키(-r) 대신 사용자 비밀번호(-p)를 제공할 수 있으며, 결과로 얻은 볼륨 이미지를 일반 포렌식 도구로 다룰 수 있다. 다음 예시는 복호화 된 볼륨에 Sleuth Kit의 fsstat을 실행한다.

```
# fsstat clear/fvde1
FILE SYSTEM INFORMATION
-------------------------------------------
File System Type: HFS+
File System Version: HFS+

Volume Name: HDD
...
```

다음과 같이 탐색을 위해 복호화된 볼륨을 일반 파일 시스템으로 마운트할 수도 있다.

```
# mkdir files
# mount -o loop,ro clear/fvde1 files
# ls -l files
total 8212
```

```
drwxrwxr-x 1 root     80    50 Mar  2  2015 Applications/
drwxr-xr-x 1 root   root    39 Jun  2  2015 bin/
drwxrwxr-t 1 root     80     2 Aug 25  2013 cores/
dr-xr-xr-x 1 root   root     2 Aug 25  2013 dev/
...
```

분석 업무가 완료되면 정리 작업을 해야 한다.

```
# umount files
# rmdir files
# fusermount -u clear
# rmdir clear
```

앞의 예시들은 이해를 돕고 복잡도를 줄이기 위해 루트 권한으로 실행됐다. 몇 가지를 제외한 대부분의 명령들은 루트 권한 없이도 실행할 수 있다. 권한이 없는 사용자가 실행할 때 명령이 달라지는 경우는 다음과 같다.

```
$ fvdemount -o 209735680 -r FKZV-...-H4PD -e EncryptedRoot.plist.wipekey image.raw
    -X allow_root clear
$ sudo mount -o loop,ro clear/fvde1 files
$ sudo ls files/Users/somebody/private/directory
$ sudo umount files
```

fvdemount 명령의 -X allow_root 문자열은 root 계정이 FUSE 마운트 디렉터리에 접근할 수 있게 허용한다. hfsplus 파일 시스템을 마운트하고 언마운트하기 위해서는 sudo 명령이 필요하다. 파일 시스템을 탐색할 때, 파일 시스템이 특정 파일이나 디렉터리에 접근을 거부할 경우에도 sudo 명령이 필요할 수 있다.

FileVault 이미지를 다루기 위한 몇 가지 오픈 소스 도구가 더 있다. VFDecrypt 도구도 FileVault 이미지를 복호화할 수 있다. VFDecrypt는 Ralf-Philipp Weinmann, David

Hulton, and Jacob Appelbaum이 처음 만들었고, 지금은 Drake Allegrini가 관리하고 있다. https://github.com/andyvand/VFDecrypt/에서 찾을 수 있다. VFDecrypt로 이미지를 복호화된 볼륨 이미지로 복호화할 수 있다.

FileVault Cracking 프로그램은 VFDecrypt의 저자들 중 일부가 만들었으며, http://openciphers.sourceforge.net/oc/vfcrack.php에서 찾을 수 있다.

리눅스 LUKS

오픈 소스 세상에는 몇 가지 파일 암호화 시스템들이 있다. eCryptfs나 encfs와 같은 시스템은 디렉터리 기반이다. GPG나 다른 여러 가지 암호화 도구들은 개별 파일 단위로 동작한다. 이 절에서는 LUKS 암호화 시스템에 초점을 맞추지만, 일반 dm-crypt와 loop-AES도 짚고 넘어간다. cryptsetup 도구를 이용해 세 가지 암호화 시스템을 모두 설정할 수 있다 (cryptsetup 도구로 TrueCrypt 볼륨들도 관리할 수 있는데, 이는 다음 절에서 다룰 예정이다).

다음 예시는 포렌식적으로 수집된 이미지 안에 LUKS 암호화 파일 시스템이 있는 경우를 다룬다. 암호화 파일 시스템의 복호화된 내용을 표현하는 블록 장치를 생성하고, 일반 도구들로 탐색하기 위해 파일 시스템 구조를 안전하게 마운트하기 위한 방안들을 제시한다. 목표는 총 3개로, 암호화에 대한 정보를 획득하는 것, 포렌식 도구로 접근할 수 있는 장치를 생성하는 것 그리고 일반적인 탐색을 위해 파일 시스템을 안전하게 마운트하는 것이다.

첫 번째 단계에는 LUKS 암호화 파티션의 바이트 오프셋이 필요하다. 이미지 파일에 Sleuth Kit의 mmls를 실행해 섹터 오프셋을 얻을 수 있다. 바이트 오프셋은 섹터 오프셋에 섹터 크기를 곱하면 되는데, 간단한 배시 수학 확장 프로그램으로 계산하면 1048576이다.

```
# mmls luks.raw
DOS Partition Table
Offset Sector: 0
Units are in 512-byte sectors
```

```
      Slot   Start        End          Length      Description
00:   Meta   0000000000   0000000000   0000000001  Primary Table (#0)
01:   -----  0000000000   0000002047   0000002048  Unallocated
02:   00:00  0000002048   0058626287   0058624240  Linux (0x83)
# echo $((2048*512))
1048576
```

다음과 같이 losetup을 이용하면 바이트 오프셋을 사용해 암호화 파티션의 루프 장치를 생성할 수 있다.

```
# losetup --read-only --find --show -o 1048576 luks.raw
/dev/loop0
```

이제 LUKS 암호화 파티션을 블록 장치로 접근할 수 있어 cryptsetup 도구가 접근할 수 있다. cryptsetup의 luksDump 명령으로 암호화 파티션에 대한 정보를 얻을 수 있다.

```
# cryptsetup luksDump /dev/loop0
LUKS header information for /dev/loop0

Version:        1
Cipher name:    es
Cipher mode:    xts-plain64
Hash spec:      sha1
Payload offset: 4096
MK bits:        256
MK digest:      8b 88 36 1e d1 a4 c9 04 0d 3f fd ba 0f be d8 4c 9b 96 fb 86
MK salt:        14 0f 0d fa 7b c3 a2 41 19 d4 6a e4 8a 16 fe 72
                88 78 a2 18 7b 0f 74 8e 26 6d 94 23 3d 11 2e aa
MK iterations:  172000
UUID:           10dae7db-f992-4ce4-89cb-61d126223f05

Key Slot 0: ENABLED
      Iterations:           680850
```

```
        Salt:                    8a 39 90 e1 f9 b6 59 e1 a6 73 30 ea 73 d6 98 5a
                                 e1 d3 b6 94 a0 73 36 f7 00 68 a2 19 3f 09 62 b8
        Key material offset:     8
        AF stripes:              4000
Key Slot 1: DISABLED
Key Slot 2: DISABLED
Key Slot 3: DISABLED
Key Slot 4: DISABLED
Key Slot 5: DISABLED
Key Slot 6: DISABLED
Key Slot 7: DISABLED
```

포렌식 관점에서는 키 슬롯이 관심의 대상이 될 수 있다. LUKS 볼륨은 키를 8개까지 가질 수 있는데, 복구를 시도할 때 8개의 서로 다른 비밀번호로 시도할 수 있다는 것을 의미한다.

LUKS 암호화 파일 시스템의 비밀번호가 있으면, loop0 장치에 cryptsetup의 open 명령을 실행해 매퍼 장치를 만들 수 있다. 이 장치는 암호화 이미지의 복호화 표현 형태를 제공한다. 이 예시에서는 매퍼명을 clear로 설정했다.

```
# cryptsetup -v --readonly open /dev/loop0 clear
Enter passphrase for /hyb/luks/luks.raw:
Key slot 0 unlocked.
Command successful.
```

암호화된 루프 장치는 --readonly 플래그로 열렸다. 세부 정보 (-v) 플래그는 복호화 키 및 복호화 성공에 대한 추가 정보를 제공하기 위해 설정했다. 키가 성공적으로 입력되면, 새로운 (복호화) 파티션이 /dev/mapper 디렉터리에 나타나며, 표준 포렌식 도구들로 작업할 수 있다. 예를 들어, Sleuth Kit의 fsstat 도구를 사용할 수 있다.

```
# fsstat /dev/mapper/clear
FILE SYSTEM INFORMATION
```

```
---------------------------------------------
File System Type: Ext4
Volume Name: My Secrets
Volume ID: ba673056efcc5785f046654c00943860
...
```

일반적인 탐색을 위해 로컬 머신에 이 파티션 장치를 마운트할 수 있다.

```
# mkdir clear
# mount --read-only /dev/mapper/clear clear
# ls clear
lost+found/    the plan.txt
```

조사 업무가 완료되면, 정리 작업을 진행할 수 있다. 각 단계는 기존 단계의 역순이다.

```
# umount clear
# rmdir clear
# cryptsetup close clear
# losetup --detach /dev/loop0
```

참고로 이 예시는 단순화된 것으로, 부팅 불가능한 단일 데이터 디스크의 단일 파티션을 대상으로 한다. 부팅 가능한 운영 체제가 있는 LUKS 암호화 디스크에는 추가 논리 볼륨 관리자(LVM) 계층이 있을 수 있다. 이런 디스크들의 경우(root, swap 등) 추가 장치들이 /dev/mapper 디렉터리에 나타날 수 있다. 이 장치들을 개별적으로 접근하거나 마운트할 수 있다. 정리 작업을 위해서는 우선 dmsetup으로 파티션 장치들을 제거한 후에야 cryptsetup으로 LVM 장치를 닫을 수 있다.

단순함을 위해 이 절의 각 절차들은 root 사용자로 수행됐다. 일반 사용자로 예시들을 수행하기 위해서는 losetup, cryptsetup, mount와 umount 실행 시 sudo가 필요하며, /dev/mapper 파티션 장치에 접근하는 모든 도구도 sudo가 필요하다. 마운트된 파일 시스템에 따라 추가 사용자 옵션이 유용할 수도 있다(예를 들면 uid=holmes).

일반 dm-crypt와 loop-AES로 암호화된 이미지들 역시 cryptsetup 도구로 복호화할 수 있다. 이 이미지들 역시 앞선 LUKS 예시와 비슷한 절차를 따른다. cryptsetup open 명령 실행 시 --type 플래그로 plain이나 loopaes를 지정해야 한다. 다음 예시를 살펴보자.

```
# cryptsetup -v --readonly open --type plain /dev/loop0 clear
Enter passphrase:
Command successful.
```

--type loopaes를 사용하려면 키 파일이 필요하다. --type luks를 지정하는 것도 가능하지만 기본값이기 때문에 굳이 필요하지는 않다.

cryptsetup과 LUKS에 대한 더 많은 정보는 https://gitlab.com/cryptsetup/cryptsetup/wikis/home/에서 얻을 수 있다. 호환되는 윈도우 구현은 https://github.com/t-d-k/librecrypt/에서 찾을 수 있다.

TrueCrypt와 VeraCrypt

TrueCrypt의 개발이 중단되자, 몇몇 후계자가 등장했다. 현재 가장 지배적인 후계자는 VeraCrypt다. VeraCrypt는 새로운 확장자뿐 아니라 과거 확장자에 대한 하위 호환도 제공한다.

여기서 제공할 두 가지 VeraCrypt 예시는 일반 암호화 보관소와 숨어 있는 보관소다. 보관소들에 대한 추가 분석이 가능하도록 만들기 위해 VeraCrypt의 표준 명령 줄 버전과 함께 익숙한 도구들을 사용한다.

첫 예시는 기본적인 TrueCrypt 또는 VeraCrypt 암호화 보관소 파일을 다룬다. --file-system=none 플래그가 VeraCrypt의 파일 시스템 마운트를 방지하기 때문에 중요하다.

```
$ veracrypt --mount-options=readonly --filesystem=none secrets.tc
Enter password for /exam/secrets.tc:
Enter PIM for /exam/secrets.tc:
Enter keyfile [none]:
```

-l 플래그를 이용하면 슬롯 번호로 호스트 시스템의 복호화된 보관소를 모두 나열할 수
있다. 이후의 명령들에서 슬롯 번호는 중요한 식별자로 사용된다. 이 예시에서 슬롯 번호는
1번이고, 이제는 익숙한 /dev/mapper/* 디렉터리가 사용된다.

```
$ veracrypt -l
1: /exam/secrets.tc /dev/mapper/veracrypt1 -
```

올바른 계정 정보를 제공하면 슬롯 번호를 지정해 다음과 같이 보관소에 대한 추가 정보를
요청할 수 있다.

```
$ veracrypt --volume-properties --slot=1
Slot: 1 Volume: /exam/secrets.tc
Virtual Device: /dev/mapper/veracrypt1
Mount Directory:
Size: 2.0 GB
Type: Normal
Read-Only: Yes
Hidden Volume Protected: No
Encryption Algorithm: AES
Primary Key Size: 256 bits
Secondary Key Size (XTS Mode): 256 bits
Block Size: 128 bits
Mode of Operation: XTS
PKCS-5 PRF: HMAC-SHA-512
Volume Format Version: 2
Embedded Backup Header: Yes
```

2개의 장치가 생성됐다. /dev/loop0 장치는 원시 이미지 형태로 암호화됐다(파일 시스템 내의 파일과 동일하다). 볼륨 속성에 보이는 장치인 /dev/mapper/veracrypt1은 복호화 볼륨으로, 이 볼륨을 대상으로 포렌식 도구를 직접 사용할 수 있다. 다음은 Sleuth Kit으로 직접 파일 시스템을 조사하는 예시다.

```
$ sudo fls /dev/mapper/veracrypt1
r/r * 4:          photo.jpg
r/r 6:     spy-photo.jpg
v/v 66969091:    $MBR
v/v 66969092:    $FAT1
v/v 66969093:    $FAT2
d/d 66969094:    $OrphanFiles
```

로컬 머신에 매퍼 장치를 마운트하고, 일반 도구들로 파일 시스템을 탐색할 수도 있다.

```
$ mkdir clear
$ sudo mount -o ro,uid=holmes /dev/mapper/veracrypt1 clear
$ ls -l clear
total 360
-rwxr-x--- 1 holmes root 366592 Jan 21 23:41 spy-photo.jpg
```

당연한 이야기지만 삭제된 파일들은 사용자 마운트 영역에서는 보이지 않는다. 삭제된 파일은 /dev/mapper/veracrypt1 장치를 대상으로 포렌식 도구를 사용해야만 보인다. 이번에도, 정리 절차는 설치 절차의 역순이다.

```
$ sudo umount clear
$ rmdir clear
$ veracrypt -d --slot=1
```

두 번째 VeraCrypt 예시는 숨어 있는 볼륨에 접근하는 방법이다. TrueCrypt와 VeraCrypt

의 기능 중 하나로, 두 가지 비밀번호로 2개의 독립적인 볼륨을 드러낼 수 있는 기능이 있다. 두 비밀번호의 사용법은 각각의 출력을 비교해보면 알 수 있다.

여기서 hidden.raw는 숨어 있는 볼륨이 있는 VeraCrypt 드라이브다. 첫 번째 비밀번호를 제공하면 파일이 담긴 표준 TrueCrypt 보관소가 생성되는데, 용량은 드라이브 전체 용량인 1G로, 유형은 Type: Normal로 표시된다.

```
$ ls -l
total 3098104
-rw-r----- 1 holmes holmes 1024966656 Jan 22 00:07 hidden.raw
...
$ veracrypt --mount-options=readonly --filesystem=none hidden.raw
Enter password for /exam/hidden.raw: [XXXXXXXXXXX]
...
$ veracrypt --volume-properties --slot=1
Slot: 1
Volume: /exam/hidden.raw
Virtual Device: /dev/mapper/veracrypt1
Mount Directory:
Size: 977 MB
Type: Normal
Read-Only: Yes
...
$ sudo fls /dev/mapper/veracrypt1
...
r/r 20: fake secrets.pdf
...
```

볼륨의 마운트를 해제한 이후, 다시 마운트하면서 숨어 있는 볼륨의 비밀번호를 입력하면 전혀 다른 파일들을 만나게 된다. 볼륨을 마운트하는 데에 걸리는 시간 역시 다르다. 이전 예시의 보관소는 잠금을 풀기 위해 3.5초가 소요됐지만, 숨어 있는 보관소의 잠금을 풀기 위해서는 29초가 필요했다. (지원하는 모든 알고리즘으로) 표준 볼륨 복호화를 먼저 시도하고, 모든

시도가 실패하면 숨어 있는 볼륨의 복호화를 시도하기 때문에 이런 차이가 발생한다. 볼륨 속성에서는 다음과 같이 실제 크기와 Type: Hidden이 드러난다.

```
$ veracrypt -d --slot=1
$ veracrypt --mount-options=readonly --filesystem=none hidden.raw
Enter password for /exam/hidden.raw: [YYYYYYYYYYY]
…
$ veracrypt --volume-properties --slot=1
Slot: 1
Volume: /exam/hidden.raw
Virtual Device: /dev/mapper/veracrypt1
Mount Directory:
Size: 499 MB
Type: Hidden
Read-Only: Yes
…
$ sudo fls /dev/mapper/veracrypt1
…
r/r 19: the real hidden secrets.pdf
...
```

숨어 있는 볼륨에서 매핑된 장치는 포렌식 도구로 직접 분석할 수 있는 파일 시스템을 생성한다.

cryptsetup의 최신 버전(버전 1.6.7 이상)은 TrueCrypt와 VeraCrypt 볼륨을 관리할 수 있으며, 비슷한 수준으로 마운트가 가능하다.

TrueCrypt와 VeraCrypt 보관소를 대상으로 한 상용 및 오픈 소스 크래킹 도구들이 있지만, 이 책의 범위를 벗어난다.

마무리하며

8장에서는 수집한 이미지 파일을 블록 장치로 활성화하고, 파티션 장치를 생성하고, 일반 파일 시스템 도구를 사용할 수 있도록 안전하게 설정하는 법을 배웠다. 루프 장치를 사용하는 법을 배우고 /dev/mapper 장치와 친숙해졌다. 또한 조사 대상 이미지를 부팅하고 여러 가상 머신 포맷의 가상 머신 이미지에 접근하는 팁들을 제공했다. 마지막으로, 여러 암호화 파일 시스템을 복호화 형태로 접근 가능하게 만드는 법을 배웠다.

CHAPTER 9

포렌식 이미지의 부분적 추출

9장은 포렌식적으로 수집한 이미지 파일이나 연결된 드라이브에서 데이터 영역을 선택적으로 추출하는 방법을 다룬다. 전체 파티션뿐 아니라 삭제되거나 부분적으로 덮어쓴 파티션, 파티션 사이의 틈새 공간 그리고 다양한 볼륨과 파일의 슬랙 공간을 추출하는 방법을 배운다. 추가로는 통일 확장 펌웨어 인터페이스(UEFI) 파티션이나 DCO와 PCA로 숨어 있는 섹터들 그리고 인텔 빠른 시작 기술Intel Rapid Start Technology과 같은 절전 모드 파티션 등 특수 영역들을 추출하는 법도 배운다.

마지막 절들은 추가 조사를 위해 할당 및 (아마 삭제된) 비할당 디스크 영역으로부터 데이터를 추출하고, 오프셋을 이용해 섹터들을 수동으로 추출한다. 드라이브의 파티션 레이아웃을 식별하는 것부터 시작하자.

파티션 레이아웃과 파일 시스템의 식별

디스크를 시스템에 연결하거나 이미지 파일을 수집하고 나면 디스크 파티션 구성에 대한 분석을 수행할 수 있다. 이 절은 파일 시스템, 파티션 테이블과 일반적인 디스크 파티션 기법들의 식별 방법을 설명한다.

디스크 레이아웃 또는 파티션 구성은 하드 디스크의 파티션(또는 슬라이스)을 정리하는 방법을 의미한다. 소비자들의 컴퓨터에서 발견되는 가장 일반적인 파티션 구성은 DOS, GPT, BSD와 APM(Apple Partition Map, mac으로도 불린다)이다. 디스크에 사용된 파티션 구성을 식별하는 것부터 시작하자.

파티션 구성

디스크의 각 파티션이나 슬라이스는 별도의 파일 시스템을 갖고 있거나 다른 특별한 용도로 사용된다. 디스크의 작은 부분(보통은 첫 섹터만)이 디스크 레이아웃을 정의하기 위해 각 파티션의 시작 섹터, 파티션 크기, 파티션 유형, 레이블 등을 지정한다.

디스크 파티션 구성을 식별하기 위해 디스크의 초기 식별자를 검사해 식별자들을 찾아볼 수 있다. 파티션 구성에는 공식적으로 "지정된 번호"가 존재하지 않는다(파티션 구성의 종류는 여섯 가지 남짓 있을 뿐이다). 이것을 DOS MBR 파티션 타입이나 ID와 헷갈리면 안 되는데, DOS 파티션 안에는 255가지의 파일 시스템과 기타 포맷이 존재할 수 있다. 조사 대상 디스크를 워크스테이션에 연결하면 리눅스 커널이 파티션 구성을 탐지하고 해석해 각 파티션마다 장치를 생성하게 된다.

Sleuth Kit의 mmstat 명령으로 가장 일반적인 파티션 구성들을 식별할 수 있다. 지원되는 파티션 구성의 목록은 다음과 같다.

```
# mmstat -t list
Supported partition types:
        dos (DOS Partition Table)
```

```
mac (MAC Partition Map)
bsd (BSD Disk Label)
sun (Sun Volume Table of Contents (Solaris))
gpt (GUID Partition Table (EFI))
```

mmstat을 실행하면 사용 중인 파티션 구성명을 출력한다.

```
# mmstat image.raw
dos
```

또 다른 방법으로, disktype 도구를 이용해 파티션 구성을 식별할 수 있다. disktype 도구는 더 세부적인 정보를 제공하며 파티션, 파일 시스템 그리고 파일 및 아카이브 보관소를 지원한다. 다음 예시는 disktype의 출력을 나타낸다.

```
$ sudo disktype /dev/sda

--- /dev/sda
Block device, size 27.96 GiB (30016659456 bytes)
DOS/MBR partition map

Partition 1: 27.95 GiB (30015610880 bytes, 58624240 sectors from 2048)
  Type 0x83 (Linux)
```

disktype 소프트웨어 패키지의 원본은 http://disktype.sourceforge.net/에서 찾을 수 있다. 또한 disktype의 포크와 여러 가지의 패치들은 https://github.com/kamwoods/disktype/, https://github.com/Pardus−Linux/Packages/tree/master/system/base/disktype/files/ 그리고 https://github.com/ericpaulbishop/gargoyle/tree/master/package/disktype/patches/에서 찾을 수 있다.

저장 매체에 반드시 파티션 테이블이나 파일 시스템이 필요한 것은 아니다. 바이너리 데이터는 원시 디스크에 직접 기록되고 그 데이터를 이해할 수 있는 어떤 프로그램에 의해서도 접근될 수 있다(예를 들어, 어떤 데이터베이스들은 원시 디스크를 직접 사용할 수 있다). 파티션 구성이 없는 디스크도 있을 수 있다. 이런 경우, 파일 시스템은 섹터 0에서 시작하며, 디스크 끝까지 계속된다(다시 말해, 전체 디스크가 하나의 파티션이 된다). 구형 USB 드라이브나 플로피 디스크에서는 이런 경우가 흔하다. 이러한 경우 파티션 분석 도구들은 효용성이 없으며, 보통은 잘못된 파티션 테이블을 찾거나 파티션 테이블이 없음을 알린다. 만약 어떤 도구가 파티션 유형을 탐지하지 못한다면 파일 시스템이 원시 장치에 곧바로 기록된 상태인지 확인해볼 만한 가치가 있다. 이 예시에서 mmstat은 아무것도 찾지 못하지만, fsstat은 파일 시스템을 식별한다.

```
# mmls /dev/sdj
Cannot determine partition type
# disktype /dev/sdj

--- /dev/sdj
Block device, size 1.406 MiB (1474560 bytes)
FAT12 file system (hints score 5 of 5)
  Volume size 1.390 MiB (1457664 bytes, 2847 clusters of 512 bytes)

# mmstat /dev/sdj
Cannot determine partition type
# fsstat /dev/sdj
FILE SYSTEM INFORMATION
--------------------------------------------
File System Type: FAT12
...
```

어떤 암호화 볼륨들은 사용되는 파일 시스템의 존재나 관련 정보를 감추고, 식별할 수 있는 파티션 구성을 사용하지 않기도 한다.

파티션 테이블

파티션 구성은 그 구성에 대해 설명하는 디스크 블록이나 블록의 집합을 가진다. 이를 파티션 테이블(BSD 시스템에서는 디스크 레이블)이라고 부르며, 다양한 도구를 통해 질의할 수 있다.

Sleuth Kit의 mmls 명령을 이용하면 디스크나 포렌식적으로 수집한 이미지의 파티션 테이블을 나열할 수 있다. 이 예시에서 mmls는 일반적인 DOS 파티션 구성 및 FAT32 파티션을 찾아낸다.

```
# mmls image.raw
DOS Partition Table
Offset Sector: 0
Units are in 512-byte sectors

      Slot      Start        End          Length       Description
00:   Meta      0000000000   0000000000   0000000001   Primary Table (#0)
01:   -----     0000000000   0000000062   0000000063   Unallocated
02:   00:00     0000000063   0005028344   0005028282   Win95 FAT32 (0x0b)
03:   -----     0005028345   0005033951   0000005607   Unallocated
```

전통적인 DOS 파티션 구성은 2TB가 넘는 디스크를 다룰 수 없다. 더 큰 디스크를 더 많은 수의 파티션으로 정리하기 위해 GPT 파티션 구성이 생겨났다. GPT는 (확장 파티션을 제외하고) 4개 파티션을 지원하는 DOS와 달리, 128개의 파티션을 지원한다. GPT 디스크와 GUID 파티션 테이블에 대한 내 논문이 있으며, http://dx.doi.org/10.1016/j.diin.2009.07.001.에서 찾을 수 있다.

오늘날 대부분의 신규 컴퓨터 시스템들은 GPT 파티션을 사용한다. 윈도우 8 시스템의 파티션 테이블을 예시로 살펴보자.

```
# mmls lenovo.raw
```

```
GUID Partition Table (EFI)
Offset Sector: 0
Units are in 512-byte sectors

     Slot    Start        End          Length       Description
00:  Meta    0000000000   0000000000   0000000001   Safety Table
01:  -----   0000000000   0000002047   0000002048   Unallocated
02:  Meta    0000000001   0000000001   0000000001   GPT Header
03:  Meta    0000000002   0000000033   0000000032   Partition Table
04:  00      0000002048   0002050047   0002048000
05:  01      0002050048   0002582527   0000532480   EFI system partition
06:  02      0002582528   0003606527   0001024000
07:  03      0003606528   0003868671   0000262144   Microsoft reserved partition
08:  04      0003868672   1902323711   1898455040   Basic data partition
09:  05      1902323712   1953523711   0051200000
```

Gary Kessler는 훨씬 더 많은 세부 정보를 제공하는 파티션 테이블 해석 도구를 제공한다. 이 도구들은 http://www.garykessler.net/software/index.html에서 찾을 수 있다.

Kessler의 해석 도구들이 얼마나 세부적으로 정보를 제공하는지 보기 위해, 이전 예시의 파티션 테이블에 대해 gptparser.pl 도구를 사용한 출력의 일부분을 보자.

```
$ gptparser.pl -i lenovo.raw

GPT Parser V1.4 beta - Gary C. Kessler (14 March 2013)

Source file = /exam/lenovo.raw
Input file length = 17408 bytes.

***** LBA 0: Protective/Legacy MBR *****

000:   00 00 00 00 00 00 00 00 00 00 00 00 00 00 00 00   ................
016:   00 00 00 00 00 00 00 00 00 00 00 00 00 00 00 00   ................
...
```

```
=== Partition Table #5 (LBA 3, bytes 0:127) ===
000-015 Partition type GUID: 0xA2-A0-D0-EB-E5-B9-33-44-87-C0-68-B6-B7-26-99-C7
        GUID: EBD0A0A2-B9E5-4433-87C0-68B6B72699C7
        Type: Data partition (Linux *or* Windows)
016-031 Partition GUID: 0x64-12-FF-80-A7-F7-72-42-B6-46-25-33-6D-96-13-B5
        GUID: 80FF1264-F7A7-4272-B646-25336D9613B5
032-039 First LBA: 0x00-08-3B-00-00-00-00-00 [3,868,672]
040-047 Last LBA: 0xFF-27-63-71-00-00-00-00 [1,902,323,711]
048-055 Partition attributes: 0x00-00-00-00-00-00-00-00
056-127 Partition name --
056:   42 00 61 00 73 00 69 00 63 00 20 00 64 00 61 00  B.a.s.i.c. .d.a.
072:   74 00 61 00 20 00 70 00 61 00 72 00 74 00 69 00  t.a. .p.a.r.t.i.
088:   74 00 69 00 6F 00 6E 00 00 00 00 00 00 00 00 00  t.i.o.n.........
104:   00 00 00 00 00 00 00 00 00 00 00 00 00 00 00 00  ................
120:   00 00 00 00 00 00 00 00                          ........
       Name: Basic data partition
...
```

gptparser.pl 도구는 128개 GPT 파티션 각각에 대한 세부 정보를 제공한다.

파일 시스템 식별

390쪽의 "파티션 구성"에서 이미 소개된 disktype 도구는 파티션 내의 파티션 구성과 파일 시스템을 식별한다. Sleuth Kit의 fsstat 도구는 파일 시스템에 대한 더 포괄적인 정보를 제공한다. fsstat 도구는 파티션 장치에 직접 사용하거나 섹터 오프셋을 지정하는 경우, 포렌식적으로 수집한 이미지에도 사용할 수 있다.

이전 예시들에서 lenovo.raw 이미지 파일 윈도우 볼륨의 섹터 오프셋은 3868672였다. 이 섹터 오프셋을 fsstat 도구에 -o 플래그로 입력해 파일 시스템 메타데이터를 분석할 수 있다.

```
# fsstat -o 3868672 lenovo.raw
FILE SYSTEM INFORMATION
```

```
--------------------------------------------
File System Type: NTFS
Volume Serial Number: 4038B39F38B39300
OEM Name: NTFS
Volume Name: Windows8_OS
Version: Windows XP

METADATA INFORMATION
--------------------------------------------
First Cluster of MFT: 786432
...
```

드라이브가 워크스테이션에 직접 연결돼 있다면, 리눅스 커널이 파티션 테이블을 해석하고 디스크와 파티션 장치들을 /dev를 통해 직접 접근할 수 있게 해 준다.

그러나 원시 이미지 파일(.raw, .ewf 등)을 조사하고 있다면, 이미지에 해당하는 장치 파일이 존재하지 않을 것이다. 리눅스 커널은 파티션 테이블을 해석하지 않을 것이고, 익숙한 파티션 장치들(/dev/sda1, /dev/sda2 등)을 만들어내지 않을 것이다. 이미지 파일 내의 파티션에 접근할 때는 오프셋을 반드시 지정해야 한다.

파티션 정보를 식별하기 위해서는 커널을 신뢰하기보다는 포렌식 도구들에 의지하는 편이 낫다. 만약 디스크가 훼손되거나 파손된 경우, 커널은 파티션 장치의 생성을 거부하거나 잘못된 장치를 생성할 수도 있다. 이 절에서 아용된 예시들은 커널을 이용하기보다는 항상 오프셋을 지정했다. 악성 코드, 안티포렌식이나 다른 악의적인 속임수가 있는 경우에는 커널보다 포렌식 도구를 사용해야 한다.

파티션 추출

이 절은 개별 파티션, 파티션 사이의 틈새 공간 그리고 DCO와 HPA와 같은 기타 디스크 영역의 추출에 대해 설명한다. 일반 파티션을 추출하는 기본적인 예시부터 시작하자.

개별 파티션 추출

전체 하드 디스크가 아닌 개별적인 파티션에 접근하고 그 내용을 추출하기 위해서는 몇 가지 기법을 사용할 수 있다. 파티션 추출의 예시를 위해 파티션 장치가 있는 직접 연결된 디스크, 파티션 매퍼 장치 그리고 Sleuth Kit의 mmcat과 dd 계열 도구들로 작업할 수 있는 이미지 파일들을 사용할 것이다.

만약 디스크가 연결된 장치로서 접근이 가능하다면, 파티션을 수집하는 일은 원시 드라이브 장치 전체를 수집하는 것과 유사하며, 파티션 장치를 사용한다는 점만 다르다. 다음 예시에서는 /dev/sda의 첫 번째 파티션이 파일로 추출된다.

```
# dcfldd if=/dev/sda1 of=partition.raw
```

파티션 추출은 용량 계획을 필요로 하는데, 파티션이 (아마도 전체 드라이브 이미지와 같이) 디스크 공간을 차지할 것이기 때문이다. 만약 이미지 파일의 파티션에 임시로만 접근이 필요하다면, 루프 장치로 연결하고 접근할 수 있다. 다음은 그 절차다.

우선, mmls 도구를 이용해 loop로 연결된 파티션을 다음과 같이 식별한다.

```
# mmls lenovo.raw
GUID Partition Table (EFI)
Offset Sector: 0
Units are in 512-byte sectors
...
05:  01      0002050048   0002582527   0000532480   EFI system partition
...
```

그리고 배시 수학 확장으로 섹터 오프셋과 섹터 크기를 바이트 오프셋과 바이트 크기로 변환한다.

```
# echo $((2050048*512))
1049624576
# echo $((532480*512))
272629760
```

계산된 바이트 오프셋과 바이트 크기는 losetup에 입력돼 다음과 같이 루프 장치를 생성한다.

```
# losetup --read-only --find --show --offset 1049624576 --sizelimit 272629760
    lenovo.raw
/dev/loop2
```

이 결과로 연결된 루프 장치에는 연결된 디스크의 파티션 장치에 접근하는 것과 동일한 방식으로 포렌식 도구들을 사용해 접근할 수 있다. 다음은 Sleuth Kit의 fls를 사용하는 에시다.

```
# fls /dev/loop2
r/r 3:   SYSTEM_DRV (Volume Label Entry)
d/d 4:   EFI
d/d 5:   BOOT
d/d * 7:        MSIa11f8.tmp
d/d * 8:        _SI2DBB4.TMP
d/d * 9:        _190875_
...
```

수집한 이미지 파일로부터 파티션을 추출해 별도의 파일로 저장하기 위해서는 dd 도구들이나 Sleuth Kit의 mmcat 명령을 사용할 수 있다.

수집한 이미지에서 파티션을 추출하기 위한 첫 단계는 파티션과 섹터 정보를 식별하는 일이다. 다음 예시에서는 수집한 디스크 이미지의 파티션 테이블을 통해 추출할 파티션을 드러낸다.

```
# mmls image.raw
DOS Partition Table
Offset Sector: 0
Units are in 512-byte sectors

      Slot    Start         End           Length        Description
...
02:   00:00   0000000063    0078124094    0078124032    Linux (0x83)
...
```

이미 수집된 이미지 파일로부터 dcfldd나 dd로 파티션을 추출할 때는 skip(dc3dd는 iskip을 쓴다)과 count 매개변수를 추가해 명령이 파티션 시작 부분으로 점프(스킵)한 후, 파티션 크기만큼만 수집하게 해야 한다.

```
$ dcfldd if=image.raw of=partition.raw bs=512 skip=63 count=78124032
```

이 명령에서 블록 크기는 섹터 크기와 동일하게 512바이트로 설정돼 있고, 파티션의 시작은 섹터 63이며, 78,124,032개의 섹터를 추출해야 한다. 추가 계산을 해보면, 512바이트 블록 크기를 조금 더 키워 명령의 효율성을 향상시킬 수 있다(하지만 skip과 count 매개변수를 조절하는 일을 잊지 말아야 한다).

Sleuth kit 3.0 이상의 버전에서는 mmcat 도구로 파티션을 손쉽게 추출할 수 있다. 이전 예시의 첫 번째 파티션을 mmcat으로 추출하기 위해서는 (DOS 파티션 번호가 아닌) mmls 슬롯 번호를 지정해야 한다. 이 경우에 첫 번째 파티션은 mmls 슬롯 2번에 위치해 있고, 다음과 같이 추출할 수 있다.

```
$ mmcat image.raw 2 > partition.raw
```

mmcat 도구는 단순히 출력 내용을 표준 출력으로 보내기 때문에 이를 다시 파일로 리다이렉트하거나 프로그램으로 파이프 처리를 해야 한다.

삭제된 파티션의 탐색과 추출

포렌식적으로 수집한 이미지에서 부분적으로 덮어써지거나 삭제된 파티션을 전부 찾아내기 위한 몇 가지 방법이 있다. Sleuth Kit은 바이너리 시그니처 문자열을 검색하기 위해 sigfind라는 기본적인 도구를 제공한다. 포괄적인 파티션 검색을 위한 2개의 도구로 gpart와 testdisk도 있다. 이 도구들은 유실된 파티션을 식별하기 위한 지능적인 추정이 포함된 파일 시스템 인식 알고리즘을 구현한다.

아무 옵션 없이 gpart를 실행하면 할당된 것으로 식별된 영역을 건너뛰고 파티션 스캔이 시작된다. 다음 예시를 살펴보자.

```
# gpart lenovo.raw

Begin scan...
Possible partition(Windows NT/W2K FS), size(1000mb), offset(1mb)
Possible partition(Windows NT/W2K FS), size(3mb), offset(1030mb)
Possible partition(Windows NT/W2K FS), size(3mb), offset(1494mb)
Possible partition(Windows NT/W2K FS), size(926980mb), offset(1889mb)
Possible partition(Windows NT/W2K FS), size(25000mb), offset(928869mb)
End scan.
...
Guessed primary partition table:
Primary partition(1)
   type: 007(0x07)(OS/2 HPFS, NTFS, QNX or Advanced UNIX)
   size: 1000mb #s(2048000) s(2048-2050047)
   chs:  (0/32/33)-(406/60/28)d (0/32/33)-(406/60/28)r
...
```

-f 플래그는 gpart가 조금 더 철저하게 전체 디스크의 모든 섹터를 검색해 파티션이 있을 것

같지 않은 영역에서까지 파티션을 찾게 지시한다. 이것은 플래그 없이 실행한 기본 gpart 명령보다 훨씬 오랜 시간이 걸린다.

testdisk 도구(http://www.cgsecurity.org/, photorec 카빙 도구를 제작한 Christophe Grenier가 만들었다)는 파티션 검색 외에도 몇 가지 추가 기능을 제공한다. testdisk는 상호 작용이 가능한 인터페이스를 제공하고 다양한 디스크 레이아웃(DOS, GPT, BSD 등)을 지원하며, 수십 가지 파티션 타입을 탐지하고, 활동 로그를 생성하고, 발견된 파티션을 파일로 추출할 수 있다. testdisk는 장치, 원시 이미지 파일 그리고 *.e01 파일들에도 사용할 수 있다.

testdisk 도구는 조심스럽게 사용해야 한다. testdisk는 파티션을 복구하고 수리하기 위해 고안됐기 때문에 어렵지 않게 증거를 수정해버릴 수 있다. 연결된 조사 대상 디스크에 이 도구를 사용하기 전에 쓰기 방지 장치를 사용하는 것을 명심해야 한다.

testdisk에 포함된 것들 중 하나로는 포괄적인 사용자 상호 작용 메뉴 체계가 있는데, 이를 이용하면 testdisk의 설정과 활동들을 정의할 수 있다. 다음은 연결된 디스크에 대해 작동하는 배치 모드의 예시다.

```
# testdisk /list /dev/sdb
TestDisk 7.0, Data Recovery Utility, April 2015
Christophe GRENIER <grenier@cgsecurity.org>
http://www.cgsecurity.org
Please wait...
Disk /dev/sdb - 15 GB / 14 GiB - CHS 14663 64 32
Sector size:512
Extracting Subsets of Forensic Images 267
Model: SanDisk Ultra Fit, FW:1.00

Disk /dev/sdb - 15 GB / 14 GiB - CHS 14663 64 32
    Partition                    Start         End    Size in sectors
1 P FAT32 LBA              0    1    1 14663 44 18    30031218 [NO NAME]
    FAT32, blocksize=16384
```

삭제된 파티션을 찾기 위해 어느 정도 수동으로 분석을 수행할 수도 있다. 만약 파티션 테이블에서 할당되지 않은 대규모 영역이 디스크에 나타나면, 이 영역에 파티션이 존재하는지 검사해볼 수 있다. 다음 예시에서 mmls는 USB 드라이브의 가장 끝부분에 2.5GB(4863378 섹터)에 달하는 빈 공간을 드러낸다.

```
# mmls /dev/sdb
DOS Partition Table
Offset Sector: 0
Units are in 512-byte sectors

     Slot      Start        End          Length       Description
000: Meta      0000000000   0000000000   0000000001   Primary Table (#0)
001: -------   0000000000   0000002047   0000002048   Unallocated
002: 000:000   0000002048   0025167871   0025165824   Win95 FAT32 (0x0c)
003: -------   0025167872   0030031249   0004863378   Unallocated
```

이 할당되지 않은 공간이 삭제된 파티션일 수 있다. 이 예시에서 빈 공간의 오프셋을 입력해 fsstat을 실행하면 유효한 파일 시스템이 드러난다.

```
# fsstat -o 25167872 /dev/sdb
FILE SYSTEM INFORMATION
--------------------------------------------
File System Type: Ext3
Volume Name:
Volume ID: 74a2f1b777ae52bc9748c3dbca837a80

Last Written at: 2016-05-21 15:42:54 (CEST)
Last Checked at: 2016-05-21 15:42:54 (CEST)
...
```

유효한 파일 시스템을 탐지하고 나면 메타 정보를 통해 파티션의 크기를 식별할 수 있다. 발견된 파티션의 크기와 시작 오프셋을 알면 추출하거나 추가 분석이 가능하다. 다음과 같이 dd 계열 도구나 mmcat으로 파티션을 추출할 수 있다.

```
# mmcat /dev/sdb 3 > deleted_partition.raw
```

mmls 슬롯 3번에서 발견된 삭제된 파티션의 mmcat 출력 내용은 deleted_partition.raw라는 파일로 보내진다.

파티션 사이의 틈새 공간 식별과 추출

파티션 사이의 틈새 공간이 생기는 경우가 있는데, 우발적으로 생길 수도 있고 실린더나 블록 경계에서 파티션들이 만나는 경우일 수도 있다. 데이터 은닉을 위해 의도적으로 생성된 공간일 수도 있다. 파티션을 추출하는 것과 마찬가지 방법으로 이러한 파티션 사이의 틈새 공간을 탐지해 복구할 수 있다. mmls로 공간의 크기와 섹터 오프셋을 식별하고 dd나 mcmcat으로 추출하면 된다.

다음은 파티션 테이블의 mmls 출력 내용이다. 2개의 파티션이 디스크에 있고, 그 사이에 틈새 공간이 있다.

```
# mmls /dev/sdb
DOS Partition Table
Offset Sector: 0
Units are in 512-byte sectors

      Slot      Start       End         Length      Description
000:  Meta      0000000000  0000000000  0000000001  Primary Table (#0)
001:  -------   0000000000  0000002047  0000002048  Unallocated
002:  000:000   0000002048  0015626236  0015624189  Linux (0x83)
003:  -------   0015626237  0015626239  0000000003  Unallocated
004:  000:001   0015626240  0030031249  0014405010  Linux (0x83)
```

이 예시에서 첫 번째 파티션은 섹터 15626236에서 끝나지만, 두 번째 파티션은 섹터 15626240에서 시작해 둘 사이에 3개 섹터 크기의 공간이 있음을 알 수 있다. 이 파티션 사이의 틈새 공간을 dd로 추출할 수도 있지만, mmcat을 사용하는 것이 더 간단하다.

```
# mmcat /dev/sdb 3 > gap.raw
# ls -l gap.raw
-rw-r----- 1 root root 1536 May 21 16:11 gap.raw
```

결과적으로 두 파티션 사이의 틈새 공간에 담겨진 3개 섹터만큼의 내용이 담긴 파일이 만들어진다. 부분적으로 덮어써지거나 훼손 또는 식별 가능한 상태의 파일 시스템 조각들이 담긴 더 큰 공간들은 foremost와 같은 카빙 도구로 분석할 수 있다.

마지막 파티션과 디스크 끝부분 사이의 틈새 공간 역시 관심의 대상이 될 수 있다. 과거에 덮어써진 파티션 내용, GPT 파티션의 백업 사본이나 바이너리 코드를 은닉하려고 하는 악성 코드도 이 공간에 있을 수 있다.

HPA와 DCO 섹터 구간 추출

HPA와 DCO 제한을 식별하고 제거하는 법은 이미 배웠다. 별도의 분석을 위해 제거가 완료된 이 디스크 영역을 추출할 수 있다.

다음 예시에서 hdparm을 통해 HPA의 존재를 알 수 있고, mmls 출력에는 3개의 슬롯이 보이는데, 그중 하나는 리눅스 파티션이다.

```
# hdparm -N /dev/sdh

/dev/sdh:
 max sectors = 234441648/976773168, HPA is enabled
# mmls /dev/sdh
DOS Partition Table
```

```
Offset Sector: 0
Units are in 512-byte sectors

    Slot    Start         End           Length        Description
00: Meta    0000000000    0000000000    0000000001    Primary Table (#0)
01: -----   0000000000    0000002047    0000002048    Unallocated
02: 00:00   0000002048    0234441647    0234439600    Linux (0x83)
```

HPA를 성공적으로 제거한 후(그리고 커널에게 SCSI 버스를 다시 스캔하라고 명령한 후), 같은 명령을 실행하면 다음과 같이 다른 결과를 얻을 수 있다.

```
# hdparm -N p976773168 /dev/sdh

/dev/sdh:
 setting max visible sectors to 976773168 (permanent)
 max sectors = 976773168/976773168, HPA is disabled
# mmls /dev/sdh
DOS Partition Table
Offset Sector: 0
Units are in 512-byte sectors

    Slot    Start         End           Length        Description
00: Meta    0000000000    0000000000    0000000001    Primary Table (#0)
01: -----   0000000000    0000002047    0000002048    Unallocated
02: 00:00   0000002048    0234441647    0234439600    Linux (0x83)
03: -----   0234441648    0976773167    0742331520    Unallocated
```

이제 hdparm은 HPA가 비활성화된 상태라고 표시 중이고, 이전에 HPA로 숨겨져 있던 섹터들에 해당하는 한 줄(03번 슬롯)이 mmls 출력 내용에 추가된다.

파티션 03번에 대해 mmcat 명령을 사용하면 HPA 데이터를 다음과 같이 추출할 수 있다.

```
# mmcat /dev/sdh 3 > hpa.raw
```

이 예시는 수집 호스트에 연결된 활성 디스크를 사용한다. HPA가 제거된 상태로 디스크로부터 이미지 파일을 수집하면, mmls로 이 숨어 있는 영역을 볼 수 있다.

DCO로 숨어 있는 섹터들을 추출하는 것은 HPA의 경우와 동일하다. 우선 hdparm으로 DCO로 보호된 섹터들을 노출시키고, dd나 mmcat으로 추출한다. DCO 섹터들을 이용한 추가 예시를 반복해서 제시할 필요는 없을 것이다.

기타 부분별 데이터 추출

이 마지막 절에서는 부분별 데이터 추출에 대한 다양한 추가 예시를 설명한다. (9장 대부분의 내용과 더불어) 이 절의 내용은 포렌식 파일 시스템 분석과 살짝 겹치는데, 이 책에서는 포렌식 파일 시스템 분석을 다루지 않는다. 따라서 예시들을 자세히 다루지는 않을 것이다.

파일 시스템 슬랙 공간 추출

슬랙 공간은 전통적인 디지털 포렌식의 개념으로 디스크 섹터, 파일 시스템 블록이나 파일 시스템의 끝부분에 할당됐지만 사용 중이 아닌 데이터를 의미한다(순서대로 RAM 슬랙, 파일 슬랙, 파티션 슬랙이라 부른다).

슬랙 공간을 시각화하려면 이 책을 하드 디스크로 생각하고, 문단을 섹터로, 각 장을 파일로, 텍스트 내용을 파티션으로 생각해보자. 문단들이 정확히 한 줄의 끝에서 끝나지 않고, 각 장은 정확히 한 페이지의 끝에서 끝나지 않으며, 책의 끝에는 빈 페이지들이 몇 개 있을 수 있다는 점을 떠올려보자. 이 빈 공간들이 바로 책의 "슬랙 공간"이 된다. 저장 매체의 경우 운영 체제나 물리 드라이브가 이 영역들에 명시적으로 0을 기록하지 않았다면, 이전에 기록된 파일 데이터가 아직 남아 있을 수 있다.

역사적으로 포렌식 조사에서는 슬랙 공간의 추출과 분석이 유용했다. 그러나 몇 가지 요소로 인해 슬랙 공간의 가치가 점차 감소하고 있다.

- SSD들은 TRIM 명령을 통해 할당되지 않은 영역을 0으로 덮어씀
- 현대 운영 체제들은 사용되지 않는 섹터와 블록 영역에 0을 기록함
- 디스크들이 4K 섹터 크기를 가져 파일 시스템 블록 크기와 일치함
- 운영 체제들이 블록 경계에 맞춰 파티션과 파일 시스템을 생성함

그러나 포렌식 프로세스의 일환으로 잠재적인 슬랙 영역을 수집하고 분석하는 일은 아직은 꼼꼼히 수행해야 할 절차들이다.

주어진 이미지의 모든 슬랙 공간을 추출하기 위해 Sleuth Kit의 blkls 명령을 사용할 수 있다. 슬랙 공간은 파일 시스템마다 다르기 때문에 파일 시스템마다 각각 슬랙 공간을 추출해야 한다(전체 원시 디스크에서 한 번에 추출하는 것은 불가능하다). 이 예시에서는 수집된 이미지의 파일 시스템의 오프셋을 mmls로 찾아내고, 각 파일 시스템의 슬랙 공간을 추출한다.

```
# mmls lenovo.raw
GUID Partition Table (EFI)
Offset Sector: 0
Units are in 512-byte sectors

     Slot    Start        End          Length       Description
04:  00      0000002048   0002050047   0002048000
05:  01      0002050048   0002582527   0000532480   EFI system partition
06:  02      0002582528   0003606527   0001024000
...
08:  04      0003868672   1902323711   1898455040   Basic data partition
...
# blkls -o 2048 -s lenovo.raw > slack.04
# blkls -o 2050048 -s lenovo.raw > slack.05
# blkls -o 2582528 -s lenovo.raw > slack.06
# blkls -o 3868672 -s lenovo.raw > slack.08
```

식별된 각각의 파일 시스템에 해당하는 슬랙 공간들이 파일로 저장됐다. blkls 명령의 -s 플

래그는 모든 슬랙 공간을 추출한다(그리고 슬랙 공간만을 추출한다). 슬랙 공간이 할당되지 않은 블록과 섹터와는 다르다는 점을 이해하는 것이 중요하다. 슬랙 공간은 할당된 파일 시스템 블록과 섹터 안에서 사용되지 않은 영역을 의미한다.

파일 시스템 비할당 블록 추출

다음 예시는 수집한 이미지의 파일 시스템에서 할당되지 않은 블록들을 수집한다. 비할당 블록은 파일 시스템에 의존적이기 때문에 식별된 파일 시스템별로 이 작업을 수행해야 한다.

여기서 다시 mmls 명령을 사용해 각 파일 시스템의 오프셋을 식별하고, blkls 명령으로 비할당 블록을 추출한다.

```
# blkls -o 2048 lenovo.raw > unalloc.04
# blkls -o 2050048 lenovo.raw > unalloc.05
# blkls -o 2582528 lenovo.raw > unalloc.06
# blkls -o 3868672 lenovo.raw > unalloc.08
```

비할당 블록을 추출하기 위한 blkls 플래그는 -A이지만, 명령의 기본 동작에 해당하기 때문에 생략이 가능하다. 이와 반대로 blkls -a 명령을 이용하면 반대로 할당이 된 영역을 (그리고 할당된 영역만을) 추출할 수 있다.

오프셋을 이용한 수동 추출

어떤 상황에서는 헥스 에디터를 이용해 수집한 디스크 이미지나 디스크 내용을 탐색, 검색 및 직접 분석해야 한다. 헥스 에디터가 바이트 오프셋이나 섹터 오프셋 또는 둘 다를 제공할 수 있다.

이 예시는 디스크 분석을 위해 콘솔 기반의 hexedit 도구를 사용한다.

```
# hexedit -s /dev/sda
```

hexedit 도구는 직접 블록 장치 파일이나 아주 큰 이미지 파일들을 (메모리나 임시 파일에 저장하지 않고) 수정하게 해주며, 섹터 모드(전체 섹터와 섹터 오프셋이 나타난다)를 제공한다.

다음 예시에서 섹터 오프셋은 2048(NTFS 파티션의 시작)이고, 바이트 오프셋은 0x100181이며, 전체 섹터가 나타나 있다(참고: hexedit은 섹터 크기를 512바이트로 가정한다).

```
00100000   EB 52 90 4E 54 46 53 20   20 20 20 00 02 08 00 00   .R.NTFS .....
00100010   00 00 00 00 00 F8 00 00   3F 00 FF 00 00 08 00 00   .......?......
00100020   00 00 00 00 80 00 80 00   01 48 00 00 00 00 00 00   ........H.....
00100030   04 00 00 00 00 00 00 00   80 04 00 00 00 00 00 00   ..............
00100040   F6 00 00 00 01 00 00 00   22 90 FD 7E 2E 42 12 09   ......."..~.B..
00100050   00 00 00 00 FA 33 C0 8E   D0 BC 00 7C FB 68 C0 07   .....3.....|.h..
00100060   1F 1E 68 66 00 CB 88 16   0E 00 66 81 3E 03 00 4E   ..hf......f.>..N
00100070   54 46 53 75 15 B4 41 BB   AA 55 CD 13 72 0C 81 FB   TFSu..A..U..r...
00100080   55 AA 75 06 F7 C1 01 00   75 03 E9 D2 00 1E 83 EC   U.u.....u.......
00100090   18 68 1A 00 B4 48 8A 16   0E 00 8B F4 16 1F CD 13   .h...H..........
001000A0   9F 83 C4 18 9E 58 1F 72   E1 3B 06 0B 00 75 DB A3   .....X.r.;...u..
001000B0   0F 00 C1 2E 0F 00 04 1E   5A 33 DB B9 00 20 2B C8   ........Z3... +.
001000C0   66 FF 06 11 00 03 16 0F   00 8E C2 FF 06 16 00 E8   f..............
001000D0   40 00 2B C8 77 EF B8 00   BB CD 1A 66 23 C0 75 2D   @.+.w.....f#.u-
001000E0   66 81 FB 54 43 50 41 75   24 81 F9 02 01 72 1E 16   f..TCPAu$....r..
001000F0   68 07 BB 16 68 70 0E 16   68 09 00 66 53 66 53 66   h...hp..h..fSfSf
00100100   55 16 16 16 68 B8 01 66   61 0E 07 CD 1A E9 6A 01   U...h..fa.....j.
00100110   90 90 66 60 1E 06 66 A1   11 00 66 03 06 1C 00 1E   ..f`..f...f.....
00100120   66 68 00 00 00 00 66 50   06 53 68 01 00 68 10 00   fh....fP.Sh..h..
00100130   B4 42 8A 16 0E 00 16 1F   8B F4 CD 13 66 59 5B 5A   .B.........fY[Z
00100140   66 59 66 59 1F 0F 82 16   00 66 FF 06 11 00 03 16   fYfY.....f......
00100150   0F 00 8E C2 FF 0E 16 00   75 BC 07 1F 66 61 C3 A0   ........u...fa..
00100160   F8 01 E8 08 00 A0 FB 01   E8 02 00 EB FE B4 01 8B   ................
00100170   F0 AC 3C 00 74 09 B4 0E   BB 07 00 CD 10 EB F2 C3   ..<.t..........
00100180   0D 0A 41 20 64 69 73 6B   20 72 65 61 64 20 65 72   ..A disk read er
00100190   72 6F 72 20 6F 63 63 75   72 72 65 64 00 0D 0A 42   ror occurred...B
001001A0   4F 4F 54 4D 47 52 20 69   73 20 6D 69 73 73 69 6E   OOTMGR is missin
001001B0   67 00 0D 0A 42 4F 4F 54   4D 47 52 20 69 73 20 63   g...BOOTMGR is c
001001C0   6F 6D 70 72 65 73 73 65   64 00 0D 0A 50 72 65 73   ompressed...Pres
```

```
001001D0    73 20 43 74 72 6C 2B 41   6C 74 2B 44 65 6C 20 74   s Ctrl+Alt+Del t
001001E0    6F 20 72 65 73 74 61 72   74 0D 0A 00 00 00 00 00   o restart.......
001001F0    00 00 00 00 00 00 00 00   80 9D B2 CA 00 00 55 AA   ..............U.


--- sda        --0x100181/0x6FD21E000--sector 2048--------------------------
```

바이트나 섹터 오프셋을 포함한 dd 명령을 작성해 헥스 에디터 내에서 발견한 내용을 추출할 수 있다.

다음 예시는 섹터 크기 512와 섹터 오프셋 그리고 섹터 개수를 이용해 이미지로부터 일정 구간의 데이터(4개의 512바이트 섹터)를 추출한다.

```
# dd if=/dev/sda of=sectors.raw skip=2048 bs=512 count=4
```

다음 예시는 같은 영역의 데이터를 바이트 오프셋을 통해 추출한다.

skip 명령은 배시 수학 확장을 이용해 16진수를 dd에 필요한 10진수로 변환한다. 블록 크기는 1바이트고, count는 필요한 바이트 수다.

```
# dd if=/dev/sda of=bytes.raw skip=$((0x100000)) bs=1 count=2048
```

앞의 두 예시는 동일한 블록(4개 섹터 또는 2048바이트)의 데이터를 추출한다. 디스크의 특정 영역을 추출할 때는 섹터나 블록 단위의 오프셋(즉, 섹터 크기나 블록 크기의 배수)을 사용해야 한다는 점을 명심하라.

파일 시스템 블록의 특정 영역을 추출해야 할 경우, Sleuth Kit의 blkcat 명령을 사용하라. 다음 예시는 블록 100에서 시작하는 파일 시스템의 25개 블록을 추출한다.

```
# blkcat /dev/sda1 100 25 > blocks.raw
```

파일 시스템의 블록 크기는 도구가 알아서 탐지할 것이다.

마지막 절의 예시들을 통해 이미지에 접근하고, 오프셋을 사용하고, 특정 영역의 바이트, 섹터 그리고 블록을 추출하는 법을 보였다. 다른 Sleuth Kit 명령으로 섹터들을 블록과 연결하고, 블록을 inode나 파일명과 연결할 수도 있다. 이러한 일들은 파일 시스템마다 다르고, 파일 시스템 포렌식 분석의 영역에 해당한다.

마무리하며

9장에서는 드라이브와 포렌식 이미지의 일부분을 추출하는 법을 배웠다. 9장은 HPA나 DCO로 숨어 있는 섹터들, 삭제된 파티션 그리고 파티션 사이 틈새 공간 등 이미지의 특정 부분들을 추출하는 방법을 집중적으로 다뤘다. 비할당 블록과 슬랙 공간을 포함해 특정 섹터와 블록의 수동 추출도 다뤘다. 파티션 구성을 식별하고, 파티션 테이블을 이해하고 파일 시스템을 식별하는 9장의 내용은 포렌식 분석의 경계와 맞닿아 있다. 이 책은 포렌식 분석이 아니라 포렌식 수집까지만을 다루기 때문에 마지막 장으로서 적합한 내용이라고 할 수 있다.

| 맺음말 |

이 책이 유용한 교육적 도구가 됐고, 앞으로도 참고할 만한 것이 되길 바란다. 전문적인 포렌식 실무자든, 포렌식에 대해 공부하는 학생이든 이 책의 목적은 기본적인 개념을 제시하고, 어떻게 일이 돌아가는지를 보이며, 리눅스 명령 줄에서의 실무적인 도구 예시들을 제공하는 것이다.

많은 신간 포렌식 도서가 애플리케이션 계층 분석, 클라우드 포렌식, 모바일 포렌식, 빅데이터 분석과 기타 새롭고 신나는 영역에 집중한다. 전통적인 디지털 포렌식 수집과 저장 매체의 증거 보존은 상대적으로 덜 흥미로워 보일 수 있지만, 여전히 신입 포렌식 조사관들이 배워야 하는 기본적인 기능이다.

전통적인 저장 매체 포렌식의 진보에 있어서 자만해서는 안 된다. 이 분야에서는 많은 변화가 계속되고 있고, 우리는 공동체로서 모두 함께 최신의 발전 내용을 따라 잡아야 한다. 이 책은 전통적인 저장 매체 포렌식의 최신 변경 사항을 다루는 자료다.

분명히 이 책의 어떤 예시, 도구, 기법들은 일부 전문 포렌식 랩 환경에 맞지 않을 수도 있다. 다수의 오픈 소스 포렌식 도구는 자원자들(가끔은 단 한 명의 개발자인 경우도 있다)의 소규모 소프트웨어 개발의 결과물이고, 몇몇 도구는 심지어 버려진 소프트웨어 프로젝트다. 이 도구들이 대형 상용 소프트웨어 기업들과 경쟁하기는 쉽지 않다. 그러나 비록 개발 실험 단계에 있는 도구들이라도 포렌식의 문제와 해답의 형태를 짐작할 수 있게 해줄 것이다. 추가로 이 책에서 다루지 못한 도구들과 기법들에 대해 탐구하기 바란다. 오픈 소스 도구들은 지속적으로 그리고 빠르게 변하고 있으며, 여기에서 제시한 모든 도구와 기법과도 똑같은 결과를 얻을 수 있는 대체재들이 있다.

독자들에 대한 마지막 격려의 말이다. 배워라!

내가 디지털 포렌식과 조사에 빠져든 이유는 언제나 배울 수 있는 분야기 때문이다. 조사 절차는 학습, 다시 말해 사고의 각 사건이 어떻게 일어나는지를 배우는 과정이다. 디지털 포렌식 절차 역시 배움의 과정이다. 각 기술이 서로 어떻게 상호 작용하는지 배우고 일련의 기술적 활동들을 재구축하게 된다. 디지털 포렌식 연구와 개발 역시 배움의 과정이다. 새로운 도구와 기법을 개발하는 방법을 배워 문제를 해결하고 복잡한 기술을 이해하면 지식의 폭을 넓힐 수 있다.

디지털 포렌식은 매혹적인 분야다. 즐기기 바란다!

| 찾아보기 |

에이콘출판의 기틀을 마련하신 故 정완재 선생님 (1935-2004)

실전 포렌식 증거 수집

리눅스 도구를 활용한 디지털 증거 수집

발 행 | 2019년 1월 2일

지은이 | 브루스 니켈
옮긴이 | 곽 경 주 · 박 모 현

펴낸이 | 권 성 준
편집장 | 황 영 주
편 집 | 이 지 은
디자인 | 박 주 란

에이콘출판주식회사
서울특별시 양천구 국회대로 287 (목동 802-7) 2층 (07967)
전화 02-2653-7600, 팩스 02-2653-0433
www.acornpub.co.kr / editor@acornpub.co.kr

이 도서의 국립중앙도서관 출판시도서목록(CIP)은 서지정보유통지원시스템 홈페이지(http://seoji.nl.go.kr)와
국가자료공동목록시스템(http://www.nl.go.kr/kolisnet)에서 이용하실 수 있습니다.(CIP제어번호: CIP 2018041830)

책값은 뒤표지에 있습니다.